터닝 포인트

TURNING POINTS

마크 A. 놀 | 이석우, 강효식 옮김

CUP

터닝 포인트

지은이:마크 A. 놀 | 옮긴이:이석우 · 강효식 | 펴낸이:김혜정 | 마케팅:윤여근, 정은희
표지디자인:한영애 | 초판1쇄:2007년 8월 20일 | 초판9쇄:2026년 1월 15일

펴낸곳:도서출판 CUP | 등록번호:제395-3070000251002001000021호(2001.06.21.)
(10594) 경기도 고양시 덕양구 동축로70, B동 A604호(현대프리미어캠퍼스 지축역)
T.(02)745-7231 F.(02)6455-3114 | www.cupbooks.com | cupmanse@gmail.com

· 잘못된 책은 언제든지 교환해 드립니다.
· 독자의 의견을 기다립니다.

값 15,000원
ISBN 978-89-88042-37-3 03230 Printed in Korea.

터닝 포인트

TURNING POINTS

●마크 A. 놀 | 이석우, 강효식 옮김

CUP

TURNING POINTS

Decisive Moments in the History of Christianity

Mark A. Noll

처음으로 이 책의 자료들을 준비할 수 있게 해주었으며,
배우는 입장이었지만 내가 베푼 것보다 더 많은 것을 나에게 가르쳐준
일리노이 장로교인들과 트랜실바니아 침례교인들에게 이 책을 바칩니다.

추천의 글

하나님께서 일하시는 방식을 제대로 알고, 온전한 부흥을 회복하기를_

기독교가 지금처럼 전 세계적인 종교로 확산된 데는 여러 가지 요인이 작용했는데, 마크 놀이 엄선한 열두 가지 터닝 포인트들을 통해 인간의 부패와 타락이 그 기폭제 역할을 했다는 사실을 간파하게 된다. 미국의 저명한 복음주의 역사학자인 마크 놀 교수 덕분에 우리는 하나님께서 지난 2천 년 동안 역사 속에서 행하신 많은 일들을 한눈에 보게 되었다. 이 터닝 포인트들을 통해, 종교적으로 풍요로웠기에 영적으로 무디었던 기독교의 국교화 시기를 거쳐 기독교의 암흑기를 지나면서, 하나님의 사람들에게 일어났던 회심과 갱신과 부흥에 대한 기록을 만날 수 있다. 본서를 통해 한국 교회가 역사적 상황 가운데서 하나님께서 일하시는 방식을 제대로 알고, 온전한 부흥을 회복하기를 바라는 마음에서 하나님의 비전을 꿈꾸는 이 땅의 청년 대학생들과 그리스도인들에게 이 책을 추천한다.

_ **김준곤**(전 C.C.C. 총재)

마크 놀이 주제를 다루는 관점은 치우침이 없으며, 매우 매력적이고 명확하다. 이 책은 자신의 기독교 신앙에 대해 이해하기 원하고, 역사적 뼈대를 알기 원하는 독자들에게 매우 유용한 책이 될 것이다.

_ <Publishers Weekly>

추 천 의 글

역사의 터닝 포인트는 오늘의 신앙의 길잡이이다_ 최근 성경을 새롭게 읽고 기독교의 기원에 대해 관심이 높아진 것을 여러 증거들을 통해 알 수 있다. 그러나 기독교와 예수님에 대해 어떻게 바르게 이해할 수 있는지에 대해서는, 그것이 우리가 믿음을 갖는데 대단히 중요한 일임에도 불구하고 그것을 가르쳐 주는 책이 드물었다. 그런데 이번에 이러한 요구를 충족시키는 책이 새롭게 출판되었다. 제목 자체가 우리의 관심을 끌고 있는 이 책은 시대를 이해하게 하고, 원서의 부제에서 나타나듯이 기독교 역사의 결정적인 순간들을 통해 오늘에 확고한 신앙을 갖는데 길잡이가 되며, 출판의 목적을 확실하게 보여 준다. 또 연구 문제들과 개괄적인 질문들, 그리고 본서가 제시하는 핵심적인 내용들은 새로운 시대에 기독교의 확실한 역할과 의의를 제공한다. 결국 기독교는 권력 지향과 투쟁의 역사가 아니라 하나님의 은혜와 용서의 역사로 형성되었음을 깨닫게 되며, 기독교가 분명히 역사 창조에 큰 기여를 했음을 알 수 있다. 특히 평신도를 위해 쓰인 본서는 읽기 쉽고 접근성이 있어서 좋다. 기독교를 바르게 이해하고자 하는 지도자들은 꼭 정독하여 스터디 교재로 사용했으면 한다. 마지막으로 믿을만한 출판사가 본서를 출판한 것을 바람직하게 생각한다.

_ **맹용길**(전 장신대 교수)

추 천 의 글

평신도 제자 훈련 과정의 필독서_ 하나님께서 인간의 모습으로 오신 이래 계속된 위대한 기독교의 역사를 이렇듯 명료하게 정리한 마크 놀의 통찰력에 놀라움을 느낀다. 성경이 정경으로 인정되는 과정으로부터 화려했던 기독교 전성시대, 종교개혁과 중세 암흑기를 거쳐 근대에 이르기까지 기독교 발전 과정의 핵심적인 사실들을 열두 가지 터닝 포인트로 뽑아낸 마크 놀의 안목 덕분에 장구한 기독교 역사를 한눈에 보게 되었다. 지금 우리가 자유롭게 신앙을 향유할 수 있는 것은 수많은 신앙 선배들의 믿음과 영적 싸움이 있었기 때문이다. 그 신앙의 전통을 한눈에 볼 수 있는 귀한 책이 나오게 된 것을 기쁘게 생각한다. 한국 교회가 다음 세대에게 올바른 신앙의 전통을 물려주길 바라며, 평신도 제자 훈련 과정의 필독서로 이 책을 적극 추천한다.

_ 옥한흠(국제제자훈련원 원장)

기독교 역사에 대해 이해하기 쉬운 뼈대를 제공하면서도 풍부한 사상을 제공하는 이 책을 적극적으로 추천한다.

_ <Library journal>

추 천 의 글

교회와 믿음의 사람들과 함께 하셨던 하나님에 대한 통찰력_ 오늘날의 신앙은 지난 2천 년 동안 건재해 온 일관성 있고 역동적이며 살아있는 전통이 있었기에 존재한다. 기독교의 변화 양상의 뿌리를 알면, 오늘날 각 교단이나 교회의 모습들이 취하는 근본 원인을 발견할 수 있다. 한국 교회에서 눈을 들어 유구한 기독교 역사에서 교회와 믿음의 사람들과 함께 하셨던 하나님에 대한 통찰력을 이 책의 행간에서 찾을 수 있다. 이 책은 세계 교회사의 획기적 사건을 중심으로 일반 독자들이 읽기 쉽게 쓰여져서 누구라도 재미있게 읽을 수 있다. 이 책을 통해 교회에서 간직해야 할 기독교의 전통을 돌아보고, 그로부터 많은 것을 배울 수 있으리라 생각한다. 한국 교회의 나아갈 방향에 대해 고민하는 사람들에게 꼭 권하고 싶은 책이다.

_ **김성수**(주교, 성공회대 총장)

이 책은 일반 독자들을 대상으로 기독교 역사를 개괄해 놓은 책으로, 유익한 지식과 영적 통찰력이 담겨 있다. 이천 년 기독교 역사에 대한 매우 사려 깊은 안내서이다.

_ <Church History>

추 천 의 글

수십 권의 기독교 역사서를 대신할 수 있는 책_ 복음주의 지성의 대표로 손꼽히는 마크 놀 교수의 책은 늘 기대감을 가지고 읽는 책이다. 현존하는 기독교 역사학자 중에서 놀 교수만큼 깊이와 균형을 갖춘 사람은 많지가 않다. 이런 면에서 마크 놀 교수의 책은 신학자와 목회자의 서가에 꽂혀 있어야 할 필독서라고 할 수 있다. 그 동안 그의 다수의 저술에도 불구하고 우리말로 번역된 책은 극히 소수에 불과한 것이 유감이었는데, 이번에 놀 교수의 역작이라고 할 수 있는 「터닝 포인트」가 번역되어 누구나 읽게 된 것을 기쁘게 생각한다. 이 책은 역사에 관한 책이지만 메마르지 않으며, 오히려 장마다 역사에 대한 저자의 통찰력 있는 조감(鳥瞰)과 깊이 있는 사색이 복음의 열정 속에서 고스란히 녹아 있기에 읽는 이의 가슴을 뜨겁게 한다. 이 책은 첫 장부터 끝 장까지 버릴 것이 없는 책이다. 수십 권의 기독교 역사서를 대신할 수 있는 책으로 강력히 추천하는 바이다.

_ **오정현**(사랑의교회 담임목사)

교회사 과목의 교재로 사용한 책이었는데, 아주 재미있게 읽었다. 교회사에 대해 이전에 공부해 보지 않은 사람들도 재미있게 읽을 수 있게 쓰여졌을 뿐 아니라 이미 교회사를 공부한 사람들에게는 새로운 관점을 제시해 준다.

_ Jesse Rouse (아마존 닷컴)

추 천 의 글

세세한 나무들과 큰 숲을 동시에 볼 수 있는 안목을 갖게 해주는 놀라운 책_ 이 책은 방대한 기독교 역사를 이해하기 쉽고 간명하게 보여주는 기독교 역사 연구의 입문서다. 우리 모두는 자신의 삶의 여정을 독특하게 엮어주는 결정적인 어떤 전환점들을 갖고 있다. 이 전환점들은 나의 삶에 남다른 의미를 부여해 주며 나의 나됨을 결정해 주는 굵은 선과도 같다. 기독교 역사도 마찬가지로 어떤 결정적인 전환점들로 엮어진 굵은 선을 갖고 있다. 이 전환점들만 잘 파악하고 꿰뚫게 되면 복잡하고 방대한 기독교 역사도 한눈에 파악할 수 있다. 이런 점에서 이 책은 기독교 역사를 구성하고 있는 세세한 나무들과 큰 숲을 동시에 볼 수 있는 안목을 갖게 해주는 놀라운 책이다.

_ **김성수 총장**(고신대학교)

이 책에 나온 교회사의 터닝 포인트를 알게 되면 기독교 신앙을 이해하는 데 많은 도움을 얻을 수 있다. 또한 이슬람교와의 관계를 포함해서 개신교와 가톨릭의 관계 등 오늘날의 시대에 기독교 신앙이 어떻게 적용되어야 하는지를 알아가는 데 많은 도움을 준다.

_ Scott R. Miller (아마존 닷컴)

CONTENTS

역사는 과거와 현재의 끊임없는 대화이다. _E. H. 카

인간의 조바심보다 하나님의 인내가 더욱 넓으며,
인간의 범죄보다 하나님의 용서가 더욱 강하며, 인간의 의보다 하나님의 은혜가 더욱 크다.

감사의 글

이 책의 주제 설정에 지난 수년 동안 도움을 준 많은 교수, 친구, 동료들에게 진심으로 감사한다.

교회사를 함께 연구했던 해롤드 브라운, 잭 포스트, 존 거스트너, 데일 존슨, 맥도날드, 존 워윅 몽고메리, 고(故) 리처드 울프, 존 우드브리지 등 뛰어난 재능의 스승들께 감사한다. 그 중에서도 특히 데이빗 웰즈에게 감사한다. 그는 여러 가지 의미에서 나의 첫 스승이었다. 이들이 쓴 구절이나 개요 중 극히 일부라도 수년간에 걸쳐 강의안을 인쇄물로 다시 정리하는 과정에서 남아 있다면 증정해 준 것으로 여기기를 바란다. 지난 수년 동안 앤드류 월즈로부터 받은 또 다른 가르침으로 인해 기독교 역사에 대한 나의 이해가 더욱 깊어졌다.

휘튼대학에서 배우는 학생들에게 감사한다. 그들은 인내심 있게 강의를 들었고, 여러 문제점을 탐구하여 진부한 지식을 진정한 역사적 사건으로 만들었다.

이 책의 출판이 진척되도록 아량을 베풀어준 휘튼대학 후원자들께 감사한다.

미국 복음주의연구협회(the Institute for the Study of American Evangelicals)의 작업에 참여한 친구들에게 감사한다. 그들은 북아메리카 기독교 역사 문제 연구에 매우 탁월하여 전 세계에 걸친 기독교 역사를 연구하는데 있어 고려할 만한 매우 귀한 대조적 시각을 제공해 주었다.

수십 년 간 나를 격려하고 인내해 준 가족들에게 감사를 보낸다. 그들은 내가 역사 연구에 때로 미온적일 때마다 열정을 갖게 해주었다.

비서이며 친구이자 이 책을 처음 기획했던 로버트 브라운에게 감사한다.

연구원이자 친구이며, 책을 완성하는데 헌신적으로 참여했던 에스텔레 베르거에게 감사한다.

- 여러 모양으로 훌륭한 편집에 도움을 준 마리아 덴보어, 메리 앤 제프리, 크레이그 놀, 짐 올손, 짐 웨버에게 감사한다.
- 일리노이 휘튼 글렌 엘린의 베델장로교회, 임마누엘장로교회 교인들과 주일학교 멤버들에게 감사한다. 그들은 과거의 기독교에 매우 열성적인 관심을 보여주었다.
- 루마니아 오라데아와 크루쥐 침례신학교 학생들에게 감사한다. 특히 오라데아의 친구들은 1989년 여름, 두 주간분의 교회사 연구의 서론 부분 강의안을 한 장의 4×6 카드에 압축시킬 기회를 제공해 주었다. 그렇게 해서 씨앗이 뿌려졌고, 이 책으로 싹이 움트게 되었다.

이 책에는 두 가지 종류의 주(註)가 들어있다. 주는 책의 끝부분에 따로 정리했는데, 본문의 주 이외에 글상자 속에 있는 긴 인용문마다 하나의 주가 제공되었다. 이들은 본문 주 다음에 '글상자 주'(Box Notes) 부분에 일괄적으로 모아 놓았다. 그리고 각 장마다 더 읽을 거리를 따로 정리하여 게재하였다.

연구 문제를 만들면서

로버트 라키(Robert H. Lackie)

● 본서에는 각 장마다 본문의 이해를 위한 질문들과 '오늘날 교회에 적용할 점'들에 대한 질문들이 제시되어 있다(각 장 끝부분 '한 잔의 차를 나누며'). 그 질문들은 한 스터디 그룹에 의해 작성되었는데, 저자의 배려 가운데 이 책에 수록되었다. 그 연구문제를 만든 로버트 라키의 설명을 아래에 첨부한다. _ 편집자주

저자는 서론에서 교회사 연구가 현대 그리스도인들에게 왜 유익한지에 대해 네 가지 중요한 이유를 들었다.

1. 기독교 역사 연구는 하나님이 삶과 유리되지 않고 세계사 속에서 자신의 의지를 관철시키신다는 사실을 계속적으로 기억하게 한다.
2. 교회사 연구는 성경 해석에 대한 관점을 제공한다.
3. 교회를 연구함으로 그리스도인들이 어떻게 그들 시대의 문화와 상호 작용을 했는지를 흥미롭게 살필 수 있다.
4. 교회를 연구함으로 그리스도인이라 자처하는 사람들이 저지른 끔찍한 잘못에도 불구하고, 어떻게 하나님이 자신의 교회를 자비롭게 보호하고 부흥시켰는지를 거듭 알 수 있다.

이러한 유익들은, 교회사에 흥미있는 사람들이 함께 만나 이 책에 대해 의견을 나눌 때 증폭되었다. 약 500명 성도가 모이는 교회의 지도자로서, 이 책은 나와 내 교육 프로그램에 참여했던 사람들에게 끼친 풍성한 보화였음을 증명할 수 있다. 우리는 이 책이 출판된 직후에 사용하기 시작했는데, 나는 이메일로 저자에게 기쁨에 가득 찬 서신을 보냈고, 이 책의 연구 지침서(study guide)를 발행할 것을 권유하였다. 저자가 나에게 그것을 써보라는 답장을 보내왔을 때, 무엇인가를 부탁하는 것은 신중을 기해야 할 일이라는 사실을 알게 되었다. 우리는 내가 이 책에 쓴 연구문제가 기대할 만한 것인지 논의했고, 그렇게 해서 이 부분이 쓰이게 되었다.

나는 연구 문제를 작성하면서 이 책에 함께 '편승'할 기회를 얻는 특권을 누렸다. 각 질문들의 의도는 스터디 그룹이나 토론 그룹에 사고를 자극하는 질문을 제공하는 것이

다. 이러한 질문을 통해 그 그룹은 이 책이 제시하는 것을 더 풍성히 누릴 수 있는 도움을 받게 될 것이다.

질문은 두 가지 방법으로 제기된다. '시작하면서' 다음에 나오는 '개괄적인 질문'은 일반적으로 이 책과 교회사의 전체 범위를 망라한다. 아마 독자는 이들을 '개괄적인 시각'을 가진 질문으로 여길지 모른다. 저자는 '시작하면서'에서 이러한 종류의 질문들을 위한 기초 사항을 제시했는데, 거기에서 마태복음 마지막 구절에서 나오는 교회를 향한 하나님의 목적을 설정했다.

전체를 포괄하는 이들 질문은 개별 독자나 토론 그룹이 책을 통독했을 때 답할 수 있을 것이다. 각 장을 읽은 후에 질문들을 다시 보는 것이 귀찮을 수도 있겠으나 6장과 13장에 들어가기 전에 질문들을 다시 들추어보면 유익할 것이다. 이 질문들에 대한 대답은 이 책을 깊이 읽을수록 바뀔지도 모른다. 이 질문들의 의도는 독자들이 의자에 깊이 앉아 주어진 장에서 읽었던 내용의 폭넓은 의미를 곰곰이 생각하고, 이어지는 장들을 종합하도록 도전하기 위한 것이다. 바라기는, 독자들이 이 질문들을 통해 책의 각 장들이 동일한 이야기, 즉 이 땅의 그리스도의 몸(교회)에 대한 이야기의 일부라는 것을 기억했으면 한다.

각 장 말미의 '한 잔의 차를 나누며'에 제시된 두 번째 종류의 질문과 '오늘날 교회에 적용할 점'은 책 내용에서 제기되었던 문제를 더 깊이 탐구할 수 있도록 해줄 것이다. 그 질문들을 접하면서 독자는 각 장의 내용을 현대 세계에 적용할 수 있게 될 것이다.

소망하기는 이 질문들이 독자에게 자극을 주어 교회사 연구에 더 깊이 몰두하며, 역사에서 자신의 목적을 드러내셨던 하나님을 더욱 잘 이해했으면 한다. 결과적으로 독자는 하나님을 더 깊이 사랑하는 데 이르게 될 것이다.

역자의 글

이 책의 저자 마크 놀(Mark A. Noll, 1946-)은 침례교인으로 시작하였지만, 칼빈을 비롯한 개혁신학자들의 서적을 두루 섭렵하였으며, 아이오와(Iowa) 대학원에서 비교문학을, 트리니티(Trinity) 신학교에서 교회사를 공부하였습니다.

그는 27년 동안 자신의 모교인 휘튼(Wheaton) 대학의 역사 및 교회사 교수로 있다가, 최근 조지 말스덴(George Marsden)의 후임으로 노틀 담(Notre Dame) 대학으로 자리를 옮겼습니다. 수년 전 우리나라에도 소개된 바 있던 그의 「복음주의 지성의 스캔들」(엠마오, 1997)은 이미 기독교 서적의 명저로 알려져 있습니다.

기독교 역사가들에게는 자신의 초자연적인 신앙과 역사의 과학적 연구 방법 사이의 긴장을 어떻게 조화시키느냐가 과제로 주어져 있습니다. 이 과정에서 기독교 역사가는 자신의 인생관, 신앙관, 세계관을 개입시키기 마련입니다. 이런 점에서 마크 놀은 근대 실증주의 역사학의 연구방법과 칼빈주의 세계관을 유지하고 있다고 볼 수 있습니다.

마크 놀은 이 책에서 기독교 역사에서 자신이 선택한 12가지 터닝 포인트와 20세기에 계속되는 전환점들(13장)을 소개하고 있습니다. 그는 교회사의 통시적 흐름을 꿰뚫어 보고 있으며, 그 과정에서 제기된 문제, 논쟁점을 함께 보는 공시적인 파악도 소홀히 하지 않고 있습니다. 또한 역사 속의 기독교, 기독교와 함께 한 역사를 무리없이 조화시키고 있습니다. 그의 이러한 노력으로 하나님께서 어떻게 역사하시는지, 인간의 역할은 무엇이며 어느 정도였는지, 그리고 기독교의 위대한 부흥의 역사와 인간의 한계가 어떻게 만나고 있는지 등이 잘 설명되고 있습니다.

이 책에 첨가된 로버트 라키(Robert H. Lackie)의 개괄적인 질문들과 각 장마다의 질문, 그리고 오늘날 교회에 적용할 점 등은 일반 서적에서 찾아볼 수 없는 특별한 기획이라 할 수 있습니다. 이를 통해 독자는 본서가 대충 읽고 마는 책이 아니라 다시한번 곱씹으며 이해해야 하는 책이라고 느끼게 될 것입니다.

이 책은 출판될 당시부터 기독교계의 관심을 끌었습니다. 이제 책이 번역되어 한국 기독교계에 조금이나마 기여할 수 있게 된 것을 기쁘게 생각하며, 이 책의 출판을 위해 애쓰신 CUP의 여러 분들과 회람하여 읽어 준 많은 동역자들에게 감사를 전합니다.

시작하면서

터닝 포인트의 개념 & 왜 기독교 역사를 연구해야 하는가?

터닝 포인트의 개념 & 왜 기독교 역사를 연구해야 하는가?

마태복음 28장, 사도행전 1장에는 예수님이 제자들에게 남긴 최후의 말씀이 기록되어 있다. 이 말씀들은 여러 다른 이유에서도 중요하지만, 기독교 역사에 대한 일종의 틀을 보여 준다.

"하늘과 땅의 모든 권세가 내게 주어졌다"(마 28:18). 그리스도의 제자들이 그리스도의 주권 밖에 놓여 있었다면 아무 일도 일어날 수 없었다. 영광스러운 것이든 세속적인 것이든 교회가 겪은 경험들이 살아있는 하나님의 말씀과 관련되지 않은 것은 없다.

"그러므로 너희는 가서 모든 민족을 제자로 삼으라"(마 28:19). 기독교 역사는 적어도 두 가지 서로 연관된 행동들을 항상 포함했다. 즉 아직까지 그리스도의 이름이 알려져 있지 않은 곳을 향한 외적인 운동과 그리스도를 더 잘 알아가기 위해 마음을 훈련시키는 내적인 운동이다.

"내가 세상 끝날까지 너희와 항상 함께 있으리라"(마 28:20). 개인적이든, 공동체적이든 그리스도인들에 의해 저질러지는 죄악들로 인해 그 교회가 흔들릴지도 모른다. 그러나 하나님의 사람들은 그들 자신의 지혜가 아니라 그리스도의 임재에 의해 지속될 것이다.

"땅 끝까지 이르러 내 증인이 되리라"(행 1:8). 기독교 신앙은 특별한 문화에 뿌리를 박고 개별 국민, 지역, 국가들을 형성시키는데 깊이 관여하곤 했다. 그러나 기독교 자체는 그들 중 어떤 것에도 예속되지 않았다. 오히려 교회는 그리스도 안에 있는 하나님의 사랑을 증거하고 전 세계에 그 증거를 증언하기 위해 존재해 왔다.

물론 예수님의 이 마지막 말씀은 기독교 후기 역사에 대해 자세한 것을 말해 주지는 않지만, 그 방향을 제시한다. 기독교 역사는 광대한 시간을 가로질러 매우 다양한 형태를 취하면서 광범위한 지역을 통해 굽이쳐 나갔다. 그러나 그 역사는 생명의 주(the Lord of Life)를 예배하고 섬기려 하는 증인된 사람들의 이야기를 담고 있다.

기독교 역사의 일반적인 의미를 이해하는데 여러 방법이 있지만 가장 흥미로운 방법 중 하나는 기독교 역사에 있어 결정적인 터닝 포인트들을 고찰하는 것이다. 그 결정적인 터닝 포인트들을 정하는 것은 다소 주관적인 일이 될 것이다. 왜냐하면 무엇이 가장 중요한 터닝 포인트인가에 관한 결정은 관찰자가 가장 중요하다고 생각하는 것에 불가피하게 의존하기 때문이다. 그러나 기독교 역사에 있어 그 결정적인 터닝 포인트들을 선택하는 것이 제한적이고 주관적일지라도 그러한 훈련은 여러모로 유익하다.

- 교회사 연구를 위해 이용할 수 있는 수많은 자료로부터 약간의 이목을 끄는 사건들을 선택하고 끄집어낼 기회를 제공한다. 그렇게 함으로 매우 복잡한 주제들에 어느 정도의 질서를 가져온다.
- 교회사의 터닝 포인트에 초점을 맞추는 것은 교회의 실제 역사를 구성하고 있는 인간성, 복잡성, 불확실성 등을 드러내는 특별한 순간들을 부각시켜 곰곰이 생각해볼 기회를 제공한다. 그러나 그것은 수세기에 걸친 발전을 다시 설명하려고 애쓰는 과정에서 때때로 애매모호하다.
- 특별한 터닝 포인트들을 좀더 자세히 연구하면 어떤 중요한 사건, 행동, 우연한 사건이 왜 기독교 역사에서 중요한 분기점이 되었는지, 또는 기독교의 발전에 새로운 전기를 마련하게 되었는지에 대해 보다 전문적으로 해석하고 설명할 기회가 된다.

그런 측면에서 결정적인 터닝 포인트들로 구성된 기독교 역사에 대한 입문서를 꾸며보면 유익할 것이라는 생각이 수년간 나를 압박해왔다. 첫째, 내가 출석하는 교회의 교육 과정을 만드는데 하나의 틀이 필요했다. 다음으로는 루마니아 목사들과 평신도 사역자들을 위해 단기 과정으로 교회사 전반을 소개할 기회가 두 번이나 우연찮게 있었다. 마지막으로 휘튼대학 학생들에게 기독교 역사 개론을 한 학기 가르치면서 최상의 방법이 무엇인지에 대해 다시 한번 생각할 기회가 있었다. 결정적인 터닝 포인트들에 초점을 맞추다 보니, 이러한 수강자들에게 이전에 내가 그러한 자료들을 다른 방법으로 가르칠 때 발견했던 것보다 더 많은 해석상의 의견을 개진할 기회를 제공하는 한편 특별한 에피소드들에 더 커다란 초점을 맞출 수 있게 된 것을 알게 되었다.

이 책은 직접적으로 그러한 다양한 강의 경험에서 나온 것이다. 몇 개의 중요한 터닝 포인트들에 초점을 맞추기 위해 많은 사건들이 탈락되었다. 교회 역사상의 수많은 인물, 교리 등의 대대적인 활동에 관심을 기울여서 좋은 성과를 얻을 수도 있지만, 이 책에서는 일반적이며 개괄적인 서술보다는 터닝 포인트가 된 사건들에 초점을 맞추는 방법으로 더 많은 것을 얻게 되었다.

그러한 강의안들을 발전시킨 이 책은 양을 늘리기보다는 의도적으로 줄였다. 나는 이 책을 학자들보다는 평신도와 입문 과정의 대학생들을 위해 썼다. 기독교적 전제조건 – 자세히 말하면 프로테스탄트 복음주의파 – 을 가진 저자가 저술한 것이지만, 그러한 전제를 인정한 만큼 공정하고 당파성이 없게 쓰고자 했다. 또한 이 책은 유럽인과 북아메리카인들만을 위한 신앙이라기보다는 전 세계적인 종교로서의 기독교를 제시하기 위해 쓰였다.

마지막 장에서 논의된 20세기의 잠재적인 터닝 포인트들도 그러하지만, 특별한 관심을 갖고 뽑은 열두 가지의 터닝 포인트들은 틀림없이 선택되어졌어야 할 유일한 것들은 결코 아닐 수 있다. 선택되지 않은 사건들 중 아래와 같은 많은 다른 사건들도 포함될 수 있는 좋은 예들이 될 것이다.

- 5세기 초 패트릭(Patrick)의 아일랜드 선교
- 909년 프랑스 클뤼니에서의 개혁적인 수도원 설립
- 988년 카이반 루스족(Kyivan Rus)에게 도래한 동방 정교회
- 1095년 십자군 운동의 시작
- 13세기 초 탁발 수도사(특히 도미니크스단과 프란시스코단)를 통한 수도원 제도의 부흥
- 1453년 이슬람에 의한 비잔틴 로마제국의 멸망
- 서유럽 너머의 기독교 선교활동에 있어 중요한 사건들

- 성경의 중요한 번역물(예를 들면 약 400년경 제롬의 라틴어 번역, 14세기 말 위클리프에 의해 고취된 영어 번역, 1522년 루터의 독일어 번역, 1611년 킹 제임스 번역 성경, 그리고 19세기와 20세기의 수많은 새로운 번역 성경)
- 19세기 말 아프리카에서 기성 교파에 속하지 않는 독립교회 시작
- 그리고 기독교 후기 역사에 결정적인 영향을 주었던 중요한 저항과 인도주의 운동의 등장이 있다(예를 들면 1173년 발도파 Waldensian, 1525년 콘라드 그레벨과 재세례파, 1609년 존 스미스와 침례파, 1652년 조지 폭스와 퀘이커 교도, 1878년 윌리엄, 캐더린 부스와 구세군).

기독교 역사에서 열두 개의 가장 중요한 터닝 포인트들을 선택하려는 시도는 그 자체가 좋은 훈련이다. 내가 이 책에서 열두 개의 터닝 포인트들을 선택한 것은 우선적으로 그것들이 교회사에서 참으로 중요한 사건이라고 생각했기 때문이다. 또한 부분적으로는 내가 가르치고 읽어왔던 것들을 통해 내가 잘 알고 있는 사건들이었기 때문이기도 하다.

만약 이 책이 다른 사람들로 하여금 여기에 수록된 터닝 포인트들 외에 더 중요하다고 생각하는 또 다른 선택이 가능한 사건들을 생각하게 한다면 그것만으로도 이 책은 매우 성공적인 책이 될 것이다.

각 장은 터닝 포인트 자체를 비교적 상세히 설명하는 것으로 출발한다. 왜냐하면 역사적 사건을 상세히 연구해 보면 '교회사'(Church History)란 결코 주류 교리들이나 충돌하는 원칙들이나 불가피한 결과물들의 위대한 영원함(great eon)을 통한 거창한 흐름만은 아닌 것이다. 오히려 빈번히 일어나는 불분명한 사고와 주저하는 행동과 어느 정도는 우리 자신과 같은 인간들이 경험했던 예상치 못한 일들이 누적된 결과들이다.

이러한 구체적인 방법으로 역사를 충실하게 만들려고 시도한 다음에야 우리는 왜, 어떻게, 그리고 무엇이라는 광범위하고 좀더 일반적인 문제점을 탐구하게 된다. 왜 이 사건은 중요했는가? 그 일은 이전에 있었던 일과 어떤 관련이 있으며 후속된 일을 어떻게 이끌었는가? 그리고 현재에서 돌아볼 때, 그 사건에서 배우는 것은 무엇인가? 이러한 의문에 대한 대답은

필연적으로 보다 일반적인 것임에 틀림없다. 그러나 그 대답들은 장대한 역사적 결과들과 선명하게 부각되어진 중대한 사건들을 분리시키기보다는 연결시키는 경향이 있다.

터닝 포인트들에 대해 더욱 더 상세한 정황을 제공하기 위해 각 장은 다루어진 터닝 포인트와 가까운 시기에 쓰인 찬송으로 시작해서 기도로 끝을 맺는다. 각 장 역시 터닝 포인트에 참여하거나 그것에 의해 영향을 받은 사람들이 쓴 글에서 발췌한 여러 개의 긴 인용문을 포함하고 있다. 지도, 표, 삽화와 함께 이들 자료들은 부분적으로는 보다 흥미롭게 읽을 만한 책으로 만들고자 의도된 것이다. 그러나 이 자료들 역시 역사의 마른 뼈에 약간의 살을 붙여 나가기 위한 방법으로 계획되었다. 지난날 기독교의 위대한 결정들은 동료 그리스도인들과 함께 찬양하고 기도했던 사람들에 의해 이루어졌다. 그들은 정기적인 예배를 통한 귀중한 양육과 교회 내부의 갈등이라는 환멸적인 슬픔을 경험했고, 때로는 공중 연설이나 책을 통해 자신의 견해를 장황하게 설명했던 사람들이었다. 그들의 목소리를 들려주는 겉치레로만 제공된 것은 아니다. 이는 교회사의 위대한 사건들이 항상 진실한 사람들과 관련되었다는 것을 보여주려는 것이다. 그들의 정기적인 예배, 성경 연구, 성례에의 참여, 전도와 교육에 대한 관심은 이 책에 기록된 것들의 기초 자료가 되었다.

그러나 다음과 같은 의문이 제기될지 모른다. 도대체 왜 교회사에 관심이 있는가? 왜 과거의 기독교(모호하고, 사소하고, 혼란스럽고 또는 복잡하게 보이기 쉬운)에 대해 아는 것이 현재의 그리스도인들에게 흥미와 도움을 주게 된다고 생각하는가?

분명히 어떤 사람들은 다른 사람들보다 역사 연구에 보다 자연스럽게 관심을 기울이는 경향이 있다. 그러나 오늘날의 그리스도인에게 있어 적어도 기독교 역사에 어느 정도 관심을 기울이는 것이 왜 가치 있는지 몇 가지 이유가 있다. 이들 이유에 대한 간단한 설명은 이 책을 구성하는 특정한 터닝 포인트들에 대한 기초가 된다.

1. 첫째로 기독교 역사는 기독교 신앙이 가진 변형시킬 수 없는 특성에 대해 계속적이고 구체적인 증거를 제공한다. 성경은 위대한 진리에 대한 분명한 진술로 가득 차 있다. 예를 들어 하나님께서 이스라엘 백성들을 위해 '역사 안에서 행하신' 직접적인 결과로서 그들에게 십계명을 주셨다. "나는 너를 애굽 땅, 종 되었던 집에서 인도하여 낸 네 하나님 여호와니라. 너는 나 외에는 다른 신들을 네게 두지 말라"(출 20:2-3). 신약성경의 관점은 그 같은 역사적 사실들을 풍부하게 수용하였다. 기독교 신앙의 중심 교리뿐 아니라 서술상의 핵심은 "말씀이 육신이 되었다"(요 1:14)는 진리이다. 사도 요한은 "우리가 들은 바요 눈으로 본 바요 자세히 보고 우리의 손으로 만진 바라"(요일 1:1)는 구체적인 용어를 써서 기독교 신앙을 상세하게 언급했으며, 누가는 그의 복음서 첫 장에서, 성경의 메시지는 "우리 중에 이루어진 사실에 대하여 처음부터 목격자와 말씀의 일꾼 된 자들이 전하여 준 그대로"(눅 1:1~2)의 사실에 의존하고 있다고 기록했다. 또한 사도 바울은 1세기의 신앙인들에게 '본보기'(examples)가 되었던 유대 역사상의 사건들에 대해 언급했다(고전 10:6, 11).

이들 메시지와 그 밖의 수많은 성경 구절은 예수 그리스도 사역의 역사적 성격과 관련된 381년 니케아-콘스탄티노플 신조의 핵심 주장으로 다음과 같이 요약되었다. 그리스도는 인류와 우리의 구원을 위해, "하늘로부터 내려와 성령에 의해 동정녀 마리아에게 나셔서 육신이 되었으며 본디오 빌라도에게 고난을 받으사 십자가에 못 박혀 죽으시고, 장사한 지 사흘 만에 다시 살아나셨다."

역사를 진지하게 받아들일 때 위험이 따르는 것은 분명하다. 기독교 전체 역사를 보면, 그리스도인들이 교회에 속해 있는 인간의 행위와 하나님의 행위를 동일시했을 때, 즉 그리스도인들이 시공간 안에서 행한 그들의 행위를 정당화하기 위해 하나님 이름을 사용하면서 마치 하나님 자신이 행동하는 것과 마찬가지라고 간주했을 때, 계속하여 문제가 발생했다.

그러나 그러한 위험은 또한 성장을 주었다. 그리스도인이 된다는 것은 교회사에서의 역사적 인물들로부터 받은 영향들과, 그리스도 안에서 하나님이 행하신 모든 일, 즉 성육신, 십자가 처형, 부활, 승천하신 사건들 안에서 무한한 연관성을 갖는 것이다.

2. 교회사가 두 번째로 기여한 것은 성경 해석에 대한 관점을 제공한다는 점이다. 모든 그리스도인들은 다양한 형태로 자신들이 성경에 의존하고 있음을 증거하고 있다. 그러나 아주 조금만 살펴보아도 성경이 어떻게 이해되고 활용되는지에 대해 무수히 많은 견해 차이가 있음을 알 수 있다. 기독교 역사를 연구하면 성경의 의미를 발견할 수 있는 다양한 지침을 제공받게 된다.

우리는 지난날의 기독교를 거대한 세미나실을 보듯 살펴볼 수 있다. 거기에는 성경을 이해하기 위해 오랫동안 수고한 이들이 방의 여러 귀퉁이에서 발표하고 있다. 저쪽에서는 어거스틴이 삼위일체에 대해 강연하고, 이쪽에서는 성 패트릭(Patrick)과 진젠도르프(Zinzendorf) 백작이 어둠을 이기는 빛의 권세에 대해 의견을 나누며, 또 한 편에서는 시에나의 캐더린과 피베 팔머(Phoebe Palmer)가 거룩함의 권세에 대해 논쟁한다. 또한 방 저쪽에서는 그레고리 대교황이 사제의 의무에 대해, 또 다른 곳에서는 정교회 수도사인 알라스카의 성 헤르만(Herman)과 초대 아프리카 성공회 주교인 사무엘 아자이 크로우더(Samuel Ajayi Crowther)가 문화적 한계를 넘어 기독교를 전달하는 것이 무엇을 의미하는지에 대해 나눈다. 성 프란시스는 하나님이 정한 지상의 선에 대해 이야기하고, 토마스 아퀴나스, 신 신학자(New Theologian) 시므온(Simeon)과 블레이즈 파스칼은 한데 모여 계시와 이성의 관계에 대해 대화를 나눈다. 빙겐의 힐데가드(Hildegard of Bingen)와 요한 세바스찬 바하는 하나님을 찬양하는 방법에 대해, 마르틴 루터는 믿음에 의한 칭의를, 존 칼빈은 선지자이며 왕이며 제사장이신 그리스도에 대해, 그리고 찰스 웨슬리는 하나님의 사랑에 대해, 그 어머니 수산나(Susanna)는 어린아이들에게 신앙을 전달하는 것 등에 대해 나누는 모습을 상상해 보라.

만약 현대의 그리스도인들이 이러한 문제들이나 그 외 수많은 일들에 대해 성경에 계시되어 있는 하나님의 뜻을 알기 원한다면, 스스로 성경을 주의깊게 연구하는 것이 가장 현명한 방법일 것이다. 그러나 도움을 구하는 것도 지혜로운 방법이다. 내가 성경에 대해 제기하는 문제는 틀림없이 전에 질문되었던 것이고, 적어도 나만큼이라도 덕이 있고 기록된 말씀을 숙고하는데 끈기가 있으며, 인간의 마음을 잘 알고 있는 사람들에 의해 이미 언급되어졌을 것이라는 사실을 깨닫는 것은 현명한 일이다.

외국어 교사들은 당신이 제2, 제3의 언어를 배우려 하지 않는다면 진정으로 당신 자신의 언어를 알지 못한다고 말한다. 마찬가지로 성경 학습자들이 성경의 의미에 대해 다른 사람들과 나누지 않는다면 그 풍부함을 이해한다고 말할 수 없다. 사실 그리스도인들은 성경의 의미에 대해 설교를 듣든, 주석을 읽든, 여러 종류의 성경 연구 모임을 통해서든 항상 서로 의견을 나눈다. 그러나 기독교 역사 연구를 통해 추가로 얻을 수 있는 유익은, 여러 책 속에 성경과 관련된 놀라우리만큼 풍부한 보고(寶庫)가 발견될 수 있음을 인식하는 것이다. 그 저자들은 비록 고인이 되었지만, 그들이 성문서(sacred texts)에서 발견했던 것들은 지금도 이야기된다.

교회사는 성경을 이해하는데 이러한 종류의 직접적인 도움을 제공하기도 하지만, 그만큼 매우 신중할 것을 요구한다. 매우 설득력 있게 보인 적이 있었던 어떤 성경 해석들이 시간이 지난 다음에 보면 실상은 성경을 왜곡한 것임을 알게 되는 경우가 흔히 있다. 예를 들어 과거에 일부 그리스도인 집단이 성경에서 로마제국이 천년왕국을 이끌게 될 것이고, 그리스도가 1538년에 재림할 것이며, 아프리카인들은 본래부터 열등한 형태의 인간임을 분명히 가르친다고 생각한 적이 있었다는 것을 발견하게 되면, 우리는 특별한 사고 형태나 어떤 시대의 지적 관습이 성경 해석에 영향을 끼칠 수 있음을 알 수 있다.

그러한 과거의 잘못된 해석을 살펴볼 때 얻을 수 있는 유익은 오늘날 소중한 성경 해석들이 이전 시대의 분명히 비정상적인 해석처럼 우리 시대의 관습에 의존하는 것일 수 있고, 성경의 실제 메시지와 상관없을지도 모른다는 가능성을 제기하는 것이다. 현시점에서 이 문제에 대한 사례들을 제시하는 것은 어렵다. 왜냐하면 내가 가장 선호하는 성경 해석이 적어도 한 물간 양식에 의해 영향 받은 것들과 정확히 일치할 것 같기 때문이다. 오늘날의 사고 형태가 내가 거부한 성경 해석을 지배하는 것을 보는 것이 더 쉽다. 그럼에도 불구하고 매우 경건한 사람들이 과거에 이상야릇한 성경 해석을 주장하기도 했다는 사실은 우리 모두에게 경고가 되어야 한다.

3. 또한 교회사 연구는 그리스도인과 주변 문화의 상호작용을 탐구하기 위한 일종의 실험실이란 점에서 유용하다. 대단히 중요한 것은 아니지만 하나의 두드러진 예를 골라보면, 20세기 말에 많은 서구 교회들이 교회에서 어떤 종류의 음악을 사용할지에 대해 논쟁을 벌였다. 모든 전통적인 찬송가가 새로운 찬양을 좋아하는 풍조에 밀려나야 하나? 오르간으로 연주해야 하는가, 아니면 소규모 악단이 연주해야 하는가? 무반주, 전자악기, 드럼으로 연주되어야 하는가? 과거사 연구로는 오늘날에 그리스도를 위한 음악을 최상으로 사용하는 법에 대해 쉽게 대답할 수 없다. 그러나 16세기 전반기를 살펴보면 틀림없이 도움을 얻을 것이다. 그때는 종교개혁의 혼란기를 맞이하여 교회 내 음악 사용에 대해 적어도 대여섯 가지의 다른 결정이 내려졌다. 당시 로마 가톨릭은 난해한 음악과 전문적인 연주를, 칼빈주의자들은 단순한 곡조를 가진 회중이 부르는 시편 찬양을, 정교회는 전통 전례를 고수했고, 재세례파는 반주 없이 부르는 회중 찬양을 선택하여 모든 '세속적'(worldly) 형태의 음악을 거부했으며, 루터파는 전문적인 음악과 회중찬양을 결합했으며, 성공회는 대체로 루터파, 가톨릭, 칼뱅파의 형태 중에서 오락가락하였다. 이들 각각의 기독교 전통을 형성하는데 도움을 주었던 중요한 일들이 있었다. 전통적이거나, 유행을 따르거나, 대중적이거나, 전문적이거나, 정교하거나 단순한 형태의 음악을 결정한 결과였다는 측면에서 보면, 오늘날 음악 사용에 따른 문제들을 깊이 생각하는데 있어 실질적인 정황이 제공된다.

현대 그리스도인들은 삶이냐 죽음이냐의 결과를 초래할 수 있는 문제에 직면하여 다양한 정치적 상황 속에서 신앙인으로 어떻게 살아가야 하는지 중요한 선택을 해야 한다. 기독교 역사는 명확한 답변을 제공할 수는 없으나 상반되는 이야기들이 혼재해 있는 모습을 보여 줄 수는 있다. 교회가 독재 치하에서 번영한 적도 있었지만, 독재 정권이 교회를 몰살시키기도 했다. 교회는 여러 시대를 지내오는 동안 군주정, 민주정, 귀족정을 지지 또는 공격했다. 교회는 지배 정권을 지지하기도 했지만 맞서기도 했다. 몬타나, 세르비아, 쿠웨이트, 러시아, 르완다, 북아일랜드에 살고 있는 현대 그리스도인들은 아마도 교회 역사와는 다른 종류의 방향으로 사건이 전개되는 것을 관찰할 것이지만, 그들 모두는 자신들에 앞서 같은 길을 걸었던 선배 그리스도인들을 발견할 것이다.

그처럼 교회사는 수많은 다른 상황들과 결부되어 있다. 즉 과학에 대한 그리스도인의 참여, 소외된 인종 집단에 대한 그리스도인의 태도, 평화 또는 전쟁 조장, 다양한 형태의 경제조직에 대한 그리스도인의 기여, 무엇을 먹을까, 무엇을 마실까에 관한 그리스도인의 논의, 하나님의 사역을 조직화하기 위한 그리스도인들의 전술 등이 그것이다.

약간의 역사적 이해만 있어도 이들 문화적 영역 속에서 책임감 있게 행동하려는 오늘날의 그리스도인들은 유익을 얻을 수 있다. 첫 번째로 확신할 수 있는 것은 그러한 문제는 거의 모두 이전에 적어도 어떤 형태로든 신자들이 직면해 왔다는 것이다. 두 번째는 성경, 교회적 권위, 세상 지혜의 현명한 수용, 성령의 내적 격려 등에 의해 인도함을 받은 그리스도인들은 자주 그와 같은 문화적인 문제에 현명하게 잘 대처해 왔다는 것이다. 세 번째는 지난날을 회상해 볼 때 그리스도인들이 잘못 결정했다는 것이 밝혀진 때에도 교회의 주인 되신 주님은 그들을 어리석은 대로 내버려두지 않고, 그들의 그릇된 노력에도 불구하고 주님 자신의 일을 지속적으로 계속하셨다는 것이다.

4. 역사 연구에 있어 크게 부각되는 점은 교회가 자신의 구원자이며 자신을 거룩하게 부르신 자를 자주 배반하려 했음에도 불구하고 하나님이 교회

를 지탱시키신다는 것을 인식하는 것인데, 이는 기독교 역사에서 얻을 수 있는 또 다른 이점이다. 즉 과거를 연구하는 일은 그리스도인의 적절한 태도를 형성시키는 데 유익을 준다. 때로 진정한 기독교를 위해 절대적으로 필요한 일들과 상대적으로 중요성을 갖고 있거나 전혀 중요하지 않은 일들을 구분하려면 현재를 관찰하는 것보다 과거를 살펴보는 것이 더 낫다. 만약 우리가 교회의 사명에 있어서 결정적으로 중요한 의미를 지닌 것을 과거 세대로부터 추출해 낼 수 있다면, 우리는 현재 우리의 감정적이고 영적인 힘을 분별할 기회를 얻게 된다. 이 때 우리가 구별해야 할 것은 기독교 신앙에서 깊이 헌신할 만한 관점에 대해 깊은 헌신을 고수하는 것과 신앙의 중심부에서 주변부로 가면서 더 큰 관용으로 행하는 일이다.

더욱 중요한 것은 교회사 연구를 하면 우리 자신과 우리의 신앙에 대해 더욱 겸손해지게 된다. 현대 교회가 향유하고 있는 것 중 이전 세대 하나님의 백성들로부터 받은 선물이 아닌 것은 없다. 분명히 우리는 과거로부터 내려온 이 선물들을 수정하고, 조정하고, 채택하고, 확대시키고 있지만, 그것들을 만들어 내지는 못한다. 다시 말해, 만약 교회가 파멸에서 벗어나 여전히 한 세대만 존속된다 해도 역시 커다란 유산을 갖게 되는 셈이다. 우리는 이들 은총이 어떻게 우리에게 전해내려 왔는지 알면 알수록, 우리 자신뿐 아니라 과거 세대에 대한 하나님의 신실함에 대해 겸손한 마음으로 감사하게 될 것이다.

지난날의 기독교를 연구하면 겸손함 이상으로 또한 깊은 감사를 하게 된다. 하나님을 영화롭게 하는 눈부신 승리들과 높고 낮은 신분의 그리스도인들이 행한 매우 넓고 깊은 거룩한 일들이 있음에도 불구하고, 종종 교회사에 추잡하고 혐오스런 이야기가 있다는 것은 서글픈 현실이다. 우리가 기독교 역사를 미화하지 않고 실제적으로 연구를 하게 되면, 이기주의, 반란, 압제, 편협성, 게으름, 소심함, 살인(때로 하나님이 말씀하셨다는 위엄을 갖추기도 하지만), 그리고 다른 모든 욕망과 함께 권력에 대한 갈망이 세상에서만큼이나 광범위하게 아주 수치스러울 정도로 교회에서도 번성했다는 것이 분명해지게 된다. 교회사 연구를 하면 새로운 사실로 눈이 번쩍 뜨일 수 있다. 신앙의 영웅들도 보통 흙으로 만든 발(때로 허벅지, 가슴, 머리)을 갖고 있다. 과거의 황금시대를 잘 검토해 보면 보통은 퇴색되었다는 것을 알 수 있다. 신앙의 영웅들 주변에 모여드는 것은 수많은 악인들이며, 그들 중 몇몇은 영웅처럼 굉장해 보이기도 한다.

또한 교회사에는 모든 긍정적인 흐름, 고귀한 사례들과 함께 인간의 사악한 행위가 풍부하게 기록되어 있다. 이에 대한 우리의 반응은 어떤가? 인간은 하나님이 인류에게 행하셨던 것처럼 지속적으로 다른 사람들과 하나님께 행할 수는 없다고 절망할지도 모른다. 그러나 그보다는 그리스도인의 약함과 실패의 긴 기록 속에 감추어진 실재를 생각해보는 것이 더 나을 것이다. 왜냐하면 그러한 기록을 보면 인간들의 조바심보다 하나님의 인내가 더 넓으며, 인간들의 범죄보다 하나님의 용서가 더욱 힘이 있으며, 인간의 죄보다 하나님의 은혜가 더욱 깊다는 것을 알 수 있기 때문이다.

역사는 혼란스럽게 전개되었지만 교회와 관련하여 "음부의 권세가 교회를 이기지 못하리라"(마 16:18)고 말한 구원자의 약속은 성취되었다. 그러나 그 뒤얽힌 역사를 보면 왜 기독교가 "내가 나의 교회를 세울 것이다"라는 말씀을 고수했는지 그 이유를 정확하게 알게 된다.

마지막 서론 대신으로, 다음 몇 마디 말을 하는 것이 유익할 것이다.

대부분의 장에서는 '교회사'(church history)보다는 '기독교의 역사'(the history of Christianity)라는 용어가 좀더 자주 언급된다. 왜냐하면 '교회사'는 '기독교의 역사'보다 신앙의 특별한 표현과 더욱 밀접한 관련이 있기 때문이다. 나는 '기독교'가 어떤 한계로 정의된 것을 의미한다고 확신하는데, 그것은 첫 세 장에서 다루어진 주요 신경들에 의해 아주 잘 정의되어 있다. 더욱이 나의 복음주의적 신념은 종교개혁 신앙의 활기찬 모습이 기독교의 가장 신뢰할 만하고 가장 뛰어난 모습이라고 생각하게 했다. 그러나 동시에 나는 역사 연구를 하면서 고백주의적 그리스도인들(Confessional Protestants)이 때로 실재보다 말로 종교개혁의 사상을 영화롭게 하고 있다는 확신을 갖게 되었다. 또한 역사 연구를 하다보면 다른 기독교 전통에 있는 신앙인들이 정규적으로 그리스도를 닮은 덕성을 보여주고, 하나님의 은혜를 겸손하게 의지하고 있다는 것을 알게 된다. 그들은 나의 고백주의적 기독교의 신념이 그들이 이렇게 했어야 했다고 말하는 것을 훨씬 뛰어 넘는 신앙의 모습을 보여준다. 이러한 사실들을 염두에 두면서 매우 다양한 모습의 기독교에 대해 가능한 한 많은 측면을 저술하려 했는데, 이러한 모습들은 기독교 교회의 모든 부분에서 성실하게 행해져 왔고 계속하여 행해질 것이다.

아래의 글들은 기독교의 역사에 대하여 남성적으로 치우쳐 있다는 것을 보여준다. 캐롤라인 워커 바이넘(Caroline Walker Bynum)은 중세 가톨릭 여성의 종교적 생활에 대한 주요 저서에서 "여성들은 위기나 터닝 포인트 없이 사건들을 언급하고 개인적인 모델을 발달시키는 경향이 있다"고 했다.[1)]

터닝 포인트들에 있어 주요 행위자가 대부분 남성들이라는 사실은 신앙의 고유 성격에 대한 진술이라기보다는 교회의 공적 삶이 수세기를 거쳐 어떻게 문서화 되어 왔는지를 보여주는 것이다. 지난 수십 년 동안 기독교 역사에서 여성에 대한 연구가 활발하여 이미 대중적인 일반 연구를 이끄는 것을 볼 때 참으로 기쁘다. 이 책도 그렇게 되려고 애썼다. 그러나 여성들의 경험 안에서 더 두드러지게 드러나는 기독교적 삶의 모습에 초점을 맞추어 쓰려고 노력했다.[2)]

각 장들은 그 장의 터닝 포인트와 여러 면에서 관계있는 인물의 기도로 끝을 맺는다. 따라서 이 서론에서는 인간 역사에 대한 하나님의 통치와 관련된 모세의 위대한 기도인 시편 두 부분을 기록함으로 그러한 취지를 살려 본다.

주여 주는 대대에
우리의 거처가 되셨나이다.

산이 생기기 전,
땅과 세계도 주께서 조성하시기 전
곧 영원부터 영원까지 주는 하나님이시니이다.
주께서 사람을 티끌로 돌아가게 하시고 말씀하시기를
너희 인생들은 돌아가라 하셨사오니
주의 목전에는
천 년이 지나간 어제 같으며
밤의 한 순간 같을 뿐임이니이다.
주께서 그들을 홍수처럼 쓸어가시나이다.
그들은 잠깐 자는 것 같으며 아침에 돋는 풀 같으니이다.
풀은 아침에 꽃이 피어 자라다가
저녁에는 시들어 마르나이다. 시편 90편 1~6절

우리에게 우리 날 계수함을 가르치사
지혜의 마음을 얻게 하소서
여호와여! 돌아오소서 언제까지니이까?
주의 종들을 불쌍히 여기소서.
아침에 주의 인자하심이 우리를 만족하게 하사
우리 일생 동안 즐겁고 기쁘게 하소서.
우리를 괴롭게 하신 날수대로와
우리가 화를 당한 연수대로 우리를 기쁘게 하소서.
주께서 행하신 일을 주의 종들에게 나타내시며
주의 영광을 그들의 자손에게 나타내소서.
주 우리 하나님의 은총을 우리에게 내리게 하사
우리의 손이 행한 일을 우리에게 견고하게 하소서.
우리의 손이 행한 일을 견고하게 하소서.

시편 90편 12~17절

개괄적인 질문들

각 장을 읽기 전에 이 개괄적인 질문들이 던지는 전제들을 염두에 두고 읽으면 더욱 풍성한 보화를 얻을 수 있을 것이다.

1. 교회는 무엇인가? 이 책을 읽으면서 구체적인 정의를 진전시켜 보라. 각 장을 읽어가면서 이 질문을 계속 해보라.

2. 모든 기독교의 역사에 있어 다양한 문화 속에서 일하시는 하나님은 어떠한 분이라고 생각하는가? 오늘날 우리 문화와 각 개인의 삶에서 일하시는 하나님과 어떻게 다른가?

3. 저자는 기독교 역사에서 일하시는 하나님을 우리가 알 수 있도록 도와 주는 네 가지 지침을 제시한다.
   - "하늘과 땅의 모든 권세를 내게 주셨다." 하나님은 자신의 교회에 영향을 주었던 모든 경험과 사건을 포함하는 만물의 주관자이시다.
   - "그러므로 너희는 가서 모든 민족을 제자로 삼으라." 교회는 계속하여 밖으로는 복음 전파 운동을, 안으로는 그리스도를 더욱 알아가는 운동을 하고 있다.
   - "내가 세상 끝날까지 너희와 항상 함께 있으리라." 교회는 죄와 실패에도 불구하고 그리스도가 함께 하신다는 약속에 의해 유지되고 있다.
   - "땅 끝까지 이르러 내 증인이 되리라." 기독교 신앙은 많은 문화와 그 안에 거하는 사람들에게 영향을 끼친다. 복음은 모든 문화에 속해 있다.

   이 책에 제시된 '터닝 포인트들'의 일부 혹은 전체가 어떻게 이러한 원리들을 보여주는지 생각해 보라.

4. 우리가 가진 정보의 출처를 볼 때, 기독교 역사 연구를 방해하는 한계점은 무엇인가?

5. 이 책에서 제시된 여러 이야기를 서술하기 위해 역사가들이 의존한 1차 사료는 무엇인가? 우리가 현재 소유하고 있는 문서만을 사용함으로 인해 빠진 관점은 어떤 것인가?

6. 전체 기독교 역사에 있어 개혁자들의 역할에 대해 논의해 보라. 개혁자들은 필요한 개혁이 교회의 통일성을 위협함에도 불구하고 그 개혁을 이루기 위해 얼마나 많이 행동해야 했는가? 왜 개혁자들은 기존 교회 밖에서 활동해야만(must) 했는가? 교회와 단절된 개혁운동이 초래한 위험은 무엇이었는가?

7. 우리가 기독교 역사를 연구하는 데 영향을 주는 관점이 있는가? 만약 개인적인 편견과 관점을 여과기로 생각하고 이를 통해 역사를 본다면 그 여과기는 무엇일까? 그것은 어떻게 우리 연구를 돕거나 방해하는가?

Turning Point 01 

주후70년 | 예루살렘의 멸망

유대교에서 기독교로,
독립된 자아를 찾다

유대교에서 기독교로, 독립된 자아를 찾다

사도 바울은 에베소 교회 성도들에게 "너희의 마음으로 주께 노래하며 찬송하며"(엡 5:19)라고 격려했다. 바울은 여러 편지에서 '시와 찬미와 신령한 노래'를 부르는 것이 초창기 그리스도인의 예배의 한 부분이며, 예수님의 십자가 구원 사역에 대해 하나님께 드리는 감사와 고마움의 표시임을 지적하였다(엡 5:19, 골 3:16, 고전 14:26). 1세기 교회에서 드려진 찬미의 내용에 대해서는 자료가 빈약하지만, 일부 학자들은 신약성경에 있는 '찬미'의 구절이 독특한 단어와 교리 내용 및 '서정적 내용과 운율'에 기초하고 있음을 확인하였다.[1)]

초기 그리스도인들은 유대적 표현의 찬송을 불렀지만, 곧바로 기독교 찬송과 그들 자신의 구별된 형태의 전례(liturgy)를 독특하게 발달시켜 나갔다. 교회에 대한 초기 기록 중 찬송가에 대해 이방인이 쓴 기록이 있다. 이 문서는 주후 111년에서 112년까지 소아시아(현재 터키) 폰투스(Pontus)와 비시니아(Bithynia) 지방의 로마 총독이었던 플리니(Pliny)에 의해 작성되었다. 그는 자신이 알게 된 그리스도인들의 관습을 트라얀(Trajan) 황제에게 설명하면서 "그들은 정해진 날, 날이 밝기 전에 모임을 갖고 신으로 간주된 그리스도에게 찬미가를 부르곤 한다"고 썼다.[2)] 이후의 기록을 보면, 2세기에 이르러 찬송이 기독교 예배 속에 잘 확립되었다는 것을 증명하고 있다.

찬송이 발달되어감에 따라 그리스도인들은 신약성경의 골로새서 등에서 볼 수 있는 서정시풍의 말씀을 모델로 사용하였다. 초기 기독교 공동체는 그런 말씀을 통해 그리스도의 죽음과 부활을 돌아보고 그분 안에서 모든 것이 회복될 것을 소망하며, 창조 사역과 교회에서 예수가 중심임을 선언했다.

그는 보이지 아니하는 하나님의 형상이시요
모든 피조물보다 먼저 나신 이시니
만물이 그에게서 창조되되 하늘과 땅에서
보이는 것들과 보이지 않는 것들과
혹은 왕권들이나 주권들이나 통치자들이나 권세들이나
만물이 다 그로 말미암고 그를 위하여 창조되었고
또한 그가 만물보다 먼저 계시고
만물이 그 안에 함께 섰느니라.
그는 몸인 교회의 머리시라.
그가 근본이시요 죽은 자들 가운데서 먼저 나신 이시니
이는 친히 만물의 으뜸이 되려 하심이요
아버지께서는 모든 충만으로 예수 안에 거하게 하시고
그의 십자가의 피로 화평을 이루사
만물 곧 땅에 있는 것들이나 하늘에 있는 것들이
그로 말미암아 자기와 화목하게 되기를 기뻐하심이라.

골로새서 1장 15~20절

주후 60년에 로마의 강압 통치에 대한 유대인들의 분노는 마침내 폭발하였다. 투쟁의 긴 역사의 배후에는 유대인과 유대를 점령한 로마인들이 있다. 로마의 우산 아래 보호받고 있었던 그리스계 주민, 상인, 제국의 관료들과 유대인들의 관계는 개선되지 않았다. 로마는 자주 성전 보물창고를 약탈하여 이른바 미납된 세금을 충당하였다. 로마는 팔레스타인의 통치자로 그리스계 행정장관들을 보냈는데 그들은 유대와 유대교에 관심이 없었고 동정심도 갖지 않았다. 로마는 부와 영향력 있는 직책을 독점하였다. 그들은 유대 농민들을 점점 더 빚의 수렁으로 빠뜨렸다.

유대인의 봉기는 예루살렘 북서쪽으로 약 50마일 떨어진 지중해 해안에 위치한 가이사랴(Caesarea)에서 시작되었다. 그리스계 사람들은 유대 진영을 공격해서 국지적이긴 하지만 합법적인 승리를 거두었다. 이처럼 유대인들이 진압되었을 때 로마 군대는 수동적인 입장을 취했다. 이 사건이 예루살렘에 전해지게 되자 즉각적으로 반응이 나타났다. 유대인들은 여러 파당으로 나누어져 있었지만 급진파의 목소리가 우세하였다. 유대인들은 지역 수비대를 공격하여 수비병들을 학살하였고, 로마에 대한 증오스런 굴복을 끝장낼 것을 호소하였다. 제사장들과 비교적 온건한 유대 지도자들이 로마제국을 위해 강요된 제물을 더 이상 바치지 않게 되자 전면적인 전쟁은 피할 수 없게 되었다.

7년 동안 피로 얼룩진 싸움이 전개되었다. 처음에는 유대 저항세력이 우위를 점하였다. 그러자 로마는 제멋대로인 유대 식민지의 버릇을 고치기 위해 실전 경험이 풍부한 베스파시안(Vespasian) 장군 지휘 하에 4개 군대를 파견하였다. 베스파시안은 조심스럽게 진군하여 먼저 지중해 연안의 항구들을 장악하였고, 그 다음 예루살렘을 향하여 서서히 움직여갔다. 그가 유대 수도에 구축한 포위망은 68년 여름에 다소 완화되었는데 그 이유는 그 해에 네로 황제가 죽었고, 베스파시안 자신이 황제를 계승할 후보였기 때문이었다. 로마에서의 황제 계승의 일은 서서히 진행되었지만 결국 베스파시안이 승자가 되었고, 그는 예루살렘을 떠났다. 그러나 이는 단지 일시적인 휴식에 불과하였다. 베스파시안은 남은 임무를 계속 수행하기 위해 그의 아들인 티투스(Titus)를 남겨 놓았는데 그는 아버지만큼이나 포악한 인물임이 드러났다.

다시 한번 로마 군대가 예루살렘을 향하여 이동하였다. 그리고 다시 포위망이 죄어들었다. 이때에는 아무런 완화 조치도 없었다. 주후 70년 4월에 포위가 시작되었다. 예루살렘에 갇힌 자들의 고통은 엄청나게 컸다. 9월에는 가장 열정적인 유대 저항세력들이 성전에서 최후를 맞이했다. 그 봉기를 묘사하고 있는 단편적인 자료들은 티투스의 의도에 대해 상반된 입

이 프리즈는 로마의 한 아치 입구에서 떼어낸 것인데, 정복자 티투스 장군과 그의 병사들이 70년 예루살렘 약탈에서 취한 전리품을 운반하고 있는 것을 묘사한다.

장을 취하고 있다. 이전에 유대 장군이었으나 봉기 초기에 로마 진영으로 넘어간 요세푸스(Josephus)는 티투스가 로마의 온건정책의 표시로 성전을 구하기를 원했다고 기록하였다. 후에 로마 관리가 된 술피키우스 세베루스(Sulpicius Severus)는 위대한 로마 역사가인 타키투스(Tacitus)의 말을 인용하여 다르게 표현한다. 그 기록에는 티투스가 성전 파괴를 갈망하였다고 되어 있다. 세베루스가 묘사한 티투스의 논리는 특별히 주목할 만하다. 세베루스는 티투스가 성전을 철저하게 파괴한 것은 "유대교와 기독교 이 두 종교가 서로 적대적이었지만 그럼에도 불구하고 서로 동일한 토대에서 나왔고, 그리스도인들은 유대인의 한 분파였으므로 뿌리를 제거하게 되면 줄기는 쉽게 시들 것이라고 여겨서 두 종교를 완전하게 제거하기 위해"[3] 한 일이라고 기록한다.

세베루스가 그 사건을 올바르게 이해했는지는 모르지만 그의 견해는 기독교 교회의 초기 역사에 관해 중요한 사실을 보여준다. 티투스는 유대인 저항세력의 최후 보루들을 계속해서 제거해 나갔는데 거기에는 예루살렘 멸망 후 거의 3년 동안 산지 요새인 마사다(Masada)를 고수하였던 결사 항전의 집단이 포함되어 있다. 그 후 로마에 대한 유대인의 저항은 특히 135년 봉기에 대한 하드리안(Hadrian) 황제의 대응에서 볼 수 있듯이 더욱 가혹하게 진압되었다. 그러나 70년에 예루살렘이 멸망하고 성전이 파괴된 70년 이전에 이미 기독교와 유대교의 상호 의존 관계에 대한 티투스의 견해는 과거의 역사가 되었다. 사실상 초기 역사에서는 기독교가 유대교의 부속물처럼 기능했을지 모르지만, 70년에 이르러 기독교는 자신의 정체성을 갖고 움직였다. 유대교에서 독립하려는 움직임은 로마의 유대 성전 파괴와 유대의 예배 의식에 있어 상당한 역할을 차지했던 제사가 중지됨에 따라 빠르게 진행되었다.

베스파시안, 티투스, 하드리안과 다른 로마의 장군들이 예루살렘을 공격했지만 기독교 교회를 파괴시키지는 못했다. 오히려 그들은 기독교 교회를 해방시켰는데 이는 장차 전 세계로 보급되는 보편 종교로서의 지위를 갖게 하였다. 그러나 바로 이 초창기 그리스도인들의 눈에는 로마에 의한 예루살렘의 살육은 말로 표현할 수 없는 비극처럼 보였다. 기독교는 유대교의 요람에서 태어났다. 사도행전 15장의 예루살렘총회에서 볼 수 있는 것처럼 기독교의 교류, 조직, 권위의 초기 중심지는 예루살렘이었다. 사도행전 15장의 총회를 주재했던 예수의 동생 야고보와 같은 교회의 첫 지도자들이 유대 회당의 회당장과 같은 역할을 하였다. 대체로 복음서는 예수가 이전의 이스라엘 역사를 정점에 올려놓았음을 기록한다. 즉 마태는 예수가 메시아에 대한 예언자의 약속을 이루었다는 것을, 누가는 예수가 유대 율법의 핵심을 성취했다는 것을, 요한은 아브라함에게 주어진 하나님의 계시가 예수 그리스도에게서 달성되었다는 것(요 8:58 "아브라함이 나기 전부터 내가 있느니라")을 보여주려 했다. 초기 기독교 저작 중 몇몇은 "모든 나라로 흩어져 있는 열두 지파에게"라고 시작되는 야고보서에서 볼 수 있듯이 유대인의 흩어진 자들(diaspora)에게 관심을 기울였다. 또한 신약성경을 구성하고 있는 다른 초기 기독교 저작들도 유대교와 기독교 사이의 경계선을 뛰어넘으려 애썼다. 특히 바울은 구원에 대한 전제조건으로 할례라는 유대의식을 고수하려 했던 사람들을 자주 비난하였다. 그리고 그는 구약성경을 해석하면서 거듭해서 유대인에 대한 하나님의 지속적인 은혜가 예수의 사역에서 정점에 이르렀다는 것을 설명했다. 정리해 보면, 역사가 프렌드(W. H. C. Frend)가 기록한 것처럼 "이 단계(사도 시대)에서 모든 기독교는 '유대적인 기독교'(Jewish Christianity)였다. 그러나 차이점을 갖고 있는 이스라엘이었다."[4)]

예루살렘의 파괴에 의해 촉발된 대전환으로 기독교는 외부로 이동하였고, 초기 유대적 환경에 의해 거의 모든 특징이 형성되었던 종교에서 지중해 세계와 그 후 더 멀리 더 넓은 지역으로 보편적인 의미를 띠고 발달해 가는 종교로 바뀌었다. 사도 베드로와 바울은 티투스와 베스파시안이 예루살렘으로 진군할 무렵, 네로 황제 통치 하의 로마에서 순교한 것으로 보인다. 그 후 몇십 년이 채 안 되어 로마가 기독교의 교류와 권위의 중심지로서 예루살렘을 대신하게 되었다. 신학 논쟁도 유대의 도덕 체계에 의해 제기된 문제에서 급격히 벗어나서 헬레니즘적인 철학이나 로마의 질서 개념에 의해 형성된 문제로 방향이 돌려졌다. 70년에는 이미 예루살렘 성전의 예배보다는 지중해 전역에 흩어져 있는 유대인 회당들이 기독교 전파에 중요한 수단이 되었다.

로마인들이 예루살렘을 정복했을 때 대부분의 그리스도인들은 이미 그곳을 떠났다. 초창기 교회사가인 유세비우스(Eusebius)에 의해 4세기에 기록된 한 전승을 보면 그리스도인들이 요단강 넘어 예루살렘의 북동쪽에 자리 잡은 견고한 도시인 펠라(Pella)에 도피처를 구했다고 전해진다. 그러나 고고학적 증거와 후기의 사료가 유세비우스가 전한 말을 증명해 주지는 않는다. 또한 유대적 기독교의 외적 운명이 중요한 문제는 아니다. 오히려 예루살렘의 파괴는 인식의 변화를 가속화시켰다. 로마의 유대교 파괴는 그리스도인들과 유대인들과 곧이어 다른 많은 사람들에게 기독교가 자신의 길을 가게 되었다는 사실을 분명하게 확인시켜 주는 것이었다. 역사가이자 성경학자인 브루스(F. F. Bruce)는 "팔레스타인 밖에서는 70년을 기점으로 기독교가 단순히 유대교의 변형이라고 간주될 수 있는 시기가 끝났음을 보여주고 … 주후 70년 이후 유대적 기독교와 정통 유대교 사이의 노선 차이가 분명해졌다. … 이제부터 기독교의 주요 흐름은 이방 세계에서 독립적인 길을 개척해야 했다"[5]고 언급한 적이 있다.

그러나 이제 많은 질문들이 불거져 나왔다. 교회는 어떻게 자신을 정의할 것인가? 어떻게 예배를 편성할 것인가? 어떻게 확고한 권위를 확보할 것인가? 어떻게 복음을 전파할 것인가? 어떻게 이단의 가르침을 막을 것인가? 다시 말해서 유대교라는 '주어진'(given) 틀이 사라졌을 때 무엇이 그 자리를 차지할 것인가? 예루살렘의 멸망 후 삼백 년 동안 이 질문들에 대한 답변이 주어졌다. 이제 우리는 사도 이후 시대(즉 '속사도' 시대)에 교회가 안정성을 확보하고 성장을 유지하기 위해 사용하였던 방법을 살펴보고자 한다. 하지만 이를 모색할 때 로마의 예루살렘 파괴가 상징적으로 얼마나 중요한 사건이었는지를 염두에 두는 것이 좋다. 유대교가 정상적인 발달을 지속할 수 없게 되자 로마인들 역시 기독교 교회가 크게 변화할 것을 강요하였다. 주후 70년에 예루살렘에서 있었던 기독교 역사의 터닝 포인트는 독립된 교회의 시작이었다.

유대교와 기독교의 미묘한 관계

기독교는 유대교와 특별한 관계를 유지해 왔다. 그러한 관계는 후에 특히 그리스도인들이 지역의 문화나 민족을 지배하는 지역과, 유대인들이 2등 시민으로 취급된 지역에서 비극적인 결과를 동반하기도 했다. 그러한 환경에서 두 종교의 혈연관계는 그리스도인들의 분노를 고조시켰고, 이 분노는 유대 공동체가 그들 조상의 신앙을 고수하려 할 때 빈번히 폭력으로 비화되었다.

그러나 다른 측면에서 볼 때 유대교와 기독교의 관계는 좀더 긍정적인 시각으로 볼 수 있다. 기독교가 계속하여 유대교로부터 단절을 추구해 나갔지만, 초창기 수세기 동안 교회 내에서 제기된 주요 문제들이 유대교에 의해 구체화된 문제들이었다는 것은 주목할 만하다.

첫째, 그리스도인들은 "무엇이 진실인가?"라고 묻는다. 만약 교회가 궁극적인 진리를 발견하는데 있어 하나님으로부터 온 한 인간의 계시, 즉 예수 그리스도의 삶과 사역으로 유대교를 극복했다 할지라도, 여전히 교회는 하나님의 계시가 인생의 가장 중요한 사실에 대한 열쇠를 쥐고 있다고 믿는 유대교의 전통에 의해 인도받고 있다.

둘째, 그리스도인들은 "우리가 어떻게 진리를 알 수 있는가?"라고 질문한다. 교회가 유대교를 뛰어넘은 신약성경과 그리스도에 대한 사도들의 증거에 의존한다 할지라도, 여전히 하나님으로부터 쓰여진 계시를 신뢰하고, 그 문자적 계시에 권위적인 해석을 제공하는 지도자들을 신뢰하는 모습은 성문서(sacred book)를 숭배하고 그것을 열정적으로 연구하는 유대교의 모습을 따르는 것이라 할 수 있다.

셋째, 그리스도인들은 "어떻게 진리를 행동으로 옮기는가?"라고 질문한다. 비록 교회가 성전의 연례적인 절기의식과 지방 회당 활동을 중심으로 한 삶의 형태에서 벗어났다 할지라도, 여전히 교회 자체에 감독직이 발달하고 지역 장로나 사제나 성직자들의 지도 하에 새로운 교회가 세워진 것은 신자들을 양육해서 세상에 대면하도록 조직하였던 유대교의 양식에서 확장된 것이었다.

초대교회는 다른 중요한 면에서 볼 때, 유대교와 연결되어 있음으로 인해 혜택을 누릴 수 있었다. 교회는 주후 70년 이후 수십 년 동안 유대인들이 치열하고 힘든 노력 끝에 얻어낸 합법적인 지위를 계속 향유했다. 당시 지중해 세계에서는 대체로 로마가 정복한 민족들은 그들의 지방 종교를 로마 종교에 귀속시키도록 강요당했다. 각 민족들은 로마의 신들을 그들 자신의 신과 함께 인정해야 했다. 그러므로 유대인들의 엄격한 일신교는 로마가 유대 지역을 장악했던 기원 전 1세기 이래 끊임없는 충돌의 원인이 되어 왔다. 결과적으로, 유대인들이 로마 신들을 인정하는 것을 거부하였음에도 불구하고, 로마가 유대교를 하나의 합법적 종교로 인정하게끔 되었다. 이로 인해 예루살렘 멸망이 사실상 두 종교를 분리시킨 후에도 공인된 종교(religio licita)인 유대교와 연결된 기독교 교회는 보호되었다.

기독교 교회가 로마 세계로 이동해감에 따라 그 유대적 뿌리는 모호해지게 되었다. 그러나 심층적으로 볼 때 이들 뿌리는 기독교가 과거에 어떠했는지와 앞으로 어떻게 되어갈 것인지를 가늠하는 중요한 부분으로 남게 되었다.

예루살렘에서 밖으로

교회가 스스로 서게 되는 과정에는 여러 이야기가 얽혀 있다. 유대교적 관점에 의해 규정된 자기 정의(self-definition)로부터 지중해 세계와 그 너머로 팽창하는 선교적 종교에 알맞은 자기 정의로의 이동은 분명 그 시대의 일반적인 상황에 의해 영향을 받았다. 기원전 27년에서 주후 14년까지 통치한 아우구스투스 황제에 의해 로마의 평화(Pax Romana)가 확립되었는데, 이는 사상과 민족의 자유로운 이동을 가능케 하는 정치적 사회적 안정을 제공해 주었다. 로마 정치권력의 팽창과 함께 파고들어온 헬레니즘 문화로 인해 로마 통치 하에서 살았던 모든 지식인들이 일상어 형태의 그리스어를 사용할 수 있게 되었다. 유대인들이 유대 지역으로부터 흩어진 것은 예수 그리스도 이전 수세기 동안 지속되어 왔던 것인데, 이는 히브리어 성경을 연구했던 하나님을 경외하는 집단이 전 로마 세계에 광범위하게 흩어졌다는 것을 의미하였다. 주후 1세기가 되면서 지중해 세계의 전통적 종교들에 대해 불만이 널리 퍼졌는데 그러한 종교들은 진부한 철학적 논쟁이나 명목상의 정치적 견해로 매우 급격히 쇠퇴하였다. 70년 이후 유대 지역에서 외부로 빠르게 확산된 기독교는 이러한 상황들을 이용할 수 있었다.

그러나 기독교라는 새로운 종교는 로마 세계로 팽창하기 위해 일반적으로 자신들에게 보다 호의적인 정치적, 사회적, 종교적 환경을 필요로 했다. 지중해 전역에 퍼져 있던 유대 회당은 사도행전에서 바울과 그 동역자들에 대해 묘사한 것처럼 기독교 전도자들을 위한 활동기지를 제공했을 것이다. 그러나 그리스도인들이 '십자가에 못박힌 메시아'와 믿음으로 '아브라함의 자손'이 된 비유대인의 존재(갈 3:7)를 주장한 것은 유대인들의 감정을 크게 상하게 했고, 그들로 하여금 교회에 대해 확고한 반대 입장을 취하게 했다. 이와 유사한 방식으로 로마는 여행과 새로운 사상의 전파를 위해 유리한 조건을 제공할 수 있었다. 그러나 로마 제국 역시 갑자기 출현한 그리스도인들이 황제가 아니라 예수 그리스도만을 주님으로 불러야 한다고 주장하자 시기심이 났고, 조용히 참고 있지 않았다. 네로(64년 이후), 도미티안(90년 이후), 마르쿠스 아우렐리우스(177년) 황제 치하에서 일어난 로마의 박해는 데키우스와 발레리안(3세기 중반), 그리고 디오클레티안(4세기 초) 황제에 의해 체계적으로 행해졌는데, 그것은 새로운 신앙의 파괴를 목표로 한 것이었다.

유대교로부터 가해진 종교적 반대와 로마의 박해보다 더욱 심각한 것은 초대교회가 혼란스런 내부적 불확실성에 직면한 것이었다. 최고의 신인 하나님으로부터의 계시와 지상에서 헌신된 도덕적 생활에의 호소를 특징으로 하는 그 시대 대부분의 그리스, 로마, 중동의 종교들과 예수 그리스도에 대한 진정한 예배 사이에 분명한 선을 그을 수 있을까? 여러 형태의 비밀스런 신비적 직관에 의존한다 하여 현대 역사가들이 영지주의자라 지칭한 집단들의 다양한 영성과 기독교의 열정적인 영적 생활을 구별할 수 있을까? 2세기 말경 기독교 변증가 이레네우스가 217개의 종교 형태를 조사했는데 그 중 몇몇은 기독교 교리나 예배의식을 자유롭게 차용한 것이었다. 더구나 교회는 예수와 제자들이 하나님의 종들에게 적절한 것으로 묘사하고 있는 바로 그 도덕적 순수성을 성공적으로 촉진시킬 수 있었는가? 교회는 도덕적 세계를 지향했는데, 그렇게 되어야 할 세계에서 지도자들, 특히 로마 황제들은 종종 가장 타락된 행위를 탐닉하였고, 일반인들도 종종 그런 지도자들의 본을 열심히 따랐다.

그 같이 교회는 외부적인 적에 포위되었고, 본질적인 성격을 위협하는 사상과 관습에 의해 위협당하면서 더욱 넓은 세계로 들어갔다. 교회가 일단 예루살렘의 멸망에 의해 유대적 구조에서 벗어난 후, 어떻게 기독교적 방식을 형성하게 되었는가? 아마도 생명을 위협하는 이러한 도전에 대한 대답은 적어도 64~67년 네로 치하에서 일어났던 베드로와 바울의 순교 후 한 세대나 두 세대 안에 그 최소한의 윤곽을 드러낼 수 있었다. 112년에 시리아의 안디옥 교회 지도자인 이그나티우스는 "예수 그리스도가 성부에게 순종하듯 그리스도인들이 감독에게 순종할 것"[6]을 권면할 수 있었다. 교회 조직 체계의 등장을 보여주는 그의 가르침은 지역적으로 강력한 권한을 행사하는 감독들을 중심으로 구축되었는데, 그들은 교회의 일반적인 방향에 관해 다른 지역의 동료 감독들과 깊이 논의하면서 각 지방 그리스도인들을 지도할 임무를 맡고 있었다.

적어도 이그나티우스가 감독들에 대해 이러한 언급을 할 때쯤, 기독교 기록이 담긴 두 종류의 문서, 즉 마태, 마가, 누가, 요한에 의해 기록된 그리스도 생애에 관한 4복음서와, 사도 바울이 기록한 10~13개의 편지의 사본들이 증가하고 있었던 그리스도인들 사이에서 회람되고 있었다. 얼마 안 되어 이들 두 종류의 문서들은 사도행전과 영구적으로 묶여져 히브리인의 경전인 '구약성경'에 붙여진 성문서인 '신약성경'을 형성하였고, 그리하여 교회를 위한 권위 있는 지침서인 성경이 교회에 제공되었다.

교회 조직의 감독 체계의 발달과 예수 그리스도와 그의 삶의 의미를 담은 성경 기록이 목도되었던 것과 비슷한 시기에, 그리스도인이 되는 것이나 지역 집회에 참여하는 것이 무엇을 의미하는지에 대한 간단하고 간편한 요약서가 등장하기 시작했다. 이들 신조(라틴어 credo '나는 믿는다' 또는 credimus '우리는 믿는다'에서 나왔다)는 기독교 신앙의 범위를 규정하는 수단이면서, 동시에 기독교의 성격을 초신자들에게 알려주는 매우 유용한 입문서로 사용되게 되었다.

초기 신조들은 감독직과 성경의 정경과 함께 초기 속사도 시대 역사에서 교회를 안정시키는 닻의 역할을 하였다. 따라서 교회가 자신의 정체성을 드러내는 수단들은 – 주후 70년 예루살렘에서 최고의 재앙이 있은 후, 그리고 내·외적 압박에 직면하면서 – 신조(creed), 정경(canon), 감독제도(episcopacy)로 간단히 요약될 수 있다. 그러나 각각의 경우 간단한 언급만으로는 그 중요하고도 복잡한 역사적 발전 과정을 다 밝힐 수는 없을 것이다.

초기 기독교 역사를 보는 다양한 시각들

기독교 초기 역사의 본질을 해석하는 데에는 두 가지 큰 어려움이 있다. 첫 번째는 반세기 동안, 또는 신약 시대의 종료로부터 50년간 신뢰할 만한 사료(hard evidence)가 거의 없다는 것이다. 따라서 역사가들과 신학자들에게 상상과 사색 또는 신약성경이 보여주는 시대와 비록 단 몇 건이지만 사료가 나오기 시작한 약 110년 사이에 나온 정보로 빈 공간을 채우도록 요청하고 있다.

두 번째 어려움은 초기 속사도 시대에 존재한 신뢰할 만한 사료는 간단히 말해서 명확하지 않거나, 이 초기 기독교 시대에 관해 묻고자 하는 적절한 질문들에 충분한 답을 제공하지 않는다는 점이다. 그 결과 이 시기에 대한 역사적인 설명은 일반적으로 역사적 질문에서 볼 수 있는 사례보다는 이들 질문을 낳게 했던 의미의 틀, 즉 해석자의 입장에 더욱 의존하게 된다. 이러한 대안적인 의미의 틀이 주는 가장 분명한 어려움은 비그리스도인들의 설명으로부터 기독교가 배제되었다는 점이다. 가장 흥미로운 견해 차이는 기독교의 다양한 종파를 비틀어지게 분리시키기도 했다.

그리스도인이든 아니든 책임감 있는 역사가들은 초대교회에 대한 설명을 할 때 가능한 확실하게 잘 이용할 수 있는 사료를 근거로 한다. 그러나 엄밀하게 말해서 그 사료가 매우 신빙성이 없기 때문에 역사가들의 관점(즉 역사가들이 그들의 임무를 수행하는 신념과 가설의 체계)은 초기 기독교 역사 해석에 있어 가장 중요한 요소가 된다. 현재 신약성경을 구성하는 다양한 문서들이 어떻게 하나의 권위 있는 책으로 한데 묶여졌는지에 대해서는 상대적으로 정보가 빈약했다. 그리스도인들은 하나님이 그러한 문서들을 통해 모든 인간들로 하여금 그분의 아들을 믿도록 인도한다고 믿는데, 그들은 최소한 부분적으로나마 존재하고 있는 사료를 하나님의 확실한 권세에 대한 인간의 응답으로 해석했을 것이다.

비종교인이거나 다른 종교의 추종자일 수 있는 비기독교 역사가들은 초기 그리스도인들의 성실한 삶에 커다란 경의를 표시할는지 모르나, 아마도 신약성경의 형성을 전반적으로 인간의 여러 환경에서 일어난 행위, 태도, 신앙, 관습, 결정들에 의해 인도된 하나의 과정으로 여길 것이다. 어떤 종류의 역사가이든지 개개 사실의 문제와 관련된 내용을 조사하는데 협력할 수 있어야만 한다. 예를 들어 이그나티우스가 약 110년에 많은 서신을 썼는데, 이그나티우스가 기록한 저작들에서 마태복음을 하나님으로부터 온 거룩한 문서인 것처럼 인용하고 있다는 사실에는 일반적으로 많은 역사가들이 의견을 같이 한다. 그러나 역사가들이 지나간 일에 대해 보다 광의의 해석을 추구할 때는 의견이 나누어지는 것 같다. 즉 그리스도인 역사가라면, 이그나티우스가 마태복음에 기록된 그리스도의 계시를 증진시키려는 성령의 사역에 응했다고 결론을 내릴 것이고, 아마도 그가 비그리스도인 역사가라면 기록된 복음의 성격과 이그나티우스가 처한 상황을 조사하여 왜 이그나티우스가 마태복음을 이용하는 것이 필요했는지에 대해 설명하는 상반된 입장을 위할 것이다.

그리스도인들 사이의 견해 차이는 더욱 흥미로운 것이다(적어도 그리스도인들에게는). 그들은 기본적으로 초대교회의 관습이나 저작이나 활동 등에 인간적인 근원뿐 아니라 신적인 근원이 있다는 데는 이견이 없다. 그리스도인들 사이의 견해차는 기독교 신앙에 대한 해석자의 관점의 차이에서 발생한다. 달리 말해 커다란 신학적 관점의 차이에 따라 초대교회로부터 얻을 수 있는 사료가 해석된다.

두드러진 예로, 초기 기독교 역사에 대한 로마 가톨릭, 정교회, 프로테스탄트의 해석을 살펴볼 수 있다. 각각의 해석은 하나님이 교회를 인도하는 방법과 관련된 기본적 전제에 의존한다. 가톨릭은 교회 전승과 감독직의 사도적 성격에서 사도적 기원을 믿고 있는데, 이는 아마도 초대교회에 대한 가톨릭의 해석이 제도를 구축하고 성문서를 편성하고, 신자들의 예배를 인도하는 초기 감독들의 행동을 좀더 중요하고 긍정적인 역할로 보고 있음을 의미한다. 그와 대조적으로 정교회는 예배, 전례, 집단행위의 유기적인 절차를 통해 하나님이 교회를 인도하신다고 믿는데, 이는 초대교회에 대한 정교회의 해석이 공동기도 형태나 신약성경을 사용하면서 점차 발전해 가는 예배의식, 초기 기독교 역사를 결정적으로 형성한 신조적 진술 등에 주목한 듯하다. 또 이와는 대조적으로 프로테스탄트는 성경의 표준적인 권위

정교회_
동방교회라고도 불리며 5~6세기 그리스도의 위격을 둘러싸고 동서 교회가 분리되면서 형성되었는데, 1054년 동서 교회의 대분열(본문 6장 참고) 사건으로 결정적으로 분리되었다. 대표적으로는 러시아정교회와 그리스정교회가 있다.
정교회의 성직자는 수도지원자를 제외하고는 결혼을 하며, 성직은 사도전승에 따라 주교, 사제, 부제 등 고대의 성직제도를 고수한다. 교회 생활의 중심은 삼위일체의 예배이고 여기에 성모와 성인에 대한 공경이 추가된다. _ 편집자주

에 전적 신뢰를 주는 대신, 인간 제도에 대해서는 의구심을 가지는데, 이는 초대교회의 관습이나 결정 사항의 결함을 찾기 위해서라기보다 신약성경의 근본적인 역할을 강조하기 위함인 듯하다.

이들 해석적 시각들은 약간의 차이가 있을 뿐임을 기억하는 것이 중요하다. 그리스도인들은 초대교회가 사도적 토대 위에 세워졌다고 믿는 데 있어 보편적으로 일치한다. 즉 신약성경에 기록되고 초대교회의 제도를 통해 볼 수 있듯이, 하나님께서 그리스도의 임재를 통해 사도들 가운데서 일하기 시작하셨고, 그리스도에 대한 사도들의 증언을 통해 행해진 사역 위에 초대교회가 세워졌다는 것이다. 로마 가톨릭에서 사도성(apostolicity)은 성경과 감독들 사이에서 살아 있는 권위로 지속되며, 신조의 작성과 사용을 주도한다. 정교회에서 사도성은 성경, 감독제도, 그리고 신조에 있어 전 교회의 유기적 발달을 도모한다. 프로테스탄트에 있어 사도성은 신약성경 내에서 가장 직접적으로 볼 수 있고, 다음으로 신약성경에서 비롯된 감독의 사역과 교회의 신조에서 찾아볼 수 있다.

이러한 실제적 차이는 신조, 정경, 그리고 감독제도라는 세 가지 요소들을 대하는 태도에 따라 다르게 보여진다. 각 종파의 전통은 그 세 가지 요소 모두를 존중하고 있으나, 프로테스탄트는 신약성경의 사도성에, 로마 가톨릭은 감독이라는 대리 기구를 통한 사도성의 탁월한 수행에, 정교회는 4세기와 그 이후 전 교회적 신조가 보급됨으로서 가장 명확하게 볼 수 있는 교회에 대한 일반적인 사도적 인도에 가장 큰 강조점을 두었다.

이들 관점의 차이는 이해하기 어려운 것처럼 보일 수 있다. 그러나 특히 대략 70~80년에서 130~140년에 걸친 교회사에 대한 확실한 사료가 비교적 빈약하기 때문에, 그 차이들은 속사도 시대 동안의 교회 행적을 해석하는데 있어 매우 중요한 도구가 된다.

정경(Canon)

'정경' 이란 단어는 그리스어에서 파생되었는데, 아마 페니키아어에서 차용된 듯하다. 이 말은 원래 물건을 측량하기 위한 막대기 또는 자를 의미했을 것이다. 따라서 성경의 책들에 이를 적용해 보면 측량 막대기들에서 발견할 수 있는 여러 등급(한 가지 목적을 이루기 위해 모아진 다양한 개별 항목들)과, 보다 중요한 것으로 규칙이나 표준(하나의 기준으로서의 '정경'을 의미한다)같은 측량 기능을 추적해 볼 수 있다. 성경의 책들 중에서 권위 있는 목록에 이 단어를 처음 사용한 기록은 367년 북아프리카 알렉산드리아 감독인 아타나시우스(Athanasius)로부터 시작되었다. 그러나 그 이전에도 교회에서는 그리스도의 삶과 사역에 관한 책들이 사용되고 있었다. 이들 저작들 중 어떤 것은 그리스도인들의 신앙과 관습을 위해 권위 있는 표준으로 여겨져야 한다는 데 의견 일치가 있었을 것이다. 교회가 그렇게 행하자 유대교와의 관련이 재확인되었고(선택된 성문서 목록을 고수한 점을 보면 유대인들의 예를 따랐다), 동시에 유대적 전통과 단호하게 결별하였다(히브리 경전은 신약성경의 보충 없이는 그 자체로는 불완전하다고 주장하였다).

신약성경이라는 정경을 확정시켰던 실제적인 상황은 교회 생활의 실제 삶의 모습에서 비롯되었다. 교회에서는 예배를 위한 기준과 기도, 전례, 설교를 위한 모델이 요구되었다. 교회에서는 공적이고 사적인 신앙 행위를 위해 읽을거리가 필요했다. 교회는 또한 기독교를 반대하는 사람들의 비판에 대응하고, 교인들의 교리 논쟁을 판결하기 위한 신학적 기준이 필요했으며, 복음의 말씀이 헬레니즘의 지중해로부터 라틴 문화의 서부로, 동쪽으로는 아시아, 북쪽으로는 유럽으로 옮겨감에 따라 몇 개의 텍스트를 번역할 필요성이 있었다. 이러한 모든 목적을 고려할 때 그리스도와 그의 사역의 의미를 담고 있는 권위 있는 저작들을 확정하는 것은 긴급하게 필요한 일이 되었다.

저작들 중에서 선택된 목록이 권위 있는 신약성경으로 확정되어가는 처음 과정을 신약성경에서 어렴풋이 감지할 수 있다. 베드로후서는 바울의 책들에 대해 "무식한 자들과 굳세지 못한 자들이 다른 성경"(벧후 3:16)을 해석할 때처럼 왜곡이 일어나기 쉬운 기록이라고 언급한다. 속사도 시대 초기

속사도 시대_
사도 요한이 죽은 후부터 콘스탄틴 대제가 밀라노칙령으로 기독교를 공인하기까지의 시기를 속사도 시대 또는 전니케아 시대라고 부른다. 이 시기는 기독교 신앙과 교회가 보다 구체적으로 형성된 시기요 발전된 시기였다. 이 시기의 가장 두드러진 특징은 교회가 로마제국으로부터 큰 핍박을 받았다는 것이다. 네로 황제로부터 약 250년간 박해가 지속되었다. 그러므로 이 시대는 순교자의 시대라 할 만하다. 이그나티우스(안디옥), 폴리갑(서머나), 유스티누스(로마), 키프리아누스(칼타고) 등이 이 시기에 순교했다. 이 시기에 사도신경이 생겨났고, 신약성경 정경이 확정되었다. 온갖 박해 속에서도 복음이 왕성하게 증거되었는데, 한편으로는, 헬라철학, 동방 신비종교, 유대 율법주의 등이 복음과 뒤섞여 신앙적 혼란이 초래되기도 했다.
_ 편집자주

에 바울의 책들이 교회 내에서 회람되었고, 곧(틀림없이 주후 100년이 채 안 되어) 한데 묶여서 회람되고 있었던 4복음서가 합쳐졌다. 2세기 말쯤 리용의 이레네우스(Irenaeus of Lyons)는 그 시대 그리스도인들에게 왜 4복음서가 그리스도의 생애를 언급하고 있는가에 대해 흥미롭고 그럴듯한 설명을 했다. "교회가 전 세계로 흩어질 때 교회의 '기둥과 터'는 복음이며 생명의 영(the spirit of life)이다. 우리가 사는 세계에는 네 지역과 네 개의 근본적인 강한 흐름이 있기 때문이다. 그러므로 교회가 모든 방면에 불멸의 숨결을 불어 줄(사람의 생명을 새롭게 불타오르게 하는) 네 개의 기둥을 가져야 함이 적절하다. 그 사실이 말씀 … 즉 사람들에게 자신을 드러내셨던 주님께서 네 가지 모양으로 복음을 우리에게 주셨으며, 그 말씀이 성령에 의해 함께 묶였다"[7]는 증거이다.

신약성경이 항상 견고하게 존속되고, 다른 모든 종류의 저술과 확연히 구분되는 영역을 갖고 있다고 생각하는 것은 프로테스탄트들에게는 위안이 된다. 그러나 바울의 책들과 네 종류의 복음서가 매우 이른 시기부터 권위 있는 문서로 사용되었음에도 불구하고, 현존하는 역사적 증거는 신약성경이 정확한 형태를 확정짓기까지 2세기 이상의 시간이 필요했다는 것을 보여준다.

기독교 역사를 통해 볼 수 있듯이 신약성경을 정경으로 확정하는 데 이단의 도전이 결정적인 역할을 했다. 기독교 저작 중 확정된 정경이라고 주장된 것이 처음 알려진 것은 144년경 로마에서였다. 그 저자는 최초의 이단자인 말시온(Marcion)으로, 그는 사랑의 하나님에 관한 메시지를 갖고 소아시아에서 로마로 여행했었다. 말시온은 예수 그리스도가 매우 완전하게 하나님의 사랑을 드러냈다고 주장했기 때문에 기독교적인 것처럼 보였다. 그러나 로마교회의 지도자들이 말시온의 글을 자세히 살펴보았을 때, 그들은 기겁을 했다. 왜냐하면 말시온이 언급한 '사랑의 하나님'은 구약성경을 지배했던 '율법의 고약한 신(하나님)'의 격렬한 반대자였다는 것이 드러났기 때문이었다. 말시온은 권위 있는 정경의 범위를 예수 그리스도와 관련한 것으로 제한할 것을 주장하였다. 말시온은 누가복음의 편집본(구약성경에 언급된 예수에 대한 기록과 관련된 처음 2장을 제외한 것)과 바울의 10개의 서신(율법에 대한 은혜의 승리를 보여주었다고 추측된 것)만 정경으로 인정하였다. 후기 주석가들은 말시온이 (이단의) 맨 마지막 사람이 아닌 것이 유감이지만, 날카로운 펜으로 중요한 일을 행한 첫 성경 비평가였다고 기록한다.

말시온이 그의 직관력으로 교회에서 이미 하나님의 말씀(divine Scripture)으로 취급되어왔던 복음서와 서신 중 몇몇을 공격한 사건은, 성문서를 확정 짓는 일에 더욱 주의깊은 노력을 하도록 만들었다. 말시온이 죽은 지 한 세대가 안 된 약 160년경에 여러 가지 특징적인 발달이 있었다. 이레네우스가 기독교 변증가인 저스틴(Justin)과 그의 제자인 타티안(Tatian)과 함께 마태복음, 마가복음, 요한복음, 누가복음 전체 원문이 담긴 4복음서를 옹호하였다. 발견된 목록들 중 가장 초기의 것은 2세기 말경 로마에서 나온 것이다. 이 목록은 1740년 이탈리아 사제이며 고고학자인 무라토리(Lodovico Antonio Muratori)에 의해 발표되었는데, 그 이름을 따서 무라토리 정경(Muratorian Canon)으로 알려져 있다.

무라토리 정경은 우리가 현재 신약성경으로 인정하는 것과 같은 실질적으로 권위 있는 기독교 저작물들이 200년경에 존재했었다는 것을 보여주는 매우 유익한 문서이다. 무라토리 정경에서 사용된 언어가 전체적으로 볼 때 항상 명확한 것은 아니지만, 그것을 표준적으로 해석해 보면 후에 정해진 신약성경과 일관성이 있는지 없는지를 보여주는 범주(categories)가 드러난다.

- 후에 정해진 신약성경 속에도 있는 무라토리 정경의 책들 – 4복음서, 사도행전, 일곱 교회에 보낸 바울의 서신(순서는 다음과 같다 : 고린도전후서, 에베소서, 빌립보서, 골로새서, 갈라디아서, 데살로니가전후서, 로마서), 빌레몬, 디도, 디모데(2권)에게 보낸 바울의 편지, 유다서, 요한 1, 2, 3서, 요한계시록
- 후에 신약성경에 포함되지 않은 무라토리 정경의 책들 – 솔로몬의 지혜서, 베드로의 계시록, '말시온 이단'에 대항하여 라오디게아와 알렉산드리아에 보낸 '바울의 이름을 사칭한' 두 개의 서신.

- 무라토리 정경에 언급되지 않았으나 확정된 신약성경의 책들 – 베드로전후서, 야고보서, 히브리서
- 그 밖에 무라토리 정경에서 논의된 책들 – 교회 법규에서는 헤르마스의 목자서(Shepherd of Hermas)는 '읽어야 될 것' 이지만 '예언자서' (prophets)와 '사도서' (apostles)와 함께 목록에 들어갈 가치가 없는 것으로 언급된다. 그 문서는 말시온의 제자들에 의해 쓰인 새로운 시편처럼 거부된 목록에 오르기 시작함에 따라 삭제되었다.[8)]

2세기 말부터, 확정된 신약성경을 정경으로 만들려는 움직임이 가속화되었다. 알렉산드리아의 박학한 신학자인 오리겐(Origen, 약 185~254)은 정경으로 인정된 신약성경 27권 모두를 사용하였다. 그러나 헤르마스의 목자서, 바나바 서신, 12사도 교훈서, 히브리 복음서 같이 결코 완전한 정경 지위를 확보하지 못한 책들과 마찬가지로, 히브리서, 야고보서, 베드로후서, 요한 2서, 요한 3서, 계시록에 대해 지리한 논쟁이 있음을 지적하였다. 4세기 초에, 선구적인 교회사가인 유세비우스(Eusebius)는 계시록에 대해 자세히 비평하였다. 그는 계시록의 저자가 종종 의문시(실제로 사랑 받은 제자 요한에 의해 쓰였을까?) 되기 때문에, 계시록이 교회에서 폭넓게 사용되는 책으로서 야고보서, 베드로후서, 요한2서, 요한3서, 유다서 등과 함께 남아 있지만, 보편적으로 인정되는 복음서, 사도행전, 바울 서신들, 베드로전서, 요한1서 같은 부류에 여전히 속하지 않는다고 지적하였다. 4세기 말경, 367년 아타나시우스 감독의 부활절 서신과 397년 북아프리카 카르타고에서 열렸던 종교회의의 문서에서 볼 수 있는 것처럼, 최종적으로 27권으로 된 신약성경의 목록이 마련되었다.

신약성경 정경을 정밀하게 확정해가는 오랜 과정을 통해 볼 수 있는 것은, 그리스도에 관한 주요 저작들과 사도들의 지도 아래 있었던 교회의 초기 생활상이 도처에서 경전처럼 이용되고 있었다는 점이며, 또한 매번 최종적인 책에 대한 명확한 결정들은 전반적으로 이 기간 동안 실제 살았던

정경에 대해, 아타나시우스(367년)

나는 단순한 사람들이 그들의 단순함과 순수함 때문에 어떤 교활한 사람들에 의해 속임을 받지 않을까 걱정되며, 그 결과 진실된 책과 이름이 유사한 것 때문에 혼란스럽게 만드는 다른 책들(외경이라 불린다)을 읽게 되지나 않을까 두렵다. … 어떤 이들이 스스로 외경이라 불리는 책들에 빠지고, 신성하게 영감되어진 경전까지 혼합시키려 하므로, 나 또한 정경에 포함되며 전승되어 왔고 신성한 것으로 간주되어진 책들을 그대들 앞에 내어놓는 것이 옳은 일이라 여겼다.

여기에 구약성경 중 22권이 있다. 또한 신약성경의 책들에 대해 언급하는 것도 권태로운 일이 아니다. 여기에는 마태, 마가, 누가, 요한복음의 4복음서가 있다. 그 다음 사도행전과 서신(공동 서신이라 불린다) 일곱 권, 즉 야고보서, 베드로가 쓴 두 권, 요한이 쓴 세 권, 이들 뒤에는 유다가 쓴 한 권의 책이 있다. 이에 덧붙여 바울의 14개의 서신 … 그 외에 요한계시록이 있다.

이들 책은 구원의 샘이어서, 목마른 자들은 거기에 들어 있는 살아있는 말씀으로 만족하게 될 것이다. 이들 책에서만 거룩한 교리가 선언되어 있다. 이에서 무엇이든 더하지 말고 감하지 말라.

그러나 나는 더욱 진지한 마음으로 이에 필요한 서적을 덧붙인다. 이 책들 외에 정경에 포함되지는 않았지만, 우리들에게 새롭게 동참한 사람들과 거룩한 말씀에서 교훈을 얻기를 원하는 사람들이 읽어야 될 것으로, 교부들에 의해 지목된 또 다른 책들이 있다. 솔로몬 지혜서, 시락 지혜서(Wisdom of Sirach), 에스더서(Esther), 유딧서(Judith), 토빗서(Tobit)이며, 그리고 사도들의 가르침(the Didache)이라 일컫는 것과 목자서(Shepherd)가 있다. 그러나 형제들이여 앞서 말한 책들은 정경에 포함되어 있고 나중에 언급한 것들은 단지 읽히고 있는 것이다.[1]

사람들에게는 후대의 역사가들과 신학자들이 생각한 만큼 중요하지 않았다는 것이다. 전체적으로 볼 때 중요했던 것은 사도성(apostolicity)이었다. 어떤 저작물이 그리스도의 한 제자로부터 직접 연유되었다거나, 예수가 친히 선택한 집단이나 개인의 직접적인 영향을 받았다거나(예를 들어 마가복음은 베드로의 목격담으로부터 연유되었다고 널리 주장되었다) 그리스도에 관한 사도들의 메시지가 순수하게 표현되고 있다고 주장되어지는 경우, 그 저작물은 정경의 자격이 있는 것으로 받아들여졌다. 저자나 내용에 있어 사도적 성격이 의심스런 기독교 저작물들인 경우 정경으로 인정되는 데에는 더욱 많은 시간이 필요했다. 따라서 히브리서는 저자의 이름이 알려진 상태에서 시작되지 않았다는 사실로 인해, 비록 그 책의 사도적인 내용과 결국 바울이 저자라는 확신이 확산됨에 따라 당시에 힘을 얻기는 했지만, 완전히 경전으로 채택되는 것이 지체되었다(대부분의 현대 학자들은 바울이 저자라고 생각하지 않는다). 교회가 어떤 저작물이 사도적이지 않다는 결정을 내리면, 그 책은 개인적인 이용을 위해 계속적으로 추천될 수 있었으나 정경으로 인정되는 기준에 들지 못했다.

신약성경의 정경 확정은 초대교회를 안정시키는데 있어 매우 중요한 발자취였다. 그리고 그 과정을 간단하게 살펴보기만 해도, 예수 그리스도 안에서 역사하는 능력을 확실하게 입증해주는 책들에 의해 보여졌고, 사도들의 증언을 통해 교회에 전달된 예수 그리스도의 사역에 대한 그러한 기초는 초기 그리스도인들이 지중해 세계로 이동하게 할 만큼 결정적으로 중요한 것이었음을 알 수 있다.

감독 제도

비록 다른 결과를 낳았지만, 이와 동일하게 추론해볼 수 있는 것은 감독들의 등장인데, 이는 속사도 시대 교회를 조직하는 핵심적인 기구였다. 감독직(episcopate)의 초기 역사에 관한 해석상의 난점은 신약성경에서 보이는 교회 제도 모습이 아주 유동적이었다는 점이다. 하지만 겨우 반세기 후의 사료를 다시 한번 들여다 보면 감독에 의해 잘 정비된 교회의 규칙이 확고하게 자리잡았다는 것을 알 수 있다. 아 자료들의 사실들이 구체적이지도 서로 연관되지도 않는 상태였지만 폭넓은 신앙의 틀이 그 간극을 메우게 하였다.

신약성경은 교회 제도에 관해 비교적 유동적인 상황을 말해준다. 특히 사도행전과 목회서신(디모데전후서, 디도서)은 아마 60년대 중반이나 약간 뒤의 상황을 보여주는데, 감독(bishops), 집사(deacons), 주재관(presiding officers)과 장로(elders)들 아래에서 조직된 교회를 보여준다. 사도 바울은 그가 방문한 몇 곳의 장로들에게 지역 교회를 위임하였고, '감독' 또는 '장로' 그리고 '집사'가 예배를 인도하고 가난한 자를 돌보는 데 필요한 지침을 제공하였다. 그러나 2세기 말 무렵에 찾아볼 수 있는 의무의 분명한 할당(특히 한 교회 또는 일정 지역의 교회들을 관리하는 감독의 의무)은 신약성경에서는 찾아볼 수 없다.

감독들이 중심이 되는 위계적인 운영체제의 등장은 세 명의 유명한 초대 교회 교부들의 말에서 살펴볼 수 있다. 우리는 기독교 초기인 112년에 이그나티우스가 신자들에게 "예수 그리스도가 성부 하나님께 순종하듯 감독들을 따를 것"을 권고했다는 것을 알고 있다. 이그나티우스는 그 편지에서 "사도들과 마찬가지로 장로들(또는 elders, 그들 중 몇몇은 곧 '사제들'이라 불렸다)에게 순종하라. 그리고 집사들을 하나님의 명령을 받은 자로 여기고 존경하라"고 말하면서 교회 직책들을 의도적으로 구별하였다. 후에 가톨릭과 정교회 전승에서 신성한 기능을 갖는 것으로 일컬어지게 될 그 정의는 감독이 해야 할 일에 대한 이그나티우스의 설명에서 계속 언급된다. 그것은 다음과 같다. "감독이 나타나는 어디에든지 사람들이 머물게 하라. 마치 그리스도가 있는 곳 어디든지 교회가 있는 것과 같이 말이다. 감독 없이 세례를 베푸는 것과 애찬을 나누는 것은 허용되지 않았다. 그러나 감독이 허용하는 것은 무엇이든 하나님을 기쁘시게 하는 일이었다. 이렇게 할 때, 당신이 행하는 모든 일은 순전하고 정당한 일이 될 것이다."[9]

이그나티우스가 이런 말을 한 후 한 세대가 안 되어 리용(Lyons)의 이레네우스 감독은 교회의 위계 문제에 대해 더욱 구체적으로 기록하였다. 그는

사도직 계승에 대해, 이레네우스(약 185년경)

진리를 분별하기 원하는 사람들은 전 세계 모든 교회에서 나타나는 사도직 계승에 주목해도 좋다. 우리는 사도들이 교회 내에 임명한 감독들과 우리 시대에까지 내려오는 그 계승자들(또는 계승행위들)을 열거할 수 있다. 그들은 사람들이 만들어낸 불합리한 것을 가르치지도, 알고 있지도 않았다. 왜냐하면 사도들이 완벽하게 사적으로, 은밀히 가르쳤던 감추어진 신비를 이미 알고 있었더라도 오히려 그들은 그 신비를 교회를 맡긴 자들에게 위임하고자 했기 때문이다. … 아무튼 우리는 자기 향락과 헛된 영광과 무지와 사악한 마음을 위해 공인되지 않은 집회를 여는 자들 앞에서 당황한다. 사도적 전승과 사람들에게 전파된 신앙을 지적하며 우리가 행하는 이 일은 감독의 계승을 통해 우리에게 내려온 것이다. 즉 가장 위대하고 가장 전통이 있는 교회이며, 모든 사람들에게 알려진 교회의 전승과 신조는 두 명의 가장 영광스런 사도인 베드로와 바울에 의해 로마에 터를 잡고 세워졌다. 이 교회가 가진 지도력과 권위의 지위로 인해 모든 교회가 그 요구에 동의해야 한다. … 왜냐하면, 로마 교회 내의 사도적 전승은 모든 지역의 그리스도인들에 의해 항상 보존되어왔기 때문이다.

사도들은 교회를 설립하고 견고하게 한 후에 감독의 직을 리누스(Linus)에게 넘겨주었다. … 아나크레투스(Anacletus)가 그 뒤를 계승하였고, 그 사도들의 뒤를 이어 세 번째로 클레멘트(Clement)가 감독에 지명되었다. 그는 축복받은 사도들을 보았을 뿐 아니라 그들과 협의하였으며, 그들의 가르침을 귀로 들었고 그들의 전승을 눈으로 보았다.

유아레스투스(Euarestus)가 클레멘트를 계승하였고, 알렉산더(Alexander)가 그 뒤를 이었다. 그 다음 식스투스(Sixtus)가 임명되었는데, 이는 사도 이후 여섯 번째 인물이다. 그 후에 테레스포루스(Telesphorus)가 뒤를 이었는데 그는 영광스러운 순교를 당하였다. 그 후 하이지누스(Hyginus), 피우스(Pius), 아니케투스(Anicetus), 소테르(Soter)가 계승했고 이제 사도 이후 열두 번째로 에레우테루스(Eleutherus)가 사도의 지위를 차지하였다. 이 같은 순서와 계승으로 교회 내 사도의 전승과 진리의 가르침이 우리 시대까지 전달되었다.[2]

이 고대 모자이크는 초기의 기독교 세례 의식을 보여준다. 이러한 의식들은 사도신경이나 그것의 초기 변형물들 중 하나를 암송하면서 행해졌다.

이미 언급한대로 당시의 이단(185년 경 종식되었다)에 대항하는 위대한 활동을 하면서 감독들이 사도들로부터 내려온 기독교 전승을 수호하고 있다고 말했고, 여러 교회에서 교회 내 사도적 권위의 연속성을 보장했던 주재감독(presiding bishops)이 단절되지 않고 계승되어야 한다고 주장했다. 이레네우스는 그 이후 로마 교회 안에서 감독과 감독으로 이어지는 권위의 전수를 추적하기 위해 특별한 노력을 기울였다.

한 세대가 지난 후 카르타고의 감독 키프리안(Cyprian, 259년 사망)은 교회에서 감독 제도가 완전히 확립되었다고 말했다. 그는 "감독은 교회 안에 있으며, 교회는 감독 안에 있다. 그리고 어떤 사람이 감독과 함께 있지 않는다고 하면, 그는 교회 내에 있지 않는 것이다"고 아주 분명하게 주장했다. 그가 그렇게 주장한 이유는 감독의 권위가 그리스도가 직접 행한 명령에 근거를 둔다고 보았기 때문이었다. 그의 주장은 다음과 같다. "우리가 지켜야 할 교훈과 훈계를 주신 주님께서 복음서에서 베드로에게 '너는 베드로이다…'(마 16:18)라고 말씀하시면서 감독의 거룩한 직책과 교회의 체제를 규정하셨다. 그 이후 시간이 지나면서 감독도 계속적으로 이어졌다. 그리고 감독직과 교회 체제는 계속 전수되어 갔다. 그 결과 교회는 감독들의 기초 위에 세워지게 되었고, 교회의 모든 행위는 이들에 의해 지도되었다."[10]

이그나티우스, 이레네우스, 키프리안의 저술에서 드러난 감독 확립 과정을 해석해 본 것은 증거를 따진 것이라기보다는 교회의 개념에 의존한 것이다. 역사가들은 초대교회 제도가 유대적 뿌리에서 자라났다는 점에 견해를 같이 한다. 거기에서는 예를 들어 회당이 장로나 회당장 지도 하에 운영되었다. 또한 대부분의 역사가들은 교회의 감독 조직이 유대교를 훨씬 뛰어넘는 모습을 보여준다는 점에도 동의한다. 로마 가톨릭과 어떤 의미에서는 정교회에서도 감독직은 등장할 필요성이 있었다. 왜냐하면 그들은 사도들이 지명한 계승자로서, 그리스도를 증거하는 사도적 사역을 수행하고 그리스도께 예배하는 생활을 조직하는 책임을 맡았기 때문이었다. 가톨릭 용어인 '사도 품에 잠들어 있는 감독'은 이러한 신앙을 반영한다. 그와 대조적으로 프로테스탄트들은 감독직이 주변 상황에 자연스럽게 반응하면서 2세기 중반 경에 나타났다고 주장하는 경향이 있다. 아마도 프로테스탄트의 해석은 사도행전에서 예루살렘 교회의 제반 활동을 주재한 야고보가 현실적인 필요성 때문에 뽑혔다는 것을 제기하면서 논의를 시작할 것이다. 그러나 야고보는 그 자신의 역할을 그리스도와 그 사역이 말해주는 보다 근본적인 사도적 메시지의 실재와 혼동하지 않았다고 본다. 마찬가지로, 감독들은 부가적 기능의 책임을 맡고 있는 장로와 다름없는 존재로 여겨야 한다. 감독들은 모든 그리스도인들처럼 그들이 예수 그리스도 안에 있는 구원에 관한 사도들의 메시지를 고수하기만 하면 언제나 '사도적'이라고 간주될 수 있었다. 그러나 그렇지 않은 경우에 임직이나 또는 직위 행사에 있어 유일하게 사도적이라고 간주해서는 안 된다.

이러한 근본적인 해석의 차이는 사도성 문제로 다시 돌아간다. 프로테스탄트들은 사도성이 신약성경의 내용에 근거한다고 본다. 이에 반해 가톨릭은 사도성을 확대하여 신약성경의 기록과 감독들의 활동을 같은 비중으로 다룬다. 이 두 경우에서 감독들은 이단을 다루고, 가르침을 베풀며, 새로운 개종자들의 세례를 감독하고, 예배를 위한 지침을 제공하는 중요 인물로 간주된다. 각자의 교회관에 따라 가톨릭은 초기 감독들이 올바르게 행한 것에 신뢰를 보낸 반면, 프로테스탄트들은 종교 개혁에 의해 언젠가 바로잡을 필요가 있는 오류나 오류 가능성을 지적했다.

따라서 감독직의 등장이 교회에 어떤 의미가 있었는지에 대한 정확한 평가는 미해결 상태로 남아 있다. 논의하지는 않았으나, 초대교회에 등장하였던 감독제도는 교회의 내적 생활을 조정하고 세상에 대한 교회의 대응을 조직하는 수단이 되었다. 이처럼 감독제도는 회당 형태가 교회의 독자적인 조직방법으로 바뀌게 되는 과정에서 나타난 매개물 중 하나였다.

신조들(Creeds)

교회를 안정시킨 세 번째 중요한 수단은 기독교의 가르침을 요약하고, 그것을 문의하는 사람들에게 신앙을 소개하는 짧은 신앙 진술의 발달이다. 다음 두 장에서는 공의회에서 공표된 위대한 신조들을 심도 있게 살펴볼 것이다. 여기에서는 교회가 전체회의를 개최할 역량을 갖기 이전에도 다양한 신조의 진술이 교회 내에서 이미 일반화 되었음을 지적하는 것이 중요하다.

이들 여러 신조들은 세례식과 관련이 있었다. 이 신조들은 먼저 세례 지원자(교육을 받고 있는 회심자들)에 대한 교육을 조직적으로 하기 위해 만들어졌다. 그러나 곧이어 이 신조들은 또다른 목적, 특히 진정한 신앙과 이교적인 사이비 신앙을 구분하기 위한 지표로 사용되었다.

신약성경 정경의 확정, 감독의 등장과 함께 사도성은 신조를 교회 내의 매우 중요한 도구로 만드는데 있어 결정적인 역할을 했다. 이미 신약성경에서는 참고할 만한 사항들이 '전통'(tradition) 또는 '전통들'(traditions, NRSV 데살로니가후서 3:6, 고린도전서 11:2)로 기록되기 시작했고 사도들을 통하여 교회에 전해졌다. 속사도 시대 교회에서는 세례식의 신조들이 사도적 가르침을 보여주며 그리스도의 말씀을 담고 있는 것으로 귀하게 다루어졌다.

사도신경으로 알려지고 서유럽교회에서 널리 사용되어진 신앙의 진술을 보면 신조의 형성 과정을 알 수 있다. 그 최종적인 형태의 사도신경 확정판은 7세기가 되어서야 기록되었다. 그러나 그 초기판들은 흔히 구(舊) 로마

사도신경 형성 과정

안디옥의 이그나티우스(약 110년)

다윗의 계보이며 마리아에게서 나신 예수 그리스도를 언급하지 않는 사람들의 말에 조금도 귀를 기울이지 말라. 그는 참으로 나셨으며 먹고 마시었다. 진실로 본디오 빌라도에게 핍박받고, 십자가에 못 박히시고 죽으셨는데, 하늘에 있는 자나 땅 위에 있는 자나 땅 아래 있는 자들이 그것을 보았다. 그는 또한 진실로 죽은 자 가운데서 살아나셨다. 성부 하나님께서는 같은 방법으로 그를 믿는 우리를 살리실 것이다. 나는 성부 하나님께서 참 생명이 없는 자를 제외하고 그리스도 안에 있는 우리를 살리실 것을 말하고 있다.[3]

구(舊) 로마신경(약 340년)

나는 전능하신 하나님(전능하신 성부 하나님)을 믿사오며,
그리고 그의 독생자이신 우리 주 예수 그리스도를 믿나이다.
그는 성령과 동정녀 마리아에게서 나셨으며
본디오 빌라도에게 십자가에 못 박히고 장사지냈다가
사흘 만에 죽은 자 가운데서 살아나셨나이다.
그는 하늘로 올라가셨고
성부 하나님 우편에 앉아 계시다가
그리로부터 산 자와 죽은 자를 심판하러 오시리이다.
그리고 거룩한 성령, 거룩한 교회,
죄를 용서하시는 것과, 육체가 부활하는 것과,
영원히 사는 것을 믿사옵니다.[4]

사도신경(최종본, 약 700년)

전능하사 천지를 만드신 하나님 아버지를 내가 믿사오며,
그 외아들 우리 주 예수 그리스도를 믿사오니 이는 성령으로 잉태하사 동정녀 마리아에게 나시고, 본디오 빌라도에게 고난을 받으사 십자가에 못박혀 죽으시고, 장사한 지 사흘 만에 죽은 자 가운데서 다시 살아나시며, 하늘에 오르사, 전능하신 하나님 우편에 앉아 계시다가, 저리로서 산 자와 죽은 자를 심판하러 오시리라.
성령을 믿사오며, 거룩한 공회와, 성도가 서로 교통하는 것과, 죄를 사하여주시는 것과, 몸이 다시 사는 것과, 영원히 사는 것을 믿사옵나이다. 아멘[5]

신경(the Old Roman Creed)으로 불리는데, 이는 사도신경과 아주 흡사하며 그 작성 시기는 2세기로 거슬러 올라간다.

사도신경의 초기판들과 그와 유사한 진술들은 회심자들이 세례를 받도록 준비시키는데 사용되곤 했다. 3세기 경에 세례(보통은 부활절에 거행된다)를 받으려는 사람들은 "당신은 전능하신 성부 하나님을 믿습니까 … ? 당신은 예수 그리스도를 믿습니까 … ? 당신은 성령을 믿습니까 … ?" 라는 형태의 질문들에 먼저 답하는 것이 교회의 일반 관례였다. 따라서 이들 신경들은 먼저는 삼위일체 신앙을 가르치는 수단이었고, 그 후에 교회에 속한 사람들에게는 이 신앙을 자신의 것으로 고백하는 수단이었다.

그러나 이들 진술에 담긴 사도성은 그들에게 커다란 의미를 부여하였다. 원래 교회의 교육적 목적을 위해 마련된 보조 교재였던 것이, 이제 정규 예배와 이단을 막아내는 데도 중요하게 사용되었다. 신경을 암송하는 일은 전례에 있어 어김없는 관례가 되었다. 왜냐하면 신경은 먼저 사도들이 체험해서 전수하였던 근본적인 실재를 그리스도인들에게 회상시켜 주었기 때문이었다.

신경은 교회의 가르침을 지키기 위해 사용되었지만, 곧이어 교회 내의 그리스도인과 새신자들을 위해 사용되었을 만큼 중요하게 되었다. 한 예로 사도신경의 단어 형태를 보면, 거의 모든 구절이 이단의 가르침에 맞서 교회를 보호하려는 것이 분명하다. 예로 들 수 있는 것 중 몇 개만 언급하면, 하나님이 '아버지' 이며 '천지를 만드신 분' 이라는 신경의 주장은 영지주의자들의 일관된 가르침을 반박하는 것이었다. 영지주의자들에 의하면, 그리스도 안에 계시된 하나님은 순수한 영을 가진 신이며, 물질세계를 극복해야 할 장애물이나 제거해야 할 세력으로 여기는 분이었다. 이와 유사한 예는, 그리스도가 태어났고, 십자가에서 고난을 받고 죽었다는 신경의 주장인데 이는 커다란 영향력을 행사하고 있었던 가현설(Decetic) 이단을 직접 겨냥하였다. 가현설은 그리스도가 단지 육신을 입은 것처럼, 세상과 접촉함에 있어 육체적인 것으로 보였을 뿐이라고 주장하였다. 예수가 '그리스도'

라는 신경의 고백은 구약성경의 가르침이 나사렛 예수에게서 그 완성을 이루었는지에 대한 유대인과의 논쟁에 관심을 기울이게 했다. '거룩한 공회' (신경의 세 번째 부분, 또는 성령 부분)에 대한 신앙 선포는 기독교의 보편성을 확증하는 것이었다. 즉 그것은 말시온의 추종자들을 비롯한 다양한 기독교 집단을 비판하는 것이었다. 그들은 스스로를 선택된 특별한 지체라고 내세우면서, 세상을 운영하는 하나님의 방법을 진정으로 이해하는 유일한 집단이라고 주장하였다. 이 신경은 원래 이단 가르침에 대항하기 위해 만들어진 것은 아니었지만 곧 그같이 중요한 기능을 발휘하게 되었다.

초기 세례에서 신경들은 뒤이어 나온 공의회 신경들과 함께 기독교 신앙의 사도적 개요로서의 역할을 했다. 이 신경들은 성경의 폭넓은 가르침에서 추출되었고 교회의 외적인 예배의식을 지도했으며, 신약성경의 근본적인 메시지와 감독의 사역과 함께 교회의 본분을 알게 해주었다.

기독교 역사를 명확한 시기들로 나누는 데는 여러 기준들이 사용될 수 있다. 그러한 구분은 한 가지 경우를 제외하고는 끝없는 논쟁의 원인이 된다. 그 예외적 경우란 거의 모든 주석가들이 지적하는 것인데, 신약성경에서 묘사된 교회와 사도들의 모습이 사라진 후 발달했던 교회 사이에 분수령이 있었다는 것이다. 그것을 구분짓는 커다란 역사적 사건은 70년 로마가 예루살렘을 멸망시킨 일이었다. 그 전에 기독교는 분명 유대적 맥락 속에서 발달하였다. 그러나 그 후 기독교는 급격히 유대교와 다른 하나의 종교가 되었다. 교회가 독자적으로 움직임에 따라 많은 다른 요소들이 끼어들게 되었다. 그러한 움직임 중 가장 중요한 것은 히브리어 경전에 덧붙여 확고한 모양을 갖춘 권위 있는 기독교 저작의 확립, 교회생활을 지도하는 감독제도의 등장, 진리에 대한 교회의 이해를 표현하는 간결한 신앙진술의 발달이었다. 이러한 의미에서 정경, 감독제도, 신경은 기독교 교회가 예루살렘에서 땅끝까지의 전도 여정을 시작하는 매체가 되었다.

P 기도는 개인기도와 공기도의 형태로 그리스도인에게 활력을 불어넣어 준다. 처음 그리스도인들이 기도하는 방법을 배우기를 원했을 때, 그들은 지침서로 주기도문을 의지하였다. 주기도문은 권위 있는(그리고 유일하게 기독교적인) 기도 모델을 제공했다. 그것은 예수가 그 제자들에게 가르쳐 준 것으로 그리스도인들이 기독교의 하나님을 어떻게 표현해야 될지, 그리고 '하늘에 계신 우리 아버지'[11]에게 정확하게 무엇을 요청할 수 있는지를 보여주는 것이었다. 이 기도는 기도 관습을 만들었을 뿐 아니라, 벌써 2세기 말 이전부터, 그리고 터툴리안의 '기도론'(On Prayer)부터 현재까지 기도에 관한 기독교 사상과 저술의 기초를 놓았다.

주기도문에 대해 성경 이외의 글 중에서 가장 먼저 참조할 수 있는 것은 '디다케'(Didache, 12사도의 가르침이라고도 불린다)인데 많은 학자들이 저작 연대를 1세기 말로 잡는다. 이 '디다케'는 교회가 지중해 세계로 이동하면서 개종자들에게 기독교 신앙과 예배의식의 기초를 가르치기 위해 사용되었다. 우리는 그 책에서 주기도문이 교회의 가장 초기부터 그리스도인의 헌신 행위의 핵심을 이루고 있음을 보게 된다. 주기도문 이외에 '디다케'에서도 성만찬 예식에서 사용되는 감사기도가 들어 있다. 여기에서는 아람어 기도인 '마라나타'(Marana tha!, 주여, 오시옵소서!)에서 표현하고 있는 그리스도의 재림에 대한 그리스도인의 소망으로 끝을 맺는다.

위선으로 기도하지 말고, 복음서에서 주님이 명령하신대로 기도하라.

하늘에 계신 우리 아버지여,
이름이 거룩히 여김을 받으시오며,
나라가 임하옵시며,

뜻이 하늘에서 이루어진 것 같이 땅에서도 이루어지이다.

오늘날 우리에게 일용할 양식을 주시옵고,

우리가 우리에게 죄 지은 자를

사하여 준 것같이

우리 죄를 사하여 주시옵고,

우리를 시험에 들게 하지 마시옵고,

다만 악에서 구하시옵소서.

나라와 권세와 영광이 아버지께 영원히 있사옵나이다. 아멘.

이 기도를 하루에 세 번 하라.[12]

한 잔의 차를 나누며

1. 예루살렘이 멸망할 때 초대교회는 유대교와의 관계를 어떻게 인식하였는가?

2. 예루살렘 멸망으로 유대교와 결별된 이후 기독교 교회는 무슨 문제에 직면했는가?

3. 유대교와 결별 후에 결국 교회가 자신을 규정하기 위해 발달시킨 것은 무엇이었는가?

4. 속사도 시대를 연구하려 할 때 역사가들이 직면하는 것은 무엇인가? 역사가들의 기독교 신앙관이 어떠한 점에서 이 문제를 복잡하게 만드는가?

5. 비기독교 역사가들은 이 시기와 밝혀진 주요 문서들을 해석하는 데 기독교 역사가들과 어떠한 점이 다른가?

6. 성경이 정경으로 발달하는 데 어떠한 힘이 작용했는가?

7. 신약성경을 권위 있는 것으로 보고 정경의 지위를 확고하게 해준 기준에 대해 논의해 보라.

8. 신약성경에서 발견되는 보다 유동적인 리더십 구조에서 카르타고의 키프리안 시대까지 교회제도(감독제)의 발달을 기술하라. 이 점진적인 변화를 어떻게 설명할 것인가?

9. 초기 신조의 원래 목적을 이후 교회사에서의 신조들의 역할과 비교하라.

오늘날 교회에 적용할 점

1. 예루살렘 멸망의 결과로서 기독교 교회 내에서 일어났던 혼돈의 사건들과, 교회를 강화하기 위해 그러한 사건들을 사용한 하나님의 방법을 생각해볼 때, 당신의 교회와 일반 교회에서 하나님이 커다란 유익을 위해 사용하셨던 파괴적으로 보이는 일들의 사례가 있는가?

2. 오늘날 당신의 교회 내에 실제적으로 남아있는 유대적 유산은 무엇인가?

3. 가치, 관점, 관습과 관련해 볼 때, 유대교의 뿌리는 어떻게 그리스도인인 우리의 신앙에 영향을 주고 있는가?

4. 초대교회 시대의 세 가지 기여, 즉 정경, 감독제도, 신조 중 당신의 교회에 가장 큰 영향을 준 것이 무엇인가? 오늘날 일반 교회는 어떠한가?

Turning Point 02 

주후325년 | 니케아공의회

국가의 비호 아래 역사적인 교리를 만들어 내다

국가의 비호 아래 역사적인 교리를 만들어 내다

초기 기독교 공동체의 가장 생생한 기쁨과 희망을 표현한 것이 이집트 사막에 보존되어 있던 파피루스와 질그릇 조각에서 나왔다. 아래의 찬송가는 3세기 초에 작성된 것으로 추측되는데, 나일강에서 서쪽으로 10마일 떨어진 고대 유적지인 옥시린쿠스(Oxyrhynchus)에서 1920년대에 발견된 도편(기록을 위한 재료로서 보통은 자주 사용되지 않는 도기의 파편) 위에 기록되어 있었다. 이 찬송가는 찬양시와의 관련성과 신약성경에 대한 암시가 두드러지며 특히 하늘과 땅의 모든 피조물에게 삼위일체 하나님을 경배하라고 외칠 때의 기쁨이 잘 표현되어 있다.

> 하나님의 놀라운 창조물 중 그 무엇도
> 밤이나 낮이나 잠잠해서는 안 될지니
> 빛나는 별들이나 높은 산들, 바다의 깊음과
> 엄몰하는 강의 근원들
> 우리가 성부, 성자, 성령께 노래하듯
> 이 모든 것들로 찬양을 부르게 할지어다.
> 하늘의 모든 천사들은 화답할지니
> 아멘! 아멘! 아멘!
> 권능, 찬양, 존경, 영원한 영광을
> 유일하게 은혜를 베푸는
> 하나님께만 돌릴지니
> 아멘! 아멘! 아멘![1)]

325년 5월 20일, 기독교는 새로운 시대로 접어들었다. 그날 약 230명의 감독들이 당시 비두니아(Bithynia)의 주요 도시였던 니케아(현재 터키의 소도시인 이즈니크 Iznik)에 모여들었다. 이 행사는 첫 '에큐메니칼'(ecumenical) 또는 전 세계적 공의회로 기록되었다. 예수의 신성의 의미를 결정짓는 이 공의회의 활동은 기독교 신앙의 가장 핵심적인 사항과 관련되었다. 특히 이 공의회를 그처럼 특별한 터닝 포인트로 만든 것은 단지 교리적인 문제가 아니라 중요한 신학적 이슈에 정치적, 사회적 힘이 연결되었기 때문이었다. 공의회를 개최하자는 생각은 감독들에게서 나온 것이 아니었다. 오히려 공의회는 위대한 로마 황제인 콘스탄틴(약 288-337)에 의해 소집되었다. 그러한 소집 후에, 그리고 그러한 이슈를 다룬 후에 교회는 결코 예전과 같을 수 없었다.

여러 가지 상황들이 맞물려 니케아공의회를 이끌어 냈다. 한편으로는 그리스도의 본성과 사역의 성격을 규정하기 위한 교회의 계속적인 노력이 있었으며, 다른 한편으로는 교회와 우호적이었던 황제의 권력 상승이 있었다. 교회와 로마 제국 사이에 상호 영향을 미치는 유력한 결합이 이루어지고 있었던 것이다.

니케아공의회 이전에 있었던 신학상의 문제들은 북아프리카 연안에 위치한 이집트 알렉산드리아의 장로 아리우스(Arius, 약 250~330)의 학설과 관련이 있었다. 현안으로 떠오른 폭넓은 문제들에는 최소한 150년 동안 답변이 요청되었던 질문들이 포함되어 있었다. 그 핵심적인 질문은 신약성경의 구절 중 '하나님의 아들', '말씀' 또는 하나님의 '로고스', '성부와 함께 있는 자'인 구원자로서 예수 그리스도의 지위를 어떻게 규정할 것인지에 대한 것이었다. 이들 질문에 대해 여러 가지 답이 제시되었다. 그러나 그리스도의 신성을 정확하게 정의하려는 최상의 답변들은 확실히 불만족스러웠다. 답변들 중에는 하나님 신격(Godhead)의 통일성을 강조한 것이 있었다. 그것을 지지한 사람들은, 하나님의 단일성('군주', '하나의 근원'을 의미하는 그리스어에서 나온 것)을 강하게 고수하였기 때문에, 때로 단일신론자(Monarchianists)라 불린다. 3세기 초 로마 학자인 사벨리우스(Sabellius)같은 단일신론자들은 한 분 하나님이 전 역사를 통해 다양한 형태로 나타났었다고 가르쳤다. 즉 '성부', '성자', '성령'은 하나의 실재에 대한 세 가지 이름으로, 세 가지 다른 모습으로 나타났다는 것이다(그들은 양태론자modalist로 알려지게 되었다). 다른 단일신론자들 중에는 양자론자(adoptionists)로 불리는 사람들이 있었는데, 이는 이들이 예수 그리스도가 하나님에 의해 특별한 양자가 되었고, 그 결과 신적 임재가 충만하게 임하였다고 믿었기 때문이었다. 그러나 이러한 견해 중 어느 것도 교회를 만족시키지 못했다. 왜냐하면 이들 견해들은 예수가 분명한 인간이라는 신념을 깎아내리거나 그의 완전한 신성을 감소시켰기 때문이었다.

다른 답변들 중에는 성부와 성자 사이의 구별을 강조한 것이 있었다. 이러한 노력을 주도한 인물은 위대한 알렉산더 신학자인 오리겐(Origen, 약 185~254)이었다. 오리겐은 특히 창의적이었고, 수준 높은 교육을 받았을 뿐 아니라 매우 사색적인 인물이었다. 그는 예수가 성부로부터 '탄생'했지만, 이 탄생이 '영원한' 것이었다고 주장하였다. 오리겐은 이러한 공식으로 삼위일체(이 단어는 처음 카르타고 출신의 탁월한 북아프리카 법률가인 터툴리안에 의해 2세기 말쯤 사용되었다)의 통일성과 성부와 성자 사이의 구별됨을 모두 고수하기를 바랐다.

그러나 오리겐의 사상을 추종했던 사람들은 균형을 바라는 그의 관심을 공유하지 않았다. 알렉산드리아의 아리우스(니케아공의회에 의해 이단자로 단죄됨)가 그 같은 인물이었다. 318년에 그는 자신의 감독인 알렉산더와 의견을 교환하면서, 성부 하나님의 단일적이고 영원한 성격을 너무 강조한 나머지 성자를 열등한 지위로 떨어뜨렸다. 아리우스는 알렉산더가 성부와 성자의 일치를 강조했다는 이유로 사벨리우스파(Sabellian)라 불렀고, 반면에 자신은 성자를 성부에 철저하게 종속시켰다. 이에 대해 많은 그리스도인들은 그 같이 종속되어진 그리스도(인간보다 우월하지만 완전한 하나님보다는 열등한)가 어떻게 인간에게 구원을 줄 수 있는지에 대해 의아하게 생각했다. 그러나 아리우스에게 성부의 초월성과, 논리적으로 하나님의 통일성이라는 의미를 추구할 필요성은 다른 어떤 것보다 중요했다.

아리우스가 견해를 밝힌 318년으로부터 7년 후 니케아에서 공의회가 열리기까지, 여러 가지 혼란스러운 집회, 서신, 주장, 논쟁들이 있었다. 그 기간 동안 로마제국의 정치적 전개가 신학에 영향을 미치기 시작하고 있었다. 그리스도인들에 대한 마지막 대규모 박해가 303년 이후 수년 동안 디오클레티안(Diocletian) 황제 치하에서 일어났다. 그는 로마제국 후기에 가장 역량 있고 유능한 황제였지만 교회를 지중해 세계의 분열세력으로 간주하고 공격했다. 그는 제국의 통일과 안정을 유지하는데 몰두하였기 때문에 기독교를 제거하면 종교적 갈등으로 인한 혼란이 감소될 것이라 기대했다. 그는 또한 제국이 좀더 효과적으로 운영되도록 여러 조치를 취했는데, 이러한 조치 중 하나가 예기치 않은 결과를 가져왔다.

디오클레티안은 중동에서 브리튼 섬들까지 뻗어있는 제국에 보다 나은 행정제도를 제공하기 위해 그의 영토를 네 개의 행정구역으로 분할하였다. 가장 서쪽 지역에는 콘스탄티우스 크로루스(Constantius Chlorus)를 임명하였는데, 그는 콘스탄틴의 아버지로 나중에 정제(正帝, chief emperor)인 디오클레티안의 후계자로 부상하였다. 그러나 콘스탄틴은 황제가 되기 전에 많은 군사적, 외교적 장애물을 극복해야 했다. 디오클레티안은 305년에 퇴위했는데, 이후 다른 세 명의 경쟁자들이 계승자가 될 권리를 차지하기 위해 투쟁하였다. 콘스탄틴은 서부 지역에서 강력한 도전자로 떠올랐다. 312년 콘스탄틴은 그의 주요 경쟁자 중 한 명인 막센티우스(Maxentius)를 로마 북쪽의 밀바 다리(Milvian Bridge) 전투에서 패퇴시키면서 리키니우스(Licinius)와 공동 황제로 부상하였다.

긴 안목에서 볼 때 밀바 다리 전투에서 콘스탄틴이 승리한 것은 로마 역사보다 기독교 역사를 위해 더욱 중요한 것이었다. 콘스탄틴은 막센티우스와의 싸움이 있기 직전 분명한 환상을 보았는데 이는 기독교 교회의 행로뿐 아니라 그의 인생 여정을 변화시켰다. 가장 중요한 초대교회사가이며 후에는 콘스탄틴의 친구가 되었던 가이사랴의 유세비우스(Eusebius of Caesarea)

의 말에 따르면, 콘스탄틴은 부친의 신에게 기도드리던 중 "자신의 두 눈으로 태양 위의 하늘에서 밝은 십자가의 형상과 거기에 이것으로 정복하라(CONQUER BY THIS)는 문자가 쓰여 있는 것을 보았다. … 그 후 잠자는 중에, 하늘에서 보았던 징표를 가진 하나님인 그리스도가 그에게 나타나, 전에 하늘에서 보았던 징표와 유사한 것을 만들어서 그것을 적과의 모든 전투에서 보호 표지로 사용할 것을 명령했다."[2] 그 이후 콘스탄틴은 자신의 상징물로 십자가나 그리스어로 그리스도의 이름의 첫 두 글자를 포개어 만든 ☧를 채택하였다. 더욱 중요한 일은 그가 즉각적으로 동료 황제인 리키니우스와 함께 기독교 신앙을 합법화하고 모든 종교에 대한 관용을 제국의 법령으로 공포하기로 협정을 맺었다는 것이다(전통적으로 이 합법화된 법령은 밀라노 칙령으로 불리지만 공식적으로 볼 때, 칙령이 아니며 밀라노에서 비롯된 것도 아니어서 전통적인 호칭에는 약간의 문제가 있다. 기독교는 데오도시우스(379~395) 통치 시기인 4세기 후반까지는 유일한 합법적 종교가 되지 못했다).

그때부터 콘스탄틴의 노선이 시작되었다. 그는 시간이 경과됨에 따라 제국의 권력을 장악했고, 또한 더욱 단호하게 기독교 신앙을 촉진시켰다. 콘스탄틴은 이미 314년에 디오클레티안의 박해가 야기했던 문제들을 둘러싸고 교회에서 발생한 분쟁에 판결을 내려줄 것을 여러 감독회의에 요청하였다. 2년 뒤엔 그 스스로 이 문제들에 대한 청원을 듣게 되었다. 한편 그는 국가 정치적으로는 324년까지 서서히 세력을 증가시켜 마침내 리키니우스를 제압하고 단독 로마 황제가 되었다.

콘스탄틴은 디오클레티안처럼 모든 면에서 제국의 안정과 종교적 갈등이 조성한 난제들에 관심이 있었다. 그러나 콘스탄틴에게 있어 최선의 행동방침은 기독교를 억압하는 것이 아니라 단합을 위해 그 잠재력을 이용하는 것이었다. 따라서 콘스탄틴은 단독 지배권을 갖게 되자마자, 즉각적으로 교회를 어지럽히고 있었던 분쟁을 해결하려 했다. 324년 무렵 교회 분쟁의 핵심에는 아리우스의 학설이 있었고, 또한 부활절의 날짜를 어떻게 정할 것인가, 규모가 큰 감독 도시들 간의 논쟁을 어떻게 해결할 것인가와 같은

콘스탄틴 대제가 태어날 당시는 로마 제국의 쇠퇴기로, 암울한 시대였다. 이 시기에 등극한 디오클레시안 황제는 제국을 오리엔트식의 전제군주제로 바꾸고, 사두 정치를 실시한다. 사두 정치란 두 명의 정제와 두 명의 부제로 이루어진 정치체제인데, 이 부제 중 한 사람이었던 콘스탄티우스 클로루스의 아들이 바로 콘스탄틴이었다. 아버지 사후 부제가 되었는데, 그 무렵 디오클레티안 황제가 은퇴를 선언하고, 내전이 일어나면서 콘스탄틴이 단독 황제가 되었다. 콘스탄틴 대제는 '기독교를 최초로 공인' 한 황제로 유명하다.

많은 실제적 사안이 있었다. 콘스탄틴 대제는 교회의 내부 갈등을 극복하는 것으로 종교 문제를 해결하려 했고, 로마 세계를 위해 강력하고 절대적으로 필요했던 문화적 접착점을 찾고자 했다.

콘스탄틴은 생애 말기인 337년에 결국 세례를 받게 되었다. 콘스탄틴에게 기독교는 하나님께로 향하는 길인 동시에, 제국을 통합하는 방법이었다. 그는 이 두 가지 아주 분명한 목적을 위해 아리우스를 둘러싸고 뒤얽혀 있는 교리상의 논쟁에 몰두하였다. 이 목적은 그가 니케아공의회를 소집한 이유를 설명하는 한 편지에 적혀 있다. "나의 의도는 먼저 신(Deity)을 경배하는 모든 민족이 발견한 다양한 입장에 확고한 통일성을 부여하는 것, 즉 교회를 위해 교리를 명백히 하는 일이다. 그리고 두 번째는 중병으로 고통당하는 세상에 건강한 목소리를 회복시키는 것, 즉 제국을 위해 종교적 싸움을 종식시키는 일이다."[3]

그가 공의회를 소집한 것은 그러한 이유에서였다. 처음에는 동방의 로마 세력 중심지인 안키라(Ancyra, 현재 앙카라)에서 모일 예정이었다. 그러나 콘스탄틴은 자신의 군사령부에 좀더 가까운 곳인 니케아로 회의 장소를 옮겼다. 니케아공의회에는 대체로 동방의 감독들이 모였는데, 그 중에는 아타나시우스(Athanasius)라 불리는 알렉산드리아의 알렉산더(Alexander of Alexandria) 감독의 젊은 보좌신부가 있었다. 그는 니케아에서 제정한 교리를 지키는 데 그의 일생을 바치게 될 인물이었다. 그 외 참석자로는 로마 감독 실베스터(Sylvester)가 파견한 두 명의 장로(presbyter)와 카르타고의 감독과 골(Gaul)에서 온 감독과 페르시아 출신으로 유대 이름을 가진 4명의 감독(기독교 초창기를 생각나게 하는 사람들이다)이 있었다(전승에 의하면 현재 터키 남서부에 위치해 있는 리키아 지방 미라의 성인 니콜라스도 참석했는데, 그는 후에 산타클로스로 알려진 인물이다).

니케아공의회의 토의 결과는 여러 측면에서 중요한 것이었다. 공의회에서 정한 그리스도의 신성은 현재까지 유지되고 있는 기독교 정통 교리의 출발점이 되었다. 공의회의 '정경'(canons)이나 주요 지침들(rulings)은 행정적이고 절차적인 문제에 있어 교회의 권력 행사를 위한 관례를 세웠다. 또한 공의회가 성부와 성자의 관계를 규정한 방법은 콘스탄틴의 '새로운' 로마제국에서의 교회-국가 관계와 직접적인 관련이 있었다. 공의회를 황제 자신이 소집했고, 토의를 주재하고, 그 지침을 실행할 권한을 부여했기 때문에 교회사는 결정적인 전환의 시점을 맞이하게 되었다. 교회의 소외자, 순례자, 심지어 박해받는 자들에서 잠재적인 수혜자로 결정적인 방향 전환을 했는데, 더불어 종교에 대한 국가의 지원이라는 제도상의 위험성을 안게 되었다. 니케아공의회는 이러한 각각의 이유들 때문에 기독교 교회사에 있어 중요한 터닝 포인트였다.

니케아공의회와 교리

니케아공의회에서 교리의 문제는 절대적으로 결정적인 것이었다. 왜냐하면 인간이었을 뿐만 아니라 구원자로서의 사역을 한 예수 그리스도에게 문제가 집중되었기 때문이었다. 아리우스의 학설(니케아공의회에서 이단으로 단죄되어 박해 받고 절멸됨)은 반대자들의 저작 안에 단편적으로 몇 개만 인용되어 남아있을 뿐인데, 예수에 대한 커다란 존경심, 성경에 대한 지속적인 관심, 그리고 하나님 존재에 대한 압도적인 경외심 등을 볼 수 있다. 이러한 이유로 기독교 학설을 전부 아리우스의 학설로 바꾸었다면 더 심각한 결과를 낳았을 것이다.

아리우스의 신앙은 하나님의 절대적인 초월성과 절대적인 단일성에 기초하였다. 그의 말에 따르면 "우리는 하나의 하나님을 인정하는데, 그는 스스로 존재하는 자이시며, 홀로 영원하시며, 태초부터 홀로 계시며, 홀로 진실하고, 홀로 불멸하며, 홀로 지혜롭고, 홀로 선하시며, 홀로 주관하시며, 홀로 모든 것을 심판하시는 분이다"[4] 아리우스가 그러한 신관을 가졌기 때문에 그에게는 교회가 예수를 높이 경배해야 하지만, 성부에게 부여된 개념으로 예수를 생각해서는 안 된다는 것이 유일한 논리인 듯했다. 따라서 오직 성부만이 창조주이므로, 성자는 모든 형태의 존재물처럼 하나님으로부터 '낳아진'(begotten) 하나의 창조물임에 틀림없다는 것이다. 그리스

성자 예수의 지위에 대해, 아리우스

아리우스의 교리에 곡이 붙여졌다. 그 교리 찬송과 성가의 대중화는 아리우스주의가 널리 퍼지는 데 기여하였다. 아리우스는 니케아공의회에서 그의 주장을 콘스탄틴 황제에게 제시하면서 다음과 같은 노래를 불렀다.

창조주 하나님이 성자를 만드셨도다.
만물의 처음이 창조되었고,
하나님은 성자를 입양하여
그 스스로 진행하게 하셨도다.
그러나 성자의 본질은
성부의 본질과는 동떨어진 것이니,
성자는 성부와 동일하지 아니하며,
동일한 본질을 갖고 있지 아니하도다.
하나님은 지혜가 충만하신 성부이시며,
성자는 성부의 신비를 가르치는 분이시니,
거룩한 삼위의 각 위는
동일한 영광을 공유한 것은 아니로다.[1]

도는 여타 다른 인간에 비해 성부의 속성을 좀더 가졌을지 모르나, 그 역시 하나의 피조물로서 하나님 마음의 가장 깊숙한 부분을 알지 못한다는 것이었다. 더욱이 예수는 하나님에 의해 만들어진 피조물로서 변화되기 쉽고, 사실은 아니지만 범죄할 가능성도 갖고 있는 것이었다. 아리우스가 논리적 추론에 깊이 의지한 것은 삼단논법인데, 후에 그의 반대자들은 여러 논쟁에서 그의 말을 인용하여 반박하였다. "만약 성부가 성자를 낳았다면 낳아진 그는 존재의 출발을 갖고 있었다. 그렇다면 성자가 존재하지 않았던 때가 있었다는 것이 분명해진다. 그 경우 성자가 비존재(non-existent)로부터 그의 존재를 갖게 되었다는 것이 필연적이라는 결론이 된다"[5] 이 삼단논법을 영어로 번역하는 것은 어려운 일이다. 왜냐하면 아리우스는 성자가 때가 시작하기 전에 낳아지게 되었다는 것을 인정하였으므로 "성자가 존재하지 않았던 때가 있었다"고 말하지 않을 정도의 신중함이 있었기 때문이다. 그러나 예수가 성부에게 종속되었다는 아리우스의 핵심적인 주장은 예수가 성부의 뜻을 행하기 위해 이 땅에 왔다는 기능적인 의미 뿐 아니라, 그가 본질상 아버지에게 복종하는 피조물이라는 형이상학적 의미를 갖고 있었다.

아리우스는 성경을 인용해서 자신의 주장을 펼쳤는데 이런 방법으로 성경에 대한 깊은 연구를 보여주었고, 반대자들에게 커다란 불안감을 주었다. 예를 들어 그는 공공연하게 잠언 8장에 있는 지혜의 독백을 언급하곤 했다. 아리우스는 초대교회의 많은 다른 사람들과 같이 지혜를 그리스도가 의인화된 것으로 이해하였다. 그러나 그는 정통 견해의 주된 경향을 비판하면서 지혜는 하나님의 사역 처음에 창조되어졌다는 22절을 들어 그 구절의 예수는 성부의 신적인 본질을 갖지 못했다는 것을 지적하는 것이라고 주장하였다. 또한 아리우스는 예수가 성부를 '나보다 더 크신 분'(요 14:28)이라고 언급한 것, 또는 예수가 성장되어 갔다고 언급한 부분(눅 2:52), 또는 인간의 궁핍을 겪었다고 언급된 복음서의 구절(요 4:7과 19:28의 목마름, 요 4:6의 피곤함)을 붙들고 늘어졌다. 또한 신약성경 속에서 예수를 처음 난 자(롬 8:29, 골 1:15)

325년 니케아 공의회를 묘사한 이 초기 그림에서 아리우스(그리고 그의 이단설)가 발아래 짓밟혀 있는 모습이 눈에 띈다.

라고 부른 많은 구절들을 찾았다. 아리우스는 성경을 연구하면서 성부와 성자의 차이점을 제시한 것은 무엇이든지 찾아내어 극대화 시켰다.

아리우스는 자신이 일신교(monotheism)라 여긴 것을 주장했는데, 이는 하나님의 계시를 '합리적인 것'이라는 통상 개념 아래 종속시키는 기독교 역사 전반에 걸쳐 반복되는 경향을 보여준다. 만약 아리우스가 하나님은 절대완전, 절대초월, 절대불변했다고 주장했다면, 그리고 스스로 존재하시는 하나님이 모든 만물의 창조자라고 주장했다면, 그 경우 만물과 세상의 어떤 존재라도 하나님으로부터 분리되어 있는 것이 확실하다. 그리고 만물과 어떤 존재라도 하나님으로부터 분리되었다면 예수 역시 하나님으로부터 분리되었음에 틀림없는 것이다. 예수가 세상의 창조와 세상의 구속 사역에서 특별한 역할을 수행한 것은 분명한 사실이다. 그러나 한 하나님이 유일하게 신성을 갖고 있다는 의미에서 보면 예수 스스로는 하나님이 될 수 없는 것이다. 단지 한 하나님만이 존재하므로, 예수 그리스도는 모든 피조물처럼 창조되어졌으며, 변화와 죄에게조차 굴복됨이 확실하고, 또한 모든 피조된 존재와 마찬가지로 하나님의 마음을 온전하게 알 수 없는 존재인 것이다.

이러한 주장들은 매우 논리적인 직관에 근거하고, 성경의 교묘한 활용에 의해 지탱될 수 있는 것이었지만, 즉각적으로 공격을 받았다. 소위 아리우스주의에 경악하는 반응이 여러 자료에서 나왔다.

첫 번째로, 아리우스의 성경 사용이 선택적이거나 궤변적이라는 것이었

성육신에 대하여, 아타나사우스

우리가 요구하는 바, 은혜와 회상에 필요한 것이 무엇(누구)인가? 하나님 그분 자신의 말씀 이외에 누구란 말인가, 그 누가 태초에 무에서 만물을 만들었는가? … 성부의 말씀이 되고 모든 것 위에 뛰어나신 그분만이 모든 것을 재창조하실 수 있고, 모든 피조물 대신에 고통 받으실 만하며, 성부와 함께 있을 모든 자들을 위한 사신이 될 만하다.

이러한 목적을 위해 영이시며 무죄하고, 무형이신(immaterial) 하나님의 말씀이 이 세상으로 들어오셨다. 어떤 의미에서 보면 이전에 그는 진정으로 세상과 떨어져 계시지 않았다. 왜냐하면 성부와 영원히 하나이셔서 창조된 것의 어떤 것도 현재의 모든 만물을 충만케 하시는 그분 없이 된 것이 없기 때문이다. 그러나 이제 그분이 새로운 방법으로 세상에 오셨는데, … 이는 우리에 대한 그분의 사랑으로, 자신을 우리에게 보여주시기 위해, 우리 수준으로 낮아지신 것이다. 우리 인간에 대한 긍휼과 우리의 한계를 불쌍히 여기사 사망이 왕 노릇 하는 것을 참을 수 없었기에 … 그는 그 스스로 육체 곧 우리 자신과 똑같은 인간의 몸을 취하셨다. 그분은 단순히 육체가 되려 하셨거나 자신을 나타내 보이려 하셨던 것이 아니다. 그분이 그렇게 하기로 했었다면, 하나님의 위엄을 다른 방법이나 더 좋은 방법으로 보이실 수 있었을 것이다. 그렇다. 그분은 우리의 몸을 취하셨다. … 전능하시고 모든 만물을 만드신 분(창조자)인 그분 자신이 처녀에게서 자신을 위한 성전으로 이 같은 몸을 예비하셨고, 그 몸을 당신 자신을 위해 도구로 여기셨는데, 그가 거하셨던 몸을 통해 우리에게 알려진 바 되었다. 그분은 우리 모든 육체가 죽음의 형벌을 받을 수밖에 없었기 때문에 우리와 같은 몸을 취하셔서, 자신의 육체를 모든 사람을 대신하여 죽음에 내어주셨고, 성부 하나님께 바치셨다. 그가 행하신 이 일은 우리를 위한 완전한 사랑의 표현이었다.[2]

다. 그는 의미 있는 구절을 단순하게 읽는다고 비난받았는데, 이는 원전의 올바른 의미를 곡해한다는 것이었다. 아리우스를 반대하는 자들의 입장에서 볼 때, 아리우스파는 자신들이 보기에 적절한 맥락에서 필요한 구절들을 끄집어 낼 수 있었다. 하지만 아리우스를 비난하기 위해 제기된 성경 자료는 방대했다. 반아리우스파는 성경을 인용하여 예수는 하나님의 본체이시며(빌 2:6), 하나님의 본성을 지니고 있으며(히 1:3), 하나님의 영광을 공유하며(고전 2:8) 항상 불변하는 분으로(히 13:8) 언급하였다. 아리우스는 잠언 8장을 사용함으로 극심한 비난에 직면했는데, 정통주의자들은 30절을 지적하면서 지혜는 창조 사역에 '항상' 하나님과 함께 했다고 주장했다.

양편의 적대자들은 경전에 정통하였다. 이들은 현재 교회에서 표준이 된 것보다 좀더 상상력이 풍부한 성경 해석을 했지만, 아리우스의 견해는 교묘하고 새로운 발상이기 때문에 주의깊게 탐구해야만 그 진상이 밝혀질 수 있다는 것을 정통주의자들이 알게 된 것은 중요한 일이었다. 그러나 성경 구절에 대한 논쟁만큼이나 중요했던 것은 아리우스주의에 대한 반박이 다른 두 가지의 전략에 상당부분 근거했다는 점이다.

아리우스의 일신교의 논리와 필적할 만한 구원론이라 불리는 것이 있었는데, 소위 구원론은 아타나시우스(Athanasius, 약 296~373)가 수십 년간 정통 입장을 확립하고 지키기 위해 노력을 기울인 주요 주제였다. 결국 아타나시우스는 알렉산드리아 감독이 되었고, 예수의 신성을 옹호한다는 이유로 다섯 번이나 유배를 당하기도 했지만, 아리우스의 주장을 철학적으로 기이하다고 여기지 않았다. 오히려 그는 아리우스의 주장들을 기독교 메시지의 심장부를 겨냥하고 있는 비수로 보았다. 그의 기념비적인 글인 "성육신론"(De Incarnatione)은 아리우스와의 논쟁 초기에 쓰였다. 그는 남은 생애 동안 계속할 일들을 다음과 같이 요약하였다. "만약 그리스도가 진정한 하나님이 아니라면 그는 회개하는 자에게 생명을 부여하고, 죄와 죽음으로부터 해방을 줄 수 없을 것이다. 그러나 이 구원 사역은 그리스도의 성경적 모습의 핵심이며, 태초 이래 교회의 생명력을 견고하게 했다." 아타나시우스가 가진 분명한 견해는, 그리스도가 진정한 하나님이 아니라면, 우리는 바울이 고린도후서 5장 21절에서 "우리로 하여금 그(예수 그리스도) 안에서 하나님의 의가 되게 하려 하심이라"고 표현하였던 희망을 잃게 되는 것이었다. C. S. 루이스는 아타나시우스를 투철한 신념을 가진 인물로 칭송되는 후기 주해자들 중 한 사람으로 다음과 같이 묘사한다. "그는 모든 문명 세계가 기독교에서 아리우스의 종교('감각적으로' 종합된 종교 중 하나)로 뒷걸음질쳐 가는 것처럼 보였을 때, 삼위일체 교리를 '온전하고, 손상되지 않은 상태'로 고수하였다. 지금처럼 그때도 그러한 종교의 추종자들 중에는 고도의 교육을 받은 수많은 성직자들이 포함되어 있었다"[6)]

아리우스주의에 대한 아타나시우스의 거부는 직접적인 신학적 주장에 근거했다기보다는 삶의 경험에 기초한 것이었다. 즉 그 당시 일반 그리스도인 다수의 직관적인 반대로부터 나온 것이었다. 교회에서의 기도는 항상 예수 그리스도의 이름으로 하나님께 올라가게 되어 있었는데, 아리우스처럼 성부로부터 성자를 분리한다면 인간이 하나님과 교통할 기회는 없어지는 것이었다. 또 교회의 세례는 항상 "성부와 성자와 성령의 이름으로"(마 28:19)라는 삼위일체의 형식을 사용해 왔었다. 교회에서 부르는 찬송은 일반적으로 구속자로서의 예수를 찬양했는데, 그는 하나님으로부터 오셨고, 하나님과 동격인 자로서, 타락한 인간을 하나님에게 돌아오게 한 자로 묘사되었다. 간단히 말해, 그 당시 교회의 일상생활(일반 그리스도인의 '상식')은 아리우스의 주장과는 충돌되는 것이었다. 일반 신자들은 아리우스의 주장에 맞설 수 있는 전문적인 기술을 갖고 있지 못했다. 그러나 그들은 예배자로서, 그리스도로부터 신성을 박탈하는 것은 그들 영혼으로부터 희망을 빼앗는 것으로 인식하였다. 교회의 역사에서 자주 일어나는 일로, "기도의 원리나 '법칙'이 공식적인 신앙 원리를 결정짓는다"는 말은 4세기 초 위기 상황에서 사실로 입증되었다.

니케아에 소집되었던 감독들이 아리우스파의 위협이 주는 심각함이나 그에 맞서는 최상의 수단에 대해서 전적으로 일치한 것은 아니었지만, 그들

니케아 신조

제1차 니케아공의회(325)로부터

우리는 유형, 무형의 만물을 창조하신 한 분 전능하신 성부 하나님을 믿나이다. 그리고 하나님의 아들이신 주 예수 그리스도를 믿나이다. 그분은 성부 하나님께서 낳으신 자시요, 빛 중의 빛이며, 진정한 신 중의 신으로 낳은 자, 즉 피조되지 않으신 자이시며 성부와 한 본체가 되셨나이다. 그에 의해 모든 만물이 만들어졌나이다. 그리고 우리 인간들을 위해, 우리의 구원을 위해 이 땅에 내려오셨으며, 육신을 입으셨고 사람이 되셨나이다. 그는 고난 받으셨고, 3일만에 다시 살아나셔서 하늘로 올라가셨나이다. 그로부터 그분이 산 자와 죽은 자를 심판하러 오실 것과 성령을 믿나이다.

제1차 콘스탄티노플공의회(381년)에서 확장된 내용

우리는 전능하사 천지를 만드시고 유형, 무형의 만물을 창조하신 한 분 성부 하나님을 믿나이다.

우리는 하나님의 독생자이신 주 예수 그리스도를 믿나이다. 그분은 세상이 있기 전에 성부께서 낳으신 자이시며, 빛 중의 빛이시고, 진정한 신 중의 신이시며, 낳은 자, 즉 피조되지 않은 자이시며, 성부와 한 본체가 되시나이다. 그에 의해 모든 만물이 만들어졌나이다. 그리고 우리 인간들을 위해, 우리의 구원을 위해 하늘에서 내려오셨던 분이시며, 동정녀 마리아에게서 성령에 의해 육신을 입으셨고 사람이 되셨나이다. 그는 우리 때문에 본디오 빌라도에게 십자가에 못 박히셨고, 고난 받으셨으며, 장사 지낸 바 되었다가 성경대로 사흘만에 부활하셔서 하늘에 오르사 하나님 우편에 앉아 계시나이다. 그로부터 그분은 영광 중에 다시 오셔서 산 자와 죽은 자를 심판하실 것이며, 그의 나라는 영원할 것입니다.

우리는 성령을 믿나이다. 그분은 주님이시며 생명을 주시는 분으로 성부 하나님으로부터 오셨으며(proceeding) 성부와 성자와 함께 경배받고, 영광을 받으실 분이시며, 선지자들이 말씀하신 분이시니이다. 그리고 우리는 거룩한 공회와 사도적 전통의 교회를 믿나이다. 우리는 죄의 사함을 위해 한 세례를 인정하며, 죽은 자의 부활과, 다가올 세상에서의 삶을 고대하나이다. 아멘.[3]

은 결국, 후에 4세기의 남은 기간 동안 계속하여 논쟁하게 될 첫 번째 원칙들을 선언하게 되었는데, 이것이 기독교적 삶과 신학의 기초가 되었다. 니케아공의회의 핵심 주장은 다음과 같다.

1. 예수 그리스도는 '참된 신 중의 신'(very God of very God)이었다. 예수 자신은 성부가 하나님이라는 것과 동일한 의미에서의 하나님이었다. 성부와 성자 사이의 차이는 각자가 갖는 저마다의 사역과 각자가 서로에 대해 취하는 관계성과 관련될 수 있다. 그러나 핵심적인 문제는 성부, 성자, 성령이 모두 참 하나님이라는 것이다.
2. 예수 그리스도는 성부와 한 본질로 이루어졌다. 이 구절에서 사용된 그리스 단어 homoousios(homo는 '동일한', ousia는 '본질')는 커다란 논쟁을 불러일으켰다. 왜냐하면 이 전문적인 철학 용어는 성경에서 찾아볼 수 없었기 때문이며, 교회 내 대부분의 무리들은 예수가 '성부와 유사한 본질'로 이루어졌다는 주장을 더 선호했기 때문이었다(여기서 사용된 핵심단어인 homoiousios는 homoi '유사한'과 ousia가 결합된 것이다. 후기 저자들은 가장 작은 그리스 문자로 차이를 나타내게 하는 i 또는 iota의 특별한 중요성을 극적으로 언급하였다). 결국 homoousios는 그리스도가 진실로 '참된 신 중의 신'이라는 사실의 개연성을 명백하게 강화했기 때문에 채택되었다. 이 용어는 "나와 아버지는 하나이니라"(요 10:30)라는 예수 자신의 가르침을 정확하게 요약한 것이라고 주장되었다.
3. 예수 그리스도는 창조되지 않았다. 예수는 결코 다른 만물과 사람들이 창조된 것처럼 피조되지 않았다. 영원 전부터 하나님의 아들이었다.
4. 예수 그리스도는 우리 인간을 위해, 우리의 구원을 위해 인간이 되셨다. 이 구절은 아타나시우스가 갖고 있었던 관심의 요지를 간략하게 요약한 것으로, 그리스도가 단지 하나의 피조물이라면 그의 백성에게 구원을 가져다 줄 수 없을 것이라는 주장이다. 인간은 스스로를 하나님에게 끌어올릴 수 없다. 구원은 하나님께 속한 것이다.

325년에 나온 니케아 신조는 교회의 승인을 즉시 얻지는 못했다. 아리우스의 논리는 계속 위력을 떨치고 있었다. 성경에서 발견되지 않는 homoousios같은 단어의 사용은 많은 문제를 일으켰다. '본질' 같은 핵심 용어는 헬레니즘적 사고 내에서 오랜 역사를 가지고 있었기 때문에, 이 용어가 기독교 신학으로 유입될 때 모호한 일이 자주 벌어졌다. 그리고 가장 열성적인 그리스도 중심의 신학자들조차 하나님에게 영광을 돌릴 뿐 아니라 그들 자신을 변호하기 위해 논쟁에 참여하였기 때문에, 그리스도의 신성을 둘러싼 논의는 때로 격렬한 정치적 책략을 드러냈다. 그러나 아타나시우스와 다른 아리우스 반대파들이 '하나의 본질'이 성부, 성자, 성령의 분리된 위격과 역할을 부정하는 것이 아님을 분명히 하자, 마침내 니케아의 진술이 수용되기 시작했다.

결국 데오도시우스 황제에 의해 콘스탄티노플에서 381년에 소집된 공의회에서는 참가한 감독들이 니케아 신조의 주요 제안을 재확인하였고, 약간의 수정을 거친 후 현재 니케아 신경으로 알려진 것을 만들었다. 이 최종안에는 그리스도의 탄생과 빌라도에게 고난 받은 부분이 더해졌고, 325년에 니케아에서 작성된 문장에 약간의 수정이 있었으며, 성령에 대해 더 많은 내용을 포함시켰다. 니케아 신조에서는 단지 "우리는 성령을 믿는다"는 것만이 주장되었다. 그러나 325년 이후 성령훼방론자들(Pneumatomachians)로 알려지게 되었던 이단 신학자들이 성령이 독립된 존재임을 부정하기 시작했다. 그래서 381년 콘스탄티노플공의회에서 확대된 신조에서는 예수가 완전히 하나님의 위격을 갖고 있듯이 성령도 그러함을 명확히 하였다.* 니케아 신조는 거의 1,700년 동안 교회의 신학, 예배, 기도를 위한 확고한 기초로 존속하였다. 이것은 성경에서 계시된 사실을 간략하게 요약하는 것일 뿐 아니라, 하나님이 자신을 드러내셨다는 생동감 있는 실재보다, 하나님은 어떤 분이시며 어떤 행동을 하시는가와 같은 논리적 추론을 더 선호하는 인간의 지속적인 취향에 맞서는 보루가 되었다. 이 신조는 그리스도의 신성이 갖는 실재성과 인간으로서의 성육신, 그리고 그의 백성을 위해

***필리오케_**
라틴어 '필리오케' filioque는 '그리고 성자로부터'를 의미하는데, 사실 별 의미가 없는 것 같지만, 후에 니케아-콘스탄티노플 신조에 덧붙여져 크게 불화를 일으켰다. 589년 톨레도 3차 공의회에서는 '성부로부터 나온 성령'에 대한 신앙이 확인됨에 따라 '필리오케'가 삽입되었다. 점차적으로 서방 교회에 의해 채택된 '성부와 성자로부터' 나온 ('이중발현') 성령의 교리는 '오직 성부로부터' ('단독발현')와 대립되는 것이다. 이것은 동방 교회와 서방 교회간 분열에 있어 주요 요소였다. 6장을 참조하라).

수행한 구원 사역을 강하게 재천명했다. 니케아 신조는 인간의 지혜보다 하나님의 지혜를 교회가 결정적으로 선택한 일이었기 때문에 기독교 역사의 터닝 포인트가 되었다. 신학적으로 생각해 볼 때 이보다 더 중요한 결정은 없었을 것이다.

니케아공의회와 정치

그러나 니케아공의회에서는 기독교 교리에 있어 하나의 분기점 이상의 것을 보여주었다. (381년 데오도시우스 황제가 행한 것처럼) 325년 니케아공의회를 소집한 사람이 바로 황제인 콘스탄틴이었고, 아리우스파를 둘러싸고 벌어진 논쟁에 있어 제국의 정치가 중요한 역할을 했기 때문에, 그리스도의 신성에 관한 교회의 결정은 정치적 영역에서도 매우 중요했음이 드러났다.

니케아의 정치적 의미는 4세기 중반의 사건들을 간단히 언급함으로 설명된다. 아타나시우스는 알렉산더 감독으로 있는 동안 여러 차례 콘스탄틴 2세와 율리우스(Julian) 황제에 의해 유배되었다. 콘스탄틴 2세(재위 337-361)는 제국의 조직을 유지하고 자신이 개인적으로 신봉하는 아리우스의 견해를 장려하기 위해 상당한 힘을 쏟았다.

제국과 교회의 연계로 제기된 더 큰 문제는 콘스탄틴의 극적인 회심, 제국의 기독교에 대한 관용 정책으로의 전환, 그 후 기독교 공인 등의 사건이 있었기 때문에 새로운 것이었다.[7] 기본적인 질문은 다음과 같다. 황제들이 이제 이러저러한 모양으로 교회를 지지하는 것이 기정사실이 되면, 황제들은 교회와 관련하여 어디에 위치해 있는 것이 적절한가? 이 질문이 그리스도의 신성과 관련된 문제만큼은 중대한 것이 아니었을지라도, 당시에는 매우 중요한 것이었다. 따라서 이 문제는 이후 천 년 이상 동안 계속하여 기독교 역사에 있어 핵심적인 질문이 되었다(어떤 의미에서 이 문제는 현대 세계에서도 국가 통치자가 그리스도인임을 고백하는 곳은 어디에서든지 계속적으로 중요하다).

4세기에 아리우스파(황제들과 그 지지자들)는 제국으로 하여금 교회를 직접 통제시키려 했다. 콘스탄틴 대제는 자신의 권력을 강화하고, 교회에서 그의

콘스탄틴 황제의 위대함을 보여주는 흉상. 그는 재위 동안의 세금 징수에도 불구하고 4세기 기독교를 언급할 때 여러 가지 면에서 중요한 인물이다.

의지를 실행하려 했기 때문에, "내가 하고자 하는 것은 무엇이든지 교회법규로 여기라"고 말했다고 한다. 말하자면 콘스탄틴은 공의회에서 공표된 교회법규에 준하여 교회에 대해 자신이 원하는 것들이 동일한 종교적 중요성을 갖는 것으로 취급되어지기를 원했다(이 '교회법규'는 교회의 공식적인 진술로 일반적으로 논쟁적인 문제를 취급하고 있다). 달리 말해 그는 교회가 황제의 말을 하나님의 말로 인정해 주기를 원했던 것이다.

이와 대조적으로 정통 또는 공교회(catholic) 진영에서는 교회가 자체 사안에 대해 자율성을 갖는 것이 필수적이라 여겼다. 이러한 입장은 밀라노의 암브로스(Ambrose) 감독이 390년 경 황제 데오도시우스에게 언급한 말에서 볼 수 있다. 암브로스 감독은 속국 백성을 다루는 데오도시우스 황제의 행동에 대해 황제와 감독 사이에 논쟁이 있은 후, 그가 죄악된 행동을 공적으로 고백할 때까지 성찬식 참여를 허용하지 않았다. 데오도시우스 황제가 이에 항의하자, 암브로스는 "황제는 교회 안에 있지 그 위에 있지 않다"고 대답했다고 전해진다. 달리 말해 암브로스는 황제조차도 교회의 가장 신성한 의식에 있어 일반 그리스도인으로 대하기를 원했다.

아리우스파와 공교회파는 교회와 황제의 권력 투쟁에서 몇 가지 신념을 공유했다. 둘 다 그리스도는 교회의 머리이며, 하나님이 황제에게 기름 부어 지상의 일을 다스리게 했다는 것과 그 왕권은 군주(lord)와 태수(satrap)라는 전통적인 사상과 관련되었다는데 일치하였다(그 관계에서 군주는 태수 또는 가신에 대해 아주 완벽한 통치권을 행사한다). 아리우스의 특별한 학설은 종속이란 용어를 둘러싸고 벌어진 논쟁에서 매우 중요하였다. 성자가 성부에 종속된다는 것을 믿었던 아리우스는 군주-태수의 관계를 하나님(군주)과 그리스도(태수)에 적용하였다. 성자가 성부에 종속되었기 때문에, 성자의 왕국(교회)도 성부의 왕국(제국)에 종속되어지는 것이었다. 이에 따라 감독의 권위는 황제의 권위에 종속되어짐에 틀림없는 것이었다. 감독 중의 한 명을 황제가 소환하는 것은 당연한 것으로 여겨졌는데 이는 -성자의 종인- 감독들의 권위가 -하나님의 종인- 황제로부터 파생되었다고 보았기 때문이었다.

정통파는 전적으로 이러한 추론을 거부하였다. 그들은 성자가 성부와 -존재에 있어 동등한- 동일 본질(consubstantial)이라 믿었고, 군주-태수 관계를 삼위와 교회 감독에 적용하였다. 성자가 성부와 동질이기 때문에, 역시 성자의 왕국(교회)은 성부의 왕국(제국)과 동등하게 존엄한 것이었다. 따라서 황제는 속세의 문제에 있어 우월하지만 감독은 신앙생활에 관한 일에서 진정으로 주된 권위체라는 것을 암시한다는 점에서, 감독의 권위는 황제의 권위와 동등함에 틀림없는 것이었다. 결론적으로 말해 황제는 한 명의 그리스도인의 자격으로 교회 안에 있을 때, 그는 감독의 권위 하에 있게 되는데, 이는 교회 내에서 감독은 하나님인 그리스도를 대변하기 때문이었다.

과거사를 돌아볼 때, 이러한 관계 논리는 현재 기술되는 것처럼 명확하기만 한 것은 아니었다. 그러나 일단 니케아의 입장이 우세해지게 되자, 교회와 국가의 관계에 있어 몇 가지 중요한 결정들이 뒤따랐다. 가장 중요한 것은 성자의 동질성(consubstantiality)을 주장하는 것이 국가로부터의 교회, 교회로부터 국가의 독립 정도를 확인시켜 주었다는 점이다.

고대 세계에서 통치권은 분리하여 행사되지 못하였는데, 특히 동방 교회는 교회와 국가에 대한 커다란 권위를 제국에 계속 부여하려 했다. 그러나 서방 교회와 일부 동방 교회에서는 니케아 신조를 수용하여 어느 정도 교회의 자율성을 확보했다. 4세기 니케아의 기독론에서는 기도, 예배, 설교,

성경의 사용, 성례전 등 모두를 자유롭게 행해야 한다는 원칙이 확인되었다. 성자의 사역이 성부의 사역과 동일 본질(homoousios)이기 때문에 교회 생활은 국가 기관이 침범할 수 없는 독립성을 갖고 있었다. 그 후 특히 서방 교회에서는 이러한 토대 위에서 국가와 교회 제도의 관계가 설정되었다. 기독론 논쟁은 결과적으로 기독교의 정치사에 있어서도 특별히 중요한 터닝 포인트가 되었다.

니케아공의회와 기독교세계

니케아 신조가 제국에 맞서 교회를 위한 자유의 헌장을 제시하였지만, 보다 분명한 것은 325년(또는 312년) 이후 결정적인 전환이 교회사에 있었다는 점이다. 콘스탄틴이 교회를 위하여 행동하기 시작했고, 그의 계승자들이 제국의 통치는 어느 정도 교회 문제와 관련되어 있을 거라고 단순하게 생각하기 시작하자 교회는 기독교 초기 300년간의 상황을 잊게 되었다. 그 300년 동안에는 속세의 어느 곳에서도 마음 붙이지 못하는 순례자 집단으로서 교회의 존재가 강조되었다. 왜냐하면, 국가 권력이 언제든지 그리스도인들을 박해하고, 몰아내고, 유배 보내며, 정규 예배의식과 기독교 예배를 중단시키는 일로 돌아설 수 있었기 때문이었다. 활발했던 로마의 박해가 뜸해지고, 지방의 기독교 공동체가 때로 콘스탄틴 이전 시대에 누렸던 상당한 평온을 발전시켜 갔을지라도 신앙 공동체가 이 세상에서 영원한 안정을 바랄 수 없다는 것은 변치 않는 진리였다.

콘스탄틴의 개종과 함께 순례 집단으로서의 교회의 실재는 서서히 사라져갔다. 특히 기독교 신앙이 북부와 서부 유럽에 전파되는 4세기에서 7세기를 경과하면서 교회를 시작하고 발전시키며 후원하고, 때로는 명령하였던 통치자의 행동으로 점차 교회와 국가의 지도자들은 제도라는 개념에 익숙해졌다. 통치자들이 공공연하게 삶의 모든 부분에서의 중심이 교회임을 인정하게 되자, 교회는 내세 뿐 아니라 이생에서도 실질적으로 중요한 역할을 하고 있음을 주장할 수밖에 없었다. 교회가 이렇게 적응함에 따라 많은 유익이 따랐다. 특히 교회의 선교 사역이 통치자의 도움을 받았을 때와 교회가 그 자원들을 유럽의 야만족을 문명화하는 일에 사용했을 때 그러했다. 그러나 그 대가 또한 큰 것이었다. 황제가 커다란 교리적 갈등을 해결하는데 있어 중요한 결정을 할 수 있었던 세계는 세속적인 질서와 성공과 부와 안정에 대한 황제의 관심이 교회 내에서도 관심사가 될 수밖에 없었던 세계이기도 했다.

이러한 의미에서 니케아공의회는 기독교가 과거 200년 혹은 300년 동안 어쩔 수 없이 포기하며 나아갔던 길에 자리 잡은 터닝 포인트였다. 그 길은 하나님을 예배하는 본질적인 관심에 세속 권력을 더한 것이었다. 니케아가 초래한 복잡한 상황으로 인해 이 커다란 터닝 포인트를 간단하게 설명하는 것은 매우 어렵다. 교회는 황제의 주도로 그리스도의 신성에 대한 교리를 확정하였다. 이는 실제로 다가올 수세기 동안 모든 그리스도인의 삶, 사역, 예배에 있어 매우 중요한 토대가 되었음이 분명하다. 그러나 황제의 행위 때문에, 그가 대변하고 있었던 세속적인 관심 영역은 점차 교회 내에서 더욱 중요성을 갖게 되었다. 니케아의 기독론이 담고 있었던 교회와 세상 사이의 구별은, 실제로 니케아의 선언을 야기한 바로 그 사건들에 의해 절충되었다.

이러한 의미에서 니케아공의회는 이중의 유산을 남겼다. 그것은 계시가 갖고 있는 위대한 구원의 진리에 대한 분명한 충성이라는 유산과 교회와 세상의 혼합이라는 유산이다. 4장에서 살펴볼 수도사들은 4세기에 '기독교 제국'(Christendom)으로부터 사막이나 외떨어진 산봉우리로 빠져나가기 시작했는데, 이는 니케아에서 결정된 것에 대한 하나의 대응이었다. 사실상 그들은 그리스도를 발견하기 위해서는 교회와 국가의 연합체라고 할 수 있는 기독교 제국으로부터 일정한 거리를 두는 것이 필요하다는 것을 말하고 있다. 수도사들은 니케아에서 황제의 행위와 함께 탄생하였던 제도권 신앙을 떠났지만 그들이 계속 연구한 것은 니케아 신조를 초래한 성경적 추론과 신조 그 자체였다.

이러한 결합(중대한 교리상의 선언과 세상에 대한 관계에 있어서의 중대한 변화)은 신약성경이 언급하고 있지 않은 교회사에서 니케아공의회를 가장 결정적인 터닝 포인트 중 하나로 만들었다.

P로마제국에서는 대체로 313년 밀라노 칙령으로 박해가 중단되었지만, 페르시아에 있는 비교적 중요한 기독교 공동체의 경우는 달랐다. 그곳의 왕인 샤프르(Shapur) 2세는 339년과 344년 사이에 박해를 계속했다. 아래의 기도는 이 시기의 순교자 중 한 명인 궁정 고위 관리 구스타자드(Gustazad)가 드린 것이다. 그는 관직을 포기하고 기독교 신앙으로 귀의했다. 그가 언급한 '목자'는 사바의 아들 시므온(Simeon bar Sabba' e)으로, 그날 순교 당했던 페르시아의 감독이다. 순교자들의 기도는 예수에 대한 그들의 단호한 신앙과 순교의 능력이 다른 사람들의 믿음을 세운다고 믿는다는 점에서 중요하다.

> 주 예수여 당신을 찬양하나이다.
>
> 길 잃은 양이었던 저를 당신께서 돌아오게 하셨나이다. 저는 당신의 거룩한 품을 떠나 길을 헤매었지만, 당신의 목자들 중 가장 유능한 시므온의 인도에 의해 당신은 제가 있는 곳을 찾으셨나이다.
>
> 시므온은 나를 발견해 냈으며, 도살자들이 찾아 헤매는 비옥한 당신의 양들과 함께 거하게 하였나이다. 저는 사도들의 자녀가 되어, 저세상에서는 화관을 받았던 순교자들의 형제가 되었으며, 여기서는 당신의 백성들에게 좋은 본보기가 되나이다.
>
> 그들이 넘어지지 않게 하시고, 성부와 성자와 성령을 믿는 진실한 믿음을 잃지 않게 하소서. 하늘과 땅에서 거룩한 삼위 하나님을 경배하는 모든 이들이 진실로 살아계시는 영광의 왕께 세세토록 영원히 고백하게 하소서. 아멘.[8)]

한 잔의 차를 나누며

1. 로마 황제 콘스탄틴이 공의회를 소집하여 정치적으로, 그리고 교회를 위해 성취하고자 했던 것은 무엇이었는가?

2. 니케아공의회에서 문제가 된 핵심적인 신학 이론을 설명하라. 그것은 어떠한 점에서 당시 교회에 매우 중요하였는가?

3. 아리우스가 주장했고 추구했던 신학적 입장에 대해 논의해 보라. 이성에 높은 가치를 두는 것은 아리우스의 입장에 어떤 역할을 하였는가? 그리고 그것은 아리우스주의가 대중화되는 데 어떠한 영향을 끼쳤는가?

4. 아리우스는 자신의 견해를 성경에서 어떻게 이끌어 냈는가?

5. 아타나시우스의 핵심적인 신학 이론은 어떻게 정통 견해를 지지하게 되었는가? 그의 주장은 예수 그리스도의 성품과 위격을 설명하는 데 어떠한 도움을 주었는가?

6. 교회의 예배가 실제로 어떻게 정통 견해를 지지하는 경향이 있었는가?

7. 니케아 신조가 어떻게 구체적으로 토론되어, 아리우스의 신학적 입장을 반대하였는지 생각해 보라.

8. 아리우스의 입장과 정통파의 견해가 교회-국가 관계에 대해 갖는 중요한 의미는 무엇인가?

오늘날 교회에 적용할 점

1. 당신의 교회가 어떻게 아리우스적인 견해를 수용하게 될 수 있는지 나누어 보라. 어떤 종류의 사람들이 그런 관점에 이끌리게 될 것인가?

2. 당신의 문화적 영향력이 하나님과 예수 그리스도의 성품에 관한 근본적인 신학에 어떤 영향을 끼치는가?

3. 왜 신앙의 핵심 표현인 니케아 신조가 시대적 시험에 직면하게 되었는지 생각해 보라. 그런 위험이 기독교 신앙과 예배의 핵심에 있어 아주 밀접하게 남아있는 부분은 무엇인가?

4. 오늘날 교회에서 정통의 기준이 있는지를 논하라. 있다면 그 권위의 기초는 무엇인가? 교회에 대한 우리의 개념 규정이 이에 대한 답변에 어떠한 영향을 끼치는가?

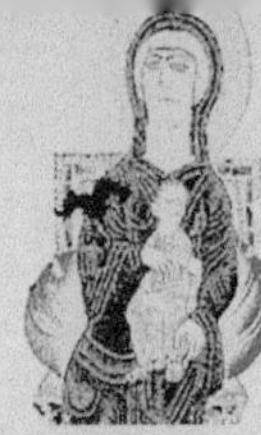

Turning Point 03

주후451년 | 칼케돈공의회

기독론, 말씀이 세상 속으로 들어가는 기틀이 마련되다

기독론, 말씀이 세상 속으로 들어가는 기틀이 마련되다

고대 기독교의 가장 존경받는 라틴 시인 중 아우렐리우스 크레멘스 프루덴티우스(Aurelius Clemens Prudentius)가 있다. 그는 57세의 나이에 고위 관직을 떠나 수도원에 들어갔다. 그는 거기에서 찬송과 시편을 쓰면서 나머지 생애를 하나님께 바쳤다. 프루덴티우스는 413년쯤(칼케돈공의회가 있기 수십 년 전)에 죽었지만, 그의 크리스마스 찬송인 '성부의 사랑이 세상에 오심'(Corde natus ex Parentis)은 전교회적 공의회(ecclesiastical councils)에서 교리상의 신조로 다듬은 것을 서정적 형식으로 표현한다. 예수는 완전한 신성으로 성부와 동등하며(이는 니케아 신조를 회상케 한다) 한 아기로 태어난 완전한 인간이다(이는 칼케돈의 정의를 미리 보여준다).

하나님의 사랑이 나신 것은
세상이 시작되기 전이었도다.
그는 처음이요 나중이시며,
현재와 과거, 앞으로 보게 될 미래에
모든 만물의
근원이시며 마지막이시니,
영원 영원하시도다.

오 축복받을 탄생이여!
은혜가 충만한 동정녀께서
성령으로 잉태하셨고
우리 인간의 구속자를 낳으셨도다.
세상의 구속자가 되실 아기 예수께서

처음으로 그의 신성한 모습을 드러내셨도다.
영원 영원하시도다.

하늘의 높음이여 그를 찬양할지어다.
천군천사들이여 노래하며 찬양할지어다.
권세자들과 통치자들은 그 앞에 경배할지어다.
왕이신 하나님 그분을 높이어라.
이 땅의 어떠한 입술도 잠잠치 말고
모여 함께 노래할지어다.
영원 영원하시도다.[1)]

451년 5월 23일 동로마 황제 마르시안은 감독들의 전 교회적 공의회를 소집했는데, 그는 그 공의회가 '논쟁을 종식시키고, 더 분명하고, 영원히 지속될 진정한 신앙을 세울 것이라' 기대했다.[2)] 공의회는 칼케돈에서 소집되었는데, 그 곳은 황제 마르시안의 수도인 콘스탄티노플에서 좀 떨어진 보스포로스 해협 건너편에 위치했다. 그 회의에는 약 520명의 감독들이 참석했는데, 네 명(두 명은 북아프리카 출신이고, 두 명은 로마 감독 레오 1세가 보낸 특사로, 그들은 숫자에 비해 많은 영향력을 행사하였다)을 제외하고는 모두 로마제국의 동부에서 왔다. 공의회는 10월 8일부터 11월 10일까지 열다섯 차례의 진지한 회의 끝에, 공의회를 소집하게 했던 중요한 질문에 대해 만족스러운 답을 이끌어내어 하나의 신조(formula)로 구성하는데 성공하였다. 그 질문들은 그 자체가 교회의 위대한 4세기 공의회(특히 325년의 니케아공의회와 381년의 콘스탄티노플공의회)의 유산이었다. 이들 공의회들은 예수 그리스도가 '참된 신 중의 신' 이시며 성부와 같은 '동일한 본체의 하나님' 이심을 상세하게 언급함으로써, 예수 그리스도의 신성을 확정하였다. 그러나 그러한 선언을 기초로 새로운 문제가 제기되었다. 만약 예수가 완전한 신이라면, 어떻게 그가 인간이 될 수 있는가? 그리고 만약 예수가 인간인 동시에 신이라면 어떻게 인성과 신성이 공존하는가?

이 질문에 대한 칼케돈공의회의 답변은 당시의 난제를 해결하였다. 즉 예수는 '두 본성'(two natures)이 공존하는 '하나의 위격'(person)이란 답이었다. 그러나 황제 마르시안의 희망에도 불구하고, '영구적인' 교회의 교리를 규정짓지 못했고, 공의회에서 초래된 신랄한 논쟁을 종식시키지도 못했다. 그럼에도 불구하고, 칼케돈공의회가 검토한 사항들은 매우 의미 있는 것이었으며, 칼케돈공의회는 교회사에서 매우 중요한 사건이며, 동시에 중대한 터닝 포인트가 되었다. 왜냐하면 이 공의회에서 정통 기독론을 분명하게 설정하였고, 그 명백성에 도달하는 방법을 제시했기 때문이었다.

교회는 니케아공의회와 콘스탄티노플공의회에서처럼, 칼케돈공의회에서 그리스도의 사역과 위격에 관련된 매우 중요한 문제를 다루었다. 교회사를 총괄해 볼 때, 칼케돈공의회는 그 시대의 지배적인 사고방식을 현명하게 사용하여 성경을 통해 전해 내려온 기독교의 중요한 모습을 규정하는 것이 가능함을 보여주었다. 또한 칼케돈공의회는 그러한 신학적 작업이 교회의 혹독한 투쟁 환경과 교회 자체의 문화적 차이라는 현실에도 불구하고 성공할 수 있다는 것을 보여주었다. 이러한 점에서 칼케돈공의회는 교회 내의 오류를 극복한 건전한 교리의 승리, 문화적 다양성을 뛰어넘은 기독교 보편성의 승리, 한편으로 철학의 반지성적인 거부감을 극복하고, 다른 한편으로 철학에 사로잡힌 신학을 극복한 독특한 신학적 추론의 승리 등 세 가지 측면에서 성공적이었다.

그것은 칼케돈공의회에 집중되어 있었던 신학적, 교회적, 개인적, 왕조적 논쟁들 속에서는 거의 상상할 수 없었던 성공이었다. 그 논쟁 과정을 간단히 묘사해 보면 칼케돈공의회 결정의 중요성을 깨달을 수 있으며, 또한 그 결정의 중요성을 이해하게 되면 칼케돈공의회가 기독교의 전체적인 삶과 사고에 얼마나 중요한 것인지를 알 수 있다. 그리고 그 의미의 중요요성을 한번 훑어보면 우리는 기독교 역사에 있어 칼케돈공의회를 커다란 터닝 포인트로 만든 세 가지 역사적 승리들로 인해 고무될 것이다.

논쟁의 과정

칼케돈공의회의 신조를 만들어낸 논쟁의 과정을 추적하는 것은 복잡한 일이다. 각 분야의 학식 있는 신학자들과 야심찬 교회 관리들이 예수의 신성과 인성에 관련하여 열정적이고도 철저하게 주요 논제들뿐 아니라 미세한 부분까지 논의하였기 때문이다. 다음 설명은 여러 논쟁점에 참여한 많은 인물과 그들의 주장을 다루고 있지만, 칼케돈으로 가는 혼란스런 노정을 매우 단순화된 모습으로 제시했음을 이해하기 바란다. 마찬가지로 반대 '진영' 사람들을 표시한 〈토론 기록표〉도 그 주제에 대해 주장한 거의 모든 사람들을 충돌시켰던 미묘한 차이점들을 보여주고 있지 못하다. 그러나 단순화된 설명일지라도, 칼케돈공의회를 이끌었던 격렬한 의견 교환의 실상을 보여주기 때문에 유익할 것이다. 또한 논쟁을 불러일으킨 열정을 볼 수 있다면, 단순화시킨 역사일지라도 그 다툼이 어떻게 거기에 참여했던 사람들에게 중요한지를 볼 수 있다.

예수 그리스도 위격의 정확한 성격에 대해서는 2세기 중반 순교자 저스틴(Justin Martyr) 시대로부터 계속해서 논의되었지만, 그 문제에 대한 엄밀한 논의는 아리우스 논쟁의 결과로 전면에 등장하였다. 아리우스에 대한 아타나시우스의 최종적인 확답은 그리스도의 완전한 신성에 대한 강조였다. 아타나시우스(전반적으로 교회는 그의 결론이 영원히 중요한 것임을 인정하게 되었다)는 그리스도에게 완전한 신성이 없다면 성경과 교회 예배가 공언했던 구원을 줄 수 없을 것이라고 주장하였다. 그러나 이 대속의 진리가 확립되자, 교회는 그리스도의 위격에 대해 질문하기 시작했다. 어떻게 예수의 완전한 신성(그것은 자주 신적인 로고스 또는 요한복음 1장의 '하나님의 말씀'이라는 용어로 묘사되었다)이 그의 지상적 존재인 인성과 관련되어 있는가? 아타나시우스는 인간의 몸을 취한 신적인 로고스(divine Logos)를 묘사한다. 그는 (많은 말은 하지 않았지만) 로고스가 성육신된 예수 안의 인간 영혼을 대신했다는 것을 암시한 것으로 보인다.

이 '로고스-육신'(Logos-flesh) 또는 '말씀-육신'(Word-flesh) 개념을 만든 신학자는 라오디게아의 아폴리나리스(Appollinaris, 약 310~390)이다. 그는 아리우스주의를 완전히 정복하려고 분투하면서 예수의 신성을 철저하게 옹호했으나, 예수를 신적인 영(divine soul, 또는 로고스)과 인간 몸의 결합으로 묘사하였다. 아폴리나리스에게 있어 예수의 생애는 육신과 신적 지혜로 만들어진 '하나의 본성'(one nature)을 보여주는 것이었다. 역사가 리차드 노리스(Richard Norris)는 아타나시우스와 아폴리나리스의 견해가 관련이 있음을 밝힌 주석에서, 아폴리나리스는 아타나시우스가 했던 것처럼 "예수 안에 있는 인간 중심의 삶과 자각을 잊어버리거나 무시하지는 않는다. 그는 그것을 부인한다"는 결론을 내렸다[3](북아프리카 알렉산드리아 대주교와 관련된 신학자들과 감독들은 보통은 매우 조심스럽게 표현하였지만 아폴리나리스와 같은 흐름의 견해를 갖고 있었기 때문에, 이 '말씀-육신' 기독론은 알렉산드리아파의 주장으로 알려졌다).

그리스도의 위격을 규정하려는 아폴리나리스의 노력에 대해 즉각적인 반응이 나왔다. 많은 반대 의견이 시리아 연안에 위치한 안디옥 관구에서 나왔는데, 그곳 감독들은 동로마 제국에서의 우월권을 놓고 알렉산드리아와 콘스탄티노플의 감독들과 오랫동안 경쟁했다. 안디옥파 신학의 주창자는 몹수에스티아의 데오도르(Theodore of Mopsuestia, 약 350~428)였다. 데오도르의 주장은 안디옥에서 제기한 기독론의 특징을 이루게 되는데 그는 그리스도가 항상 완전한 하나님인 동시에 완전한 인간이라고 가르쳤다. 즉 그리스도는 완전한 두 개의 '본성'으로, 하나는 인성이며 다른 하나는 신성을 소유하고 있다고 했다. 데오도르와 같은 생각을 갖고 있었던 안디옥파의 관점에서 볼 때 알렉산드리아파의 말씀-육신론 구조는 오류 투성이었다. 첫째, 알렉산드리아파의 견해는 그리스도의 인성이 실재하고 있음을 경시하는 것처럼 보였다. 둘째, 당시에는 보다 불투명한 것이었지만 알렉산드리아파의 입장은 신적인 로고스가 연약하고 변화되고 변질되기 쉽다고 말하는 것처럼 보였다.

이 6세기 이집트의 벽걸이 융단에 그려진 예수와 마리아의 연합은 천주의 모친으로서의 마리아의 역할에 대해 논쟁이 시작된 이래 교회 역사에서 점차 중요해졌다.
〈동정녀 마리아 형상〉. 이집트. 6세기 비잔틴 시대, 모직 벽걸이 융단, 178×100cm, ©The Cleveland Museum of Art, 1997, Leonard C. Hanna, Jr.,Bequest, 1967. 144.

아폴리나리스와 데오도르 사이의 논박은 5세기 전반 내내 커다란 논쟁을 일으켰다. 데오도르의 입장을 고수하였던 안디옥 출신의 수도사 네스토리우스(약 451년 사망)는 428년에 콘스탄티노플의 감독이 되었다. 네스토리우스는 감독직 초기에 마리아가 하나님을 낳은 자(theotokos)라는 것을 부정하는, 물의를 일으키는 설교를 하였다. 그는 마리아가 '하나님'을 낳지 않았다고 주장했다. 마리아는 인간 예수를 낳았으며 예수의 인성은 하나님의 로고스와 연합되었지만 그의 신성과 분리되고 구별되는 것으로 이해되어야 한다는 것이었다.

결국 배제되었지만 네스토리우스가 마리아에 대해 언급한 것은 4세기 말 무렵 기독교 사상에 있어 예수의 어머니에 대한 중요성이 점증하고 있음을 보여주고 있다는 점에서 주목할 가치가 있다. 2세기에 순교자 저스틴과 이레네우스 같은 신학자들은 마리아가 하나님에게 복종한 행위와 이전에 이브가 불복종한 것을 대조시키기 시작했다. 이레네우스는 '총괄갱신'(recapitulation)이라는 개념을 주장했는데, 이 개념에서 하나님은 인성이 이전에 행했던 죄악을 반복했고, 마리아의 신실한 섬김이 하와의 불신앙을 총괄갱신한 것으로 본다. 4세기 중반 경 아타나시우스의 주장처럼 마리아를 '영원한 동정녀'로 부르는 것이 관례가 되었고, 그 결과 마리아의 영원한 처녀성이 확정되어갔다. 데오도코스(theotokos)에 대한 네스토리우스의 주장

총괄갱신은
이레네우스가 인간 구원을 설명하면서 도입한 개념이다. 그리스도가 모든 인류를 대표하여 구원을 이루셨음을 의미한다. 성경에는 '통일'로 표현되어 있다.(엡 1:10) _ 역자주

칼케돈의 '토론 기록표'

	말씀-육신 기독론	말씀-인간 기독론
지역	알렉산드리아(북아프리카)	안디옥(시리아)
주장	그리스도는 완전히 통합된 위격이다.	그리스도는 완전한 신성과 완전한 인성을 갖고 있다.
문제점	문제는 인성의 불완전함 혹은 신성의 가변성에 있다.	문제는 위격의 나뉨에 있다.
토론자들	아타나시우스	
	라오디케아의 아폴리나리스	몹수에스티아의 데오도르
	알렉산드리아 감독 시릴	콘스탄티노플의 총대주교 네스토리우스
	콘스탄티노플 수도원장 에우티케스	콘스탄티노플의 총대주교 플라비안
	알렉산더 감독 디오스코루스	콘스탄티노플의 총대주교 플라비안
	데오도시우스 2세(재위 408~450)	플케리아와 마르시안(재위 450~457)
		이집트의 프로테리우스
	콥트의 단성론	

에 자극 받아 그리스도의 인성에 관한 논쟁은 교회의 일반적인 의식에서 마리아의 중요성을 고조시켰다. 마리아의 위격과 예수를 낳은 일에 관심을 증대시켰던 이들 내적 원인들은 기독교가 들어갔던 새로운 문화권에서도 강화되었다. 지중해 세계와 북유럽에서는 여신들이 이방 종교에서 항상 중요한 위치를 차지했다. 여성 신을 숭배하는데 익숙했던 그 지역 사람들은 정확하게 마리아에게서 이를 대체하는 신을 발견한 게 아니라, 자연스럽게 종교적 관심이 가게 된 어떤 여성상을 발견한 것 같다. 네스토리우스가 천주의 모친으로서의 마리아에 대한 논쟁을 시작했을 때, 이방 종교의 관습을 가진 외부 세력뿐 아니라 신앙 공동체 내부 세력들도 마리아를 교회 생활의 전면에 내세우기 위해 결합하였다.

알렉산드리아의 시릴과 콘스탄티노플의 네스토리우스

시릴이 네스토리우스에게 보낸 두 번째 서신

나는 이제 그리스도 안에서 형제인 당신에게, 평신도를 위해 가능한 안전한 신앙에 대해 가르침과 사고의 균형을 이루도록, 그리스도를 믿는 지극히 작은 자 하나라도 실족케 하면 화를 입게 된다는 것을 상기시키려 한다. 유일한 한 분 주 예수 그리스도는 두 성자(Sons)로 나누어져서는 안 된다. … 왜냐하면 성경은 로고스가 인간의 위격과 연합한 것이 아니라, 그 스스로 육신이 되었다고 말하고 있다. 그리고 육신이 된 로고스는 "우리처럼 혈과 육을 함께 지니셨다"(히 2:14). … 그는 그의 신적 지위를 떠나지도, 성부로부터 나시기를 그만두지도 않으셨다. 그는 육신을 취할 때조차도 그 존재가 계속 유지되었다. … 그리고 이것으로 우리는 교부들이 생각했던 것을 발견하게 된다. 교부들은 담대하게 거룩한 동정녀를 '천주의 모친'(theotokos)이라 지칭하였다. 로고스의 본성은 … 거룩한 동정녀 안에서 출발한 존재가 아니었다. 그녀에게서 태어난 거룩한 몸은 합리적인 정신을 가졌고, 그 정신과 본질적으로 하나인 로고스가 육신으로 태어난 것이기 때문이다.[1]

네스토리우스가 시릴에게 보낸 두 번째 서신

나는 우리를 비난한 당신의 경악스러운 서신을 용서한다. … 나는 당신의 장황스러움에 맞서 모호하고 받아들이기 힘든 말들에 대한 나의 반감을 간단하게 말하려 한다.

성경의 어느 곳에서든, 주님의 구원의 섭리가 언급되는 곳에서 우리에게 전달되는 것은 그리스도의 신성이 아닌 인성의 탄생과 고난이다. 따라서 좀더 정확히 말해 거룩한 동정녀는 그리스도의 어머니라고 일컬어지지 천주의 모친으로 언급되지 않는다. "아브라함과 다윗의 자손 예수 그리스도의 탄생에 관한 기록"(마 1:1)이라는 복음서의 말에 귀 기울이라! 그것은 분명 다윗의 자손이었지, 신적 로고스가 아니었다.[2]

'하나님을 잉태한 사람'(God-bearer)으로서의 마리아에 대해 반박하는 네스토리우스의 견해에 대해 즉각적이고도 굉장한 반격이 알렉산드리아에서 나왔다. 그곳의 감독인 시릴(444년 사망)은 즉각 네스토리우스가 예수는 '신적 로고스의 성육신된 본성이라는 것'을 부인했다고 비난하였다.[4] 시릴과 다른 알렉산드리아파가 보기에 네스토리우스와 그 부류들은 서로 전혀 관계가 없는 두 '위격'을 가진 거의 정신분열증적인 예수를 제시하고 있는 것처럼 보였다. 시릴은 논쟁에서 로마의 감독인 세레스틴(Celestine)에게 네스토리우스에 대해 벌이는 자신의 공격을 지지해줄 것을 호소하기도 했다.

유감스럽게도 이어지는 모든 논쟁들은 신학적일 뿐 아니라 개인적이며, 감독 간의 다툼이 되었다. 알렉산드리아와 안디옥 교구는 초대교회에 영향력을 행사하는 경쟁 중심지로 서로 오랫동안 반목했었다. 알렉산드리아와 안디옥은 때로 고의성이 없었지만 어떤 때는 악의를 품으면서, 로마 황제가 있었기 때문에 사실상 중요한 교구였던 콘스탄티노플을 좌우할 영향력을 행사하기 위해 다투었다. 콘스탄티노플의 대주교들은 그들 자신의 지위나 황제와 함께 있는 데 따른 영향력 때문에, 종종 알렉산드리아와 안디옥에 대해 결정적인 영향을 끼치는 위치에 있었다. 세 개의 주요 동방 교구는 논쟁이 고조되자, 전통적으로 서방의 핵심적인 교회 지도자로 인식되었던 로마 감독의 지지를 얻기 위해 서로 경쟁하였다. 교황들(로마의 감독들은 이미 그렇게 불려지고 있었다)의 권력은 로마 황제들이 제국의 수도를 동방의 콘스탄티노플로 옮긴 후에 증대되었고, 5세기 초에 시작된 야만인들의 침입으로 로마에서 황제의 통치가 중단된 후에 더욱 강화되었다. 결과적으로 로마는 안디옥, 알렉산드리아, 콘스탄티노플만큼 세밀한 기독론 논쟁에 결코 깊이 관여하지 않았다. 그러나 로마의 결정은 동방에서 서로 대립하고 있는 세력들 중 어느 한쪽 편을 들든지, 혹은 논쟁적인 신학적 문제에 대해 독자적인 견해를 제시하든지 간에 항상 매우 중요하였다. 이러한 동방 내부 및 동방과 서방의 상황은 그리스도 위격의 본성에 대한 치열한 논쟁이 왜 격렬한 교회적 다툼으로 번지게 되었는지를 설명해 준다.

동방 교회와 서방 교회
기독교가 건설된 후 세계 교회는 하나의 큰 조직 안에서 성장해 왔는데, 정치적, 문화적 배경과 교리적 문제, 성직자의 결혼과 안수 등의 문제 때문에 점점 멀어지다가 결국은 동서 교회로 분열되고 만다. 교회는 지역을 중심으로 동과 서로 분열되었는데, 서쪽 로마는 서방 교회로서 로마 가톨릭교회가 되었고, 동로마는 동방 교회로서 헬라 정교회로 새로 출발하게 되었다. _ 편집자주 네스토리우스가 콘스탄티노플에서 안디옥파의 입장을 펼치고, 알렉산드리아의 시릴이 이를 공격한 이후, 다음에 벌어질 일은 적대적인 양측이 자리를 같이 하는 것이었다. 이 일은 431년 에베소공의회에서 이루어졌는데, 여기에서 양측은 이미 천명한 입장을 잘 정리해서 설명하였다. 그러나 토론 사항이 매우 심각한 것이 아니었다면 그 모임은 우스꽝스럽게 끝났을 것이다. 안디옥파와 알렉산드리아파의 지지자들 사이에 감정이 크게 고조되어 양측은 같은 장소에 모일 수 없었다. 그래서 두 견해를 대표하는 감독들이 서로 다른 비밀회의를 가졌다. 결과는 한편이 다른 편을 파문하는 것으로 나타났다. 이러한 극단적인 조치가 행해지자 이제 황제가 간섭하였다. 황제 데오도시우스 2세는 확산되는 논쟁을 진정시키기 위해 시릴의 편을 들고 네스토리우스를 추방하였다.

그러자 곧 분노와 함께 논쟁이 다시 불붙었다. 콘스탄티노플의 뛰어난 수도사인 에우티케스(Eutyches, 약 378~454)는 그리스도가 단지 '연합 후 하나의 본성'(one nature after the union)만을 갖고 있다는 견해를 밝힘으로써 알렉산드리아파의 근본 입장을 옹호하였다.[5] 이는 예수가 통합된 위격을 가지고 있으며, 이 위격은 항상 오직 한 종류의 속성(주로 신성)으로 묘사되어야 한다는 자신의 확신을 되풀이한 것이었다. 이에 대해 콘스탄티노플의 대주교인 플라비안(Flavian, 449년 사망)은 에우티케스가 그리스도의 양성 혼합을 주장하여 이단 죄를 범하고 있다고 고발하였다. 플라비안은 이 말을 행동으로 옮겨 콘스탄티노플에서 에우티케스를 추방하였다. 에우티케스는 담대한 마음으로 자신의 문제를 알렉산드리아와 로마에 호소하였다. 알렉산드리아파 기독론을 옹호할 기회를 적극적으로 모색하고 있었던 디오스코루스(Dioscorus)는 시릴의 조카이며 시릴을 계승한 알렉산드리아의 감독이었는데, 에우티케스를 지지하기 위해 에베소에서 공의회를 열었다. 이 회의에서 디오스코루스는 플라비안을 콘스탄티노플 감독직에서 파면시키려 했다. 이에 맞서 플라비안은 로마 감독 레오 1세에게 지지를 호소하였다.

로마 감독 레오가 논쟁에 끼어들자 사태는 더욱 심각해졌다. 일반적으로, 로마 감독으로서 레오의 입장은 기독교 학설에 대해 로마나 서구가 갖는 전형적인 지침을 제공했다(6장에서 이들이 갖는 특유의 차이점에 대해 언급할 것이다. 여기에서는 몇 가지 중요한 대립점만 강조하는 것이 도움이 될 듯하다). 로마, 즉 서방의 사고구조는 구체적이고 실제적이며 법률적인 반면, 동방의 사고구조는 추상적이고 정열적이며 사색적인 경향이 있었다. 로마 세계는 라틴어를, 동방은 그리스어를 사용하였다. 서방의 터툴리안은 예루살렘(기독교 신앙)이 아테네(사변 철학의 전통)와 관련 있다고 여기는 것은 가치 없는 일이라고 생각하였다. 반면 동방에서는 그와 동시대 사람이었던 알렉산드리아의 클레멘트가 그리스의 사변적 사고에 대한 기독교적 연구를 교회를 위해 유용한 것으로 보고 이를 발달시켰다. 이러한 차이는 전적으로 교리상의 갈등이라기보다는 지적인 기질에서 비롯된 것이다. 그러나 그 차이점은 터툴리안과 클레멘트 시대 이후 계속 발전하였다. 5세기에 이르러 서방은 니케아-콘스탄티노플 신조 같은 교리 형식을 중시한다는 것이 분명해졌는데, 왜냐하면 그들은 그러한 방식으로 논쟁을 끝내고 문제를 해결했기 때문이었다. 반면 동방에서는 그러한 교리 형식을 좀더 폭넓고, 깊고, 심오한 신학적 사고에 대한 자극제로 여겼다. 따라서 레오 1세가 그리스도 위격의 본성에 대해 동방에서 있었던 폭넓은 논쟁에 끼어든 것은 다른 견해가 있어서가 아니라, 중요한 논점에 대해 명백히 다른 사고 성향을 지녔기 때문이다.

더 나아가 서방의 사상을 도입해 기독론 문제를 푼 인물이 이 특별한 교황이라는 사실은 매우 중요했다. 440년에서 461년까지 로마 교황직에 있었던 레오 1세는 흔히 '대교황'(The Great)이라 불렸는데, 이는 그의 재능과 심오함과 헌신 때문이며, 동시에 기독교 사상사에 있어 지속적으로 중요한 위치를 차지했기 때문이다. 그는 기독론 논쟁에서의 역할 외에 로마 감독이 베드로의 계승자라는 주장을 발전시키기도 했는데, 이는 오늘날까지 로마 가톨릭 교회에서 계속적으로 중시되고 있다. 지도자로서 레오의 패기는 북방에서 야만인들이 로마를 공격하기 위해 휩쓸고 내려왔을 때 철저하게 검증되었다. 레오는 유능한 세속 권력체가 없는 상황에서 451년 훈족의 아

「톰」(Tome)은
레오 1세가 에우티케스와 플라비안의 논쟁 중에 플라비안에게 보낸 장문의 편지이다. 여기에서는 그리스도의 두 본성이 한 위격 안에 존재한다고 주장되었다._역자주

틸라(Attila)와 협상하는 일에서, 452년 반달족이 로마를 황폐하게 만들었을 때 파괴를 완화시키는 일에서 지도력을 발휘하였다. 레오가 교회제도뿐 아니라 교리 작성에서 추구한 목표는 분열의 시대에 안정을 확고히 하는 것이었다. 따라서 그가 플라비안의 요청에 답하여 보낸 메시지는 두 가지 의미를 가지는데, 왜냐하면 이는 서방에서 나온 것일 뿐 아니라 그 당시 몇 안 되는 위인 중에서 나왔기 때문이었다.

플라비안에게 보낸 레오 1세의 답변은 그의 책 「톰」(*Tome*)에서 언급되는데, 이 책은 기독론의 문제(예수는 '두 본질'을 가진 '단일 위격'이라는 것)에 대해 확고한 입장을 취하였다. 이러한 말들을 시작한 것은 터툴리안이지만, 레오는 이 책에서 성경을 근거로 조심스럽게 설명하였고, 당시의 논쟁에 조심스럽게 적용하였다. 아타나시우스가 그리스도의 신성에 대해 논쟁했던 것과 같이 레오는 그리스도의 인성과 신성의 문제가 어떻게 구원의 소망과 직접 관련이 있는지 보여주었다. 그에 따르면 그리스도는 "사망을 정복하기 위해, 한때 사망을 지배하였던 사탄을 자신의 탄생의 권세로 파멸시키기 위해 오셨다. 왜냐하면 죄가 더럽힐 수 없고, 사망이 주장할 수 없는 예수 그리스도가 우리의 성품을 취하여 자신의 것으로 만들지 않으면, 우리가 죄와 사망을 만들어낸 자를 이길 수 없기 때문이다."[6] 레오는 이에 덧붙여 인간과 신적 속성이 그리스도의 지상에서의 단일 위격 내에서 교환된다고 말하는 것이 적절한 일인지 아니면 부적절한 일인지를 신중하게 주장했다. 그는 이 책에서 communicatio idiomatum, 즉 속성(attributes) 혹은 특성(qualities)의 교류(interchange)라는 난해한 문제를 언급하였다. 예를 들어 십자가 위에서 "하나님은 죽었다"거나 "인간 예수는 모든 것을 알고 있다"고 말하는 것이 적절한가? 레오 1세는 자신의 저서인 「톰」에서 그 이전과 이후에 많은 사람들이 떨어졌던 줄타기 곡예를 하였던 것이다. "하나님과 인간으로서 그리스도의 '각각의 형태'는 서로 교류하면서 적절한 사역을 수행한다."[7] 레오는 이렇게 말하면서 위격의 하나됨과 함께 양성의 구별을 유지시켰다.

449년에 레오의 「톰」이 처음 도착했을 때, 디오스코루스는 「톰」을 인정

하기를 거부했지만, 그 책은 후에 칼케돈공의회에서 정의한 것들의 기초가 되었다. 그러나 동방에서 아무도 레오 1세의 충고에 귀 기울이지 않았다는 사실은 기독론 논쟁이 신학상의 정통성뿐 아니라 교회 세력과 관련되어 있음을 짐작케 한다. 사실 레오는 교회 내 로마의 우위를 문제 삼았던 콘스탄티노플의 시비에 대해 전혀 달가워하지 않았다. 그러나 당시 동방 전역에서는 로마 감독에 대해 복종하기보다는 존경을 표시하는 것이 일반적인 경향이었다. 레오는 특히 449년 에베소공의회에서 자신의 저서를 탐탁치 않게 생각한 디오스코루스에 맞서서 그 모임을 강도들의 회의(a robber synod)라 규정짓고 상황을 바꿀 다른 공의회 소집을 긴급히 요청하였다.

마르시안 황제의 개입으로 문제는 더욱 복잡해졌다. 마르시안은 우연히 황제가 되었다. 450년 7월 28일에 그의 전임 통치자이며, 알렉산드리아 기독론(디오스코루스의 견해)의 강력한 지지자였던 데오도시우스 2세가 말에서 떨어져 죽었던 것이다. 그러나 데오도시우스의 누이인 플케리아(Pulcheria)는 레오의 동맹자였고 또한 그리스도의 두 본질을 강조한 기독론(안디옥파의 입장에 더 가까웠다)을 지지했다. 그녀가 황제 배후에서 권력을 행사하여, 자신의 배우자로(즉 새로운 황제로) 마르시안을 택했을 때 그녀의 견해는 디오스코루스를 거부하는데 영향을 끼쳤다. 마르시안이 단호하게 그 문제를 해결할 공의회를 소집했을 때, 제국이 취한 모든 전술은 기독교 역사와 긴밀한 관련을 가지게 되었다.

칼케돈공의회에서의 강도 깊은 토의가 있은 후에, 451년 10월 25일 마르시안은 친히 중요한 신조를 읽어 내려갔다.

> 우리는 교부들을 따라, 한 분이며 유일한 성자(the one and only Son) 우리 주 예수 그리스도가 신격에 있어서 완전하며, 인성에 있어서도 완전하다는 것, 그는 진정한 하나님이고 진정한 인간이라는 것, 그리고 그는 이성적인 영혼과 육신을 갖고 있다는 것을 한 목소리로 고백한다. 그는 하나님으로서 성부와 동질이며 인간으로 우리와 한 동질을 이룬다. 그

> 는 죄를 제외하고 모든 면에 있어 우리와 같은 분이다. 하나님으로서 그는 세상이 있기 전에 성부로부터 나셨으나, 이 마지막 때에 인간으로 우리를 구원하기 위해 천주의 모친(theotokos)인 마리아에게서 태어나셨다. 한 분이며 동일한 분인 그리스도, 성자, 주님, 독생자는 혼동(confusion), 변화(change), 나뉨(division), 분리(separation)됨이 없이 [존재하는] 두 본성을 가진 것으로 알려지신 분이다. 이 구별된 본성들은 결코 그들의 연합(union)에 의해 사라지지 않고 오히려 각 본성의 구별적인 속성들(properties)을 보존한다. [두 본성은] 하나의 위격과 하나의 본체 안에서 연합된다. 그것들은 두 위격으로 분리되거나 나누어지지 않고, [그것들은] 한 분이며 동일한 분인 성자, 독생자, 하나님, 말씀, 주 예수 그리스도를 [형성한다]. 이는 마치 그분에 대해 옛 선지자들이 [말한 바와도] 같고 주 예수 그리스도 자신이 우리에게 가르친 바와도 같으며, 우리에게 전달되어진 교부들의 신조와도 같은 것이다.[8)]

이 칼케돈의 정의는 기묘한 균형을 나타낸다. 어떤 논박도 없이(혼란 없이, 변화 없이, 나눔 없이, 분리 없이) '한 분이며 동일한 분인 그리스도'에 관한 주장은 알렉산드리아 편으로 기울어진 것이었다. 그 정의는 그리스도 위격의 연합에 대한 알렉산드리아파의 주장이 전적으로 옳다는 것을 인정했다. 그러나 동시에 레오의 「톰」의 직접적인 영향을 받아 그리스도의 두 본성이 크게 강조된 점은 안디옥파쪽으로 좀더 기울어진 것이었다. 그리스도 위격의 통합성을 주장하면서도 그리스도의 완전한 신성뿐 아니라 완전한 인성이 언급된 것은 당연한 것이었다.

동방에서는 서방에 비해 칼케돈공의회의 정의를 수용하는데 더 많은 시간이 걸렸다. 특히 이집트에서는 그 신조에 대해 단호한 반대가 일어났다. 칼케돈공의회에서 이집트의 감독인 프로테리우스(Proterius)는 만약 자신이 그 선언에 동의한다면 그의 죽음에 서명하는 것이 될 것이라고 말했다. 정말로 6년 후 그는 바로 그 행동 때문에 한 폭도에 의해 살해당했다. 이집트에서 말씀—육신 기독론을 주장했던 알렉산드리아파는 너무 강력해서, 그 결과 네스토리아파의 '단성론자'(Monophysite, 예수는 단지 한(그리스어 monos, one) + 본성(그리스어 physis, nature))의 입장이 이집트 교회의 공식적인 교리가 되었다(지금까지 이집트의 곱틱 교회는 단성론의 기독론을 보유하고 있다). 칼케돈공의회 이후 북아프리카에서 강력하게 계속된 상호간 원한에 사무친 신학적 투쟁은 그 지역의 기독교를 약화시켰던 요소 중 하나였다. 그 결과 7세기 중반 아라비아를 휩쓴 이슬람의 승리를 위한 길을 예비하고 말았다.

이에 반해 서방 교회에서는 칼케돈공의회의 결정에 대해 거의 즉각적으로 만족을 표시했다. 사실상 대부분의 동방 교회도 곧 이러한 결정이 기독교의 핵심에 놓여 있는 미묘한 신비를 잘 설명한 것이라는 데 동의하게 되었다.

칼케돈공의회에서는 교리와 권위 사이에 치밀한 상호결합이 이루어졌지만 서방 교회에서조차 이 공의회가 모든 것을 해결해준 것으로 생각하지는 않았다. 레오는 칼케돈공의회가 그의 「톰」을 따른 것이 고마웠지만, 공의회의 다른 결정에 대해서는 기뻐하지 않았다. 왜냐하면 그가 보기에 특히 그를 위해 마련되어져야 했을 교회법 28항이 콘스탄티노플 대주교의 위엄을 지지하는 것이 되었기 때문이었다. 결과적으로 칼케돈공의회는 주로 교리적 문제에 대해서는 해결을 보았지만 동방 교회와 서방 교회 사이에 증대되는 분열을 메우지는 못했다. 역사가들은 보통 칼케돈공의회가 고조시킨 사고방식과 교회 권위를 보는 시각 차이가 동방 교회와 서방 교회를 궁극적으로 분열시킨 강력한 조짐이라고 보았다. 예를 들어 프렌드(W. H. C. Frend)는 (두 교구가 저마다의 세력을 갖고 있다는 것을 기초로 한) "칼케돈에서 로마와 콘스탄티노플이 취한 입장들은 … 바뀔 리가 없었다. 종교보다는 정치로 인해 1054년까지 최종적인 분열이 연기되었을 뿐이다"라고 주장한다.[9] 1054년의 분열 동서 교회의 분열은 6장의 주제이다. 여기서는 그리스도의 위격에 대해 합의를 이끌어낸 동방과 서방 교회의 성공 뿐 아니라 대분열(the Great Schism)로 몰고갔던 사고방식과 권위의 계속적인 이탈을 지적하는 것이 중요하다.

칼케돈공의회의 신학적 중요성

451년의 결정이 동방과 서방 교회를 함께 이끌어 내기에는 무력했음에도 불구하고 칼케돈공의회는 여전히 기독교의 가르침을 명료하게 하는데 있어 결정적인 시점이 되었다. 일차적으로 중요한 것은 칼케돈공의회의 균형잡힌 진술로, 이는 근본적인 기독교 교리를 표현했다. 칼케돈공의회의 핵심 주장은 신약성경의 주요 주제를 반영한 것으로, 즉 그리스도는 연합(united)되고 통합된(integrated) 위격이며, 하나님인 동시에 사람이며, 그의 인성과 신성은 혼합되지 아니하며, 이 양성이 하나의 개별자 안에서 조화롭게 결합된다는 것이었다. 더구나 칼케돈공의회는 칭송할 만큼 신중하게 성경의 가르침을 반영했다. 칼케돈에서는 5세기의 지적 호기심을 만족시켜주기 위한 것 외에는 성경을 억지로 언급하려 들지 않았다. 후에 많은 주석가들이 언급한 것처럼 칼케돈은 일종의 경계선을 설정했는데, 그 안에서 그리스도의 위격에 대해 더 많은 의견들이 계속 이어졌다. 그 논의들 속에 한 위격과 두 본성에 대한 주장은 항상 필연적으로 언급되었다. 이런 의미에서 칼케돈공의회는 기독론 문제의 기술적 해결보다 그것의 한계를 정했다고 할 수 있다.

그러나 그렇게 민감하게 경계를 지은 이유는 필연적으로 철학적이고 신학적인 고찰에 속하는 기술적 문제보다 더 많은 것과 관련되었다. 그리스도의 위격에 대한 문제를 바로 이해하는 것은 중요했다. 왜냐하면 그리스도와 그가 행했던 일이 측량할 수 없을 만큼 큰 의미를 갖고 있었기 때문이었다. 당시에 레오 1세보다 진지하게 이 문제에 몰두한 사람은 없었다. 레오는 그의 책 「톰」에서 그리스도의 신성과 인성을 어떻게 연결할 것인가와 같은 좁은 문제와 어떻게 인간이 구원받을 수 있을까와 같은 폭넓은 문제 사이를 자유롭게 넘나드는 방법을 보여주었다.

본성(natures)과 본질(substances)이라는 특징적인 속성들은 하나의 위격 안에서 손상되지 않은 채 결합되어 있기 때문에 … 비천함은 위대함에 의해, 위약함은 권세에 의해, 죽을 운명은 영생에 의해 덧입혀지기 때문에 손상될 수 없는 본성은 고통 받는 본성과 연합되는데, 이는 우리와 관련된 죄의 빚을 갚기 위함이다. 우리의 구원을 위하여 이러한 방법으로 하나님과 인간 사이에 한 분이며 동일한 중재자이신 예수 그리스도를 보내셨는데, 그는 한쪽 본성으로 단번에 죽을 수 있고, 다른 쪽 본성에 의해 죽음을 면할 수 있다. 이는 참 하나님께서, 그에게 속한 점에서 온전하고 우리에게 속한 점에서 온전한, 진정한 인간됨의 통합되고 완전한 본성으로 탄생된 이유이다.[10)]

칼케돈공의회는 이 같은 통찰력을 하나의 신조로 표현함으로써 그리스도의 위격에 대해 더욱 확장된 사고를 위한 공간을 마련했고, 한편으로는 이 '한 분이며 유일한 성자' 께서 행하셨던 위대한 구원 사역을 확신할 수 있게 했다.

그러나 칼케돈공의회는 또 하나의 이유로 인해 기독교 교리사에서 특별히 중요한 터닝 포인트가 되었다. 이것을 설명하기 위해 많은 역사를 압축시켜야 하지만, 칼케돈공의회는 –단어와 개념들이 구약성경의 계시에 의해 일차적으로 형성된– 셈족 분위기의 기독교 신앙을 –단어와 개념들이 그리스 사상과 로마 세력의 전통에 의해 일차적으로 형성된– 헬레니즘적 분위기로 번역하는데 성공했다고 할 수 있다. 아리우스 이단 이전부터 칼케돈 시대에 걸쳐 일어난 일련의 커다란 격동은 부분적으로는 좁은 의미에 있어 번역의 문제였다. 어떻게 교회는 –히브리어와 아람어, 그리고 셈어의 영향력을 강하게 받은 평이한 코이네 그리스어로 쓰여진– 성경 단어를 라틴어와 보다 공식적인 그리스어로 번역하는 방법을 찾아낼 수 있었을까? 예를 들어 그리스 용어인 ousia와 hypostasis가 성부와 성자에게 공유된 바 있는 본질적인 '신성'(God-ness)에 사용되어져야 하는가, 혹은 그 용어들은 성부, 성자, 성령 안에서 구체화된 특별한 '신성' 과 좀더 분명하게 관련시켜야 하는가의 문제에 대해 거의 100년 동안 커다란 논란이 있었다. 라틴어를 말하는 서방인들은 -그리스 철학사에 있어 핵심이 되는- 이들 그리스 용어와 성경의 용어가 그들 언어에서 동등하게 표현되는 것을 찾으려 할 때 또 한번 당황하게 되었다. 번역의 기준은 362년 알렉산드리아공의회에서 최종적으로 합의되었다. 그 결과 그리스어의 ousia는 라틴어의 substantia(일반적인 신성)와 동등한 것이 되었고, 그리스어의 hypostasia는 라틴어의 persona(신성의 특별한 표현)와 동등한 것이 되었다. 이런 식으로 용어가 명시됨에 따라 비로소 니케아 신조가 완성될 수 있었다. 그리고 그러한 완성으로 칼케돈공의회로 가는 길이 마련되었다.

칼케돈공의회는 비록 이러한 기술적인 문제들이 중요하면서도 까다롭지만, 이것을 보다 심오한 수준으로 번역하는 데 성공했음을 보여준다. 간단히 말해 칼케돈은 신약성경에서 그 출발을 엿볼 수 있는 하나의 과정이 최종적이고 성공적인 단계에 도달했음을 보여준다.

스코틀랜드 선교학자 앤드류 월즈(Andrew Walls)가 그의 저서에서 부각시켰던 사도행전 11장 20절은 "구브로(Cyprus)와 구레네(Cyrene)의 몇 사람이 … 안디옥에 이르러 헬라인에게도 말하여 주 예수를 전파하니"[11]라고 말한다. 이름이 밝혀지지 않은 유대계 그리스도인들이 안디옥에 사는 그리스인들에게 전파한 것은 그리스도(또는 메시아)인 예수가 아니었다. 그리스도인들이 예수를 약속된 메시아로 인정한다는 것이 무엇을 의미하는지 이해하기에 앞서, 비유대인들에게 요청되어야 할 것은 히브리 종교사의 전문가가 되는 것이었으리라. 오히려 히브리 경전을 알지 못했던 그리스인들에게 그 선포는 모든 족속과 다른 모든 통치자들을 다스릴 하나님이신 주님(Lord)으로서의 예수에 관한 것이었다. 광의적 의미의 번역을 한 칼케돈에서는, 유대인의 개념 세계로부터 헬레니즘 개념 세계로 경계를 뛰어넘어 복음을 전한 무명의 '구브로와 구레네에서 온 사람들'에 의해 시작된 사역이 완성되었음을 보여준다.

기독교의 후기 역사(언젠가 중동의 유대교와 지중해의 헬레니즘으로부터 멀리 떨어진 무수히 많은

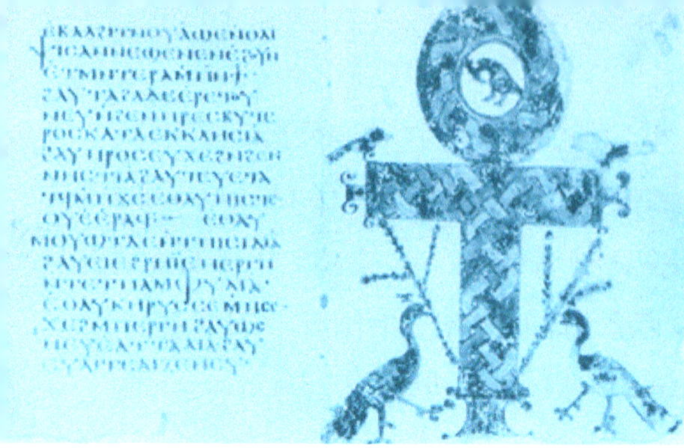

수세기 동안 계속하여 성경 내에 본문과 삽화를 혼합시킨 모습은, 이 이집트 사도행전 사본에서 보이는 것처럼 이미 4세기 경 솜씨 있게 제작되었다.

문화로 전파될)에서 칼케돈 사건은 보다 중요하다고 할 수 있다. 칼케돈은 그 메시지가 새로운 개념어로 표현되어질 때에도 복음의 메시지의 핵심이 보존될 수 있다는 것을 보여주었다. ousia, hypostasis, substantia, persona 등의 단어들은 기술적인 용어로서, 성경에는 나타나지 않았다. 그리고 성경은 이들 용어를 사용해서 자신들의 지적 역사를 이루었던 개념 세계와 직접적인 관련은 거의 없었다. 그러나 칼케돈은 그 백성의 구원을 위하여 성육신된 하나님의 메시지가 정확히 이들 성경 밖의 용어와 비유대적인 지적 분위기에서 독특하고, 적절하고, 강력하게 들려질 수 있는 메시지임을 보여주었다.

따라서 칼케돈공의회는 기독교 교리사에서 볼 때 두 가지 면에서 매우 중요하다. 칼케돈공의회는 성경의 계시를 지혜롭고 신중하고 균형잡힌 말로 다시 설명하였다. 또한 성경의 계시를 다른 개념의 언어로 번역하는데 성공하였다. 칼케돈은 오순절 사건은 아니었으나 성경의 역사를 충실하게 종합하였기 때문에 이제 헬레니즘 세계는 자신들의 언어로 '하나님의 놀라운 일'을 들을 수 있었으며, 칼케돈공의회에서 성경의 가르침이 충실하게 번역되었기 때문에 헬레니즘 세계는 이제 하나님의 경이로운 일을 자신의 개념어로 표현할 수 있었다. 이러한 종합과 번역은 앞으로도 계속 거듭해서 일어나야 하는 일이다.

칼케돈의 지적, 문화적 중요성

칼케돈공의회는 또 다른 이유에서 결정적인 터닝 포인트로 각인된다. 잘못에 대해 균형을 잡으려는 노력은 편협한 교리적 오류를 극복하게 했다. 알렉산드리아파의 말씀-육신 기독론은 극단적인 모습을 띠게 되자 그리스도의 완전한 인성에 대한 확신을 싹둑 잘라내 버렸다. 이러한 종류의 오류는 그리스도의 완전한 인성에 수반되는 모든 것을 평가절하시키는 경향으로 교회사에서 계속 재현되고 있었다. 여기에는 몸(body), 육신(flesh), 본성(nature)과 자연스런 보통의 일상, 정상적인 인간 활동, 그리고 고통과 고난의 영역 등이 속한다. 극단적인 알렉산드리아 신학은 하나님의 로고스에 의해 지배되는 것이어서 세상사의 어떠한 가치에도 의문을 제기했다. 후기 교회사에서 볼 때 칼케돈의 위대성은 이 극단적인 것을 비난한 일이었고, 세상을 무시하는 초월적인 정신으로부터 등을 돌린 일이었다.

이에 반해, 안디옥파의 말씀-인간 기독론이 극단적인 모습을 띠었을 때는 신성과 인성 사이의 유기적 연결을 크게 훼손시켰다. 이러한 종류의 오류는 삶을 신성한 부분과 세속적인 부분으로 나누는 경향, 즉 하나님의 것과 세상의 것을 따로따로 밀봉하여 봉인함으로써 서로를 차단시키는 경향을 교회사에서 끊임없이 재현시켜왔다. 따라서 극단적인 안디옥파 기독론은(예수가 그 일부가 됨으로 영광을 얻었던) 이 세상에서의 삶과 -예수가 이 세상의 삶과 통합시켰던- 하나님 안에서의 삶을 유기적으로 연결하여 인식하는데 실패함으로써 세속화를 초래시켰다. 후기 역사에 대한 칼케돈공의회의 큰 중요성은 그러한 분리를 방지하는 것, 즉 세속의 삶으로 파편화되어 가는 것을 막는 것이었다.

그리스도 위격의 완전성과 그리스도 본성의 이원성을 주장한 칼케돈은 그리스도인이 세상 속에서 살아가는 데 매우 중요한 지침을 확립해 주었다. 이를 확대 해석하면, 그리스도인들이 세상에 참여할 때 완전한 영성(알렉산드리아파는 그리스도 위격의 완전성을 강조한다)뿐만 아니라 세속적인 존재에 대한 진지한 관심(안디옥파는 그리스도의 완전한 인성을 강조한다)을 가지도록 한다. 칼케돈의 진수는 이러한 관점을 결합하고, 어느 한쪽에 대한 지나친 강조를 고수하지 않은 것이다.

결론적으로 말해 칼케돈의 정의가 단지 그것이 매우 교묘하고 균형이 잘 잡힌 진술이기 때문에 중요한 의미를 갖는 것은 아니다. 칼케돈공의회가 기독교사의 위대한 터닝 포인트가 된 것은 오히려 말하고자 하는 실재를 충실하게 잘 표현했기 때문이다. 그리스도인들은 이 세상에서 살면서도 하나님의 영광을 위해서 살 수 있는데(하나의 '위격' 이라는 사실은 두 개의 '본성' 이라는 사실과 공존할 수 있다), 이는 사도 요한이 "말씀이 육신이 되어 우리 가운데 거하시매"(요 1:14)라고 쓴 일이 실제 일어났기 때문이다.

교리 논쟁의 소용돌이 속에서도 일반 그리스도인들은 예배와 기도를 계속하면서 일상적인 문제를 극복해 나갔다. 고대 그리스도인들은 그들의 기도를 파피루스와 도자기뿐 아니라 돌에도 새겼다. 돌에 새겨진 기도는 4세기 이후 그 숫자가 증가되어 특히 이집트의 가옥, 교회, 무덤에서 발견된다. 그리스도인들의 기도는 동시대 이교도의 기록과는 달리 슬픔을 극복하는 희망을 보여준다. 다음의 기도문은 5세기 이집트 석비에 새겨진 것으로 특히 성경과 교회의 전례에서 비롯된 것이다. 시원한 물이 흐르는 기름진 동산과 같은 낙원의 모습은 특히 근동의 뜨겁고 황량한 곳에서는 매혹적인 것이었으리라.

> 오 하나님, 신실한 자와 정직한 자와 함께 쉬게 하소서.
> 식물이 자라는
> 그리고 시원함과 물이 있는
> 기쁨의 동산
> 그 곳에서는 고통과 슬픔과 한숨을

알지 못하나이다.

거룩, 거룩, 거룩하신 주 하나님, 만군의 주님(Sabaoth)

하늘과 땅은 당신의 거룩한 영광으로 가득하나이다.[12]

한 잔의 차를 나누며

1. 이 장의 제목이 제시하는 것처럼, 451년의 공의회를 이긴 쟁점에 반대한 측의 주장에는 바른 신학(just theology)과 비교하여 좀 낯선 것이 있었다. 어떤 힘들이 다른 관점으로 분산시키는 역할을 했는가?

2. 431년 에베소공의회 초기에 당시의 관점에 반대한 진영의 기질에 관해 말해주는 것은 무엇인가?

3. 이 장에서는 동로마와 서로마 교회 사이에 점증하는 문화적 차이가 서서히 나타나기 시작한다. 그들의 신학에 대한 접근에서 어떠한 차이점이 두 지역을 특징지었는가?

4. 칼케돈공의회에서 현안이 된 핵심적인 신학 문제를 논하라.

5. 어떻게 아폴리나리스, 시릴, 에우티케스, 그 밖의 다른 사람들이 개진한 말씀-육신 기독론이 그리스도의 성품과 위격을 설명했는지 논하라.

6. 어떻게 네스토리우스, 플라비안 등이 개진한 말씀-인간 기독론이 그리스도의 성품과 위격을 설명했는지 논하라.

7. 어떻게 교황 레오의 「톰」이 반대 입장을 전달했는지 논하라. 「톰」은 칼케돈공의회에서 어떤 역할을 하였는가?

8. 당시의 정치적 변화가 칼케돈공의회 소집에 어떠한 영향을 끼쳤는가?

9. 어떻게 기독론 논쟁이 셈족의 기원에서 헬레니즘 언어와 문화로 성공적인 '번역'을 하게 한 기독교의 능력을 보여주는가?

오늘날 교회에 적용할 점

1. 현대 교회와 그리스도인 개개인은 오늘날 칼케돈공의회의 결과로부터 어떠한 유익을 얻는지 논하라.

2. 저자가 설명한 것처럼 안디옥파와 알렉산드리아파의 관점이 극단적인 모습을 취했을 때, 그리스도에 대한 잘못된 학설을 야기했던 극단적 견해에 대해 논하라. 오늘날 그리스도인들이 간혹 예수의 위격을 설명하려 할 때 어떻게 극단적 시각과 여전히 마주치게 되는지 논하라.

3. 당신이 다른 관점은 보지 않고 하나의 관점으로 치우치는 경향이 있는지 점검해 보라. 만약 그렇다면, 그 쪽으로 기우는 이유는 교회의 가르침, 배경, 개인적 이해 또는 다른 요소들이 반영되었기 때문인가?

Turning Point 04

주후530년 | **베네딕트 수도회칙**

그리스도의 삶에 영감 받은 수도원, 교회를 구원하다

그리스도의 삶에 영감 받은 수도원, 교회를 구원하다

6세기 전반기에 성 베네딕트는 수도사들을 거룩함에 이르도록 인도하고 당시 수도원의 폐해를 고치기 위해 수도회칙(Rule)을 작성하였다. 500년 후에 클레르보의 베르나르(Bernard of Clairvaux, 1090~1153)는 세속화된 베네딕트계 수도원들을 개혁하라는 부름을 받았다. 당시의 문제점들을 보면서 하나님께 열정적으로 헌신했던 신비주의자 베르나르는 정치와 교회의 갱신에 있어 주된 역할을 하였다. 유명한 설교가이며 저술가였던 베르나르는 실제 저자가 누구인지 알려져 있지 않지만 중세 최고의 라틴 찬송 다수가 그의 것이라 여겨질 만큼 아주 대중적인 성향을 지녔다.

이들 찬양 중 하나는 "오 거룩한 주, 상하신 몸"(O Sacred Head, Now Wounded)인데, 계속 이어지고 있는 기독교적 헌신의 전통의 아름다운 면모를 아주 잘 보여준다. 원래의 라틴본은 12세기 때 지어졌는데, 16세기에 루터파 찬송작가인 파울 게하르트(Paul Gerhardt)가 독일어로 번역하였고, 한 세기 지나서 요한 세바스찬 바하(Johann Sebastian Bach)가 그리스도 수난곡(Passion Chorale)을 위해 편곡하였다. 그 후 19세기에 장로교 학자이며 목사인 알렉산더(James A. Alexander)가 영어로 번역하였다. 이 시는 십자가 위에서 보여준 하나님 사랑에 대한 감동적인 묵상과 그리스도의 수난에 대한 사랑의 반응을 표현하는데, 이것은 수도원 제도가 전성기일 때 항상 중요하게 다루어진 주제였다.

> 오 거룩한 주, 그 상하신 몸
> 슬픔과 수치가 엄습하나이다.
> 이제 조롱에 둘러싸여
> 가시로 관 씌우셨나이다.

당신은 고통으로, 견딜 수 없는 치욕과 조롱으로
심히 창백해지셨고
아침처럼 밝게 빛나던 얼굴이
너무나 초췌해졌나이다!

나의 주님 당신이 고통 받으신 것은
모든 죄인의 구원을 위함이니이다.
저 때문입니다. 제가 범죄하였나이다.
그러나 당신이 죽음의 고통을 겪고 있나이다.
보소서, 구원의 주님! 여기 제가 꿇어 엎드리나이다.
당신이 계신 곳에 제가 있나이다.
이제 당신의 자비로 저를 대하시고
당신의 은혜를 제게 허락하소서.

무슨 말을 빌려
사랑하는 친구되신 당신께
당신이 죽게 된 슬픔과
무한하신 사랑에 감사할 수 있을런지요?
오, 저를 영원히 당신의 백성 삼으시옵소서.
제가 연약해질지라도
주님, 평생토록 당신에 대한 사랑을
결코 저버리지 않게 하소서.[1)]

수도원 제도의 등장은 예수 그리스도가 제자들에게 사명을 맡기신 이후 기독교 역사에 있어 가장 중요한(동시에 여러 가지로 매우 유익한) 제도적 사건이었다. 콘스탄틴의 통치와 종교개혁 사이의 천 년 이상 복음의 가장 거룩하고, 고상하고, 진정한 사상에 도달한 교회의 거의 모든 일들은 수도원 방식을 택한 사람들이나 수도사들에 의해, 그리스도인의 삶에 영감을 받았던 사람들에 의해 수행된 것이었다. 만약 '수도원 방식'이 세상으로부터 '분리된' 모든 사람들(남자들 뿐 아니라 여자도)을 모아 훈련의 '규칙'을 따르게 한 사실을 상기하려 한다면 최근 수세기 동안 교회사에서 행해진 똑같은 일들을 많이 언급할 수 있다. "참되며, 경건하며, 옳으며, 정결하며, 사랑받을 만하며, 칭찬받을 만한"(빌 4:8) 것에 대해 수도원이 기여한 것은 지난 몇 세기 동안 가시적으로는 줄었을지 모르지만, 지금도 여전히 많이 남아 있다. 이 점을 설명하기 위해 20세기 말 자비선교단(the Order of the Missionaries of Charity)의 창설자인 캘커타의 마더 테레사를 언급하는 것은 당연하다.

이 장 끝에 제시하겠지만 수도원 제도에 대해 여러 면에 결함이 있다고 생각하는 프로테스탄트조차도 깨끗한 양심으로 이를 옹호하는 주장을 할 수 있다. 잘 기억할는지 모르지만 프로테스탄티즘은 바로 마틴 루터의 수도원 경험과 함께 출발하였다. 한때 루터, 존 칼뱅, 토마스 크렌머(Thomas Cranmer), 메노 시몬스(Menno Simons)와 다른 종교개혁 지도자들이 로마 가톨릭과의 단절이 필요하다는 결론을 내리자마자, 그들은 자신들의 신학을 위한 도움을 처음에는 성경에서, 다음에는 곧바로 수도사의 저작에서 이끌어냈다. 특히 루터와 칼뱅은 학식 있는 신학자이며, 열심 있는 주교이며, 활력 있는 논쟁가였을 뿐만 아니라 한 수도 교단의 창시자이기도 했던 어거스틴(354~430)의 저작을 거듭 참고했는데, 사실 루터는 어거스틴계 수도사로서 성경 연구와 신학적 사색을 시작했다.

세상 도처에 있는 거의 모든 그리스도인들이 받아들이고 있는 일련의 태도와 행위를 살펴본다면, 수도원이 교회에 끼친 영향의 폭과 깊이를 신속하게 그려볼 수 있다. 만약 우리가 모국어로 성경을 읽고 있다면, 수도사 제롬(Jerome, 약 342~420)에 의해 영감 받은 성경 번역 전통의 덕을 본 것이다. 만약 우리가 모여 성부, 성자, 성령 하나님을 찬양하고 있다면 찬송 저작의 수도사인 그레고리(Gregory, 약 540~604)와 클레르보의 베르나르가 앞서 간 길을 따르고 있는 것이다. 만약 우리가 신학을 연구하고 있다면 불가피하게 수도사인 어거스틴과 토마스 아퀴나스(Thomas Aquinas, 약 1225~1274)에게 빚지고 있음을 알게 된다. 그리고 기독교 선교의 성공을 위해 기도한다면, 수도사인 패트릭(Patrick, 약 390~460), 보니파스(Boniface, 680~754), 시릴(Cyril, 826~869)과 그의 형제 메소디우스(Methodius, 약 815~885), 레이몬드 룰(Raymond Lull, 약 1233~1315)이 이끈 선교 사업을 토대로 축복을 구하는 것이 된다. 만약 우리가 영어권 세계에서 기독교 역사 기록에 관심이 있다면, 성 베다 사제(약 673~735)가 시작한 역사적 관심을 발전시키는 것이며, 만약 우리가 하나님이 창조 세계에 부여하신 선함에 영광을 돌리고 있다면, 탁발 수도사인 프란시스(Francis of Assisi, 1181/82~1226)가 남긴 발자국을 따르는 것이다. 수도원 제도는 그리스도인이 삶을 사는 방법에 대해 결코 완벽하게 답해주지는 않았다. 그럼에도 불구하고 그 영향은 과소평가될 수 없다. 그 영향은 주로 선하게 사용되어 왔다.

수도원 제도가 교회에 결정적으로 영향을 주기 시작한 단 하나의 터닝 포인트를 구체적으로 말하기는 어렵다.[2] 수도원 제도의 발전에 있어 중요한 터닝 포인트로 사실상 몇 가지 중요한 사건이 있다. 기록에 나오는 첫 수도사는 안토니이다. 그는 270년쯤 이집트에 있는 자신의 가족 농장을 떠나 혼자서 사막 끝을 향해 하나님을 찾아 나섰다. 그의 동료인 이집트 사람 파코미우스(Pachomius)는 320년 경 첫 집단 수도원을 세워 기도 생활을 위한 '수도회칙'(또는 일련의 규율 모음)을 지침으로 생활했다. 그리고 카파도기아 교부 중 한 명인 가이사랴의 바실(Basil of Caesarea)은 성령을 삼위일체의 온전한 구성원으로 규정하는데 많은 기여를 하였다. 370년 경 바실은 카파도기아(현재 터키 중동부)에 있는 자신의 관할 수도원들을 위해 하나의 수도회칙을 작성하였는데, 이는 오늘날까지 정교회 수도원 생활을 위한 기본 지침으로 사용되고 있다. 4세기 그리스도의 신성에 대한 위대한 옹호자인 아타나시우스는 수도원 제도를 부각시킨 핵심인물로 꼽힌다. 왜냐하면 그의 안토니

전기는 수도원 제도를 교리상 정통성 있는 것으로 규정했고, 동방과 서방 교회의 수도원 방식에 대한 지식을 크게 확장시켰기 때문이다. 또한 뚜르의 마틴(Matin of Tours)을 언급할 수 있는데, 그는 360년에 지금의 프랑스에서 첫 수도원을 세우고, 북유럽으로 기독교를 처음 전하면서 수도원 제도의 중요한 사역을 시작하였다. 또한 존 카시안(John Cassian)은 5세기 초 프랑스 남부에 살면서 동방 수도원에 관한 많은 지식을 정리하여 서방에 보급하기 위해 영향력 있는 책을 저술하였다.

그러나 확실히 수도원 제도에 있어 가장 결정적이고 유익한 형태를 부여했던 사람은 이탈리아 누르시아(Nursia)의 베네딕트이다. 기독교 교회는 바로 베네딕트와 그의 유명한 수도회칙 덕분에 귀중한 선물을 갖게 되었다. 그 선물이란 자주 광신으로 치달았던 열정적인 정신을 통제한 일, 영지주의(Gnosticism), 가현설(Docetism),* 또는 그보다 더 나쁜 사상으로 쉽게 빠져 들어갔던 금욕 행위를 억제한 일, 내면 세계의 영적 조명을 따르는 것이 주된 움직임이었던 상황 속에서 성경이 핵심이라는 믿음을 고수한 일, 기독교적 삶의 중심에 기도를 다시 불러들인 일, 숭고한 종교적 경험에 노동, 연구, 식사, 수면이라는 기본적인 실재들을 연결시킨 일, 수도원 생활의 이상을 제공한 일 등인데 개혁가들은 거기에서 1,500년에 걸친 영감과 격려를 발견해 왔다.

그러나 기독교 역사에서 베네딕트의 커다란 중요성은 그의 생애에 대한 지식만으로는 설명되지 않는다. 그가 죽은 지 약 40년 후에(그가 죽은 해는 정확하게 알려져 있지 않다) 교황 그레고리 1세는 이전 시대의 주목할 만한 그리스도인들에 대해 여러 편의 대화집을 작성했는데, 그가 베네딕트에 관해 남긴 기록은 우리가 베네딕트에 대해 갖고 있는 신뢰할 만한 거의 모든 전기적 지식을 담고 있다.

베네딕트(약 480~550)는 로마에서 교육받았는데, 그 곳에 만연되어 있는 삶의 타락을 발견하자, 수비아코(Subiaco)에서 고독한 종교적 헌신의 삶을 살기 위해 그 도시를 떠났다. 그의 영적 통찰력에 대한 평판이 점점 커지자 그

* **영지주의와 가현설**은 물질적 세계가 순수한 영적 세계보다 열등하다고 여긴 이단과 관련되어 있다. '가현설'이란 단어는 그리스어 dokeo 즉 'seem'(처럼 보이다)에서 나온 것이다. 가현론자들은 예수가 단지 인간처럼 보였던 영적 존재라고 믿었다. 때로 이러한 인간 육체에 대한 평가절하는 금욕적 극단주의를 야기했는데 베네딕트는 이를 저지하였다. 예를 들어 어떤 은수사가 자신이 거처하는 동굴에서 자기 자신을 결박하고 있다는 것을 베네딕트가 들었을 때, 그에게 다음과 같은 말을 전했다고 한다. "만약 당신이 참으로 하나님의 종이라면 쇠로 만든 사슬로 결박하지 마시오. 그보다 그리스도가 당신을 매는 사슬이 되게 하시오." – Esther de Waal, Seeking God: The Way of St. Benedict (Collegeville, Minn.: Liturgical, 1984), 22~23에서 인용

주위에 많은 사람들이 몰려들었다. 결국 베네딕트는 각각 12명의 수도사로 12개의 독립된 수도원을 창설했다고 전해지지만, 초창기에는 원래 그와 함께 기도 생활을 하러 나섰던 사람들의 시기로 공격을 받았다고도 한다. 525년 경 베네딕트는 로마 남부를 떠나 몬테 카시노(Monte Cassino)로 가서 수도원을 세웠는데 그 수도원은 오늘날까지 남아있다('베네딕트 교단의 요람'이라 할 수 있는 몬테 카시노는 여러 번 파괴되고 재건되었다. 가장 최근의 파괴는 제2차 세계대전 때였는데, 연합군 사령부는 그 건물이 독일에 의해 점령된 줄로 잘못 알고 수도원을 폭격하였다). 베네딕트가 그의 수도회칙(regula)을 작성한 것은 아마도 몬테 카시노에 도착한 후였고 수도원 제도의 일반 관습을 개혁하려는 노력의 일환이었을 것이다. 이 수도회칙은 곧 서방 수도원 제도에 형태를 제공함에 따라 거의 보편적으로 인정되었다. 그 수도원 제도의 유일한 주요 경쟁자는 켈틱 수도원 제도로 이 수도원은 5세기에 성 패트릭에 의해 시작되어 스코틀랜드 해안에서 떨어진 이오나 섬(Isle of Iona)의 한 유명한 수도원 출신인 성 콜롬바(Columba, 약 521~597)에 의해 확산되었다. 베네딕트의 수도회칙은 동방 교회에서도 높이 평가되어 읽혀졌다. 그 수도회칙은 유럽 내 수많은 새로운 수도원 공동체의 규범이 되었다. 그리고 그것은 약간 변경되어 12세기와 13세기에 탁발교단을 창설하는데 영감을 주었다. 이처럼 기록된 기독교 역사에서 그 삶이 세상에 잘 알려지지 않은 한 인물이 커다란 공적 결과를 초래한 일은 결코 찾아볼 수 없다.

베네딕트 수도회칙이 수도원 제도의 형성 과정에 얼마나 중요했는지, 그리고 또한 수도원 제도가 기독교의 형성 과정에 있어 얼마나 중추적인 역할을 했는지에 대해 더 나은 지식을 얻기 위해서는 하나의 제도로서 수도원 제도를 등장시킨 여러 원인들을 좀더 깊이 탐구할 필요가 있다. 그것을 조사해 보면 한편으로 왜 베네딕트와 그의 수도회칙이 중세 전체를 통해 수도원 제도의 확산에 중요했는지 알 수 있고, 또한 수도원 제도가 교회에 남겨준 선물(동시에 문제점)에 대해 평가할 수 있다.

베네딕트와 그의 사역에 대한 많은 기념물 중의 하나로 프랑스에서 발행한 기념 우표

수도원 제도의 동기들과 여러 상황들

4세기와 5세기의 상황들은 수도원 제도의 확산에 강력한 동기를 부여하였다. 3세기 중엽 데키우스(Decius)와 4세기 초 디오클레티안 황제 치하에서의 박해가 로마제국의 여러 지역, 특히 이집트에서의 전통적 생활 형태에 혼란을 야기시켰던 경제적 어려움과 동시에 일어났다. 따라서 안토니 같은 첫 수도사들이 이집트를 떠나 사막으로 간 것은 영적인 측면에서 세속적으로 혼란스러운 세상을 떠난 것이었다.

그러나 수도원 제도가 확산된 더욱 중요한 이유는 교회의 거대한 성공에 대한 반발이었다. 콘스탄틴 황제 시대 교회-국가 제도의 등장으로 그리스도인의 '직업'(professional) 생활은 세속적으로 높은 지위에 상당한 가능성을 열어 주었다. 교회 내의 갈등과 황제와의 격렬한 견해 차이가 감독과 사제들의 삶을 위태롭게 만들었을지라도, 콘스탄틴 황제 이후 교회 활동은 안정, 권력에의 접근, 부를 얻을 수 있는 많은 기회가 제공될 수 있었다. 수도원 제도는 이에 대한 하나의 답변으로, 때로 분명하게 드러내지 않았지만 교회의 세상적 성공에 대한 영적 근심을 반영한 것이었다.

수도사들의 자기 부인과 궁핍은 자진해서 떠맡은 결정이었을지라도, 그것은 순교의 이상을 되찾는 방법이었다. 확실히, 살아있는 순교의 모습을 찾으려는 수도원의 노력은 계층적 모습(two-tiered)의 기독교를 만들 위험이 있었다. 머지않아 수도사들, 또는 '하나님의 정예군단'이 진정한 기독교 신앙을 추구하는 것처럼 보인 반면, 일상의 세상적 환경에 처해 있는 그리스도인들은 열등한 영적 지위를 가진 자로 취급되었다. 그러나 수도사들은 그들이 행해야 하는 것보다 더 영적인 자이며, 평신도들은 그들의 일상 생활에서 영적인 것을 거의 생각지 못하는 자라는, 그러한 구분이 제기하는 위험성에도 불구하고 콘스탄틴 시대의 상황에 대한 수도원의 반응은 효과적인 것으로 증명되었다. 수도사들은 자기희생과 겸손 같은 중요한 그리스도인의 이상을 지키기 위해, 또한 기도와 성경 연구 같은 그리스도인의 훈련을 추구하기 위해 기독교 세계의 양심이 되었다.

그러나 모순적이게도 오직 그리스도를 따르기 위해 모든 것을 포기하려는 수도원의 의도는 결국 그 나름대로 세속적 형태의 보상을 받게 되었다. 수도사들은 경제적 이익에 대한 기대와 관례적인 결혼 생활을 포기하였으나, 그 대가로 상당한 존경을 받았고, 격동의 시대에 적어도 은둔처를 갖게 되었다. 그것은 아마도 안토니가 데키우스 황제의 파괴적인 통치 직후 수도 행위를 시작한 것이나, 베네딕트 수도회칙이 서유럽에서 로마제국의 최종 붕괴(마지막 로마 황제는 베네딕트가 탄생하기 전 10년이 채 안 되는 476년에 이탈리아에서 쫓겨났다) 직후 매우 대중적이 된 일과는 일치점이 없는 듯하다. 수도원은 부에 대한 기대와 육체적 즐거움을 추구하지 않았으나, 사회적으로 무질서가 심각했던 시기에 견실한 기독교 공동체가 존재한다는 희망을 지중해 서부 세계에 제공하였다.

만일 수도원 제도가 로마-기독교 세계의 일반 상황에 의존해서 성장했다면, 그것은 또한 영적, 신학적, 성경적 전통에 대한 여러 가지 중요한 요소들을 끌어올렸다고 할 수 있다. 수도원 제도가 나오게 된 내적 동기라고 말할 수 있는 것들은 이미 4세기와 5세기의 활발한 전통을 누릴 수 있었다.

이러한 내적 동기 중 가장 중요하고 가장 지속적인 일은 성경에의 몰두였다. 첫 수도사인 안토니는 어느 주일 예배시간에 봉독된 마태복음 19장

21절의 "네가 온전하고자 할진대 가서 네 소유를 팔아 가난한 자들에게 주라 그리하면 하늘에서 보화가 네게 있으리라 그리고 와서 나를 따르라"는 말씀을 들은 후에 사막으로 들어갔다. 안토니는 그 즈음에 부모로부터 상당한 양의 토지를 유산으로 받았었다. 이러한 상황에서 그 본문이 마음을 사로잡았기에 그는 집을 나서서 복음이 지시하는 그대로 행했던 것이다.

이와 함께 수도사들은 계속해서, 특히 신약성경에서 이끌어낸 삶의 모범과 명령에 관심을 기울였다. 예를 들어 고린도전서 7장에서 바울이 결혼에 대해 논한 것(고전 7:8 "내가 결혼하지 아니한 자들과 과부들에게 이르노니 나와 같이 그냥 지내는 것이 좋으니라")도 직접적인 영향을 끼쳤다. 독신으로 하나님을 찾아 나선 세례 요한의 광야에서의 삶은 매우 위대한 모습으로 다가왔으나, 성부 하나님의 명령을 따르기 위해 가족과 부를 저버리고 때로 기도하러 거친 들판으로 갔던 예수 그리스도는 더 위대해 보였다. 그 수도사들의 이상은 하나님을 전적으로 찾는 것이며 쉬지 않고 기도하는 것이었다(살전 5:17). 수도사들은 이러한 노력이 세속의 유혹을 멀리하는데 도움이 될 것이라 믿었다. 한편 기도의 삶은 그들을 자비롭고 친절한 사람으로 변화시켰다.

성경에 몰두하는 것은 수도사들의 불변하는 특징으로 남아 있다. 비록 수도원 역사에서 성경을 점점 형식적으로 사용한 시기가 있었을지라도 성경에 열중하는 것은 변함이 없었다. 이집트의 집단 수도원 제도에 대한 대부분의 초기 기록을 보면 수련수사가 되려는 자가 수도원에 들어가는 자격으로 20편의 시편, 두 개의 서신서, 또는 상당량의 성경 구절을 외우는 규정이 있다. 베네딕트 수도회칙도 이와 비슷하게 온통 성경의 인용으로 꾸며져 있고, 성경과 그 밖의 다른 기독교 문헌을 계속적으로 읽게 하는 것도 베네딕트의 주요 관심사였다. 프로테스탄트와 가톨릭 교도들이 서로에 대해 좋게 말하지 않는 현대 교회사의 시기에도 프로테스탄트들이 중세 내내 성경을 보존하고, 필사하고, 연구해온 수도원에 커다란 빚을 지고 있다는 것을 상기하는 것은 주목할 만한 일이다. 간단히 말해 수도원 제도는 성경의 토대 위에 세워졌다.

동시에 초기 기독교 영성의 금욕적 흐름은 성경을 수도원 제도에 적용했던 방식에서 강한 영향을 받았다. 서방 교회에서는 현실적인 해결책이 신학적인 사색보다 더 중요시 되었는데, 하나님과의 화목이라는 표준적인 관점은 어떻게 성경을 읽을 것인가에 상당한 영향을 끼쳤다. 그러한 관점은 2세기 말 터툴리안에 의해 체계화되었는데, 여기에서 선호되었던 방법은 후에 수도원 영성으로 나타나게 된다. 터툴리안은 신과 화목하려는 사람은 특별한 단계를 거쳐야 한다고 주장하였다. 즉 참회(또는 죄에 대한 적극적인 슬픔), 고행(금욕 행위를 통한 육체 죽이기), 공로(하나님에 의해 보상되어질 권리의 확보), 보속(하나님의 거룩함에 입힌 손해에 대해 구제, 금식 또는 여타의 선행으로 보상하는 일)이다. 이들 단계는 모두 십자가에 달린 그리스도가 보여준 하나님의 은혜에 의존된 것이었으나, 나중엔 인간의 양심적인 노력을 매우 중요하게 여기는 결과를 가져왔다. 터툴리안의 신조에서 발전한 용어로 볼 때, 수도원 제도는 화목을 위한 하나님의 요구에 진지하고, 체계적이고, 완전한 관심을 나타낸 것이었다.

동방 교회의 금욕주의의 근원은 다른 데 있었다. 3세기에 클레멘트와 오리겐은 신플라톤주의 사고 형태를 교회에 사용하였다. 그들은 근본적으로 기독교적 신념을 갖고 있었기 때문에 그러한 그리스적 사고를 신자들이 비교적 안전하게 사용할 수 있게 했다. 그러나 그럼에도 불구하고 피조 세계는 절대적 실재(물질 세계를 초월한 곳에 있는)의 그림자일 뿐이라고 주장하는 신플라톤주의는 기독교 정신에 영향을 남겼다. 그러한 가르침은 일반 물질 존재를 무가치하게 여기고, 순수하게 영적인 것을 강조하는 영성을 조장하였다.

신플라톤주의의 영향은 동방 교회에서 가장 강하게 나타났지만, 서방 교회에서도 나타났다. 어거스틴의 선구적인 자서전인 「고백록」(398~401 저술)에는 기독교 신앙을 갖기까지 다양한 철학적이고 종교적인 단계를 거친 그의 편력이 상세하게 묘사되어 있다. 이러한 단계들에는 -형상들의 위계를 가진- 플라톤주의와 -선과 악의 세력을 첨예하게 나눈 세계관을 갖고 있는- 마니교에 심취된 기간이 있었다. 어거스틴이 기독교로 개종한 것은 이러한 종교 체제의 함정에서 자유롭게 된 것을 의미하지만, 그 영향력에서 전적으로 벗어나지는 못했다. 그가 진지한 그리스도인의 삶에 대해 보여주었던 독특한 비유 중 하나는 일상의 물질세계에서 순수한 영적 세계로 상승해가는 여정이었다. 따라서 「고백록」에서 어거스틴이 죄와 싸우는 자신의 투쟁을 기독교적으로 평가한 것은 신플라톤주의적 사고에서 그 언어를 빌려온 것이었다. 예를 들어 "그러나 저는 하나님의 즐거움에 머물지 못했습니다. 저는 당신의 아름다움으로 인해 당신에게서 휩쓸려 나갑니다. 그 때 저는 저 자신의 근심 때문에 당신으로부터 멀어져 가고, 더욱 열등한 존재 쪽으로 신음하며 떨어집니다. 바로 육체의 습관이 근심입니다."[3)]

초기 기독교 세계에 끼친 이러한 다양한 영향들(신플라톤주의, 플라톤주의, 마니교의 사상 등)은 모두 한 방향으로 움직였다. 이들 사상은 이상적인 그리스도인의 삶이란, 일상적인 것, 물질적인 것, 현세적인 것으로부터 특별한 것, 영적인 것, 하늘의 것으로 나아가는 것이라고 여기는 경향이 있었다. 예를 들어 "위의 것을 찾으라"(골 3:1)나 "몸을 위하여 무엇을 입을까"(마 6:25, 눅 12:22) 염려하지 말 것을 성경이 거듭하여 명하는 것과 관련해 볼 때, 이들의 영향은 수도원 제도를 위한 강력한 동기를 제공하였다. 결국 정의를 내리자면, 수도원적 방식은 정확하게 지상의 피조물들이 더욱 순수한 영성을 향해 올라가도록 계획되었다고 할 수 있다.

특별히 수도원이 성 행위를 포기한 것은 보다 일반적인 경향에서 비롯되었다. 가능하다면 독신으로 남아 있으라는 바울의 권고가 발단이 되었지만, 순결이라는 수도원의 이상을 보여주는 모습들은 이원론(특히 정신과 육체 사이의 이원론)에 의해 제공된 것으로, 그리스 사상에서 널리 퍼진 일이었다. 초기의 많은 신학자들이 인식했던 육체 세계는 사탄이 그 최고의 영향력을 행사하는 세계였다. 빛 되신 주(the Lord of Light)를 위해 현존하는 어두움의 통치자를 제거하는 방법은 가능한 한 조심스럽게 그 육체 세계를 통제하는 것이었다.

이렇듯 세상을 분주하고 무질서한 영적 전쟁터로 인식한 것도 수도 생활에 대한 감정을 고조시켰다. 특히 초기 수도원 제도가 있었던 이집트 뿐 아니라, 대부분의 초대교회 그리스도인들은 귀신, 천사, 천상에서의 영적 세력 사이의 충돌 등에 매료되었다. 수도원 제도가 세상 속에서 대체로 성경적 모습을 보여줄 수 있었던 것은, 평생을 금욕주의자로 살아가는 수도사들이 그러한 투쟁에 기여하기에 충분하며, 영적으로 적합한 유일한 사람들이라고 폭넓게 인식되었기 때문이다. 안토니의 초기 행적은 사탄 및 그들이 부추기는 불경한 정욕과의 투쟁을 특색으로 한다. 그러한 강조는 첫 수세기 동안 수도원 제도에 강력한 자극이 되었다.

기둥 위 고행자 시므온(Simeon Stylites, 약 390~459)의 이야기는 초기 그리스도인들의 사고 과정이 우리와 얼마나 다른지를 분명하게 보여준다. 시므온은 삶의 대부분을 시리아의 안디옥 근교에서 보냈다. 그는 성년이 되어 은둔 수도사(은수사, anchorite 또는 solitary monk)가 되었다. 그는 약간의 수련 과정을 거친 후 사막지대로 들어가 거기에서 기둥 하나를 세워 주거지로 삼았다. 그는 그 후 수십 년 동안 이 기둥 위에서 줄곧 살았는데, 기둥을 더 높은 곳에 다다르도록 계속하여 쌓아올렸다. 시므온은 분명 이러한 자기 고립적 행위가 자신을 오로지 영적 실재에 몰두시키고, 지상 세계에서 전개되고 있는 초자연적인 전투에 능동적으로 참여할 수 있게 한다고 여기고 있었다. 현대인들은 시므온을 성인이라기보다는 기인에 가깝다고 여길지 모르지만, 시므온의 행적이 비교적 완전하게 기록으로 전수되어온 이유를 아는 것이 중요하다고 본다. 그의 생애는 시므온 시대 사람들이 그를 굉장히 매력적인 인물로 생각했다는 단순한 사실 때문에 잘 기록되었다. 끊임없이 계속된 방문객들의 행렬이 이 기둥으로 몰려들었다. 시므온은 회개를 불러일으키는 데 직접적으로 영향을 끼쳤고, 적대적인 교회 파당에게는 화해의 돌파구를 마련해 주었다. 시므온의 칼케돈 정의에 대한 칭송은 그 지역에서 그 정의가 수용되는데 큰 도움을 주었다고 알려진다. 높은 기둥으로부터 태양에 그을린 고행자의 양동이에 담겨, 최소한의 생명을 유지하기 위해 필요한 것과 함께 오르락내리락 하며 건네지는 메시지가 어떻게 민감한 반응을 불러일으켰는지를 깨달을 때만이, 왜 수도원 제도가 수많은 열심 있는 그리스도인들에게 만족스런 것으로 보였는지와 전 기독교 세계를 통해 그렇게 강력한 힘을 행사하게 되었는지를 비로소 이해하게 된다.

초기 수도원 제도를 이해하는 어려움 중 하나는 그 기록이 매우 다양하다는 점이다. 시므온처럼 매우 극단적인 수도사가 있는가 하면, 친절하고, 온화하고, 지혜롭고 특히 부랑자와 타락한 자에게 환대를 베푼 것으로 잘 알려진 존경스런 인물도 많이 있었다. 수도원 제도를 연구할 때 위험한 점은, 이와 동등하게 애쓴 중요한 사례들이, 더 기괴한 행위들, 심지어는 많은 사막의 교부들을 낙담하게 했던 극단적인 사례에 의해 가려질 수 있다는 것이다. 일반적으로 볼 때, 초기 수도사들이 사람들의 마음을 끌었던 것은, 그들이 위대한 기도의 사람이었기 때문이다.

그러므로 수도원 제도가 단지 기독교 조직의 한 형태이고 교회가 공적 제도로 전환하는 시기에 매력적인 기독교적 이상을 모아놓았기 때문에 성장했던 것은 아니었다. 수도원 제도의 성장에서 더 중요한 점은 초기 기독교사의 가장 기본적인 신학 조류와 영적 능력이 결합되었다는 것이다. 일반적인 조건과 내적인 영적 추진력의 결합이 특히 영적이고 실제적인 예배라는 주목할 만한 배열을 만들어낸 것을 보면, 어떻게 수도원 제도가 그같이 유력한 세력으로 부상했으며, 왜 교회사에 있어 그처럼 오랫동안 핵심적인 것으로 남아있는지를 설명하는 데 도움이 된다.

베네딕트와 그의 수도회칙

베네딕트의 수도회칙은 수도원 제도의 역사에, 넓게 말하면 기독교 역사에 결정적인 역할을 하였다. 왜냐하면 초기 수도원 선구자들의 열정과 조심스레 균형을 이룬 안정에 대한 관심이 결합된 것이었기 때문이다. 베네딕트의 수도회칙은 복종, 안정, 계속적인 회심(conversatio morum)의 서약을 법전화한 것으로 유명하다. 이는 청빈, 순결, 복종이라는 좀더 보편적인 서약을 이끌어 냈다. 그러나 이 수도회칙이 개별 수도사와 전체 수도원 공동체의 안정에 긴 안목의 관심을 보인 점도 동등하게 주목된다. 이 수도회칙을 보면, 디모시 프라이(Thimothy Fry)의 영어판은 약 80페이지의 큰 활자로 기록된 비교적 긴 문서로 되어 있지만, 또한 상황에 따라 유연성이 있도록 했다. 즉 각기 다른 교회력과 다른 기후, 그리고 수도사들의 건강, 나이 또는 영적 성숙도에 따라 이용할 수 있는 각기 다른 양의 음식이나 음료를 정하는 등 그 지역의 상황에 맞게 적용하도록 안내되었다.

베네딕트 수도회칙은 게으른 자들을 위한 안내서는 아니었다. 예를 들어 그것은 엄격하게 개인 소유를 금지한다는 점에서 높은 영성에 관한 초기 기독교 수백 년의 지혜를 담고 있다. "특히 [사적 소유라는] 사악 행위는 수도원에서 뿌리뽑혀지고 제거되어야 한다. 수도원장(지도자)의 명령 없이는 아무도 그 자신의 것을 주거나, 받거나, 소지하려 해서는 안 된다는 것을 의미한다. 아무 것도 말이다."[4] 이 수도회칙은 또한 나이 어린 수도사들조차도 원숙함을 구하는 일에 참여해야 함을 분명히 했다. 기도를 알리는 종이 한밤에 울릴 때, 모두가 "지체하지 않고 일어나기 위해 나이든 수도사들이 젊은 수도사와 한 방에서 자야 하는 규정도 만들었다. 수도사 각자는 다른 사람들 앞에서 위엄과 단정함으로 하나님의 사역에 신속히 참여해야 한다."(49항) 나이든 자와 젊은이들을 함께 섞어 놓는 이유는 "하나님의 사역을 위해 일어나기 위함이다." 그들은 "핑계를 댈지 모를 잠에 대해 조용하게 서로를 격려"할 수 있다.(49항)

수도회칙이 너무 엄격하다고 할지 모르지만 그것은 분명한 신학적 이유 때문이었다. 수도회칙의 가장 중요한 조항들은 중요한 수도 관습에 대한 신학적 정당성을 적어놓은 것이다. 예를 들어 노동에 대한 중요한 명령이 그러하다. "게으름은 영혼의 적이다. 그러므로 형제들은 신앙심 깊은 독서(Prayerful reading)뿐 아니라 육체 노동을 위해 특별한 기간을 가져야만 한다."(69항) 아마 베네딕트 자신은 노동을 위한 기준으로 '신앙심 깊은 독서' 보다 '육체 노동' 에 더욱 마음을 둔 것 같다. 그러나 그가 육체적 노동과 정신적 노동을 하나로 묶은 것은 수도사들이 학문에 크게 기여하게 되는 길을 열었는데, 이 일은 거의 초창기부터 지속되었다.

수도회칙은 수도원이 구현하려 했던 영적 실재에 초점을 맞추었다. 그 토대에는 기도 습관에 대한 헌신이 있었다. "우리가 어떤 권세자에게 호의를 구하려 할 때마다, 우리는 무례를 두려워하면서 겸손하고 공손하게 그 일을 행한다. 그렇다고 한다면 우리의 간청을 모든 만물을 주관하시는 주 하나님 앞에 지극한 겸허와 신실한 헌신으로 가져가는 일이 얼마나 중요한 일인가. 하나님은 많은 말이 아닌 마음의 순수함과 회한의 눈물을 귀하게 여기신다는 것을 알아야만 한다. 그러므로 기도는 간결하고 순수해야 한다."(48항) 더구나 기도 습관은 신앙심 깊은 삶을 만들게 된다. 즉 "수도사의 삶은 계속적인 참회기간(Lent)으로 이루어져야 한다. … 이 일은 사악한 습관에 빠지는 것을 거부함으로, 눈물의 기도와 독서와 양심의 가책과 자기 부인에 헌신하는 적절한 방법으로 행해질 수 있다."(71항)

그러나 기도 생활은 봉사의 삶과 인위적으로 분리할 수 없는 것이었다. 후기 수도사들이 수도회칙을 따라 추구했던 수많은 실제적인 경건 행위들을 베네딕트가 미리 예견할 수 있었는지는 의심스럽다. 그러나 수도회칙의 여러 모습들은 그 후 그러한 행위들을 발전시키는 기초를 제공했다. 예를 들어 나그네와 병자를 돌보라는 명령에는 미래의 자선 활동을 위한 씨앗이 들어 있었다. 즉 "모든 나그네들은 그리스도처럼 영접되어야 한다. 왜냐하면 그리스도 자신이 '내가 나그네 되었을 때에 너희가 나를 영접하였다'(마 25:35)고 말씀하셨기 때문이다"(73항). 그리고 "병자들을 돌보는 일은 다른 모든 것보다 우선적으로 행해야 한다. 이는 그들이 그리스도처럼 섬김 받기 위함이다. 왜냐하면 그리스도께서 '내가 병들었을 때에 나를 돌보았다'(마 25:36)고 말씀하셨기 때문이다"(59항). 영혼뿐 아니라 육체에도 관심을 갖는 거대한 수도원 경영은 이렇게 출발하여 성장해갔다.

수도회칙의 결론부는 전반적인 성격을 말해준다. 결론 부분은 정숙하며 지혜롭고 하나님 중심적이며, 또한 하나님의 은혜에 힘입어 훈련된 그리스도인의 삶 안에 있는 진보에 대한 희망으로 가득차 있다. "하늘에 있는 당

거의 초창기부터 남성 수도원 제도와 여성들의 종교적 공동체는 분리되었다. 이 15세기 프랑스 그림에는 시편 51편 15절 "주여 내 입술을 열어주소서 내 입이 주를 찬송하여 전파하리이다"라는 말씀이 들어있다.

신의 집을 향한 마음이 간절한가? 그렇다면 우리가 초보자들을 위해 기록한 이 약간의 수도회칙을 그리스도의 도움을 받아 지키라. 그래야 위에서 언급한 숭고한 교훈과 덕을 시작할 수 있고 하나님의 보호 아래 그것들에 도달할 수 있을 것이다"(95~96항).

베네딕트의 수도회칙에 의해 마련된 일상의 일과는 장소와 시대, 수도원장의 개성과 다른 많은 요소들에 따라 다양했다. 특히 수도원장과 인접한 지역의 감독(또는 감독들)과의 관계는 중세의 오랜 기간에 걸쳐 내내 주요 문제가 되었다. 몇몇 수도원이 커지고 번창했을 때는, 모든 산하 수도원들을 주관할 수 있었던 수도원장의 권력이 종종 지역 감독들의 권력보다 더 강했다. 그 같은 수도원장들이 기독교적 이상으로 베네딕트 수도회칙 안에서 자신들의 지위를 사용했을 때는 분명 교회에 유익이 되었다. 그러나 수도원장들이 탐욕과 권력 쟁탈의 희생물이 되었을 때는 일반적인 교회 일에 재앙을 불러일으켰고, 평수사들에게는 유혹거리가 되었다.

평수사들은 보통 수도원장, 감독, 세속 통치자 등과 관련된 상급 정치에 직접적인 영향을 받지 않았다. 전형적인 예로, 영국 더함(Durham)의 베네딕트계 수도원은 1083년 캔터베리 대주교, 영국 국왕, 교황, 지역 교회 관리들의 협력으로 창설되었다. 불과 몇 세기 후의 더함 수도원 수도사들의 여름 일과는 이러했다. 교회에서 기도를 위해 6시에 기상, 그 후 간단한 아

수도원장 선발에 대해, 성 베네딕트

수도원장의 선발 조건을 만든 베네딕트의 관심은 전체 수도회칙의 많은 특징들을 반영한다.

수도원장의 선발에 지침이 되는 원칙은, 수도원장은 하나님을 전적으로 경외하는 모든 공동체에 의해, 또는 비록 작은 규모라 할지라도 건전한 판단력을 가진 일부 공동체 구성원들에 의해 선택된 자여야 한다. 선한 삶과 지혜로운 가르침은 공동체 말단 서열에 있을지라도 수도원장으로 선택되는 기준임이 분명하다. …

일단 수도원장이 되면, 그가 맡은 일의 특성을 항상 마음에 간직하며, 자신의 청지기 역할을 셈해야 할 주인을 늘 염두에 두어야 한다(눅 16:2). 그가 그의 목적이 자신의 공명에 있지 않고 수도사들에게 이익이 되는 일이라는 것을 인식하도록 하라. 그러기에 그는 하나님의 법을 배워야 한다. 그렇게 되면 새것과 옛것을 내놓을 수 있는 지식의 곳간을 갖게 된다(마 13:52). 그는 정결하고, 절제하며, 자비로워야 한다. 또한 그 자신도 긍휼을 얻기 위해 항상 긍휼로 심판을 이겨야 한다(약 2:13). 실수를 미워해야 하나 형제를 사랑해야 하며, 그가 형제를 정죄해야 할 때도, 신중히 행하고 극단적인 행동을 피해야 한다. 그렇지 않으면 녹을 제거하기 위해 너무 세게 문지름으로 그릇까지 깨뜨릴 수 있는 것이다. 그는 자신의 연약함을 의지해서는 안 되며, 상한 갈대를 꺾지 아니할 것을 기억해야 한다(사 42:3). … 그가 두려움의 대상이 되기보다 사랑받기 위해 애쓰게 하라.

그는 흥분하고, 근심하며, 극단적이고, 완고하고, 시기심이 있거나 지나치게 의심해서는 안 되며 … 지시를 할 때에는 신중하고 사려 깊어야 하며, 그에게 맡겨진 일이 하나님에 관한 것이든 세상에 관한 것이든 통찰력 있고 온건해야 한다. … 그러므로 … 그는 강한 자가 열망하는 것을 갖게 되며, 약한 자가 자신의 경영으로부터 아무것도 갖지 못한다는 사실을 보여 주어야 한다.

특히 그는 모든 점에서 이 수도회칙을 지켜야 한다.(1)

영국 더함의 베네딕트계 수도사들을 위한 여름 일정표(14세기)

수도사의 일상 생활은 '신의 사역'(opus Dei)과 관련되어 편성되는데, 시편 119편 164절의 "내가 하루 일곱 번씩 주를 찬양하나이다"에 근거하여 하루에 일곱 번 공동 예배를 위해 모인다. 예배에는 시편, 찬송, 성경낭독 순서가 들어 있다.

자정	교회에서 아침기도(Matins, 약 한 시간)
	그 후 침상으로 돌아간다.
오전 6시	교회에서 제1시 기도(Prime, 약 반 시간)
	조식
	노동 또는 독서
오전 9시	교회에서 전체미사(Chapter Mass)
오전 10시	총회실(Chapter house)에서 전체 모임
	교회에서 장엄미사(High Mass)
정오 12시	중식
	그 후 낮잠(siesta)
오후 2시	교회에서 제9시 기도(약 반 시간, Nones)
	노동
오후 4시	교회에서 저녁 기도(Vespers, 약 반 시간)
	노동
오후 6시	석식
오후 7시	교회에서 끝기도(Compline, 약 반 시간)
	그 후 잠자리. 겨울보다 여름에는 늦게.

겨울에는 아침 기도(Matins)를 좀 늦게 드렸다.

그 밖의 것들은 그날 동안에 조정되었다.[2]

침 식사, 그리고 노동이나 독서, 9시 이후 몇 차례 미사와 집회가 수도원 예배당에서 행해졌다. 오후에는 노동과 기도를 교대로 하고, 오후 6시에 저녁을 먹고 그 후 기도를 하고, 그리고 일찍 잠자리에 들었다. 자정에 수도사들은 재차 기도하러 일어났다.[5] 그리고 기도와 노동(orare et laborare), 또 기도와 노동이 계절이 지나가고 해가 거듭되는 동안 계속되었다.

베네딕트계 수도원이 더함에 세워지기 훨씬 이전에 유럽 전역에서 여성들을 위한 수도원 시설은 흔히 볼 수 있었다. 일찍부터 처녀성(virginity)에 대한 찬양은 여성 수도원 제도의 성장에 중요한 역할을 했다. 3세기에 키프리안(Cyprian)은 처녀들을 교회의 꽃이라 지칭했다. 특히 4, 5세기 이후 동정녀 마리아가 교회의 전례와 신학에서 더욱 중요해짐에 따라 독신 여성을 위한 집단생활 또한 중요해졌다. 중세 내내 수도 생활에는 몇 안 되는 회합 장소가 제공되었는데, 거기에서 여성들은 기독교 신앙에 대해 자신들이 이해한 바를 공적으로 표현하는 것이 허용되었다(때로 권장되었다). 그래서 나인 강변 루페르츠베르크에 있는 베네딕트계 공동체의 설립자이며 첫 수녀원장인 빙겐의 힐데가드(Hildegard of Bingen, 1098~1179)는 신비로운 환상을 보는 것으로 유명한 인물이기도 했지만, 국왕들, 감독들, 다른 수도원 지도자들과 주고받은 영감 있는 서신 뿐 아니라 과학, 신학, 음악 분야에 관한 뛰어난 저작으로도 유명했다. 역사가 캐롤라인 워커 바이넘(Caroline Walker Bynum)은 어떤 극적인 이야기를 최근에 발표했는데, 그것은 13, 14세기의 특별한 신앙심 깊은 여인들이 그들의 저술과 대화와 기도를 위해 특이한 소리를 듣는 방식에 대한 이야기였다.[6] 그것은 금식에 있어서 엄격한 모습과 성찬식에서 그리스도의 신비로운 연합의 경험들이 널리 존중되었기에 가능했다. 플랑드르의 으뜸가는 위대한 시인으로, 1220년부터 1240년까지 저작활동을 한 하데비예치(Hadewijch) 및 교회와 교황의 개혁을 위해 활동한 시에나의 캐더린(Catherine of Siena, 약 1347~1380) 같은 여성들은 이러한 점들을 수단으로 삼아 당시에 커다란 영향을 끼쳤는데, 그 영향이란 이전에 기둥 위 고행자 시므온이 자기부정의 삶으로 성취하였던 것과 같은 종류의 것이었다.

베네딕트의 수도회칙에 의해 확립된 양식은 폭넓고 커다란 영향으로 적용되었다. 그것은 유럽 안팎의 모든 지역에서 수도원이 번창과 쇠퇴를 거듭하는 동안 남성들과 여성들을 영적 이상과도 같은 규율화된 안정성으로 돌아가게 하고 영원한 축복으로 나아가게 하는 일종의 횃불이 되었다.

중세 수도원의 중요한 발전에 대한 간단한 개관

중세 유럽 수도원 제도의 복잡한 역사를 간단하게 묘사하는 것은 아주 좋은 방법은 아니지만, 그 시기 교회를 유지하고 확장시킨 수도원 제도의 커다란 중요성을 보여주기에는 충분할 것이다.

첫 예로, 기독교의 선교 확장은 수도사들의 활동과 분리하여 생각할 수 없다. 인도 선교사로 활동했던 스테판 네일(Stephen Neill)이 전 세계 선교 사역을 설명한 훌륭한 개관을 보면, 중세 선교의 역사를 두 시기로 구분하였는데, 처음 500년 동안(500~1000)의 주요 사역은 야만인들을 기독교 세계로 끌어들인 것이었고, 다음 500년 동안(1000~1500)의 위대한 사역은 명목상의 유럽 그리스도인들을 진정한 신앙인으로 돌려놓은 것이었다.[7] 이들 두 시기의 거대한 활동에서 핵심적인 요소는 수도원 제도였다.

네일이 언급한 첫 시기에 여러 종류의 수도사들은 기독교의 복음을 옛 로마제국의 변경 마을을 넘어 북, 서, 동쪽으로 야만적인 유럽에 퍼뜨리는 개척적인 활동을 했다. 켈틱 선교사들도 개척자들이었는데, 5세기에 아일랜드에서 패트릭의 전도 활동이 선구적인 역할을 했다. 그 후 잉글랜드와 스코틀랜드에서 온 선교사들은 선교 활동을 정착시키는 방법으로 수도원을 활용하면서 켈트인들의 강인함과 베네딕트의 규율을 결합시켰다. 예를 들어 흔히 독일인의 사도라고 불리우는 보니파스(Boniface, 680~754)는 50세까지 잉글랜드에서 수도사로 살았으나, 그 후 선교 여행길을 개척하기 위해 현재의 프랑스, 독일, 그리고 미개한 지역으로 폭넓게 여행하였다. 그가 북유럽 기독교에 남긴 수많은 유산 중 가장 기억될 만한 것은 풀다(Fulda, 독일의 프랑크푸르트 북동쪽)에 베네딕트계 수도원을 창설한 일이었는데, 그 곳은 계

세 명의 여성 저자들

인자(the Son of Man)관, 빙겐의 힐데가드(Hildegard of Bingen)

[당신을 창조하신 이는] 당신을 극진히 사랑하십니다. 왜냐하면 당신은 그분의 피조물이기 때문입니다. 그리고 그분은 당신에게 최고의 보물인 선명한 지혜를 주셨습니다. 그분은 당신의 지혜를 사용하여 선을 행하는데 유익이 되고, 덕이 부요케 되도록 그의 규례로 당신에게 명하십니다. 이로 인해 선을 주신 그분이 분명히 알려지게 됩니다. 그러므로 당신은 공의로운 일을 행함으로 자신에게처럼 다른 사람들에게 유용한 은사를 크게 하는 법에 대하여 매시간 생각해야 합니다. 그렇게 되면 당신에게서 거룩한 광채가 비추어질 것이고 사람들은 하나님을 찬양하고 그를 영화롭게 하는 당신의 선한 모범에 감화받을 것입니다.[3]

하데비예치(Hadewijch)의 시 "마리아의 겸손을 배우기"

태초에 성부 하나님께서
사랑이신 그의 아들을 그의 품에 감추셨다가,
참으로 깊은 겸손을 가진 마리아에 이르러,
신비로운 방법으로 그 아들을 우리에게 보이셨다.
그 후 산이 깊은 계곡으로 빠져들고
골짜기는 궁전 높은 곳으로 솟아올랐다.
오랜 전쟁이 있은 후 성채는 정복되었다.[4]

시에나의 캐더린(Catherine of Siena). 아비뇽에서 로마로 교황직을 되돌릴 것을 교황 그레고리 11세에게 촉구하는 편지

하나님의 호출에 응하십시오! 그분은 영광스런 목자인 성 베드로의 대리자인 당신이 그 처소로 와서 머무르고 차지하라고 요청하고 계십니다. 거룩한 십자가의 깃발을 높이 드십시오. 오십시오. 그러면 당신은 선한 목자들과 함께 교회가 잃어버린 가장 영롱한 사랑의 빛깔을 다시 회복하는 교회 개혁을 할 수 있습니다. 왜냐하면 사악한 탐욕가들이 교회로부터 많은 피를 흘리게 함으로 교회가 창백해졌기 때문입니다. 그러나 용기를 내십시오. 그리고 오십시오. 교황이시여! 하나님의 종들을 기다리게 하지 마십시오. 이들은 기다림으로 고통받고 있습니다.[5]

속적인 선교 활동을 위한 중심지로 오랫동안 남게 되었다. 현대 역사가인 크리스토퍼 도슨(Christopher Dawson)은 수도사 보니파스에 대해, 그는 "이전에 살고 있었던 어떤 영국인들보다 유럽 역사에 깊은 영향을 끼쳤다"[8] 고 쓴 적이 있다.

이와 비슷한 예를 들면 9세기에 수도사 시릴(Cyril)과 메도디우스(Methodius)는 하나님께 대한 서원에 의해서뿐 아니라 피를 나눈 형제로, 동유럽에서 기독교의 선교 확장을 가져왔다. 그들이 자원하는 마음으로 성경과 전례물을 오늘날 체코공화국의 일부인 대 모라비아(Great Moravia)와 보헤미아 지역의 상용어인 슬라브어로 번역한 것은 획기적인 사건이었다. 그 일은 또한 동유럽과 오늘날까지 남아있는 정교회 사이에 결속을 확실하게 했다.

수도사들에 의해 발생한 선교적 효율성은 일반적으로 설교나 가르침이라는 좀더 가시적인 노력만큼이나 그들의 검소한 덕성에 달려 있었다. 이교 지역에 한 수도원이 세워진다는 것은, 그 지방 사람들로 하여금 기독교가 일상생활에 적용되는 것을 보게 하는 것이었다. 이 때 수도사들은 토지를 경작하고 방문객들을 맞이하며, 연구와 매일 기도하는 일(offices)을 수행하였다. 그래서 수도사들이 유럽을 십자가, 책, 쟁기로 문명화시켰다는 말이 나오게 되었다.

중세 후기에 이름뿐인 유럽의 그리스도인들이 확고한 기독교 신앙을 얻게 된 것은 수많은 순회 설교 덕분이었는데 이는 탁발 수도사(간단히 말해, 거리의 수도사)라는 새로운 교단에 의해 이루어졌다. 도미니쿠스단이 추구한 숙련된 설교와 프란시스 교단의 실천적인 경건은 커다란 영향을 끼쳤다. 탁발 수도사들은 인접 지역 사람들에게 전도했을 뿐만 아니라 유럽의 기독교 세계를 넘어 선교하려는 초기 수도원의 관심도 계속 지니고 있었다. 예를 들어 도미니쿠스단의 가장 위대한 신학자인 토마스 아퀴나스(Thomas Aquinas, 약 1225~1274)의 몇몇 저작들은 이슬람교에 대한 변증서로 사용하기 위해 계획되었다. 또한 프란시스 교단은 성 프란시스 때부터 타문화로의 복음 전파에 적극적으로 참여하였다. 프란시스 교단의 재속(在俗) 수도사인 레이몬드 룰(Raymond Lull)은 이슬람에서의 성숙한 선교 전략을 고안하고 수행한 첫 서구인이었다. 룰은 이슬람 지역에 복음을 전하기 위해서 유럽인들이 아랍어를 배워야 한다는 자신의 충고를 실천에 옮겼다. 그의 생명은 네 번째 이슬람 선교여행 중에 끝났는데, 이러한 죽음은 다시 한번 그의 행동과 말의 일치를 보여주는 것이었다. "선교사들은 설교뿐 아니라 눈물과 피를 흘리고, 넘치는 수고와 고통스런 죽음을 통하여 그 세계를 바꿀 것이다."[9)]

중세에 모든 타문화로의 복음 전파가 수도사들과 탁발 수도사들에 의해 실질적으로 행해졌다고 한다면, 학문 또한 실제로는 수도원이 독점하였다. 베네딕트의 시대에서도 수도원 지도자들은 기독교 역사의 중요한 문서를 보관하는 일이 중요하다는 것을 알고 있었다. 로마의 카시오도루스(Cassiodorus, 약 485~580)는 베네딕트계인 비바리움이라는 한 수도원을 창설하기 위해 540년에 공직에서 은퇴했는데, 그 곳에는 기독교 저작뿐 아니라 세속 작품까지 보관될 수 있었다. 비바리움 형태는 널리 모방되었다. 7세기에 동부 해안의 린디스파네(Lindisfarne)와 자로우(Jarrow) 등 잉글랜드에서의 베네딕트계 수도원의 부활은 영국 교회의 첫 역사를 기록한 성 베다 사제가 성경, 신학, 역사적 지식을 갖는 데 크게 기여하였다. 토마스 아퀴나스도 기억될 만한 인물인데, 그는 13세기에 매우 중요한 신학적 저서들을 저술했을 뿐 아니라, 아리스토텔레스를 유럽에 다시 소개하는 매우 중요한 활동을 했다. 아퀴나스가 그러한 과제를 실행에 옮겼던 방법(기독교적 실재를 보존하기 위하여 반박되거나 수정될 필요성이 있는 것에서부터 아리스토텔레스가 조명하는 기독교 사상의 모습을 조심스럽게 구별해내는 방법)은 오늘날까지 세속적인 지혜와 기독교의 상호작용을 안내하는 한 예로 남아있다. 그리스도의 이름으로 세상에 봉사하는 것은 선교나 학문 못지않게 수도원 생활을 특징짓는 것이었다. 나그네들에게 피신처를 제공하고 병자들을 돌보라는 베네딕트의 가르침은 보다 보편적인 도움을 주는 매우 다양한 형태로 발달했다. 많은 사례 중 하나로 1098년 몰렘의 로베르트(Robert of Molesme)가 정화된 베네딕트 수도회칙을 기초로 프랑스 동부 시토(Citeaux)에 한 수도원을 세운 일이 있었다. 시토에서 파송된 시토 수도사들(의복 때문에 백색 수도사라고도 불리움)은 그들의 엄격한 내부 규율로 유명하지만 황량하고 열악한 지역에서 새로운 수도원들을 세운 것으로도 이름이 나 있었다. 시토 수도사들은 그런 곳에서 생존하기 위해 노력한 결과 늪지 관개, 삼림 개간, 소와 양의 목축, 새로운 지역에 맞는 곡물 재배 등에 있어 상당한 기술을 습득하게 되었다. 한편으로 이러한 기술들은 주변 지역으로 확대되어 사람들에게 유익을 주었다. 시토 교단이 창설된 지 1세기가 채 안 되어 성 프란시스의 가난한 자, 병든 자, 힘없는 자를 향한 헌신은 프란시스 교단으로 하여금 인도적 봉사의 최일선에 서서 자기 자신조차 스스로 부양할 수 없는 유럽인들을 섬기게 했다.

끝으로, 수도원의 갱신, 쇠퇴, 재갱신의 주기에 맞춰 대체로 교회도 일반적인 부흥과 쇠퇴의 주기를 거쳤다. 그 중에서도 특히 9, 10세기에 현저한 타락의 시기를 맞이한 교회는 909년 프랑스 남부 클뤼니(Cluny)수도원 창설과 함께 일련의 행정적, 영적 개혁을 통해 도전을 받았고 곧이어 변화되었다. 그 후 이 수도원 갱신이 끼친 영향은 다음 150년 이상 심지어 바티칸의 고위직에게까지 전달되기 시작하면서, 다른 수도원들의 설립은 또 다른 갱신의 물결을 불러일으켰다. 11세기 말 몰렘의 로베르트가 시토에서 수도원을 세운 때와 같은 시기에 쾰른의 브루노(Bruno)는 동방 쪽으로 조금 떨어진 샤르트루즈(La Grande Chartreuse)에 수도원을 세웠다. 이 수도원은 후에 카르투지오(Carthusian) 교단이 되었다. 카르투지오 수도사들은 –독방에서– 은수사 생활과 –공동 식사를 하는– 집단생활을 결합하여 활기 있는 헌신, 명상, 금욕적 관습을 진작시켰다. 12세기에 클레르보의 베르나르(Bernard of Clairvaux, 영성의 추구자, 찬송저자, 정통 교리의 수호자, 교황의 조언자)의 특별히 중요한 사역은 시토와 샤르트루즈 수도원의 영성에서 나온 것이었다. 또한 13세기 도미니쿠스단과 프란시스단의 등장은 삶, 사상, 교회의 봉사에 있어 또 하나의 갱신 주기에 활력을 불어 넣었다.

이러한 중세 수도원 역사의 간단한 개괄은, 기독교가 단지 수도원 범주 내에서만 존재했다거나 수도원 생활이 항상 부패와 타락에서 벗어나 있었

이 소아시아(지금의 터키)의 양식화된 묘사에는 수도사들을 유명하게 만든 수많은 행적들이 모여 있다.

다는 의미로 받아들여져서는 안 된다. 사실 부유한 귀족들이 기부금을 내든, 가난한 집에서 자발적으로 자녀들을 수도원으로 보내든, 수도원 외부로부터의 도움은 수도원 제도의 역동성을 유지시키는데 있어 중요한 역할을 하였다. 그러나 모든 필요한 조건들이 갖추어졌을 때, 수도원 제도의 거대한 규모, 깊이, 그리고 영적 활기는 참으로 아주 오랫동안 기독교 신앙을 이끌어 가는 힘이었음이 확실하다. 이러한 의미에서, 수도원 역사에서 베네딕트의 중추적 역할을 볼 때, 그의 수도회칙의 보급은 기독교 역사에 있어 위대한 터닝 포인트 중 하나가 될 충분한 자격이 있다.

수도원 제도에 대한 평가

프로테스탄트들이 수도원 제도에 대해 평가한다면, 자연스럽게 보다 일반적인 프로테스탄트 원리를 보여줄 것이다. 그리하여 믿음에 의한 칭의를 핵심으로 하는 프로테스탄트들의 신념은 수도원 제도가 행위에 의한 구원 가능성과 관련하여 해로운 관념을 고무시키지 않았는지 의문을 제기한다. 분명 수도원 갱신의 시기에는 후기 프로테스탄트 역사의 몇몇 시점에서 볼 수 있는 것처럼 철저하게 하나님의 은혜에 의지하고, 하나님의 특별한 거룩함에 헌신하는 삶에 의해 고무되었다. 그러나 일상적인 수도원 시기에 있어 수도사들이 강조한 행위(do)에의 서원이 하나님 은혜의 근본적인 실재성을 가리지 않았을까 하는 질문은 어떤 그리스도인이라도 정당하게 제기할 수 있는 것이다. 물론 아주 청결한 양심을 갖고 있는 프로테스탄트라면 그러한 질문을 제기할 수 없다. 왜냐하면 프로테스탄티즘의 역사를 보면 율법주의에 기운 경향이 있기 때문이다. 율법주의 안에서 행해진 여러 일들을 프로테스탄트들이 행하거나 믿기로 가정되어 있는지, 그렇지 않은지 몰라도, 자신의 노선을 고수한 몇몇 수도원 제도만큼이나 은혜의 복음에 대한 대체물이 되어왔다. 그러나 은혜가 중심이 되고 있는지는 수도원 제도가 서구 그리스도인들 중에서, 특히 프로테스탄트 진영으로부터 항상 듣게 될 질문이다.

그러나 수도원 제도에 관한 가장 심각한 신학적 질문은 프로테스탄트의 기원에 국한되는 것은 아니다. 오히려 그 질문들은 모든 종파의 그리스도인들에게 근간이 되는 기본적인 실재와 관련되어 있다. 첫째, 육체의 금욕적 궁핍이 죄성을 그만큼 줄이는데 영향을 주는가? 모든 일들을 "적당하고 질서 있게"(고전 14:40) 행하라는 그리스도의 명령과 성육신에 의해 분명히 나타난 육신과 영혼 사이의 결속이라는 실재를 인정할 때, 단순히 육체를 무시하기보다는 마음이 어느 쪽으로 기우는지가 거룩함의 핵심이라고 제시하는 것이 타당한 듯하다.

두 번째 질문은, 칼케돈공의회에서 주장된 완전한 인성을 가진 그리스도의 성육신에 비추어 볼 때, 수도사들이 도피하는 방법으로 세상으로부터 피신하는 것은 정당한가? 이러한 주장은 예수의 제자들이 세례 요한의 제자들과 달리 먹고 마시는 것뿐 아니라 죄인들과 어울려 지냈다는 신약성경 기록으로부터 나온 것은 아니다. 복음서의 가장 분명한 구절 중 하나는 요한복음 2장 11절로, 예수는 갈릴리 가나에서 물을 포도주로 변하게 해서 결혼식을 계속하게 한 첫 기적을 통하여 '그의 영광'을 드러냈다. 만약 성자 하나님이 육체와 함께 즐거운 예식(물론 절제 범위 내에서), 더군다나 즐거운 결혼 예식(물론 예수가 결혼한 적이 있다고 기록되어 있지는 않다)을 고무시키는 그 같은 일을 행하였다면, 우리는 적어도 은둔적이고 금욕적인 생활이 본질적으로 결혼의 축복된 삶보다 더 거룩한 것은 아니라는 암시를 받게 된다.

그러나 평범한 세상에서의 삶과 결혼 생활을 매우 존귀한 하나님의 선물로 생각하는 개혁신앙의 프로테스탄트 역사가들조차도 수도원 제도의 신학적 정당성에 대해서는 다소 조심스럽게 문제를 제기할 것이다. 역사가들은 과거 거의 천 년 이상을 거의 수도사들에 의해 교회 내에서 가장 고귀하고 가장 그리스도 중심적인 것이 유지되었다는 점을 돌아보게 될 것이다. 또한 역사가들은 수도원 생활이 추구한 거룩함이(결코 완전하지 않았고, 항상 개혁의 필요성이 있었고, 때로 타락에 빠지기도 했지만) 안토니가 사막으로 들어간 지 1,700년 이상 지난 오늘날 기독교 교회의 대부분 종파에게 지침과 영감을 제공하고 있음을 인정해야 한다. 이러한 인식이 성육신의 의미와 기독교적 삶의 이상에 제기되는 신학적 문제를 완전히 해결해 주지는 못할지라도 완화시킬 것이다. 프로테스탄트들이 갖게 될 여전히 해결되지 않는 염려가 무엇이든지간에 이 같은 인식은 베네딕트 수도회칙으로 대표되는 수도원 제도의 등장을 기독교 역사에 있어 중요한 터닝 포인트로 보는 동시에, 하나님의 은혜에 의한 교회의 구원자로 입증하기에 충분하다.

베네딕트가 교회의 주요 영적 인물로 일찍이 인정되고 존경받았지만, 중요한 것은 그의 수도회칙이지 개인적인 삶은 아니었다. 그레고리 대교황은 베네딕트에 대해 "만약 누군가가 이 하나님의 사람을 진정으로 묘사하려거든 베네딕트가 쓴 수도회칙을 보라. 왜냐하면 그 거룩한 사람은 자신이 먼저 살아보았던 것 외에는 가르칠 수 없었기 때문이다"[10]라고 기록했다. 아래의 20세기 모음집(짧고 간결한 기도집)은 세속인이든 수도사든, '수도회칙'을 훈련된 그리스도인의 삶의 지침으로 여긴 많은 이들에게 끼친 베네딕트의 지속적인 영향을 보여준다.

전능하신 하나님,

당신의 은혜로 성 베네딕트는

당신의 사랑의 불에 감동되어서

교회에서 타오르는 빛나는 빛이 되었나이다.

우리도 동일한 고행과 사랑의 영으로

타오르게 하소서

당신 앞에서

빛의 자녀들처럼 걸을 수 있게 하소서.

우리 주 예수 그리스도의 이름으로![11]

한 잔의 차를 나누며

1. 수도원 제도의 관점에서 볼 때, 4세기 교회의 정치적 성공이 어떻게 교회의 가장 위약함을 말해 주는지를 논하라.

2. 수도사들과 다른 그리스도인들이 분리되는 데서 나타날 수 있는 위험성은 무엇인가?

3. 수도원 생활로 들어간 베네딕트의 동기가 무엇인지 아는 범위에서 말해보라. 그가 수도회칙을 쓴 이유는 무엇인가?

4. 다른 곳에서 결핍된 것을 수도원 생활이 제공했던 것은 무엇인가?

5. 어떻게 베네딕트는 수도원 제도가 가질 수 있는 폐해를 통제하였는가?

6. 수도원 제도의 '내적 동인'이 일반 교회에 미친 영향을 논하라.

7. 수도원 제도의 발달에 끼친 철학적 영향력은 무엇이었는가?

8. 수도원 생활이 일반적으로 다른 곳에서 여성들에게 줄 수 없었던 유익을 제공할 수 있었던 것은 무엇이었는가?

오늘날 교회에 적용할 점

1. 수도원 제도가 오늘날 교회에 남긴 유산은 무엇인가? 오늘날까지 수 세기 동안 교회에 유익을 끼쳐왔던 수도원 제도의 열매들을 생각해 보라.

2. 이 장을 읽은 후, 수도원 제도의 유산에 의해 가장 감명깊게 받은 은혜를 나누어 보라.

3. 부패에서 갱신으로 진행되는 수도원 갱신의 주기를 논하라. 이들 전환 국면을 야기한 것은 무엇이었는가? 전체적으로 볼 때 일반 교회나 그리스도인들의 삶 등에서 동일한 주기가 나타나는가?

4. 수도원 운동은 "세상 안에 있으나 세상에 속하지 말라" 고 말한 그리스도의 명령이 표현된 것이었다. 기독교 역사를 통해 볼 때, 이러한 도전에 달리 접근했던 운동들에 대해 논하라.

5. 저자는 예수 그리스도께서 제자들에게 위임 명령을 한 이래 교회가 세운 가장 중요한 기구 중 하나로 수도원 제도를 말한다. 당신은 이 말에 대해 어떻게 생각하는가?

Turning Point 05

주후800년 | **샤를마뉴의 대관식**

기독교 제국,
막강한 권력을 행사하다

기독교 제국, 막강한 권력을 행사하다

오를레앙의 데오둘프(Theodulf of Orleans)는 제왕들에게 부여되는 화려함과 명예에 대해 알고 있었다. 그는 이슬람 무어인들의 침략으로 고향 스페인에서 추방된 후, 샤를마뉴 궁전의 총애받는 신하가 되었고, 800년에는 미래의 신성로마황제에 의해 오를레앙 대주교로 임명되었다. 그러나 또한 데오둘프는 어떻게 행운과 은혜가 갑작스레 반전될 수 있는지, 어떻게 공공연히 찬사를 받다가, 거부되고 비난받아 갑작스레 몰락을 겪을 수 있는지를 알고 있었다. 그는 817년에 경건왕 루이스(Louis the Pious, 샤를마뉴의 아들이며 왕위 계승자)에 대한 반역 음모로 고발되어 직책이 박탈되었고 감옥에 갇혔는데, 거기에서 다음 찬송을 지었다. 친숙한 종려주일 행진 찬송은 찬양과 비방을 번갈아 받았던 분, 부활과 승천으로 결국에는 참되신 왕이심이 입증된 분에 대한 경의를 표하고 있다.

모든 영광, 찬미, 존경이
구원자이시며 왕이신 당신께,
아이들의 입술이 즐거운 호산나를 부르게 하신 이에게 있을지어다.
당신은 이스라엘의 왕이시며
다윗의 고귀한 자손이시니이다.
주의 이름으로 오시는
왕이시며 복되신 분이시니이다.

히브리 사람들은
당신 앞에 종려나무를 들고 갔나이다.
우리의 찬양과 기도와 거룩한 노래를

당신께 바치나이다.

고난 앞에 선 당신께

그들은 찬양의 노래를 불렀나이다.

이제 높이 올려진 당신께

우리의 노래를 올려 드리나이다.

당신은 그들의 찬양을 받으셨으며,

우리가 드리는 기도를 받으셨나이다.

가장 좋은 즐거움에 거하시는 자,

당신은 선하고 은혜로우신 왕이시니이다!

모든 영광, 찬미, 존경이

구원자이시며 왕이신 당신께,

아이들의 입술이 즐거운 호산나를 부르게 하신 이에게 있을지어다![1)]

800년 무렵에는 12월 25일을 그리스도의 탄생일로 기념하는 것은 정착된 관습이 되었다. 또한 적어도 5세기에서 현재에 이르기까지 이어지는 크리스마스날을 특징지었던 기독교적 내용과 이교적인 축제의 혼합이 그 무렵에 이르러서는 확립되었다. 교회의 3대 예배에서 볼 수 있는 기독교 의식이나 즐거운 축제 같은 이교적 관습이 800년 경 크리스마스에는 새로울 것이 없었지만, 기독교 역사에 영원한 흔적을 남긴, 보다 역사적 중요성을 가진 어떤 일이 그날 일어났다.

로마의 성 베드로에게 봉헌된 교회에서 기독교 역사의 터닝 포인트가 될 만한 획기적인 사건이 발생한 것이다. 그날의 주요한 미사가 끝나갈 무렵, 프랑크(현재 프랑스 및 독일의 대부분을 차지하는 지역)의 왕인 찰스는 사도의 묘 앞에서 기도하고 일어서는 중이었다. 그가 일어서고 있을 때 교황 레오 3세가 앞으로 나갔고 한 목격자의 말에 따르면, "교황 성하께서 친히 가장 귀한 왕관을 찰스에게 씌웠다."[2] 그 후 사람들이(프랑크 왕국의 연대기에 따르면 '모든 로마인들이') 동시에 일어섰다. 그들은 무엇을 말할지를 이미 전달받은 듯, 큰 소리로 세 번 외쳤다. "하나님께 대관을 받은 찰스 아우구스투스, 위대하고 평화를 주는 로마인의 황제에게 생명과 승리를!"

기독교 역사에서 샤를마뉴의 대관식이 선사하는 터닝 포인트는 니케아공의회나 수도원 창설 등과 동일한 수준의 일은 아니다. 만약 그 사건이 800년 크리스마스 날에 일어나지 않았다 해도, 아마 동일한 많은 사건들이 중세 기독교 발달 과정에서 나타났을 것이다. 그러나 동시에 그 사건은 계속적인 변화를 겪고 있었던 권력 관계들을 보여주는 극적인 상징이었다. 이는 새로운 형태의 기독교를 나타내는 것으로, 콘스탄틴 시대 또는 심지어 베네딕트 시대부터 진행되어온 기독교를 대체하는 것이었다. 이 사건은 앞으로 벌어질 일들을 예견하는 것이기도 했다. 왜냐하면 위대한 왕 찰스와 서구 교회의 수장인 교황이 운명적인 크리스마스 날에 각자의 일을 수행하였던 방식은 적어도 그 이후 7~8세기 동안 서구의 기독교적인 삶의 모습을 개략적으로 보여주었기 때문이다.

샤를마뉴는 800년 여름, 프랑크 통치자들과 로마의 감독들이 서로 협력하면서 지냈던 50년 중 최고점에 도달하였던 시기에 로마를 방문했다. 샤를마뉴의 일차적인 목적은 로마 귀족에 의해 제기된 부패 혐의로부터 교황 레오 3세를 옹호하는 것이었다. 이 일은 크리스마스 이전에 잘 해결되었다. 샤를마뉴가 로마에서 지체하고 있었던 것은, 알프스를 넘어 아헨(Aachen, 엑스라샤펠 Aix-la-Chapelle) 궁정으로 돌아가기에 더 좋은 날씨와 전반적으로 보다 나은 상황을 기다렸기 때문이었다. 아마 그의 마음은 다음 해 여름에 있게 될 색슨족과의 전투 준비에 쏠려 있었을 것이다. 이 전쟁은 그의 재위 21년째(혹은 22년째) 연례적으로 벌어지고 있었다. 그의 가장 충실한 대외 업무 담당자들 중 한 사람인 아인하르트(Einhard)에 의해 쓰여진 샤를마뉴의 전기에 따르면, 샤를마뉴는 '황제'나 '아우구스투스'의 칭호를 결코 원치 않았다고 한다. 아인하르트가 표현한 것처럼 "그날은 최고의 축제일이었지만, 그가 교황의 계획을 미리 알 수 있었다면 제관이 씌워진 그날 교회에 발을 들여놓지 않았을 것이다."

그러나 샤를마뉴가 미사에 참여했을 때 교황은 그에게 황제의 관을 씌워주었고, 샤를마뉴는 교황 레오 3세가 그 제관을 자신의 이마에 씌워주며 불렀던 칭호를 계속 사용했다. 그 칭호는 율리우스 케사르부터, 비잔틴의 여제로서 당시 콘스탄티노플을 통치하였던 이레느(Irene)에 이르기까지 역대 로마 황제들을 위해 마련된 것이었다. 교회사에서 이 사건이 상징하는 터닝 포인트는 다음 세 가지 질문에 답할 때 분명해질 것이다.

첫째, 어떻게 교황이 로마 황제에게 제관을 씌울 정도로 막강한 권력을 갖게 되었는가?

둘째, 어떻게 프랑크 왕이 그러한 제관을 받을 수 있는 지위에 오르게 되었는가?

셋째, 어떻게 교황과 북유럽의 가장 위대한 통치자 사이에 맺어진 이 새로운 관계가 통상적으로 기독교제국(Christendom)으로 일컬어지는 수백 년 동안의 서유럽 역사를 형성하였는가?

교황의 지위가 확장되다

교황직의 등장 같은 주제는 완전한 객관성을 갖고 다뤄질 수는 없다. 로마의 감독을 유일한 사도적 책무를 지닌 그리스도의 대리자로 보는 로마 가톨릭에서는, 교황을 단지 여러 주요 원로 중 하나로 여기는 정교회와는 분명히 다른 시각에서 그 역사를 볼 것이다. 이러한 시각차는 프로테스탄트에게는 더욱 큰데, 그들 가운데서도 많은 견해차가 있지만, 교황이 신에 의해 지명된 사도의 계승자가 아니라는 점에서는 일치한다. 그러나 사도적 권위를 가진 자로서의 교황의 개념이 등장하는 일련의 발달 과정을 계보화하는 것은 가능하다. 이 개념의 등장이 성령의 역사이든 인간의 묵인 하에 이루어졌든, 혹은 하나님과 인간의 행위가 난해하게 결합되었든지 간에 이

취리히에 있는 샤를마뉴의 조각상은 교회의 강력한 지지자가 된 황제의 자신감을 보여준다. 반면 적에게는 공포의 대상이었다.

는 역사적인 연구보다는 신학적 신념에 의해 더 잘 대답될 문제이다.[3)]

'교황'(pope)이라는 용어 자체는 긴 역사를 가진다. 그리스 단어 papas는 원래 모든 종류의 교회 고위 관리를 뜻하는 것이었다. 예를 들어 알렉산드리아의 감독은 3세기 중반 경에 papas라 불렸다. 마찬가지로 서방에서 라틴어 papa는 다양한 교회 권위자들에 대한 존경의 용어였다. 옥스포드 영어 사전은 640년이 되서야 그 용어가 까올(Cahors, 프랑스 남부)의 감독인 데시데리우스(Desiderius)에게 적용되었다고 기록한다. 그러나 그보다 수세기 앞서 papa라는 용어의 사용이 로마의 감독을 위해 마련되기 시작했다. 엄격하게 관례적으로 보편화된 것은 적어도 대교황 레오(Leo the Great, 440~461) 때부터였다. 11세기 이후에는 papa라는 칭호가 로마의 감독에게만 사용되었다.

교황 제도의 역사는 교황을 중시하는 가톨릭의 해석을 반대하는 사람들을 포함한 모든 그리스도인들의 관심사임에 틀림없다. 기독교 역사에서 대부분의 주요 교리와 제도상의 발달은 어떤 식으로든 로마의 감독과 밀접하게 연관되어 있다. 교황의 역할에 대한 논의는 그 자체가 늘 신학, 교회의 질서, 세상에서의 교회의 자리매김에 대한 일차적 토론거리였기 때문에, 그 주제를 연구하면 필연적으로 다른 것들도 연구하게 된다. 교황 제도에 대해 역사적으로 조망하면서 얻게 되는 부수적인 이익은, 결과적으로 교회에 커다란 영향을 끼친 사건들이 얼마나 점진적으로 서서히, 그리고 점증적으로 전개될 수 있는지를 다시 한번 알게 되는 것이다. 교황 제도는 시련을 겪으면서 부각되었다. 교황 제도 자체에 대해 어떤 생각을 하든 간에 그러한 시련의 경험들에 주목하게 되면, 역사의 이해가 더 분명해진다.

로마 교회가 커다란 영향력을 행사한 것은 교회사 초기에 나타난다. 교황에 대한 가톨릭 교회의 공식적인 명부에 따르면 리누스(디모데후서 4장 21절에 나오는 인물로 추측됨)는 베드로를 계승했고, 그 후 아나크레투스(또는 크레투스), 그 다음 클레멘트로 이어졌다. 귀족 가문으로 추측되는 이 클레멘트(아마 빌립보서 4:3의 클레멘트는 아닌 듯하다)가 작성한 서신 하나가 남아 있는데, 그 서신은 고린도의 그리스도인들을 훈계하고 격려하는 내용이었다. 약 주후 96년에 쓰인 이 서신은 고린도 교회 내 여러 장로들의 면직과 관련된 문제를 다루려 했다. 후에 클레멘트의 서신은 그것이 기대했던 대로 중심지 로마로부터 변방 교회들에 이르기까지 권위적인 충고를 하는 영향력의 모형으로 중요하게 사용되었다.

이후 수세기 동안 수많은 사건들, 인물들, 상황들이 로마 감독의 권위를 높이는데 기여하였다. 2세기에 로마의 여러 감독들은 다양한 이단에 대한 반박을 조정해 달라는 요청을 받아 일반적으로 그 임무를 능력 있게 수행했다. 2세기 말에 이르러 교황 빅토르(교황 재위 189~198)는 부활절을 공동 축일로 확정시키는 데 상당한 영향력을 행사하였다. 교회 생활에서는 전례가 중심이 되었기 때문에 부활절 같은 중요 절기의 행사를 조정할 수 있는 사람은 존경을 받게 되었다. 또한 로마와 주변 감독간의 협의는 이른 시기부터 시작되었으나, 첫 번째 공식적인 교황 교서(또는 권위적인 서신)는 385년 교황 시리키우스(Siricius) 때에야 다른 감독의 질문에 대한 공식적인 답변으로 주어졌다.

그러나 그러한 행동이 있기 훨씬 전에 다른 교황들은 교황 직책의 본질에 대해 본격적으로 생각하기 시작하였다. 255년경 감독 스테판은 카르타고의 키프리안과의 논쟁에서 "내가 네게 이르노니 너는 베드로라 내가 이

반석 위에 내 교회를 세우리니"(마 16:18)라는 말씀을 사용하여 자신의 견해를 변호하였다. 콘스탄틴 대제의 교회 공인 후 사르디카(Sardica)에서 있었던 한 종교회의(343)에서는 지방 종교회의에서의 결정 사항이 로마 감독에게 상소되어질 수 있다고 공식적으로 규정하였다. 그리고 366년에서 384년까지 교황직을 차지하였던 다마수스 1세(Damasus I)는 로마 감독이 여타의 모든 감독에 비해 우월하다는 것을 공식적으로 규정하려 했다. 또한 그가 자신의 서기인 제롬(Jerome)에게 라틴어로 성경을 번역하도록 위임한 것은 엄청난 결과를 야기한다. 그 결과로 나온 불가타(Vulgate) 성경은 중세 라틴 시대의 성경이 되었으며, 오늘날까지 가톨릭 교회의 핵심적인 번역 성경으로 알려져 있다.

이미 4세기 무렵, 로마 감독은 전체 교회의 중심으로서, 로마가 정치적 중심지라는 것과 많은 관련이 있었다. 로마는 콘스탄틴 황제가 제국의 수도를 동방의 콘스탄티노플로 옮긴 후에도 제국의 제1의 도시이며 상징적으로, 실제적으로 매우 중요한 곳으로서 당연히 경제적 활동과 정치적 권력뿐 아니라 교회적으로도 영향력을 행사하였다. 콘스탄틴 대제가 동방으로 수도를 옮긴 이후 제국의 통치자들이 도시 로마의 명성을 유지하는데 계속적으로 실패했기 때문에 로마 감독들의 세력이 확대되었는데, 감독들은 제국이 실패했던 곳에서 성과를 올렸다.

교회의 내적인 성장도 로마의 중요성을 분명히 보여준다. 신약성경의 대부분은 로마에 실질적인 기독교 공동체가 있기 이전에 쓰였지만, 교회사에서 로마가 처음부터 중요했음을 보여준다. 사도행전은 로마에 도착한 사도 바울의 이야기와 함께 끝을 맺는다. 로마서는 바울의 원숙한 신학을 가장 잘 표현한다. 또한 여러 목회서신들은 로마에서 발전한 후반기 기독교 모습을 어느 정도 반영하는 듯하다. 신약성경을 마무리하는 요한계시록은 로마를 언급하는 감추어진 수많은 사항들(아마 요한계시록 13장 1절의 바다에서 나온 뿔이 열이요 머리가 일곱인 짐승 같은 것)을 담고 있다. 초대 교회가 순교자들이 순교한 장소에 대해 특별한 관심을 보인 것은, 베드로와 바울이 네로 황제 치하(주후

64~67)의 로마에서 순교했다는 기정사실을 더욱 의미있게 만들었다. 로마 교회는 한편으로 이들 특별한 기독교적 이유들로 인해, 다른 한편으로는 제국의 중심지로서 갖는 전략적인 위치로 인해 얼마 안 되어 존경받고 부유해졌으며 영향력을 갖게 되었다.

로마 교회의 우월한 지위를 낳은 이러한 뿌리들은 많은 교황들의 유능한 활동에 의해 자라갔다. 확실히 몇몇 로마 감독들은 실추된 지위를 결코 끌어올리지 못할 정도로 변변치 않거나 정치적으로 선택된 인물이었다. 극소수 로마 감독은 치명적이지는 않았지만, 교리적인 면에서 위험스러울 정도로 탈선하였다. 그러나 대부분은 유능한 편이었고, 그 중 몇몇은 위대한 인물이었다.

교황 레오 1세는 우리가 이미 언급한 칼케돈공의회에 결정적인 기여를 한 인물로, 자신의 행동과 이 문제에 대한 특별한 관심으로 교황의 권위가 상당히 확장되었음을 보여주었다. 레오 1세는 야만인들의 침략에 맞서 로마를 전략적으로 방어하고, 그리스도의 위격에 대한 그의 책 「톰」이 교리적인 무게를 가지게 하였으며, 콘스탄티노플 총대주교와의 대화에서 교황의 우위를 항구적으로 주장하는 등 교황의 권위의 성격을 명확히 하는 여러 조치를 취하였다. 레오 1세는 교황 스테판의 앞선 노력을 확장하여, 성 베드로의 후계자로 로마 교황의 권위를 뒷받침하는 근거로서 마태복음 16장 18절을 거론하였다. 또한 일찍이 레오 1세는 자신의 교황직에 대해 황제인 발렌티니안 3세(Valentinian III)로부터 칙령을 얻었는데, 거기에는 시민법과 관련된 사안에서 다른 모든 서방 감독들에 대해 교황이 우위를 갖는다고 규정되어 있었다. 다시 말해 레오는 유능하게 행동했고, 교황의 권위를 분명히 옹호하여 교황직의 힘을 강화했다.

레오 1세의 행위는 후계자들의 계속적인 교황 권위 확장에 발판이 되었다. 492년에서 496년까지 교황으로 있었던 갈레시우스 1세(Galasius I)는 레오의 뒤를 이어 동방 교회에서 분쟁이 계속되었던 그리스도의 위격에 관한 논쟁에 참여했다. 갈레시우스는 레오 1세처럼 단성론자(Monophysite)의 다양

로마 라테란 성당에 있는 이 모자이크는 성 베드로가 레오3세와 샤를마뉴 황제에게 그 직책의 상징물을 주는 그림이다. 두 인물은 서로 동격으로 그려져 있는데, 자신의 직책을 교황보다는 베드로에게 직접 받고 있는 상징은 아마도 샤를마뉴를 기쁘게 했을 것이다.

한 변형론에 맞서 그리스도의 한 위격 안에 두 본성이 결합되어 있음을 확고하게 주장하였다. 그 역시 레오 1세처럼 교회적 권위의 본질을 규정하려 애썼다. 그는 널리 인용된 한 서신에서, 하나님이 세상에서 통치하기 위해 만들었던 두 개의 적법한 권력 중에서 이 두 권력이 충돌할 때마다 교황이 대표하는 영적 권력이 세속 권력의 우위에 있다는 이론을 설명하였다. 그러한 이론들은 항상 공포하기보다는 제정하기가 더 힘든 것이었다. 그러나 갈레시우스의 말들은 훗날 유럽 사회의 성격을 형성하게 될 교회-국가 관계에 관한 이론들에 중요한 기여를 했다.

그러나 초기 교황직의 전성기는 교황 그레고리 1세(590~604)가 재임했던 때였다. 그는 레오와 더불어 자주 '대교황'이라 불렸다. 그레고리 1세는 로마의 귀족 출신이었으나 여러 수도원을 세운 후 마지막에는 그 자신도 한 수도원에 들어갔다. 거기서 그는 거룩하고 지혜로운 자로 명성이 높았다. 이 평판으로 교황은 그레고리에게 교회를 대리하는 대외 업무를 맡겼는데, 종국에는 그레고리가 교황 자리에 오르게 되었다. 그레고리 1세가 교황으로 있으면서 정열적으로 수행한 일들은 숨가쁘게 진행되었다. 그는 롬바르드족의 공격에 맞서 로마 방어를 주관했을 뿐 아니라 콘스탄티노플에 있는 로마 황제와의 어려운 협상을 타결시켰고, 교회 재정을 개혁했으며, 서방 교구의 범위와 책무를 재정비했다. 또한 그는 성경을 열심히 연구하였고, 예배를 크게 개혁하였다. 그레고리 자신의 성경 주해 중, 특히 욥기에 대한 주석은 중세 전 시기에 걸쳐서 뿐 아니라 그 이후에도 중요한 연구서가 되었다. 또한 성경 주해의 세 가지(문자적, 신비적, 도덕적) 방법은 이후 지속적인 표준으로 확립되었다. 그의 저서 「베네딕트의 생애」는 서구의 수도원적 이상에 큰 활기를 불어넣었다. 감독의 의무에 대한 그의 저서들은 영혼을 돌보는 일을 모든 목회자의 핵심 활동으로 부각시켰다. 그는 전례 의식을 개혁하였고 기독교의 연례 행사들을 규정했다. 또한 교회에서 음악을 장려했는데, 그러한 노력으로 지금도 종교음악에 영향을 끼치는 단선율 성가(plain song)인 '그레고리 성가'(Gregorian chants)에 그의 이름이 부여되었다. 그리고 특히 많은 소요와 재앙이 있었던 그 시대에 복음의 향기를 드러내는 설교자로 커다란 존경을 받았다.

그레고리 1세의 업적은 이것으로 충분하지 않다. 그는 교회의 선교 전략을 세우는 일을 탁월하게 수행했는데, 교회 대외 담당관리로서의 경험을 통해 동로마와의 관계 개선에 대한 전망을 보며 환멸을 느낀 적도 있었지만, 동시에 다른 기회를 이용해 북부와 서부의 몇몇 전략적인 유럽의 거점으로 선교사를 보냈다. 이러한 선교적 노력으로, 예를 들면 스페인 내 아리우스 계통의 서고트족(Visigoths)이 정통신앙으로 개종하였다. 가장 유명한 일은 어거스틴(북아프리카의 위대한 신학자 어거스틴이 아님)을 잉글랜드에 선교사로 보낸 것인데, 그 결과 앵글족과 색슨족이 개종하였고, 그로 인해 로마가 켈트파 기독교 신앙을 흡수하도록 촉진시켰다(8세기 후에 교황이 되는 성 베다 사제가 언급한 이야기, 즉 로마에 있는 금발의 노예를 보고 그들이 앵글족인 것을 알았을 때, '앵글족 Angles이 아니라 천사들 angel'이라 선언하였고, 그래서 잉글랜드로 선교사들을 파견하기로 결정했다는 이야기는 믿을 만하다).

그레고리 1세 교황의 가장 위대한 점은, 모든 부분에서 자신에게 쏟아졌던 막대한 권한에도 불구하고 겸손하고 경건한 그리스도인으로 남아 있었다는 점이다. 어떤 논의 중에 콘스탄티노플의 요한 총대주교가 그레고리에게 '전체 총대주교'(universal patriarch)라는 호칭을 주고자 했을 때, 그레고리는 효과적인 외교상의 응답을 했을 뿐 아니라, 아주 분명하게 자신의 영적인 관심사를 표현하였다. 그레고리는 자신이 다만 '하나님의 종 중의 종'으로 알려지기를 원한다고 대답했는데, 이는 로마의 교황들이 오늘날까지도 계속 사용하는 칭호이다.

교황으로서 그레고리 1세는 중세의 규범을 확립했지만, 그 계승자들이 그레고리의 높은 수준에 도달하지 못한 것은 전혀 이상한 일이 아니다. 그레고리를 계승한 교황들은 교회의 외교 업무에 대한 그레고리의 관심을 공유하거나, 유럽으로 교회의 확장을 촉진시키거나, 때로 그레고리의 민감한 영적 관심사를 추종하려 했을 것이다. 그러나 그레고리 이후 거의 2~3세기 동안 교황직에 오른 사람들은 서로마 제국의 최종적인 붕괴와 계속적으로 쇠약해지는 경제, 정치, 사회적 후진성을 극복하기 위해 진력하였다.

중요한 교회 내 사건들도 교황직 발달에 중요한 역할을 했다. 잉글랜드 휘트비의 종교 회의(the Synod of Whitby, 664)에서 켈트계 그리스도인들이 로마의 전례일을 따르는 데 동의했는데, 이는 로마 지배권의 확장을 의미하였고, 역동적인 켈트파가 로마의 선교적 노력에 기여하게 되었다. 또한 8세기 전반기에 보니파스(Boniface)의 선교여행에 대한 교황의 후원 또한 교황으로 하여금 점점 더 북유럽 지역에 관심을 기울이게 하였다.

800년에 교황의 샤를마뉴 대관식을 야기했던 사건들은 교황이 영감 있는 정신적 지도자라기보다는 치밀한 외교 수완가라는 것을 특징적으로 보여준다. 751년 교황 자카리아스(Zacharias)는 쇠약한 메로빙거 왕조를 대신해서 프랑크 왕으로 단신왕 피핀(Pepin the Short)의 선출을 승인했으며, 3년 후 교황 스테판 2세는 개인적으로 피핀에게 왕관을 씌웠는데, 그러한 일이 행해진 것은 처음이었다. 피핀은 이에 대한 답례로 콘스탄티노플에 묶여 있는 마지막 연결고리로부터 로마를 끌어냈다. 그 직후인 756년에 피핀은 교황에게 특별한 '기부'를 했다. 피핀은 롬바르드족에게서 빼앗은 이탈리아 영토의 관할권을 교황에게 주었고, 또한 피핀의 후계자들에게 교황직을 보호하도록 위임했다. 이렇듯 800년 크리스마스날 피핀 2세의 아들인 샤를마뉴가 교황으로부터 대관을 받은 것은 그 분명한 전례가 있었다.

목양에 대해서, 그레고리 대교황

교황 그레고리 1세는 재위 첫 해인 590년에 「목양서」(*A Book of Pastoral Care*)를 썼다. 이 책은 거의 천 년 동안 목회상담에 관한 서구 교회의 기본적인 지침서였다. 샤를마뉴의 자문을 맡았던 알퀸(Alcuin)은 796년 요크 대주교에게 이 책을 추천하였다.

"당신이 어디로 가든지 성 그레고리의 목양서를 동반자로 삼으십시오. 읽고 또 읽으십시오. 그러면 그 안에서 당신 자신과 당신의 사역이 무엇인지 알 수 있을 것이고, 어떻게 살고 가르쳐야 하는지 그 방법을 바로 당신 눈앞에서 얻게 될 것입니다."[1]

「목양서」에서 '통치자'는 영적 권위가 있는 자, 즉 영혼을 돌보는 일에 책임이 있는 감독과 사제라고 언급한다.

> 윤리적으로 우리는 만약 어떤 사람이 다른 사람과 관계 없이 살아간다면 규율이나 동정심이 매우 결핍된다고 말한다. 그러나 지도자는 하나님의 백성들과의 관계에 있어 충분한 이해심을 가진 사랑과 애정 깊은 엄격한 규율로 활기를 주어야 한다. 이는 반쯤 죽게 되었지만 사마리아인의 도움으로 주막에 옮겨지고, 포도주와 기름이 상처에 발려, 포도주로 상처가 씻겼으며, 기름으로 상처가 가라앉게 된 사람과 관련하여 진리이신 분이 가르치신 것이다. 상처가 치료되는 것을 살피는 자가 포도주가 상처에 스며들게 하고 기름으로 약한 부분을 가라앉히는 것은, 포도주를 사용하여 괴로움을 씻어내고 기름을 사용하여 치유의 속도를 빠르게 하기 위함이다. 달리 말하면, 친절함은 엄격함과 함께 사용되어야 한다. 이는 하나님의 백성들을 너무 거칠게 다루어 분노케 하거나, 지나친 부드러움으로 무기력하지 않게 하기 위함이다.
>
> 성 바울이 말한 것처럼, 이는 십계명의 돌판과 지팡이와 만나가 들어있는 법궤에 의해 상징된다. 선한 지도자의 가슴에 거룩한 성경 지식이 있다면, 제어하는 막대기와 만나의 달콤함이 함께 하는 것이다. 그런 까닭에 다윗은 "당신의 지팡이와 막대기가 나를 안위하시나이다"라고 말한 것이다. 여기서의 지팡이는 매가 되고, 막대기는 도움이 된다. 지팡이의 징계가 필요한 것이라면, 막대기의 안위는 격려를 주는 것이다.
>
> 그러므로 무기력하지 않은 사랑과 성내지 않는 활력, 너무 과도하거나 무절제하지 않은 열심과 용서하는 자비가 있으나 정도를 넘지 않는 것이 적절하다. 따라서 지도자는 정의와 관용을 통치 안에서 잘 조화시킴으로, 두려움을 야기할 때조차도 그 백성의 마음을 헤아리며, 그 헤아림으로 그에 대한 경외심을 갖도록 해야 한다.[2]

신약 시대부터 샤를마뉴 시대까지 교황직의 기원을 추적하는 것은 어려운 문제이다. 교황직은 한 가지 행위나 단일한 이유로 형성된 것이 아니다. 그러나 800년에 이르러 여러 요소들이 정교하게 혼합되어, 로마 감독이 서방에서 교회의 주요 인물로, 또한 동방에 대해 서방 기독교를 개인적으로 대표하는 자로 여겨진 것은 분명하다. 확실히 샤를마뉴 시대까지 교황에 의해 행사된 권위는 이후 수백 년간 지속될 권위에는 미치지 못했다. 이노센트 3세(Innocent III, 1198~1216)의 재위 때 교황의 권위가 절정에 달하게 되는데, 그 이전에 일련의 중요한 사건들이 일어났다. 9세기 중반 교황 니콜라스 1세(Nicolas I)는 동방에 대항해서뿐 아니라 샤를마뉴를 이은 세속 통치자들에 맞서서 교황의 권위를 행사했으며, 교황 레오 9세(Leo IX)는 909년 클뤼니 수도원의 창설에 의해 촉진된 교회 개혁에 힘입어 마침내 '동서 교회의 대분열'(the Great Schism, 1054)을 통해 동방에 대한 서방의 우위를 주장했다. 또한 교황 그레고리 7세는 치열한 의지 경쟁(contest of wills, 1077)을 통해 독일 황제 하인리히 4세의 참회를 얻어냈으며, 교황 우르반 2세는 첫 십자군 운동(1095)을 선언하였다.

그레고리 7세의 의지 경쟁_ 카놋사의 굴욕이라 불리는 사건으로, 교황 그레고리 7세가 종교와 정치를 분리시키려는 하인리히 4세를 파면시켰고, 황제의 자리를 위해 하인리히 4세가 추운 겨울 3일 동안 눈 맞으며 용서를 빌었던 사건이다. –편집자주

800년에 있었던 교황의 대관은 교황권의 절정을 나타낼 만큼 중요한 것은 아니었다. 오히려 그 일은 점진적으로 영향력이 커지는 교황직과, 역시 교황처럼 영향력이 확장되고 있었던 정치권력 사이의 전략적 제휴(strategic alliance)를 보여준다. 왜 800년에 그러한 전략적인 순간이 나타나게 되었는지를 이해하기 위해서는 분명한 교회적인 사건으로부터 한발 물러나 폭넓은 지정학적 환경을 바라보는 것이 필요하다.

이슬람의 등장, 기독교에 큰 영향을 끼치다

800년에 로마에서 벌어진 사건은 복잡하게 얽힌 관계 때문에 지중해 세계 전체에 넓게 펴져 있는 사건들과 연결되었다.[4] 800년에 샤를마뉴에 대한 교황의 대관을 이끈 과정을 보면 그레고리와 그 뒤를 이은 교황 계승자들의 영향도 있었지만, 그레고리 대교황과는 동시대 인물로, 결코 유럽에

발을 들여놓은 적이 없었던 한 비그리스도인의 영향이 있었다. 그 동시대인이란 약 570년에 탄생한 이슬람의 예언자 모하메드였다. 모하메드는 가브리엘 천사로부터 코란에 기록되어진 계시를 받은 후 아라비아 반도의 메카와 그 주변에서 작은 무리를 모았다. 622년에 모하메드와 그의 추종자들은 그를 대적하는 사람들에 의해 메카로부터 쫓겨났다. 그들은 메디나로 퇴각(헤지라, Hegira)했지만 아랍인들이 계속해서 알라와 그 예언자 모하메드에게로 모이게 됨에 따라 승리하게 되었다. 630년에 모하메드는 메카로 의기양양하게 귀환하였다. 2년 후 모하메드가 죽었을 때 아라비아의 삼분의 일이 무슬림이었다. 그로부터 2년 후 아부 바크르(Abu Bakr) 영도 하에 전 아라비아가 이슬람으로 바뀌었다. 그리고 또 10년이 안되어 이슬람의 가르침에 의해 영감을 받은 아랍 군대는 시리아, 팔레스타인, 페르시아(오늘날 이란)를 정복했고, 동쪽으로 멀리 인도 변경까지 공격을 단행하였다. 642년에 이슬람은 이집트에 침투하였다.

헤지라_
이슬람의 기원이 된 사건으로, 모하메트가 메카에서 메디나로 이동한 사건을 말한다. -편집자 주

이러한 이슬람의 서쪽으로의 이동은 기독교 역사에서 중요한 역할을 했다. 우리가 본 것처럼 기독교는 동-서 축을 끼고 성장했지만, 이제 긴장상태에 빠지게 되었다. 그러나 기독교 세계는 여전히 서쪽에서는 로마, 동쪽에서는 콘스탄티노플에 닻을 내리고 있었다. 결과적으로 기독교의 지리적 중심은 지중해에 머물러 있었으며, 그리스어는 여전히 신학적 논쟁을 정교하게 하기 위해 선택되었다. 그레고리 시대 어거스틴이 잉글랜드 켄트에 세운 것과 같은 선교 거점들은 기독교 사상, 조직, 권력의 주요 중심권과는 거의 관계없는 듯했다.

그러나 이슬람이 서쪽으로 이동하였을 때 모든 것이 변하였다. 7세기 중반의 내적 불화로 인해 모하메드 사후 거의 1세기 동안 진행되었던 팽창의 속도가 주춤거리기도 했지만, 이슬람의 서쪽으로의 진격은 저지할 수 없는 듯 보였다. 아직은 활력 있는 제국 수도인 콘스탄티노플에 대한 공격이 674년에 시작되었다. 698년에 이르러 터툴리안과 키프리안의 고향인 카르타고가 이슬람 수중에 들어갔다. 카르타고를 장악한 이슬람 해군은 지중해

이슬람의 팽창, 약 800년

동부를 정복하기 위해 진군하였다. 711년에 강력한 우마야드(Umayyad) 왕조의 이슬람 군대가 지브랄타(또는 gib-al-Tarik, 이슬람 군대를 지휘하였던 '타릭의 바위')라는 지중해 출입구의 좁은 수로를 넘어섰다. 10년이 안 되어 무슬림 군대는 피레네를 넘어 현재의 프랑스 안으로 들어갔다.

기독교 역사에 있어 무슬림의 팽창이 끼친 영향이 정확히 무엇인지는 오랜 기간동안 의견이 분분한 논쟁거리였다. 그러나 최소한 큰 그림을 그릴 수 있는 몇 가지 일면에 대해서는 꽤 보편적인 의견 일치가 있다.

1. 이슬람이 이집트와 북아프리카를 넘어 동쪽으로 팽창한 것은 그 지역 기독교가 취약했기 때문에 쉽게 이루어졌다. 북아프리카인들은 페르시아의 군대가 약탈을 일삼았을 뿐 아니라, 콘스탄티노플도 무거운 세금을 강요하였기에 새로운 지도자를 기대하게 되었다. 수세기에 걸친 기독교의 내분은 권력을 차지하기 위한 지리한 경쟁과 교리와 관련된 싸움이 결부되어 기독교 공동체의 내적인 힘을 계속 손상시켜왔다. 일부 역사가들은 하나님의 유일성(unity)을 강조하는 기독론(특히 단성론)에 대한 이집트인들의 선호가 북아프리카인들을 이슬람의 철저한 일신론으로 기울어지게 했다고 생각한다. 무슬림 정복자들이 고대 세계의 규범에 대해 비교적 관대했다는 사실 또한 기독교에서 이슬람 지배로의 전환을 쉽게 만들었다.

2. 이슬람의 확산은 동방과 서방 기독교의 차이를 가속화시켰는데, 이는 특히 지중해 동부와 서부 사이의 교류가 더욱 힘들어지게 됨에 따라 더 심해졌다. 우리가 다음 장에서 보겠지만, 서방 가톨릭과 동방 정교회 사이의

공식적인 분열은 확대된 세상 속에서 뿐 아니라 교회 내에서 전개된 일들과 관련이 있었다. 그러나 더 큰 맥락에서 보면, 지중해에 이슬람이 강력하게 나타난 것이 교회를 분열시키는 가장 중요한 요소였다. 기독교 내에 동방과 서방, 그리스와 라틴, 총대주교와 교황의 차이를 극복하려는 의지가 있었을지라도, 팽창하는 이슬람 세력이 양측 교회에 행사했던 정치, 군사, 교역, 교류 부분에서의 긴장은 너무나 컸을 것이다.

3. 이슬람의 팽창은 800년 샤를마뉴의 황제 대관에 있어 가장 중요한 사건인데, 그 일로 교황의 관심이 동방에서 북방으로 전환되었다. 이러한 지리적 재조망은 북방의 새로운 로마제국을 위해 지중해적인 로마제국 사상을 포기하려는 교황의 의도를 보여준다(로마와 관련된 제국사상의 힘을 강조하기 위해서는, 약 200년 후에 지금의 러시아에서 블라디미르가 기독교 신앙을 받아들이고, 그의 계승자들이 모스크바를 '새로운 로마'로 선언하였다는 것을 지적하는 것이 중요하다). 군중들이 샤를마뉴를 아우구스투스로 호칭하였을 때, 그들은 의도적으로 로마의 위대함을 환기시키고 있었다. 교황들은 로마와 콘스탄티노플 사이의 전통적 관계가 이제 깨졌다는 것을 깨닫고 있었다. 동방의 황제는 이슬람에 맞서 유럽을 지킬 수 없었다. 더구나 이슬람이 전면에 등장하지 않았을 때도 더욱 증대되는 명확한 문화적 차이는 동방과 서방의 협력을 어렵게 만들었음이 분명했다. 따라서 동방을 북방의 협력자로 바꾼 것은 바로 교황직이었다.

4. 7세기 이후 이슬람을 고려하지 않고 기독교 역사의 내적 전개 과정을 이해하기는 불가능하다. 이슬람의 우상 거부는 동방에서 비잔틴 교회가 교회의 성상 사용을 금지시키는데 중요한 역할을 하였다. 불과 몇 세기 후에는 이슬람 통치자들이 예루살렘에서 보여준 비참한 광경과 동로마 황제가 고뇌에 차서 도움을 요청한 것이 결합하여 십자군 소집을 야기했다. 이슬람은 학문 분야에서 좀더 온건한 영향력을 행사했는데, 11, 12세기 유럽인들이 고대 세계의 철학과 과학에 호기심을 갖게 되었을 때, 그들은 먼저 비잔티움에 보관되어 있는 원본의 사본을 사용하기보다는 그리스 원전의 아라비아 판본을 번역하는 것이 더 편리하다는 것을 알게 되었다. 12, 13

세기 서구 학문의 발흥은 많은 부분 분명히 기독교의 기획에 의한 것이었지만 수학, 역사, 그리고 그 밖의 사상 부분에서는 이슬람의 모델로부터 덕을 보기도 했다.

따라서 이슬람의 전파는 지중해적인 동방 지향의 신앙으로부터 명백히 유럽적인 북방적 시각의 종교 형태로 전환하는데 있어 가장 중요한 영향을 끼쳤다고 할 수 있다. 더욱이 이러한 이슬람적 배경은 800년 샤를마뉴의 로마 출현을 야기했던 역동적 사건을 이해할 수 있게 한다.

샤를마뉴의 조부는 메로빙거 왕조의 궁재로, 프랑크 왕국의 역량 있는 지도자인 찰스 마르텔(Chales Martel, 약 690~741)이었다. 군사적, 정치적 지도자로서의 찰스 마르텔의 기념비적인 업적은 후에 샤를마뉴 치하에서 발생하게 될 일에 절대적으로 필요한 기초가 되었다. 지정학적 측면에서 볼 때, 찰스 마르텔은 군사령관으로 732년 프랑크족 군대를 이끌고 이슬람 팽창의 서부 최전선인 프와티에(Poitiers)에서 이슬람 사라센군을 성공적으로 격퇴시켰다. 이베리아 반도의 유럽에서 무슬림들이 완전히 쫓겨 나가기에는 700년 이상이나 걸릴 것이었으나, 대세는 이미 기울어지기 시작했다. 이 전투가 끼친 결정적인 영향을 크게 평가해도 무방하다. 이 일로 찰스 마르텔은 그의 계승자들과 함께 유럽을 구원한 자들로 간주되었다.

궁재(mayor of the palace)_ 궁재란 재상과 같은 역할로 찰스 마르텔의 시기에 왕권보다 궁재에게 더 실권이 강했다.

교회적인 측면에서 볼 때도 찰스 마르텔은 광범위한 결과를 야기시키는 조치를 취했다. 그는 활동 초기, 권력면에서 사실상 마치 프랑크 왕국의 지도자라도 된 것처럼 교황들에게 친숙하게 접근했다(그가 왕권을 잡은 후에 그의 아들 피핀의 접근도 계속되었다). 찰스 마르텔은 북유럽의 게르만족 사이에서 분주하게 활동하고 있었던 보니파스와 다른 앵글로 색슨계의 선교사들을 직접 지원하기도 했다. 보니파스가 교황의 직접적인 대행자로 선교사역을 하고 있었기 때문에 이 사역에 대한 찰스 마르텔의 후원 역시 로마 교회의 시각에서 볼 때 프랑크 왕국의 권력을 고양시키는 것이었다.

샤를마뉴는 결과적으로 그의 조부가 시작했고 그의 부친 피핀이 발달시켰던 이러한 제휴를 계승했다. 샤를마뉴는 768년 프랑크 왕으로 통치를 시작할 때부터 자신의 권력 확대와 교황과의 관계 강화를 조화롭게 일궈 나갔다. 그가 800년에 로마에 도착할 무렵 북부와 동부에서 색슨족, 서부에서 스페인인, 남부에서 롬바르드족에 맞서 승리한 것은 그를 4세기 말 데오도시우스 이래 어느 누구보다도 더 위대한 유럽의 군주로 만들었다.

따라서 교황 레오 3세가 샤를마뉴를 '새로운' 황제로 대관한 것은, 단지 반 세기 이상 지속해 왔던 관계를 공고히 한 것 뿐이었다. 교황은 이제 북방으로 관심을 돌렸는데, 그곳에는 강력한 왕가가 부상하고 있었다. 중세 사회의 용어로 볼 때 샤를마뉴는 자신을 결코 교황의 가신으로 생각하지 않았다. 오히려 그는 자신을 오직 그의 백성의 번영을 위해 신과 연대한 존재로 여겼다. 샤를마뉴가 자신의 역할에 대해 어떻게 생각했든지 간에 로마와의 관계는 이제 확고해졌다. 다음 800년 동안 그리고 그 이후에 유럽의 정치, 학문, 사회조직, 예술, 음악, 경제, 법률은 '기독교적'이 되었는데, 이는 반드시 복음에 완전히 통합된 규범적인 측면에서가 아니라, 로마에 중심을 둔 서방 교회의 운명이 새로운 '로마' 황제와 매우 확고하게 연결된 것이었다.

샤를마뉴는 콘스탄틴 시대 이래의 유산이었던 교회-국가간 협력의 개념을 취했고 이를 유럽에 적용함으로써 '기독교제국'(Christendom)을 이후 세대에 전해 주었다. 기독교제국은 약 850년에서 대략 1000년까지의 정치적, 도덕적 혼란이 일어나고 14세기 수십 년간의 창궐하는 전염병 같은 암흑의 시기를 견뎌내게 되는데, 9세기 초 신앙과 학문 분야의 카롤링거(Carolingian) 르네상스, 12세기와 13세기 탁발 수도사들에 의해 초래된 개혁, 15세기와 16세기 르네상스와 종교개혁 같은 갱신의 시기를 경험하게 된다. 계속하여 기독교제국은 서구에 기독교가 존재한다는 것을 보여주는 모습으로 지속되었다. 프로테스탄티즘의 등장과 근대 국민국가의 발흥에 의해 타격받고, 17세기와 18세기 세속화의 조류에 의해 공격받고, 샤를마뉴로부터 기원된 '신성로마황제'라는 명칭이 1806년 나폴레옹에 의해 영구적으로 폐지되었을 때에도 기독교제국의 모습은 살아남았다. 유럽인 다수가 기독교 신앙

구현을 중단한지 오래되었을지라도, 오늘날까지 이러저러한 모양의 교회 시설물이 북, 서유럽 국가들에 대체로 남아 있다는 사실은 샤를마뉴의 대관에 의해 세워진 기독교제국의 흔적을 보여준다.

기독교제국의 기독교

중세 유럽의 기독교제국은 모든 면에서 기독교 신앙의 관습에 영향을 미쳤다. 이따금 언급되는 '중세적 종합'이란 오늘날 우리가 신성한 삶과 세속적인 삶의 영역으로 분리하는 것을 -적어도 이론적으로는- 조화시킨 것을 의미한다. 샤를마뉴와 교황 레오 3세의 협력에 의해 상징화된 그 이상은 삶을 통합적으로 보는 견해인데, 그 견해에 따르면 정치, 사회제도, 종교 관습, 경제관계 등 모든 것이 기독교 신앙을 기초로 하였다.

기독교제국 (Christendom)_ 일반적으로 신성 로마제국이란 이름으로 불리며, 샤를마뉴의 대관식(800년) 때부터 1806년에 이르는 동안 처음에는 프랑크족 황제가, 나중에서 독일인 황제가 통치한 영토를 말한다. 기독교가 왕권을 쥐고 있다는 측면에서 기독교제국이라 불렸다. – 편집자주

기독교제국의 우산 아래 발달한 영적 이상은 기독교의 다른 주요 표현들과 커다란 유사점을 갖고 있었다. 그러나 또한 그 이상은 서구 기독교제국으로부터 때로 빗나가면서, 전해 내려온 모든 형태의 신앙에 중요한 역할을 했을 뿐 아니라, 계속해서 로마 가톨릭 교회에 엄청난 역할을 한 것이 분명하다.

기독교제국의 핵심적인 종교적 신념은, 인간이 죄로 타락했기 때문에 구원받을 필요성이 있으며, 이 구원은 하나님의 은혜의 통로가 된 그리스도의 공로에 의해 수행된다는 것이다. 이러한 신념을 분명하게 보여주는 중세적 모습은 구원의 은혜가 교회와 국가의 협력에 의해 규정된 사회적 장치 속에서 성사(sacramentum, 인간의 성화를 위한 모든 성스러운 표징)를 통해 사람들에게 임한다는 믿음으로 나타났다.

성사 신학은 중세를 통해 발달했으나, 13세기 토마스 아퀴나스 시대에 이르러 공식적인 정의를 가지게 되었다. 아퀴나스의 말에 따르면 성사는 "그것이 인간을 거룩하게 만든다는 점에서 거룩함의 상징"이었다.[5] 즉 성사는 영적인 실재를 나타내고, 성사에 참여한 사람들의 구원을 향해 작용한다는 것이다.

포괄적인 성사 제도의 신학적 원리에는 기독교 역사 안에서 모든 시공간을 따라 공유된 요소들과 중세 기독교제국의 독특한 점이 포함되었다. 첫째, 성사는 가장 중요한 영적 실재가 인격적인 형태로 구현되는 성육신의 원리를 보여주는 것으로 여겨졌다. 다음으로 성사는 인간을 위한 하나님의 일하심에 담겨 있는 객관적 특성을 보여준다고 여겨졌다. 하나님의 은혜를 받는 것은 실제로 그 은혜의 매개물을 받는 것일 뿐 사람이 그 수혜 과정을 어떻게 느끼는지에 달려 있지 않았다. 마지막으로 성사는 본질적으로 은혜의 사회적 구조, 즉 그리스도가 그의 백성들을 위해 함께 일하신다는 사실을 강화한다고 주장되었다. 이러한 믿음은 특히 성사가 행해지는 제도 교회의 중요성을 고양시켰다.

교회가 7성사를 포함하는 하나의 체계로 성사 관습을 공식화함에 따라 기독교제국을 고무시켰던 지역을 포괄하는 사상은 삶의 전 과정을 포괄하는 사상과 조화되었음이 분명해졌다. 중세 가톨릭의 7성사에서는 일상적인 삶의 중요한 모든 단계에서 하나님의 은혜를 특별하게 접촉하는 길이 제공되었다. 세례는 탄생을 위한 성사이다. 견진은 성년이 됨에 대한 성사이다. 고해는 죄의 고백을 위한 성사이다. 성찬은 영적 양식을 위한 성사이다. 결혼은 가족을 이루기 위한 성사이다. 종부는 죽음을 위한 성사이다. 신품은 인생의 중요한 전환기에 다른 모든 성사를 제공하기 위한 영적 조직 - 즉 교회와 사제 - 을 만들 수 있는 성사이다.

성사와 폭넓은 성사 신학의 출현은 성경의 증거와 무관하지 않았다. 그러나 더욱 중요한 것은 일반적인 신학적 원리와 예배 관습을 세속 생활의 다양한 상황에 적용한 일이었다. 학식 있는 신학자들이 여러 성사들과 그 사용을 위한 원리를 제공할 무렵에 그 제도는 이미 확고하게 자리잡고 있었다.

기독교제국에서 발달했던 성사 제도는, 대행기구로서 절대적으로 필요한 역할을 하는 조직교회를 요구하였다. 성사는 그 대행 기구를 통해 삶의 모든 단계마다 하나님의 은혜를 전달했는데, 성사를 베풀고 그리스도 안에서 하나님의 은혜가 불쌍한 죄인들에게 전달될 때, 성사의 유일한 중재자는 교회였다. 중세 신학은 초기 자료를 토대로 발전했는데, 그것들은 그리스도께서 어떻게 교회에 성사를 베푸는 역할을 위임했는지, 또한 어떻게 교회의 지도자들, 특히 교황을 지명하여 그의 백성을 인도하라는 그리스도의 명령을 실행하는 사도들의 계승자로서 사역하도록 했는지를 보여 준다.

교회는 죄인을 구원하는 데 핵심적인 성사적 역할을 맡음과 동시에, 문화의 다른 모든 측면에 대해서도 커다란 이상을 품었다. 죄인들의 구원은 삶에서 가장 중요한 일이므로, 교회가 영적 임무를 수행할 때 정치 지도자들도 영적 임무를 수행하기 위해 교회와 협력해야만 하며, 정신적 지도자들은 교회의 가르침과 일치하는 방법으로 학문을 지도해야 했다. 경제적 관계가 사명을 수행하는 교회를 지원하도록 구축되어야 하며, 사회 제도의 이상은 자연스럽게 하나님이 교회를 위해 마련한 틀을 그대로 따랐다. 달리 말해 구원이 가장 중요한 실재라는 것에 대한 폭넓은 의견 일치가 있었고, 구원이 성사를 통해, 그리고 성사에 의해 전달된다는 데 계속적인 합의가 있는 상태에서, 성사의 집행자로서 교회는 삶의 다른 모든 일들을 위한 토대를 제공하는 일을 해야 했다.

그러나 실제로는 기독교제국의 중세적 종합이라는 포괄적인 통일이라는 이상이 제기했던 조화로움이나 효율성이 거의 작용하지 않았다. 첫째로는, 샤를마뉴를 계승한 군주들과 샤를마뉴처럼 교회를 충성스럽게 지원했다고 여겨졌던 많은 지도자들은 이제 자신들에게 떠맡겨졌던 종속적 지위를 인정하려 하지 않았다. 사실상 그들 중 많은 사람들이 이론적으로는 교황에 속해 있었으나, 자치권을 행사했거나 행사하려 하였다. 다음으로는, 교회 제도상의 지체들, 특히 교회의 영적 목표를 실현하는 데 매우 중요한 역할을 했던 강력한 수도교단과 탁발교단들은 세속 지도자들과 마찬가지로 거의 통제하기 어려웠다. 더욱이 인간의 본성과 하나님의 은혜가 동시에 영향을 끼치게 되는 경우, 기독교적 모습은 갖추고 있었지만 기능을 발휘할 수는 없었다. 교회의 상급 직책에 오른 고위 성직자들은 때로 사탄처럼 행

성사에 대해, 토마스 아퀴나스

성사는 인간의 성화를 위한 성스러운 표징이다. 그러므로 성사는 세 가지 면으로 고찰될 수 있고, 각 측면에 있어 지각할 수 있는 표징에 여러 말들이 덧붙여지는 것이 적절하다.

무엇보다 먼저, 성사는 성화의 근원인 성육신된 말씀(the Word)과 관련되어 있는데, 성사는 '말씀'이 지각할 수 있는 표징과 연합되었다는 것을 따른다. 즉 성육신의 신비 속에 있는 하나님의 말씀이 감각을 가진 육체와 연합하신 것이다.

둘째, 성사는 성화되었고, 영혼과 육체로 만들어진 인간과 관련되어 있는데, 성사의 치유는 지각할 수 있는 요소를 통해 그 육체를 치유하고 믿음을 통해 말씀 안에서 그 영혼에 도달한다는 점에서 인간에게 적합하다.

셋째, 성사는 의미와 관련하여 생각될 수 있다. 어거스틴은 「기독교 교리론」(*On Christian Doctrine 2*)에서 "말(words)은 인간만이 사용하는 중요한 표징"이라고 말했는데, 이는 말이 다양한 정신적 사고를 나타내기 위한 여러 가지 형태를 갖출 수 있기 때문이다. 우리는 말을 통해 더욱 정확하게 우리의 사고를 표현할 수 있다. 그러므로 성사의 의미를 온전하게 하기 위해 분명한 말을 사용하여 지각할 수 있는 사물의 의미를 결정지어야 한다. 예를 들어, 물은 그 축축함으로 인해 깨끗함을, 그 서늘함으로 인해 시원함을 나타낼 수 있다. 그러므로 "내가 너에게 세례를 주노라"라고 말할 때, 영적 청결함을 나타내기 위해 세례시 물을 사용하는 것이다.[3]

중세시대 성찬 예식은 교회 생활에서뿐 아니라 여기에서 묘사된 것처럼 가정 내 종교 관습에서도 중요했다.

동을 한 반면, 특별한 지위가 없었던 일반 신자들이 효과적으로 그리스도의 사역을 보여주기도 했다.

그러나 이 모든 실패에도 불구하고 중세 기독교제국은 하나의 강력한 이상을 남겼다. 그 이상의 핵심에는 삶의 모든 영역에서 하나님 은혜의 광범위한 임재가 있었으며, 실제로 교회와 국가 지도자들의 조화로운 협력이 있었다.

물론 중세 서구에서 발달했고, 현대 로마 가톨릭 교회에 남아 있으며, 또한 아직도 서구 프로테스탄티즘의 여러 형태 속에서 발견될 수 있는 기독교제국의 모든 특징이 샤를마뉴와 레오 3세의 대관식에 존재했던 것은 아니다. 그러나 그 행동의 상징적 의미는 역사적으로 조명해 볼 때 믿을 수 없을 만큼 큰 영향을 미쳤다. 이제 동·서유럽의 이탈 움직임으로 인해, 그리고 이슬람 군대로 인해 파괴된 제국을 대신할 새로운 광대한 제국이 나타났다. 이 새로운 제국에서 교황을 정점으로 하는 제도 교회는 이론적으로 커다란 중요성을 갖게 되었다. 사실상 기독교는 기독교제국의 이상으로 구체화된 이론상의 통일성을 매우 잘 반영할 수 있게 되었다. 결과적으로 볼 때 기독교제국은 수세기 후 르네상스, 프로테스탄티즘, 근대 국민국가, 서구의 무신론, 가장 최근에는 유럽을 넘어선 기독교의 활발한 전파로 인해 치명적인 상처를 입게 되었지만, 기독교 역사의 새롭고 지속적이며 광범위한 변화의 한 단계가 시작되는 상징적 사건으로 800년 크리스마스 날 로마의 성 베드로 성당에서의 대관식을 능가하는 사건은 찾기 힘들다.

P 알퀸(Alcuin, 약 735~804)은 찬송 작가인 데오돌프(Theodulf)처럼 유능한 외국인으로 샤를마뉴 궁정에 있었다. 그는 잉글랜드 북부 요크의 수도원 학교에서 교육받고 거기에서 교사 겸 사서가 되었다. 알퀸은 781년 파르마(Parma)에서 샤를마뉴와 만나게 되는데, 왕에게 강한 인상을 주었기 때문에 왕의 신학 및 정치 자문관으로 초빙되었다. 알퀸은 교회를 보호하고 통제하려는 황제를 위해 커다란 역할을 수행했는데, 샤를마뉴가 신성로마황제 제관을 받는 데 부분적인 역할을 담당하기도 했다. 알퀸은 전례 개혁을 주도한 것 이외에 프랑크족의 읽기, 쓰기 능력 확산에 도움을 주고, 중요한 역사와 문학 자료를 보관하는 학교와 도서관을 세우는 카롤링거 르네상스의 기획자가 되었다. 다음 기도는 이 기독교 학자의 하나님에 대한 헌신과 지혜를 구하는 소망을 보여준다.

영원한 빛이시여, 우리의 마음에 비추소서.
영원한 선함이시여, 우리를 죄악에서 건지소서.
영원한 권세시여, 우리의 도움이 되소서.
영원한 지혜시여, 우리 무지의 어두움을 흩으소서.
영원한 긍휼이시여, 우리에게 자비를 베푸소서.
이는 우리 모든 진심과 마음과 영혼과 힘을 다해,
당신의 얼굴을 구하기 위함이며, 당신의 무한한 자비에 힘입어,
당신의 거룩한 임재로 인도되기 위함입니다.
우리 주 예수 그리스도의 이름으로 기도합니다.[6)]

1. 교황직의 강화에 핵심적인 역할을 했던 중요한 사건들은 어떤 것들인가?

2. 초기 교황들의 영향력과 권력을 가장 크게 증가시켰던 것은 재위 당시의 역사적 사건이었는가? 아니면 그들의 인격이었는가?

3. 콘스탄티노플, 안디옥, 알렉산드리아 또는 기타 주요 도시의 감독들과 달리 로마 감독이 그러한 영향력을 가지게 된 이유는 무엇인가? 만약 교회 권력의 중심이 동방에 있었다면 어떠한 사건들이 다르게 끝났을 것인가?

4. 레오 3세와 그레고리 1세같은 영향력 있는 교황들의 어떠한 특성이 교회 생활에 긍정적인 유익을 주었는가?

5. 7세기와 8세기 이슬람의 전파가 교회의 성장과 특성을 어떻게 바꾸었는가? 만약 이슬람이 지중해로 진출하지 않았다면 기독교는 800년에 어떤 다른 모습을 보였을까?

6. 기독교제국(Christendom)을 정의해 보라. 어떻게 기독교제국이 정치, 사회적 행동, 경제적 활동을 포함하는 일상생활에 중세 유럽의 관점을 형성시켰는가? 어떻게 그러한 활동들이 교회와 관련되었는가?

7. 성사 신학은 중세를 통해 발전하였다. 이러한 사고방식의 핵심은 무엇인가?

8. 기독교제국은 교회와 국가 사이에 절묘한 세력 균형을 만들었다. 각각의 편에서 권력이 남용될 수 있는 경우를 논하라.

오늘날 교회에 적용할 점

1. 기독교제국의 유산은 오늘날의 문화에 아직도 남아 있는가? 그렇다면, 남아있는 것은 무엇인가? 그렇지 않다면 그것을 대신하는 것은 무엇인가?

2. 기독교 신앙에 대한 성사적 관점이 어떻게 그리스도인들이 하나님을 더 잘 따르도록 돕는가? 또 그 성사적 관점이 유발할 수 있는 함정은 무엇인가?

Turning Point 06

주후1054년 | **동서 교회의 대분열**

로마 가톨릭과 정교회,
돌아오기 힘든 강을 건너다

나치안주스의 그레고리(Gregory of Nazianzus, 329~389)는 -형제인 카이사랴의 바실과 닛사의 그레고리와 함께- 4세기 후반 삼위일체 정통 교리를 옹호하였던 세 명의 카파도키아 교부들 중 한 사람이었다. 세 명의 교부들은 성령이 완전한 신성을 가지고 있음을 변호한 것으로 유명하다. 한편 나치안주스의 그레고리는 콘스탄티노플 감독으로 활동했고, 니케아 신조를 확정한(동시에 확대한) 381년 콘스탄티노플공의회를 잠시 동안 주재하면서 당시의 교회 정치에 더욱 폭넓게 개입하기도 했다. 그레고리의 여러 학설은 후에 정교회 신학에서 매우 중요하게 되었는데, 특히 하나님의 불가해성과 거룩한 일들을 기록하게 될 신학자들을 정화할 필요성을 강조하였다. 아래와 같은 그의 찬양 또한 예수 그리스도가 천지 만물을 비추는 빛으로서, 그리스도인들이 그에게 인도된다는 것을 강조함으로써 특징적인 동방 교회의 모습을 보여준다.

오, 어둠을 모르시는 빛이시여,
영원히 계속되는 낮을 비추시나이다.
땅과 하늘의 모든 만물은
당신의 빛에 의해 빛나나이다.
당신의 보좌를 올려다볼 이 아무도 없으며,
어느 누구도 당신의 총명을 이해할 수 없나이다.

오 하나님 아버지, 당신의 은혜를 내리시어
경외함으로 섬길 수 있도록 해주소서.
기도하오니, 무엇보다 은혜를 베푸시어
당신의 음성을 듣도록 하옵소서.

당신의 자녀가 자비 가운데 죄에서 해방되게 하시고
저로 하여금 당신과 함께 빛에 거하게 하소서.[1)]

라틴계의 서구 교회에서 11세기 초는 개혁이 촉진되던 시기였다. 10세기 전반에 걸쳐 교황직이 타락으로 쇠약해진 반면, 수도원 이상의 회복과 주요 통치자들의 성실함으로 인해 교회는 갱신 중에 있었다. 909년 프랑스의 클뤼니(Cluny)에서 베네딕트 회칙에 기초한 새로운 수도원의 창설은 수도원의 증대와 베네딕트의 이상을 유지하려는 새로운 열정을 불러일으켰다. 샤를마뉴의 계승자들인 신성로마황제들 중에서 개혁에 대한 관심은 헨리 3세(Henry III, 재위 1039~1056) 때 정점에 이르렀다. 그는 개인적으로 경건했고 개혁에 대한 열심이 있었다. 1046년 헨리 3세가 공식적으로 황제 대관식을 위해 로마에 도착했을 때, 그는 교황직이 한 세기 이상 그 자리를 둘러싸고 벌어졌던 지방 정치 분쟁에 얽혀 있음을 발견하였다. 교황직은 개혁 흐름에 저항하는 교회의 마지막 보루 같았다. 헨리 3세는 교황직을 주장하는 세 명의 경쟁자들을 제거하고 독일인 주교를 새로운 교황으로 선출함으로써 변화를 위한 즉각적인 조치를 취했다. 그러나 헨리의 계획은 이 새로운 교황이 곧 죽고, 두 번째 독일인 지명자가 마찬가지로 짧은 기간 밖에 재위하지 못하고 사망했을 때 좌절된 듯했다. 그러나 헨리는 이에 굴하지 않고 세 번째로 독일인 툴의 브르노(Bruno of Toul) 주교를 교황으로 선출했다. 그는 교황 레오 9세(1048~1054)로서, 교회의 관심을 영적이고 교회적인 문제에 맞추며 헨리와 잘 협력하였다. 레오 9세와 헨리 3세가 가장 정열적으로 추구한 개혁은 성직 매매와 유럽 성직자들의 독신 사상을 강화와 관련된 것이었다. 그러나 이러한 근본적인 개혁은 교황직에 대한 위엄의 회복이라는 매우 커다란 반향을 불러 일으켰다. 교황이 모든 개혁자들이 바라는 것을 행할 수 있도록 하기 위해서는 교황권 자체가 지방 정치적 분쟁에서 벗

어나야만 했고, 교회를 다스리는데 있어 독립적인 권위를 가져야만 했다.[2)]

그러한 조치들이 서구의 교회를 강화시키는 데 도움이 되었다 해도, 레오 9세가 그의 시야를 동방으로 돌리자, 즉시 어려운 일이 발생했다. 동방과 서방 교회의 관계는 수세기 동안 악화되어 왔다. 9세기 후반기에 두 명의 유능한 지도자인 교황 니콜라스 1세(Nicholas I, 858~867)와 콘스탄티노플의 총대주교 포티우스(Photius, 858~886 간헐적으로 재위) 사이에 있었던 격렬한 논쟁은 교회들의 관계를 긴장시켰다. 그 이유는 서방 교회가 니케아 신조에 필리오케(filioque)를 추가한 것과 관련이 있었다. 이에 따라 1009년부터 콘스탄티노플 총대주교들은 제단 서판에 더 이상 로마 감독의 이름을 넣지 않았다. 또한 콘스탄티노플이 교리적으로 건전하다고 여겨 콘스탄티노플에 보관했던 살아 있거나 죽은 다른 총대주교들의 공식 명단에도 넣지 않았다. 따라서 교황 레오 9세의 재임 중에 일어났던 동서 교회 사이의 불화는 매우 오랫동안 지속된 이탈, 분리와 관련되어 있었지만, 11세기 중반의 이 사건은 그 나름의 중요성을 갖고 있었다.

혼란스런 정치적, 교회적 분쟁에는 위기가 예견되어 있었다. 헨리 3세와 교황 레오 9세, 동로마(또는 비잔틴) 황제 콘스탄틴 9세(1042~1055), 그 세 사람은, 이탈리아 남부를 침공해서 자신들의 통치 지역에 속한 재산과 권위를 위협하는 노르만 기사단에 맞서 공동 전선을 펴기 위하여 제휴했다. 그들이 노르만족에 맞서기 위해 맺은 협정에는 교황이 이탈리아에 남은 극소수의 그리스계 교회에서 지배권을 되찾는 것과, 비잔틴 황제가 동로마 총대주교 마이클 세룰라리우스(Michael Cerularius, 1043~1059)를 설득하여 새로운 총대주교 선출 후에 관례적으로 로마에 보냈지만, 세룰라리우스가 이를 행하지 않고 있었던 '회의 서신'을 레오 9세에게 발송하도록 하자는 내용이 들어 있었다. 그러나 총대주교는 그것을 따를 마음이 없었다. 오히려 그는 콘스탄티노플의 라틴 교회들(이들 라틴 교회는 토요일에 금식하였고, 성찬식에 무교병을 사용하였으며, 동방 교회의 관례와는 구별되는 다른 전례 관습을 보존하고 있었다)이 그리스계 의식을 따를 것을 요구함으로써 이탈리아 내 그리스 교회에 대한 서방 교회의 권위에 대적하였다. 세룰라리우스는 이들 라틴 교회들이 자신의 요구를 거부하자 그 교회들을 폐쇄시켰다. 일을 더 복잡하게 만든 것은 1053년에 세룰라리우스가 불가리아 동방 대주교 레오(Leo of Ochrida)를 설득하여, '프랑크적'(또는 서방 교회의) 관습을 불가리아에 강제적으로 적용시킨 것에 대해 서방 교회에 불평하는 편지를 쓰도록 한 것이었다. 교황 레오 9세는 이 편지에 대응하여 그의 가장 신임할 만한 자문관인 추기경 훔베르트(Humbert)의 협력을 얻어 답신을 작성하였다. 1050년 레오 9세는 로레인(Lorraine)의 한 수도원에 있었던 훔베르트를 로마로 불러들였고, 훔베르트는 즉시 교황의 오른 팔이 되어 성직 매매를 공격하였다. 훔베르트는 확실히 성취욕이 많았지만 외교적이지는 못했다. 그는 불가리아의 동방 대주교 레오(Leo of Bulgaria)에 대한 응답에서 로마 교회의 우위권을 강력하게 주장하였다.

점점 나빠져 가는 상황을 분열로 치닫게 만든 사건은 1053년 후반 교황 레오 9세가 노르만 군대에 의해 붙잡힌 일이었다. 동로마 황제 콘스탄틴 9세는 이탈리아에 있는 비잔틴의 모든 재산이 매우 위태롭게 되었다고 보고, 총대주교 세룰라리우스를 설득하여 교황에게 다소 화해적인 서신을 발송하도록 했다. 레오 9세는 이에 대한 응답으로 3인의 교황 사절을 임명하여 콘스탄티노플을 방문해서 동방과 좀더 만족스러운 관계를 협의하도록 했다. 불행하게도, 추기경 훔베르트가 수장을 맡은 교황 사절들이나 총대주교 세룰라리우스는 타협할 기분이 아니었다.

로마 교황 사절단이 콘스탄티노플에 도착하자마자 레오 9세가 돌연 사망했다는 전갈이 도달했다. 그러나 훔베르트는 조금도 굽히지 않고 훔베르트 자신이 직접 쓴 교황의 단호한 내용의 서신을 세룰라리우스에게 내밀었다. 그 서신은 "여닫이문에 움직이지 않고 붙어있는 경첩처럼, 베드로와 [로마의] 그 계승자들은 전체 교회에 대해 독립적인 관할권을 갖고 있는데, 이는 어느 누구도 그들의 직책을 방해해서는 안 되며, 최고의 주교는 어느 누구에 의해 판단받지 않아야 하기 때문이다"[3]라는 분명한 말로 총대주교를 일깨웠다. 그러나 세룰라리우스는 그 서신을 거부하고 교황이 서거했기 때문에 이제 훔베르트가 정당한 자격이 있는 교황 사절인지에 의문을 제기하면서 맞대응했다. 훔베르트는 감정이 상하여 곧 콘스탄티노플을 떠나기로 결심했다. 하지만 그는 떠나기에 앞서 하기아 소피아(Hagia Sophia, 거룩한 지혜) 대성당에 들어가 세룰라리우스를 파문하는 교서를 제단 위에 올려놓고, 그의 발에서 먼지를 턴 다음 발길을 돌렸다. 한 동방 교회의 보제(deacon)가 그 교서를 돌려 주기 위해 급히 훔베르트 뒤를 쫓았지만, 그 제안은 거절되었고, 그 종이는 거리에 뒹굴게 되었다고 한다. 곧이어 세룰라리우스가 교황 사절 훔베르트를 파문시켰다.

전통적으로, 1054년의 이 사건은 정교회와 가톨릭 교회 사이의 대분열(the Great Schism)이라고 지칭되나, 사실은 이후 수백 년 동안 그 간극을 메우기 위해 적어도 두 차례의 진지한 노력이 있었다. 1274년 프랑스 리용(Lyons)에서 재결합을 위한 종교회의가 열려 교회 관습과 신조에 대한 합의를 보았다. 그러나 그 합의는 그들 대표가 본국에 도달하자마자 동방 정교회에 의해 거부되었다. 한 세기 반이 지나 동로마 황제와 동방 총대주교가 이번에는 이탈리아 플로렌스에서 열린 다른 재결합 종교회의에 참석하기 위해 함께 여행하였다. 1438년부터 1439년까지 수개월 동안의 격렬한 논쟁끝에 대규모 동방 대표들 중 한 명을 제외하고는 모두 분열을 치유하기 위해 작성된 신조에 동의하였다. 그러나 또다시 그 합의 조항에 대해 동방 교회에서 커다란 저항이 일어났다. 그럼에도 불구하고, 동로마 황제 요한 8세와 그 계승자인 콘스탄틴 11세는 계속하여 그 협정을 옹호하였지만 결국 실패로 막을 내렸다.

사실 콘스탄틴 11세는 말 그대로 죽을 때까지 동방과 서방의 화해를 위해 노력했다. 투르크족이 1453년 4월에 콘스탄티노플을 공격하였을 때 위기 상황에서 모든 그리스도인들이 도시로 모여들었다. 5월 29일 이른 아침 콘스탄틴 11세는 하기아 소피아 대성당에서 거행된 정교회와 가톨릭 연합 예배에 참석한 후 전쟁에 나갔고, 거기서 죽음을 맞이하였다. 같은 날 투르크족은 그 도시를 점령하였고, 하기아 소피아 대성당을 회교 사원으로 바꾸었다. 황제 콘스탄틴 11세의 죽음과 함께 비잔틴 제국뿐 아니라 정교회와 가톨릭의 분열을 회복하려는 마지막 진지한 노력도 실패로 끝났다. 1054년의 대분열은 기독교 역사에 있어 중요한 터닝 포인트이다. 왜냐하면 대분열로 인해 교회는 수세기 동안 동방과 서방의 문화적 단절, 신학적 차이, 성직에 대한 의심으로 위기를 맞았기 때문이다. 또한 대분열은 이후 거의 천 년 동안 동방 교회가 빠지게 될 고립을 상징하기도 했다. 여러 동방 정교회들은 11세기 이래 몰락과 갱신을 반복했으며, 동시에 정교회는 계속하여 지구상의 광범위한 지역에서 중요한 기독교 표현 양식이 되어왔다. 그러나 20세기 말에도 정교회는 가톨릭이든 프로테스탄트든 비서구적인 토착 종파든 간에 다른 그리스도인들에게 영향을 미치는 대열에 끼지 못한 채로 남아 있다.

1054년의 사건들을 전체적으로 설명하기 위해서는 대분열을 초래한 상황들과 사건들에 주목하는 것이 도움이 될 것이다. 그러나 대분열의 의미에 대해 보다 충분히 살펴보기 위해서는 적어도 십자군운동을 간략하게나마 짚고 넘어가야 한다. 왜냐하면 이 십자군운동이 대분열을 날인한 꼴이 되었기 때문이다. 또한 정교회가 러시아로 입성한 사실을 지적해야만 한다. 콘스탄티노플을 이슬람이 정복한 관계로 러시아가 정교회 신앙의 주요 중심지가 되었기 때문이다. 동방과 서방 교회 사이의 분열은 20세기에 와서야 치유되기 시작했다(동방 또는 '그리스', '그리스-러시아' Greco-Russian 교회들에 대해 사용될 때의 '정통'이란 용어는 이들 자체 안에 '올바른 가르침', '올바른 예배', 또는 심지어 '진정한 영광'을 소유하고 있다는 확신과 관련되어 있다).

동방 교회와 서방 교회의 분열

1054년 콘스탄티노플에서 발생한 사건들은 이미 기독교 역사 초기에 예견되었다. 1세기 말이라는 이른 시기에 주요 표현물들에서는 언젠가 동방과 서방이라 불리게 될 명백한 차이가 감지될 수 있었다. 역사가 헨리 베텐손(Henry Bettenson)은 96년 경 로마에서 고린도로 보낸 클레멘트의 서신에

20세기 초에 찍은 이 사진은 웅장한 하기아 소피아 대성당이다. 콘스탄티노플 함락 이후 이슬람 사원의 뾰족탑이 더해졌다.

대해 "특유의 로마 기독교의 등장을 보여준다. 이 서신에서는 황홀경, 기적적인 '성령의 은사', 귀신학, 임박한 '재림'에 대한 선입견 등이 발견되지 않는다. 교회는 세상에 자리 잡았고 '진지하고, 신중하고 분별력 있게' 그 임무를 열심히 수행하는 중"[4]이라는 것을 보여준다고 생각했다. 2세기 말에 이르러 그러한 '로마적' 특징은 지중해 다른 끝에서 일어난 '그리스적' 경향과 철저하게 경쟁하게 되었다.

3장에서 우리는 동시대 신학자인 카르타고의 터툴리안(약 160~225)과 알렉산드리아의 클레멘트(약 150~215)가 갖고 있었던 기질과 지적 성향의 차이에 대해 지적했었다. 이들 차이는 다른 시각에서 볼 필요가 있는데, 북아프리카 연안을 따라 불과 100마일 정도 떨어져 있었지만, 그 두 유명한 지도자들의 서로 다른 정신세계는 수세기가 지나면서 점점 더 간격이 벌어졌기 때문이었다. 터툴리안의 모국어는 라틴어이고 클레멘트의 경우는 그리스어였다. 터툴리안은 대담하게 기독교 신앙의 실재를 갖고 당시의 이교 문화에 도전했지만, 클레멘트는 이교주의가 제공하는 최상의 것 중 기독교에 도움되는 것을 구하는데 호의적이었다. 터툴리안은 '삼위일체' 같은 새로운 단어를 만들어냈고, 신학 논쟁의 종식을 기대하면서 신앙의 규례(regula fidei)를 만드는 데 열심이었다. 클레멘트는 신앙의 진실성에 대해 매우 오랫동안 묵상을 했고, 신조를 사용하여 기독교의 궁극적인 실재들에 대한 논의를 고무시켰다. 터툴리안은 법률학자였고, 클레멘트는 철학자였다. 터툴리안은 행동을 목표로 추론하였지만 클레멘트는 진리를 염두에 두고 추론하였다.

터툴리안과 클레멘트를 서로 분리시켰던 특성들은 후에 별개의 종교 문화가 된다. 정교회 역사가이며 감독인 티모시 웨어(Timothy Ware)는 이러한 결과를 초래했던 입장 차이의 범위와 성격을 예리하게 요약하였다.

> 처음부터 그리스계와 라틴계는 각각 자신의 방식대로 기독교의 신비에 접근하였다. 지나치게 단순화하는 위험이 있지만, 라틴적 접근은 좀더 실제적이고, 그리스적 접근은 좀더 사색적이라고 할 수 있다. 라틴적 사고는 법사상, 즉 로마법 개념의 영향을 받은 반면, 그리스인들은 예배의 맥락과 성찬 전례에 비추어 신학을 이해했다. 삼위일체에 관해 라틴계에서는 신격의 통일에서 출발하는데, 그리스계에서는 위격의 삼성(threeness)에서 시작한다. 십자가 희생을 고찰할 때 라틴계는 희생자인 그리스도를 우선적으로 생각하는 반면, 그리스계는 승리자인 그리스도를 염두에 둔다. 라틴계에서는 구속에 대해 자주 언급하는 반면, 그리스계는 신성함에 대해 자주 말하곤 한다. … 이들 두 구별된 접근은 자체적으로는 모순이 없으며, 각각 다른 편을 보완해 준다. 그리고 보편적(Catholic) 전통을 온전하게 하는 데 있어 각기 제 역할을 하고 있다. 그러나 이제 양측은 -정치적으로나 문화적인 일치가 없고, 공동의 언어도 없이- 서로에 대해 낯설게 되었다. 각기 상대편의 관점이 지닌 가치를 잊어버리면서 폐쇄적으로 자신의 접근법만을 따르고, 그것을 극단으로 밀고 나가는 것은 위험한 일이었다.[5]

이후 수세기 동안 이러한 초기의 경향들은 중요한 역사적 사건들을 통해 크게 강화되었다. 4세기에 로마에서 동방으로 제국의 수도를 옮기게 된 콘스탄틴 황제의 결정은 콘스탄티노플의 새로운 로마 권력이 그리스어, 그리스 우위의 지성, 그리스인의 선천적인 기질에 의해 영향 받는 분위기 속에서 발전할 것을 의미하였다. 그 후 7세기 이슬람 군대의 세력이 아랍 세계로부터 북아프리카로 가로질러 확산되어 지중해에서의 왕래가 통제되자, 로마 제국의 동서 분열은 더욱 가속화 되었다. 과감하게 그러나 점점 산발적으로 행해졌던 노력에도 불구하고, 동방 교회와 서방 교회 사이에 아주 기본적인 관계라도 가지려면, 이제 뿌리 깊은 문화적 경향 뿐 아니라 이질적인 제국의 능력까지도 극복해야 했다. 샤를마뉴 통치 하에 자신들의 뜻에 따라 로마 제국을 부활시키려 했던 이교도들의 지지를 구하기 위해 교황이 북쪽으로 관심을 돌림에 따라, 더욱 강력한 힘이 작용하여 동방과 서방을 떼어 놓았다. 새로운 이슬람 세력인 투르크족이 동쪽에서 비잔틴 제국을 침범하기 시작했을 때, 서방 교회는 십자군 운동을 제외하고는 대체로 무관심하게 대응했는데, 이러한 대응은 결국 두 개의 거대한 기독교로 분열시킨 셈이 되었다.

시간이 경과함에 따라 구체적인 신학적 차이 역시 동방 교회와 서방 교회를 분리시켰다. 오늘날까지 동방 교회는 서방 교회가 니케아 신조에 필리오케(Filioque, 성자로부터)라는 단어를 첨가한 즉흥성에 놀라움을 금치 못하고 있다(2장의 설명을 보라). 서방 교회가 성부 하나님으로부터 성령의 나오심(procession)을 언급하는 신조 부분에서 '그리고 성자와'(and the Son)를 삽입하기 시작한 6세기부터, 정교회는 니케아에서 만들어졌던 신조가 문구뿐 아니라 정신이 훼손되었다고 불평하였다. 정신은 일방적으로 변경시키는 행동을 통해, 문구는 그 신조의 용어가 바뀌어서는 안 되는 공의회의 분명한 기준을 손상시킴으로써 훼손되었다는 것이다. 더구나 동방 교회는 서방 교회가 '성자로부터'라는 용어를 사용한 것이 중대한 신학적 오류라고 주장하였다. 이 견해에 따르면, 서방 교회가 삼위일체의 구성원들 사이의 자격이 동등하다고 밀어부침으로 성령의 완전한 위격이 간단히 취급하게 되어서 성령이 하는 일이 무엇인지 이해하기 어렵게 만든다는 것이었다. 정교회 신학자 존 메이엔도르프(John Meyendorff)의 말에 따르면, 성령의 사역은 '그리스도의 몸 안에 인간 생애를 화합시키는 것'이지만 '이 화합에 인격적이고, 그러므로 다양한 특성을 부여했기에 가능한 일'이다.[6]

성화상에 대해, 제2차 니케아공의회

정교회를 특징짓는 신념 중 하나는 초기 기독교 수백 년 동안 있었던 일곱 차례 전 교회적 공의회의 결정을 고수하는 것이었다. 그 일곱 공의회는 1차 니케아공의회(325), 1차 콘스탄티노플공의회(381), 에베소공의회(431), 칼케돈공의회(451), 2차 콘스탄티노플공의회(553), 3차 콘스탄티노플 공의회(680), 2차 니케아 공의회(787)이다. 일곱 차례의 공의회 중 이 마지막 공의회에서는 다음과 같이 정교회의 성화상 사용을 규정한다.

우리의 고백을 간단히 말하면, 우리는 글로 쓰인 것이건 말로 된 것이건 우리에게 전수된 모든 교회의 전승을 바꾸지 않고 간직하는 바, 이들 중 하나는 여러 측면에서 유용한 전승인, 복음 전파의 역사와 조화되는 그림 표현물 제작이다. 특히 그 안에 하나님 말씀의 성육신이 단지 환상이 아니라 실제적으로 표출된다는 점에서 그러하다. 왜냐하면 이러한 것들은 공통적으로 지시하는 바가 있으며 또한 의심할바 없이 공통의 의미를 갖기 때문이다.

그러므로 우리는 왕의 길과 신성하게 영감되어진 거룩한 교부들의 권위와 (우리 모두가 아는 바대로 성령이 그 안에 내주하시므로) 공교회(Catholic Church)의 전승을 따라, 매우 값지고 생명을 주는 십자가의 형상처럼, 또한 존귀하고 거룩한 형상들, 즉 그림과 모자이크, 그리고 다른 적절한 재료로 만든 형상들도 하나님의 거룩한 교회에 설치되어야 한다. 교회의 거룩한 제기, 제의, 드리운 천 위에, 또한 건물 안이나 길거리를 따라 그림으로 우리 주 하나님과 구속자 예수 그리스도, 흠이 없으신 신의 어머니 성모, 흠모할 만한 천사들, 모든 성인들과 경건한 자들의 형상이 설치되어야 한다고 매우 확실하고 정확하게 규정한다. 왜냐하면 그러한 것들이 예술적 표현물로 좀더 자주 보임으로 인해 사람들이 더욱 더 쉽게 그 원형을 기억하게 되고 사모하게 되기 때문이다. 오직 신적인 본질에 속하는 신앙의 참 경배는 아니지만, 형상의 원형들에게 당연한 경의와 흠모할 만한 존경이 주어지게 되는 것이 틀림없는 바, 귀하고 생명을 주는 십자가의 형상, 복음서, 그리고 여러 성스러운 대상물에 속하는 것에게 향과 촛불을 전통적인 경건한 관례에 따라 드릴 수 있다. 왜냐하면 형상에게 바치는 존경은 그 형상이 표현하는 실체에 전달되기 때문이다. 즉 그 형상을 존귀하게 여기는 자는 그 안에 표현되어진 실체를 존귀하게 여기는 것이다.[1]

결국 또 다른 신학적 난제가 구체화되었는데, 교황이 최고의 주권을 가져야 한다는 주장에 대해 동방 교회의 분노가 구체화되었다. 처음부터 최초 4개의 동방 관구 –알렉산드리아, 안디옥, 콘스탄티노플, 예루살렘. 로마의 수도를 콘스탄티노플로 옮긴 후에 콘스탄티노플은 '전 교회적 관구'로 부각되고 있었다– 는 로마의 감독('동등한 중 첫 번째') 에게 우선권을 부여하는데 상당히 호의적이었다. 로마가 다른 어느 누구의 자문도 필요하지 않은 것처럼 교리와 의식의 문제를 독자적으로 해결하려 함에 따라 문제가 발생하게 되었는데, 거리상의 문제와 의사소통의 장애로 인해 문제가 복잡해졌다. 그 차이가 분명해진 후인 12세기에 기록된 니코메디아의 동방 대주교인 니케타스(Nicetas)의 말을 들어보자.

> 우리는 다섯 개의 자매 관구 중 로마 교회가 우위임을 부정하지 않는다. … 그러나 로마 교회가 자만하여 그의 직책에 속하지 않는 일종의 군주제를 주장하면서 스스로 그러한 행위에 의해 우리와 분리하였다. … 어떻게 우리가 우리와 상의하지 않고, 우리가 알지도 못한 상태에서 만들어진 로마 교회의 법령을 받아들일 수 있겠는가? 만약 영광의 높은 보좌에 앉은 로마 교황께서 우리에게 버럭 고함을 치려고 한다면 … 동시에 그가 우리와 상의하지 않고, 자기 마음 내키는 대로 우리를 심판하고 심지어 통치하기를 원한다면, 이것이 어찌 형제 관계이며 부자 관계일 수 있는가? 우리는 그 같은 교회의 자식들이 아니라 종들임에 틀림없고, 로마 관구는 자식들의 경건한 어미가 아니라 종들의 거칠고 오만한 여주인인 것이다.[7]

그러한 동방 교회의 의심 섞인 표현을 보면 장차 생길 적대감을 짐작할 수 있다. 더구나 동방 교회와 서방 교회가 일체 자비로운 마음을 품지 않고 권위의 문제에 관한 견해 차이를 자주 표현했다는 것은 애석한 일이다.

동방 교회와 서방 교회는 소원해지는 과정을 거치면서 날카롭고 분명한 적대감을 드러내게 되었는데, 그것은 1054년의 결별을 예견하는 것이었다. 7세기 중반 칼케돈공의회의 결과에 대한 동방에서의 논쟁은 일시적인 분열을 초래했다. 한 동방 교회의 감독이, 그리스도가 단일의지(즉 'Monothelite' 지위, 'one'은 mono에서 'will'은 thelos에서 나옴)를 가졌다고 주장하고, 교황이 기꺼이 동의하자, 동방과 서방의 신학자들 사이에 깜짝 놀란 반응이 빠르게 확산되었다. 곧이어 욕설이 난무하며 분열이 초래되었는데, 회복되는 데는 30년이나 걸렸다. 앞으로의 갈등에서처럼 이러한 갈등에서 핵심적인 문제는 권위의 행사에 대한 것이었다. 서방 교회에서는 정치적 지도력이 파편화되고, 성직자가 신학을 지배하는 맥락 속에서 매우 위계적으로 문제에 접근했지만, 동방 교회에서는 중요한 신학적 공헌을 하는 데 있어 강력한 황제와 평신도들이 동등하게 취급되었다. 그 후 이미 언급되어진바 있는, 9세기의 이른바 포티안(Photian) 분열이 교회를 잠시 동안 다시 분리시켰다. 총대주교 포티우스(Photius)는 이 사건에서 동방 황제와 서방 교황이 관련된 권력 행사에 얽혀 있었다. 나쁜 감정이 생기고 비난이 오가는 가운데 결국에는 파문이 초래되었는데, 이는 동방과 서방을 연합시키려는 노력에 계속하여 손상을 입히는 것이었다. 이들 초기 분열에 대한 이야기는 1054년의 결정적 사건이 있기 오래 전부터 동방과 서방 양측의 간격이 참으로 크게 벌어지고 있었다는 사실을 보여준다.

또한 1054년 전후 여러 세기에 걸쳐 일어난 사건들은 정교회의 앞으로의 진행 과정에 큰 영향을 미쳤다. 외부적으로는, 1453년 콘스탄티노플이 무슬림에 의해 정복되기 전에 있었던 십자군 운동보다 동방 기독교에 크게 영향을 준 사건은 없다.

십자군 운동, 교회의 분열에 날인하다

십자군 운동은 1095년 교황 우르반 2세(Urban II, 1088~1099)가 프랑스 클레르몽(Clermont)의 한 부흥집회에서 이슬람으로부터 성지를 구하는 것을 "하나님께서 원하신다"(God wills)고 선언한 데서 시작되었다. 1081년 동로마 황제가 되었던 콤네누스(Comnenus) 왕조의 알렉시우스 1세(Alexius I)가 투르크족 무슬림의 공격을 막기 위해 교황에게 도움을 호소하였던 것을 통해 짐작컨대, 당시 어느 편에서도 1054년의 분열을 영구적인 것으로 생각하지는 않았던 것으로 보인다. 레오 9세와 그 계승자들이 추진했던 개혁 작업을 수행하고 있었던 교황 우르반은 알렉시우스의 호소가 타당하다고 보았고 그에 응하려 했다. 더구나 우르반은 유럽에서부터 성지로 향하는 무장 원정이 그의 조국(서유럽)에서 고조되고 있는 긴장을 완화할 것이라 믿었다. 경쟁적인 주군과 공격적인 기사들이 봉건체제 내부에 구축하였던 폭력적인 경향은 교회에 커다란 근심거리였다. 만연되어 있는 폭력을 줄이려는 노력으로 교회가 강권적으로 정한, 이른바 신의 휴전(the Truce of God)과 신의 평화(the Peace of God)라는 기간이 도입되어 그 기간에는 전투를 중지하기로 했다. 이제 우르반은 이러한 노력에다 십자군의 이상을 덧붙였다. 만약 비잔틴 제국과 정교회에 도움을 주면서 귀족들을 그들의 호전적인 기사들, 하급 기사들, 농민 보병들과 함께 기독교를 위하여 무슬림에 의해 장악된 거룩한 땅 성지를 구하는 전쟁에 참여케 하여 유럽의 폭력을 없앨 수 있다면, 그것은 참으로 큰 또 하나의 승리가 될 것이었다.

우르반의 경건한 희망과 적어도 일부 십자군들이 임무 수행시 내세운 진정으로 고상한 이상은 불행하게도 기이하고 비극적인 결과를 초래하였다. 막상 십자군 운동이 전개되었을 때, 그 운동은 우르반과 같은 제안자들이 의도하지도 않았고 예측하지도 않은 사악한 결과를 낳았을 뿐, 결코 지지자들이 바란 만큼 좋은 성과를 가져오지 못했다.

1차 십자군은 1099년 예루살렘을 점령하는데 성공하였다. 그러나 그 운동은 이미 전반적으로 십자군 이상의 이면에 아주 분명하게 드러났던, 군사적으로 지독하게 우매한 방법 - 무슬림 뿐 아니라 유대인과 아랍계 그리스도인들을 살육한 일 - 으로 성취된 일이었다. 더구나 서방의 기사들과 그 종복자들이 비잔티움과 동방 교회를 도울지 모른다는 희망은 환상임이 증명되었다. 예루살렘으로 가는 길에 콘스탄티노플에 들렀던 서방의 첫 무장 군사들의 행렬조차도 매우 골칫거리였기 때문에, 알렉시우스 1세 황제는 그에게 괴로움을 주는 서구 방문자들을 제거하는 일에 온 힘을 다했다.

이후의 십자군 운동은 사태를 더욱 악화시킬 뿐이었다. 1202~1204년의 4차 십자군 운동은 동방과 서방 사이에 아주 심각한 해를 끼친 특별한 재앙이었다. 따라서 1054년의 사건보다도 교회 내 양대 전통 사이에 마지막 분열을 일으킨 사건으로 보는 것이 타당할 것이다.

이 추악한 이야기를 간단하게 이야기해 본다. 이전의 십자군처럼 고상한 이상주의자들의 대열에 전적으로 물질적 이익을 위해 참여한 사람들이 합류하였다. 당시에는 전체적으로 후자의 사람들이 전자의 사람들을 장악하였다. 대체로 약탈과 권력에 관심을 갖고 있었던 베니스 상인의 영향을 받은 십자군은 예정된 목적(이슬람과 전투하는 것)에서 벗어났고 삼킬 것을 찾아 콘스탄티노플에 도착하였다. 1204년 4월에 베니스, 프랑스, 플랑드로 군사들로 구성된 일단의 군대가 그 도시를 점령하였다. 20세기 십자군 운동의 저명 사가인 스티븐 룬시멘(Steven Runcimen)의 묘사는 사뭇 진지하다.

> 선두 십자군들이 대궁전에 도열하였을 때 … 그 군사들은 앞으로 3일간 약탈해도 좋다는 말을 들었다. 콘스탄티노플의 약탈은 역사상 유례가 없는 것이었다. 9백 년 동안 그 위대한 도시는 기독교 문명의 수도였다. 도시는 고대 그리스로부터 남아 있는 예술품과 자신들이 만든 공교한 수공품으로 가득 차 있었다. … 그러나 프랑스인들과 플랑드로인들은 파괴하려는 욕망이 가득했다. 그들은 무시무시한 폭도가 되어 거리로 쏟아져 집안으로 들어갔다. 거기서 번쩍이는 것들을 모두 낚아챘고, 가지고 나올 수 없는 것은 무엇이든지 파괴했다. 그 파괴는 살인과 강간을 위해, 또는 원기 회복을 위해 포도주 저장실을 깨부술 때에만 잠시 멈추었다. … 궁궐이나 헛간이나 가릴 것 없이 짓밟혔고 파괴되었다. 부상당한 여인들과 아이들이 거리에서 죽어가고 있었다. 3일 동안 약탈과 유혈 사태의 소름끼치는 광경이 계속되었다. 마침내 거대하고 아름다운 도시는 아수라장이 되었다.[8)]

4차 십자군 원정 결과 1204년 콘스탄티노플을 엄습한 파괴와 유혈사태가 있었지만 빅토리아 시대 그림에서는 상당 부분 삭제되었다.

라틴인들은 이러한 파괴의 와중에서도 비잔틴 황제를 교체하려 했다. 그러나 비참하게도 실패하였다. 그 도시는 불과 수십 년이 안 되어 동방 정교회 비잔틴 제국들에 의해 재탈환 되었다. 1204년 말이 끝나기도 전에 교황 이노센트 3세는 그 도시의 잔인한 정복을 비난하였다.

그러나 타격은 이미 가해진 후였다. 스티븐 룬시멘의 극단적이지만 신중하게 정리된 말은 길게 인용될 만하다.

> 4차 십자군보다 인간에 대한 더 큰 범죄는 결코 없다. 비잔틴이 헌신적으로 모아 왔던 과거의 모든 보물이 파괴되고 내동댕이쳐졌다. 활기차고 위대했던 문명이 치명적으로 손상되었을 뿐 아니라 정치적으로도 대단히 어리석은 일이 벌어졌다. 그것은 팔레스타인에 있는 그리스도인들에게 아무런 도움도 주지 못했다. … 세계사의 광대한 발전에서 볼 때 그 결과는 완전히 재앙이었다. … 오스만의 그 찬란한 가문의 지휘 아래 새롭고 보다 활력 있는 투르크족이 등장하였을 때, 동방 기독교 세계는 너무 깊게 분열되어 효과적인 저항을 할 수 없었다. 그 동안 동방과 서방 기독교제국 사이에 증오의 씨가 뿌려졌다. … 로마 교회와 위대한 동방 교회가 분리되어야 한다는 것은 아마도 피할 수 없는 일이었다. 그러나 모든 십자군 운동이 그들의 관계를 더욱 악화시켰다. 그리

고 그 이후 몇몇 군주들이 여러모로 노력을 해 보았지만 동방 그리스도인들의 마음속에서 분열은 완결되었고, 치유할 수 없는 것이었으며 끝장난 일이었다.[9]

서방 교회로부터 더 많은 공격을 당했던 이슬람 세계 뿐 아니라, 유혈사태는 좀 덜했지만 동방 교회에게도 십자군들은 완전히 야만주의의 표징이었다. 십자군은 1054년의 분열을 굳혔을 뿐 아니라 다가올 수세기 동안, 아마 오늘날까지도 기독교 교회의 종파간의 교류에 해를 끼친 뼈아픈 기억을 남겼다.

기독교가 러시아로 뻗어나가다!

만약 십자군 운동이 1054년을 중심으로 수세기 동안 정교회에게 커다란 재앙이었다면, 정교회가 러시아로 펴져 나간 것은 위대한 발전이었다.[10] 일찍이 서방의 콘스탄틴과 샤를마뉴처럼, 10세기에 한 강력한 지도자가 동방의 팽창에 중요한 역할을 하였다. 약 980년 경 블라드미르 왕자가 카이번 루스족(Kyivan Rus, 이는 현대 우크라이나어의 철자를 따른 것이다. 보통 영어 철자 '키에프' Kiev는 러시아어에 따른 것이다)의 왕위를 계승할 때는 정치 상황이 불안했다. 블라드미르의 조모 올가(Olga)는 기독교로 개종했으나, 블라드미르의 선왕은 조상의 신앙을 충성스럽게 신봉하였다. 그 당시 러시아 종교는 비공식적인 애니미즘과 물질적 대상에 대한 상당한 숭배가 결합되었고, 정치 지도자들에 의해 인정된 다신교도 결부되었다. 블라드미르는 군주로 등극하자 처음에는 이교 신앙을 촉진시켜서 통치를 안정시키려 했다. 그는 군사적인 승리로 비잔틴 제국과 관계를 맺은 후, 비잔틴 황제의 누이를 신부로 맞이하기 위해 그리스도인이 되었다. 그 혼인이 동방 정교회 신앙으로 개종할 때만이 가능했기 때문이다. 블라드미르가 스스로 신앙을 수용한 것은 진실한 듯 보였지만, 그 또한 분명 새로운 종교를 그의 백성을 통합시키는 수단으로 여겼다. 그 자신의 개종에 견고해진 블라드미르는 키에프 시민들에게 세례를 주기 위해 드니퍼(Dnieper)강으로 데리고 갔다. 그는 성화상, 사제, 전례 용기 등을 비잔티움에서 수입하였다. 그리고 교회에 공식적인 십일조 징수를 허용하는 동시에 공적 임무를 부여했다.

그렇게 자리 잡은 정교회가 도시의 권력 중심부로부터 이동하여 농촌에 뿌리를 깊이 내릴 때까지는 수세기가 걸렸다. 그러나 키에프에서 모스크바로 정치적 주도권이 이동되는 격변 중에도 정교회가 일반 러시아인들의 지지를 얻게 되면서 그 유대는 확고해졌다.

이렇게 등장한 러시아 기독교의 모습은 동방 정교회의 다른 중심지들과 많은 것을 공유하였다. 교회와 국가 사이의 연계는 항상 긴밀했다. 활동적인 신앙의 중심에는 교리나 교회제도 같은 것보다 전례 관습, 기도, 수도원의 헌신 등이 자리 잡았다. 성화상의 사용은 예배에 도움을 주는 것으로 처음부터 중요하게 여겼다. 여기에는 그리스도의 성육신을 가시적으로 연상하게 하는 성인들과 성경 인물들의 양식화된 초상들이 있었다. 곧 러시아 출신의 거룩한 인물도 성화상(iconography)의 주제가 되었다. 하나님을 위해서, 그리고 하나님께 대해 자신을 비우는 일을 강조한 금욕적 정신은 동방 그리스의 초기 교회에서와 마찬가지로 러시아 교회에서도 전적으로 중요하게 되었다.

그 후 러시아 내 정교회의 발달에 중요하게 기여한 일들이 블라드미르 개종 후 1세기만에 일어났다. 그가 죽자 왕위는 그의 아들 스바야토폴크(Svyatopolk)에게 물려졌는데, 그는 즉각 권력을 확고히 하기 위해 형제인 보리스(Boris)와 그렙(Gleb)을 상대로 음모를 꾸몄다. 스바야토폴크의 심복들이 두 형제를 추격했을 때, 그들은 저항하지 않기로 결심하였다. 기독교 신앙에 영감을 받은 보리스와 그렙은 유혈의 내전을 피하기 위해 기쁘게 죽음을 맞이하였다. 보리스와 그렙은 경건했고 자발적으로 고통을 감수했기 때문에 순교자(Passion Bearers)라 불려졌고, 교회의 영광스런 성인이 되었다.

그들이 죽은 지 얼마 안 되어 가장 중요한 러시아 수도원인 동굴 수도원이 키에프에 세워졌다. 성 데오도시우스(1074년 사망)가 이끄는 이 수도원은 자신들을 가난한 자와 동일시하여 유명해졌다. 데오도시우스는 성 프란시스의 경우와 마찬가지로 가난을 추구했고 예수 그리스도의 말씀을 그대로 따르려고 노력했다. 그가 동료 수도승들을 암자로 찾아갔을 때, 여분의 음식과 의복을 발견하면 불 속에 던지곤 했다. 초기 성인전 작가의 기록에 따르면 당시에 데오도시우스는 다음과 같이 말했다고 한다. "수도사며 세상과 인연을 끊은 우리가 암자 안에 재산을 모으는 것은 잘못된 일입니다. 어떻게 수도사가 감추어둔 재산을 갖고서 순수한 기도를 하나님께 드릴 수 있습니까? "당신의 보물이 있는 곳에 또한 당신의 마음이 있다"라는 우리 주님의 말씀에 귀를 막았습니까? 그러므로 형제들이여, 규칙에 따라 음식 관리인으로부터 우리가 받는 의복과 음식으로 만족합시다. 우리 암자 속에 아무 것도 간직하지 맙시다. 그렇게 될 때 우리는 전심으로 하나님께 기도 드릴 수 있습니다."[11] 뒤따르는 많은 이야기를 통해, 이 겸손한 삶이 러시아 귀족들에게 지대한 영향을 끼쳤음을 알 수 있다.

보리스, 그렙, 데오도시우스와 같은 유명한 그리스도인들의 생애는 초기 러시아 정교회의 전형적인 모습은 아니었으나 그들이 구현한 이상은 러시아 기독교 역사에 있어 특히 중요한 것이 되었다. 그 뒤 수도원 부흥시기에 러시아에서는 폭넓은 갱신이 일어났다. 지배자와의 긴장은 현실적으로 항상 존재하는 것이었으나, 성스런 군주나 귀족도 계속 나타났다. 그들이 교회에 기울인 관심은 실제적으로 해악보다는 유익을 가져다 주었다. 최상의 기독교적 삶을 추구하는 방법을 놓고 나타난 분열은 다른 지역의 여러 기독교의 모습에서 볼 수 있듯이 러시아 정교회를 특징지웠다. 그러한 분열 중 가장 유명한 것은 성 세르기우스(Sergius)의 15세기 수도원 제도의 갱신에 이어 나타났는데, 당시 그의 계승자들은 소유파(경제적, 정치적 자원의 신중한 사용은 인정할 수 있다고 주장한 사람들)와 비소유파(냉혹하게 가난을 추구한 사람들)로 나누어졌다. 금욕적 겸손과 고난이라는 이상은 일반 그리스도인 및 19세기의 도스토예프스키와 20세기 알렉산더 솔제니친같은 특별한 지적 권위자의 세대에 영감을 주었다.

'영광 중에 있는 그리스도'를 묘사한 15세기 러시아 성화상

1054년의 분열로 동방과 서방 교회가 분리되었을 때, 정교회의 명백한 중심지는 비잔틴 제국이었고 화려한 수도로 콘스탄티노플을 갖고 있었다. 그러나 거의 천 년 후인 20세기 말에 정교회의 재부상 조짐과 함께 뒤따랐던 정교회의 회복력은 비잔티움(콘스탄티노플의 옛이름, 지금의 이스탄불)의 화려한 교회들보다는 러시아의 광대한 북방 지역에서 발생한 러시아 정교회에 더욱 의존하게 되었다.

20세기의 정교회

기독교가 1054년 콘스탄티노플 사건 천 주년을 향하여 빠르게 움직이는 시점에서, 그 후 분열은 어떻게 되었는가? 그것을 초래했던 교회는 어떻게 되었는가? 라고 묻는 것은 당연한 일이다. 이 책의 나머지 부분은 주로 서구 교회와 관련된 것들이다. 즉 서구 교회가 16세기에 프로테스탄트와 가톨릭으로 분열된 일, 몰락과 갱신을 반복한 일, 문화와 사회에 다양하게 참여한 일, 서구 밖으로 선교적 노력을 기울인 일 등이다. 그러나 동방 정교회에 대해서는 그 자체로는 불충분할 만큼, 극히 짧은 문장으로만, 20세기 말에 존재하는 역사적인 동방 전통에 대해 약간의 의미만을 부여할 수 있다.

1990년대 초 스스로 정교회로 개종한 영국인 칼리스토스 웨어(Kallistos

Timothy Ware) 감독이 계산한 정교회 교인 숫자는 전 세계적으로 약 1억 4천만 명에 달했다.[12] 이들 신자 중 절반은 러시아와 우크라이나 정교회 소속이다. 4개의 고대 관구인 콘스탄티노플, 알렉산드리아, 안디옥, 예루살렘에는 천만 명도 남아 있지 않다. 루마니아, 그리스, 세르비아, 불가리아, 그루지아(이전 소비에트 연합) 정교회에 많은 교인들이 있는데, 동유럽에서 오스트레일리아, 아메리카 대륙, 서유럽으로 이주한 사람들로 이루어진 정교회의 '흩어진 자'(디아스포라)들은 수백만 명이나 된다. 동아프리카, 일본, 핀란드와 폴란드, 체코 공화국, 슬로바키아 같은 중부 유럽의 로마 가톨릭이 우세한 국가들에도 소규모 집단이 남아 있다.

이들 정교회는 때로 정치적, 종교적, 인종적 적대감으로 분열되어 있지만, 정교회의 어떤 모습들은 1054년에 훔베르트 추기경이 방문했던 교회와 아주 유사하다. 전례는 정교회의 삶과 신학의 핵심으로 남아 있다. 그리스 아토스산에 광범위하게 흩어져 있던 수도사들이 서로 연대한 수도원들이 계속해서 정교회의 신학자, 감독, 활동적인 지도자들 대부분을 배출하였다. 정교회의 신학자들은 계속해서 하나님의 '본질'(essence)과 그의 '활력'(energy) 차이 같은 질문들과 일반인들의 정해진 토론의 범주를 벗어남으로써 하나님을 경험하는 비존재의 '무념적'(apophatic) 신학 같은 개념에 몰두했는데, 그것은 대부분의 서방 그리스도인들이 헤아리기에는 너무 난해한 것으로 남아 있다. 성화상에 대한 –숭배가 아닌– 존경은 정교회가 성육신의 실체를 귀하게 여기는 주요 수단으로 남아 있다(이들은 그리스도가 육신을 취한 이래 성화상 같은 물질적 대상물들에 대한 그리스도인들의 관심은 좋은 것이라고 믿는다). 그리고 정교회는 계속하여 자신들을 니케아 신조에서 언급한 '유일한(one) 거룩한 공교회이며 사도적 교회'로 여기고 있다. 더구나 정교회가 동방에 위치하였다는 것은 모든 기독교 지체들이 서구 기독교 역사에서 과거 수세기 동안 뚜렷한 자취를 남긴 거대한 문화적 사건들(르네상스, 종교개혁, 과학혁명, 계몽시대, 중상주의)의 영향으로부터 대체로 피해 있었음을 의미한다.

무념적 신학에서는 부정적, 심층적, 관상적으로 자신을 비우고 하나님의 충만함을 채워서 하나님이란 신비를 체험하는 방법을 사용한다.

그러나 정교회 내에 많은 것들이 이전과 같다 할지라도 바뀐 것들도 있다. 특히 공산주의 시대(1917년 러시아혁명으로부터 1989년 공산정권의 붕괴와 그 이후)는 정교회의 삶과 관습에 깊은 영향을 끼쳤다. 정교회는 제정 러시아의 지배 가문과 긴밀하게 연결되어 있었기 때문에, 레닌, 스탈린과 그 계승자들 및 그들의 동유럽 꼭두각시들에 의해 극심한 박해를 받았다. 일부 정교회는 공산주의 치하에서 신앙적으로 살아가려 했었던 만큼이나 공산주의 시대 이후 새로운 정치, 경제, 문화적 다원주의를 자각하게 되었을 때 당황하게 되었다. 1989년 이래 정교회와 관련하여 중유럽과 동유럽으로부터 전해진 혼란스런 소식 대부분이 사실인 것 같다. 그들은 적대자들을 공격하기 위한 국가 권력의 강압적인 힘에 의해 숨을 죽이고 있었지만, 새로운 영적 규율과 활기도 넘쳤고 성경에 대한 관심도 커져갔다. 서구 선교사들에 대한 외국인 혐오적인 공격은 계속 증가되었다. 정교회 수도원들에는 새로운 지원자들이 넘쳐났다. 이제 정교회는 우선적으로 정치적 지배력을 모색하고 있으며, 더 많은 영향력을 가지려 한다. 정교회가 공산주의와 공산주의 이후의 충격에서 어떻게 살아남을 것인지 살펴보는 일이 남아 있다. 아마도 1453년 무슬림의 콘스탄티노플 정복을 제외하고, 1054년 이래 정교회 역사에서 발생하였던 어떤 사건들보다 더 큰 영향을 끼쳤던 공산주의 시대를 맞아 정교회는 변화의 현실에 직면해야 했다.

20세기 다른 지역에서의 정교회 발달도 중요한 혁신을 보여준다. 정교회의 흩어진 자들이 많이 있는 미국에서 1970년 아메리카 정교회(Orthodox Church in America, OCA)가 결성된 것은 특히 중요한 발전을 보여주었다. 원래 서구에서 경쟁 중인 여러 러시아 관구들 중 하나인 OCA는 인종적 차원의 정교회를 넘어서 영어 사용을 촉진하고, 러시아적 배경을 가진 신자뿐 아니라 비러시아 배경의 신자들을 의도적으로 취하려는 노력의 일환으로 세워졌다. 앞으로 OCA는 관심을 갖고 있는 비정교회 그리스도인들에게 많은 것들을 말하게 될 것이다. 왜냐하면 OCA는 전통적으로 정교회의 삶을 구축해 왔던 인종적인 한계를 넘어 존재할 수 있는지를 알아보기 위한, 최근 역사에서 가장 커다란 실험이기 때문이다. 비록 다른 상황이지만 또 하

뉴욕 크레스트우드 성 블라드미르 정교회 신학교의 주현절(1월 6일) 행렬

나의 아메리카 관구인 안디옥 정교회(Antiochean Orthodox Church)도 이와 유사한 실험을 하고 있다. 이 정교회는 1986년에 복음주의적 정교회(Evangelical Orthodox Church)를 가입시켰다. 복음주의적 정교회는 역사적 신앙과의 풍부한 접촉을 모색해 왔던 이전의 복음주의적 프로테스탄트의 한 지체로, 다른 대부분의 흩어진 자들의 교회들보다 덜 인종적이고 더욱 포괄적인 기독교 성격을 안디옥 정교회 공동체에게 부여하고 있다.

그러나 최근 수년간 정교회에 영향을 주었던 모든 변화 중에서 1054년 사건들과 가장 가시적이고 직접적으로 관련된 것은 로마 가톨릭 교회와 새롭게 재개된 접촉이다. 20세기 초 로마와 콘스탄티노플 사이의 사전 움직임은 우크라이나에 있는 그리스 또는 동방 의식(Eastern Rite)을 행하고 있는 우크라이나 가톨릭에서 시작되었다(동방 의식의 가톨릭은 정교회 예배 의식을 따르나 교황과 연결되어 있다). 그러나 그러한 노력은 가톨릭의 2차 바티칸공의회(1962~1965)에서 교회일치운동에 불을 붙일 때까지 대체로 고립되어 있었다. 공의회 발족 결과로 교황 바오로 6세(Paul VI)와 콘스탄티노플 전체 총대주교 아테나고라스(Athenagoras)가 1964년 1월 예루살렘에서 회합을 가졌는데, 이는 1439년 플로렌스공의회 이래 이루어졌던 첫 만남이었다. 1965년에는 세룰라리우스에 의해 훔베르트에게 가해졌던 1054년의 파문이 철회되었다. 1980년에는 가톨릭과 정교회 사이에 공식적으로 신학적인 대화가 시작되었다. 그러나 이러한 논의 과정은 우크라이나(동방 의식의 가톨릭과 정교회가 공산정권 몰락 이후 반환된 교회 재산을 놓고 싸웠던 곳)와 유고슬라비아(세르비아 정교회와 크로아티아 가톨릭 사이에 2차

정교회-가톨릭 관계에 대한 공동선언문

정교회와 로마 가톨릭 교회 사이의 최고위층의 교류는 1960년대 초 2차 바티칸 공의회 이후에야 비로소 시작되었다. 1054년의 상처가 마침내 치유되기 시작했다는 것을 보여주는 첫 공식적인 인정은 1965년 12월 7일 교황 바오로 6세와 총대주교 아테나고라스(Athenagoras)의 공동 선언문에서 나왔다. 두 지도자는 그 해 초에 있었던 예루살렘 회합을 언급한 후에 과거의 사건을 극복하는데 초점을 맞추었다.

> 신뢰와 존경이라는 형제애적 관계의 발달 노정에 있는 장애물 중에는 1054년 파문을 초래한 결정들, 행위들, 고통스러운 사건들의 기억이 있는데, 그 파문은 총대주교 미카엘 세룰라리우스(Michael Cerularius)와 다른 두 명에 대해 추기경 훔베르트가 이끈 로마 관구의 교황 사절에 의해 퍼부어진 것으로, 당시 그 사절들도 총대주교와 콘스탄티노플공의회에 의해 선언된 유사한 판결의 대상이 되었다.
> 이들 사건이 역사의 매우 고통스런 시기에 일어났던 일이 아니라고 핑계할 사람은 없다. 그러나 오늘날 그 사건들은 좀더 공정하고 신중하게 판단되고 있다. … 교황 바오로 6세와 공의회의 합의를 거친 총대주교 아테나고라스 1세는 다음과 같이 선언한다:
>
> 1. 우리는 공격적인 언사, 근거 없는 비난, 양측에서 이 시기에 슬픈 사건을 나타내고 수반했던 비난할 만한 모습들을 후회한다.
> 2. 우리는 이들 사건들에 따른 파문 판결을 후회하는 동시에 기억으로부터, 교회 중에서 제거한다. 그 파문 판결의 기억은 오늘날까지 행동에 영향을 미쳤으며, 보다 친밀한 사랑의 관계를 방해해 왔다. 동시에 우리는 이들 파문을 사면한다.
> 3. 마지막으로 우리는 그 전후에 있었던 고통스런 사건들을 한탄한다. 그 사건들은 다양한 요소 - 그 중에는 지식과 상호 신뢰의 결핍이 있다 - 의 영향 하에 결국 전체 교회의 친교에 사실상의 불화를 초래했다.[2]

세계대전 동안과 이전에 수차례 발생하였던 유혈충돌이 재개되었던 곳)에서 일어난 폭력으로 인해 손상되기도 했다. 교황 요한 바오로 2세(1978~2005년) 재위 동안 가톨릭과 정교회의 교류가 증가되었는데, 이는 부분적으로는 그가 폴란드인이란 배경이 정교회와 직접적인 교류에 들어가게 했기 때문이다. 요한 바오로 2세는 매우 오랫동안 정교회와의 관계를 향유한 첫 교황인 셈이다. 1987년 교황과 총대주교 드미트리우스 1세(Demetrios I)가 로마에서 회합을 가졌는데 거기서 두 사람은 –'성자로부터' 라는 용어를 빼고– 니케아 신조를 함께 낭독하였다. 그리고 8년 뒤인 1995년 6월에 요한 바오로 2세는 다시 한번 전체 총대주교인 바르톨로메 1세(Bartholomew I)를 만났는데, 그는 교황에 의해 거행된 미사에서 주요 강론자가 되었다.

따라서 1054년의 가장 상징적인 사건인 동방과 서방 교회의 분열에 작용한 힘이 반전되기 시작한 것은 겨우 최근 몇 년 동안의 일이다. 이 책에서 깊이 다루지는 못했지만, 현대 교회사의 어떤 사건도 최근 재개된 정교회–가톨릭의 교류보다 중요한 것은 없다. 그러나 기독교 역사에서 이러한 교류가 갖는 잠재적인 중요성은 교회사와 기독교 역사의 위대한 터닝 포인트 중 하나로, 거의 1천년 전에 붕괴된 것을 그들이 복구할 능력이 있느냐에 달려 있는 것이 아니라, 이들 두 전통 교회에서 발견하게 될 영적 생명력에 달려 있는 것이다.

P정교회는 기도에 대한 가르침의 풍성한 전통을 갖고 있는데 이는 침묵(hesychasm)의 관습에 뿌리박은 것으로, 이 단어는 그리스어 'hsychia'에서 유래되었으며 고요, 정숙, 안식을 의미한다. 침묵의 기도는 또한 진심의 기도라 불리우는데 이는 지성을 넘어 한 인간 존재의 모든 면(육체, 혼, 영)을 포함하는 기도이다. 아래 인용한 "예수 기도"(the Jesus Prayer)는 포티스의 성 디아도쿠스에 의해 5세기 초에 쓰

여진 것으로, 특히 이러한 전통을 잘 보여준다. 그것은 예수의 이름을 간구하는 간단하고 단순한 기도로 마태복음 9장 27절, 20장 30절, 누가복음 18장 38절의 맹인들과 마가복음 10장 47절의 맹인 바디메오가 예수에게 자비를 호소하는 것에서 유래했다. 침묵주의자들은 그 기도를 계속하여 반복하거나 '속삭인다'.

침묵의 관습은 수많은 세월동안 그리스 정교회 전통에서 계발되었고 19세기 러시아의 평신도들과 수사들 가운데서 갱신되었다. 19세기 말 영적 고전인 「순례자의 길」(*The Way of a Pilgrim*)을 지은 익명의 저자는 평신도인데, 그는 "예수 기도"에서 데살로니가전서 5장 17절에 있는 바울의 "쉬지 말고 기도하라"는 명령에 복종하는 법과 하나님께 마음과 뜻을 집중시키는 방법을 발견하였다. 은둔자 데오판(Theophan the Recluse, 1815~1894)은 수년 동안 러시아 감독으로 봉사한 후 은둔하여 기도생활을 계속하기 위해 한 수도원으로 은퇴하였다. 그는 러시아 전역에 있는 많은 사람들, 특히 여성들과 기도에 대해 질의 응답하는 서신 교환을 하였다.

> "예수 기도"의 실행은 단순하다. 마음을 집중하여 주님 앞에 서라. 그리고 다음과 같이 그를 부르라. "하나님의 아들 주 예수 그리스도여, 우리에게 자비를 베푸소서!" 이 기도의 핵심은 말에 있지 않고 믿음, 회개, 주님께 대한 자기 포기에 있다. 아무 말을 하지 않아도 이러한 감정으로 주님 앞에 서 있으면 그것은 그대로 기도가 된다.[13)]

한 잔의 차를 나누며

독자들에게 알림 : 아래 적힌 질문 외에 독자는 6장을 읽은 후 본문 서두의 '개괄적인 질문들'(36~37쪽)을 다시 살펴보기 바란다.

1. 교회의 부패가 동방과 서방 사이의 최종 분열을 자극하는 데 어떤 역할을 했는가?

2. 그 시대의 기독교제국을 이해하는 데 전형적이었던 교회와 국가 간의 복잡한 상호작용은 어떻게 대분열을 야기시켰는가?

3. 서방 교회의 특징은 무엇인가? 왜 터툴리안이 대표성을 가질 만한가?

4. 동방 교회의 특징을 논하라. 서방 교회와 구별되는 독특한 신학적 개념은 무엇인가?

5. 어떠한 신학적 문제가 분열에 기여했는가? 이 문제를 고조시켰던 것은 신학적 문제였는가, 아니면 그 배후의 정치적, 문화적 문제였는가?

6. 어떠한 교회 외부 세력이 동방과 서방 교회의 틈을 내게 했는지 설명하라.

7. 십자군 운동은 동방과 서방 교회 사이의 분열을 운명짓는 데 어떤 역할을 했는가?

8. 기독교 신앙이 러시아 정교회로 발달했을 때, 러시아 정교회의 특징은 무엇인가?

9. 현대 정교회는 11세기 동방 정교회와 어떤 점이 비슷하며, 어떤 점이 다른가?

오늘날 교회에 적용할 점

1. 오늘날 교회는 로마 교회와 어떤 점이 유사한가? 동방 교회와 비교적 비슷한 것은 무엇인가?

2. 로마 가톨릭과 동방 정교회가 재통합하는 데 어떠한 신학적 영향이 필요하다고 보는가?

3. 1054년의 분열을 그리스도의 몸(the Body of Christ)에서 일어난 현대적 분열에 비유하여 설명해 보라. 현대적 분열에서 인물, 문화, 신학의 상호작용을 논하라. 이 분열에 있어 하나님의 역할은 무엇인가?

4. 1054년의 사건을 볼 때 현대 그리스도인들이 분열을 경고하는 징조를 어떻게 알 수 있는가? 그리고 그러한 징조를 깨달을 때 그리스도인들과 교회 사이에서 일어나는 분열을 어떻게 막을 수 있을까?

이 그림은 예수님이 그의 신적 본성을 높은 산에서 그의 제자들에게 보여 주실 때의 모습이다. 하나님이 "이는 내 아들이라"라고 말씀하실 때 모세와 엘리야와 예수님의 얼굴이 해같이 빛나는 모습을 형상화 했다.(마 17:1~8)

Raphael Transfiguration(1518~20)

Turning Point 07

주후1521년 | 마틴 루터의 보름스 국회

프로테스탄트의 종교개혁,
십자가와 은혜의 신학

마틴 루터는 교회와 가정에서 널리 사용하기 위해 적어도 37편의 찬송을 작시, 번역, 편역, 개작하였다. 1520년대 초에 쓰인 그의 첫 작품들 중에는 십계명과 사도신경을 시로 번역한 것들이 있는데, 이것들은 신앙을 단순하고 솔직하게 설명해 주는 그의 소요리 문답서의 질의와 응답 및 대요리 문답서의 설교를 예견하는 것이었다. 물론 그는 '내 주는 강한 성이요'('우리 하나님은 강한 요새', '우리 하나님은 견고한 산', 그리고 다른 용어로 계속 번역되었음)를 지은 찬송 작가로 매우 유명한데, 이 찬송은 루터가 내적 회의기에서 벗어났던 종교개혁이 시작된 지 수년 후에 쓰여졌다. 그가 격렬한 논쟁 중에 쓴 찬송 몇 편은 그의 기본적인 신학적 관점을 노래로 만든 것이었다. 아래 찬송은 이들 찬송 중 하나로 1523년에 만든 것이다. 문체가 다소 산만하지만 시편 130편을 풍부한 감정을 넣어 번역하였다.

내가 고통의 수렁에서 당신께 부르짖나이다.
주 하나님 저의 간구를 들으소서.
당신의 자비로운 귀를 내게 향하시어
내 한숨에 귀를 여소서.
당신께서 허물과 죄를 보려 하신다면
주여, 누가 당신 앞에 설 수 있으리이까?

우리의 모든 잘못을 덮기 위하여
당신의 은혜만을 의지하나이다.
최선의 삶을 산다 해도 그 경주에서 승리할 수 없나이다.
선한 일도 소용이 없으리니,

당신 앞에서는 어느 누구도 영광스러울 수 없나이다.
그러기에 모든 사람은 떨 수밖에 없으며
오직 은혜로만 살아가나이다. …

우리의 죄가 크다 할지라도 하나님의 은혜는
우리를 구속하시기에 더욱 크시오니,
도우시는 당신의 손 안에서는 장해물이 없나이다.
그 상처가 아무리 깊을지라도.
선한 목자 당신만이
마침내 이스라엘을 자유롭게 하실 수 있나이다.
어떠한 방해로부터도.[1)]

1521년 4월 18일 이른 저녁 6시, 드디어 마틴 루터를 위한 시간이 도래했다. 장소는 보름스에 임시로 마련된 제국 회의장이었다. 보름스는 스트라스부르크로부터 흐르는 라인강 아래, 마인쯔 바로 남쪽에 위치한 대략 인구 7천 명의 기품 있는 도시였다. 서른일곱 살의 루터는 15년 이상 수사로 있었다. 그는 고작 스물한 살밖에 안 된 찰스 5세 앞에 출두하였다. 찰스 5세는 스페인 왕으로 있으면서 독일의 신성로마황제(샤를마뉴의 계승자)로 선출된 지 아직 2년도 안 된 인물이었다. 그 해 1월에 보름스에서 소집된 제국 국회(또는 공식 의회)는 찰스의 첫 독일 영토 방문을 결정하였다. 황제는 라틴어를 이해했으나 교육받은 언어(즐겨 쓰는 언어)는 프랑스어였다. 독일어로 언급된 모든 것은 그와 그를 시중들었던 이탈리아 교회 관리로 이루어진 대규모 수행원들을 위해 라틴어로 번역되어야 했다.

비록 찰스 5세가 황제로서 경험이 부족하고 그의 언어 능력이 보름스에 모였던 많은 사람들(여러 군주들을 포함)처럼 뛰어나지 못했을지라도, 막강한 권

찰스 5세 앞에 루터의 실제 출두는 상당히 작은 방에서 일어났다. 실제 모습은 여기에서 보이는 것처럼 극적이었을 것이다.

력을 갖고 있는 것에 대해서는 의심할 바 없었다. 그의 직함 모두가 확고한 것은 아니었지만, 찰스는 약 700년 전 샤를마뉴 이래 어느 누구보다도 유럽의 많은 지역을 망라하는 직함을 확보하였다. 부분적이지만 그의 직함은 '하나님의 은혜를 입은 독일 왕국의 황제(Augmentor)이며, 스페인, 두 시실리(Two Sicilies), 예루살렘, 헝가리, 달마샤, 크로아티아 등의 왕이며, 오스트리아의 대공, 부르군디 공 등'으로 되어 있었다.[2)]

루터는 하루 전날인 4월 17일에 황제 앞에 처음으로 모습을 드러냈다. 황제 집무실 책상 위에는 루터가 쓴 책들이 펼쳐져 있었다(찰스와 그 측근들이 처음 공관에 들어갔을 때, 그 책더미가 쌓여 있는 것을 보고 단 한 사람이 이렇게 많은 책을 쓸 수 있었을까 하고 의심을 표현했다고 한다). 루터는 철회를 위해 보름스에 소환되었다. 그는 복음, 교회의 본질, 기독교제국의 현 상태에 대해 잘못 썼던 것을 공개적으로 참회하도록 요청받았다. 루터는 그 전날 그가 철회할 것인지를 묻는 질문에, 그 글들이 여러 가지 다른 종류의 것들이라고 대답하면서, 답변을 깊이 생각해 보도록 하루를 더 줄 것을 청원하였다. 황제의 대변인은 루터와 거기 모인 청중들을 생각하면서, 썩 마음이 내키지 않았다. 루터는 이미 준비를 위해 충분한 시간을 가졌다. 그럼에도 불구하고 황제의 '타고난 관대함'[3)] 때문에 루터의 청원은 허용되었다.

그러나 이제 더 이상 지체할 수 없었다. 명령이 재차 내려졌다. "이제 들어와서 황제의 질문에 답하시오. 당신은 생각할 시간을 구하면서 황제의 관대함을 경험했소. 당신은 당신 것이라 인정된 모든 책을 고수하겠소? 아니면 철회하기를 원하시오?"

어떻게 답변할지 신중하게 생각해온 루터는 자신의 책이 세 종류라고 답하면서, 몇몇 책은 어떤 그리스도인 통치자나 교회 관리도 철회되기를 원치 않을 순전히 경건한 것이라고 말했다. 두 번째 종류는 "교리와 매우 불의한 예들을 통해 영혼과 육체에 영향을 미치는 악으로 기독교 세계를 황폐화시켰던 교황과 교황 지지자들의 활동을 직접적으로 비난한 것입니다." 루터는 그런 책들이 공격하고 있는 악을 옹호하려는 사람들이 있으리라고 생각하지 않았다. 그러나 루터는 세 번째 종류의 저작 중 단 하나의 매우 중요한 조건에서만 기꺼이 철회를 고려할 수 있는 지나치게 거친 내용이 들어있음을 인정했다. 이 점에 대해 루터는 "그러므로 저는 하나님의 자비로 부탁합니다. 전하와 영명한 군주들, 또는 지위의 높낮음에 관계 없이, 누구든지 가능하시다면 선지자나 복음서 저자들의 글을 사용해 증거를 보여 주시고, 저의 실수를 드러내 주셔서, 잘못된 것을 바로잡아 주시기 바랍니다. 제가 일단 깨닫게 되면 저는 모든 잘못을 인정하고 저의 주장을 포기할 것입니다. 동시에 저의 책을 불 속에 던져 버리는 첫 번째 사람이 될 것입니다." 이렇게 루터는 자신의 변호를 마쳤다.

그러나 제국 법정에서 그의 생각은 분명해 보이지 않았다. 황제의 대변인이 그가 철회를 하려 하는지 안 하려 하는지를 분명하게 하라고 재차 루터에게 압박을 가했다. 그 때 루터는 유럽 역사에서 가장 중대하고, 교회사에 있어 매우 의미 있는 변화를 가져온 사건 중 하나를 미리 암시한 말을 하였다. "전하와 군주들께서 단도직입적으로 대답하기를 원하시니, 저는 투쟁적이거나 악의를 가지지 않고 대답하겠습니다. 저는 제가 인용한 성경에 매여 있으며, 저의 양심은 하나님의 말씀에 사로잡혀 있습니다. 성경의 증거나 납득할 만한 분명한 이유가 없다면(저는 단지 교황이나 공의회라 해서 전적으로 신뢰하지는 않습니다. 왜냐하면 그들은 종종 잘못을 저지르며 모순된 행동을 해왔기 때문입니다), 양심을 거슬러 행동하는 일은 안전하지도 옳지도 않기 때문에 저는 어느 것도 철회할 수도 없고, 철회하지도 않을 것입니다."

이 말과 함께 프로테스탄티즘*이 탄생하였다. 루터의 양심은 '하나님의 말씀' 즉 살아서 운동력이 있는 성경의 목소리에 사로잡혔다. 더구나 그가 성경이 분명히 가르쳐주고 있다고 느낀 것은 인간 본성, 구원의 방법, 그리스도인의 삶에 관한 진리였다. 루터는 그 진리가 진리의 가장 신실한 옹호자였어야 했던 바로 그 교회 관리들에 의해 몹시 이해하기 어렵게 되었고 파괴되었다고 확신했다. 16세기 유럽인이 상상할 수 있는 가장 고귀한 사람들 앞에서 행한 이 극적인 연설로 프로테스탄티즘의 토대는 모든 사람이 알 수 있도록 제시되었다. 즉 그리스도인들은 다른 모든 권위에 앞서 성경에 복종해야 한다. 그리고 많은 그리스도인들이 성경 안에서 발견하게 될 것은 은혜에 의한 구원의 메시지로, 루터 스스로 성경에서 발견했던 것과 적어도 본질적으로 유사한 것이었다.

프로테스탄트 역사가들은 보름스 국회가 마치 루터의 극적인 연설 때문에만 중요한 것처럼 생각하는 경향이 있다. 그리고 그 뒤에 일어났던 모든 일을 당연한 결과로만 보곤 한다. 보름스 연설 이후 루터는 그를 지지한 작센의 군주인 현명왕 프레드릭(Frederick the Wise)에 의해 보호받았는데, 이는 프로테스탄티즘과 지방 및 국민적 권력의 옹호자 사이에 즉각적으로 증대되었던 동맹을 보여주는 것이었다. 루터는 곧장 보름스로부터 바르트부르크(Wartburg)성으로 은신하여, 그 곳에서 거대하게 분출하는 폭발적인 활동으로, 신약성경을 독일어로 번역하는 위대한 일을 했는데, 이는 성경에 대한 그의 신뢰를 입증해 준다. 뒤이어 루터는 수도원을 떠나 아내를 얻게 되었는데, 이는 가족과 직업에 대한 새로운 관점을 그리스도인들에게 제공했다.

그러나 사실상 황제 앞에서 행한 루터의 연설로 보름스 국회가 종결된 것은 아니었다. 또한 4월의 그날 제국의 대변인이 루터에게 언급한 말은 특히 그리스도인들이 경청할 만한 것이다. 루터가 말을 마친 후 이 대변인은 루터가 설파하였던 많은 문제에 대해 이미 판결한 바 있었던 가톨릭 교회의 위대한 공의회보다 더 상위에 자신을 위치시켰다는 이유로 루터를 엄

*** 프로테스탄티즘_**
본서에서는 가톨릭에서 개혁되어 나온 현재의 기독교, 즉 개신교를 가톨릭과 구별하기 위해 프로테스탄티즘 또는 프로테스탄트라 번역했다.

루터의 결혼_
루터는 수녀 출신 카타리나 폰 보라와 결혼했다. 루터의 결혼은 종교개혁에 있어서 가장 극적인 사건 가운데 하나이다. 루터가 구원은 행위가 아니라 믿음으로 이루어진다는 것이라고 외쳤을 때 가장 직접적 영향을 받은 곳은 수녀원이었다. 오늘날 카타리나는 종교개혁 시대의 변화된 여성상의 구현으로, 두 사람이 일군 가정은 종교개혁으로 새롭게 태어난 프로테스탄트 가정의 모범으로 일컬어진다. _ 편집자주

히 비난하면서, 루터에게 다음과 같이 말했다. "이 점에서 당신은 완전히 미쳤소. 그렇게 수세기 동안 교회와 공의회에서 비난받은 문제에 대해 새로운 논쟁을 제기하려 하는 것은 도대체 무슨 목적이요? 아마 그렇지 않다면 바로 누군가가 그 어떤 일에 대한 구실을 주었음에 틀림없소. 누구든지 공의회와 교회의 상식적인 이해를 반박하는 자는 성경 구절에 의해 증명해야만 한다면, 우리는 기독교에서 확실하거나 결정적인 것을 아무 것도 갖지 못할 거요"(이 관리는 요한 에크 Johann Eck였는데, 일찍이 루터와 중요한 신학적 논쟁을 한 바 있었던 그 유명한 에크는 아니다). 루터의 양심은 하나님의 말씀에 사로잡혔다. 그러나 제국 법정에서는 당황스럽고 동시에 통찰력 있는 질문 – 모든 사람이 자신들의 양심만을 따르게 되면 어떻게 될까? – 이 신속히 제기되었다. 마지막 결과는 분명하였다. "분명한 것은 아무 것도 없게 될 것이다."

다음날인 4월 19일, 루터가 교황 및 황제측 대표들과 비공식적인 논쟁을 하고 있는 동안 찰스 5세는 자신이 직접 쓴 문서를 낭독시켰다. 찰스 5세는 그의 독일 귀족들에게, 자신이 독일, 스페인, 오스트리아, 부르군디의 '위대한 기독교적' 군주들을 계승한 자이며, '각 개인과 모든 사람들을 신의 영광과 믿음의 강건함과 영혼의 구원을 위해 죽기까지 교회의 신실한 아들들로 남아 있게 하는 자' 임을 상기시켰다. 간단히 말해서 찰스 5세는 그가 전날 들었던 말에 감동받지 않았다. 그는 "단 한 사람의 탁발 수도사의 견해가 기독교제국의 모든 사람에 맞서 오류를 범하고 있으며, 그의 말을 따르게 되면 기독교의 모든 것들이 과거 천 년 동안은 물론 현재에서조차 오류 상태에 있는 것이며, 계속하여 잘못을 범하는 것이다"라고 결론지었다. 찰스 5세는 자신이 진정한 신앙을 옹호하는 황제라고 믿었다. 또한 그는 그 시대에 "치욕적이게도 우리의 태만으로 인해 이단 뿐 아니라 이단의 혐의를 받는 것이나 기독교를 위축시키는 것이 영원히 우리 뒤를 이을 사람들과 그 뒤를 잇는 사람들의 마음속에 머무르게 된다면" 자신과 독일 귀족 모두에게 '커다란 수치' 가 될 것이라 여겼다.

황제 앞에서 행한 루터의 연설과 더불어 루터에 대한 이러한 반응들을 고려해 보면, 우리는 보름스 국회에서의 핵심 내용이 무엇이었는지 좀더 분명히 살펴볼 수 있다. 기독교 신앙 – 프로테스탄트와 가톨릭은 그 후 500년 이상 아직도 구별되어 분리된 길을 가게 되었다 – 을 어떻게 규정할지와 관련지어 볼 때, 공적 권력과 교회 권력의 관계는 크든 작든 간에 몇몇 지배자들이 프로테스탄티즘 쪽으로 이동하여 교황과 결별하였을 때 변화하였다. 한편 로마 가톨릭에 남아 있었던 다른 지배자들은 이제 교황이 자신들에게 더 많이 의지할 필요가 있음을 발견하였다. 루터는 찰스 5세와 그 동맹자들이 그 시대의 확고한 지식이라 여긴 것에 맞서서 전적으로 새로운 자의식을 내비쳤다. 교회 공의회의 권위에 맞서고 전통의 중요성에 대해 반박하는 새로운 권위가 바로 황제의 면전에서 선언되었다. 루터는 자신의 양심이 성경에 매였다고 말하면서, 심금을 울리는 힘으로 새로운 권위의 원리를 소개했다.

전 기독교 역사에서 편견 없이 엄격하게 살펴볼 때 16세기의 종교개혁과 관련된 사건들은 교회가 유대교로부터 벗어난 운동이나 니케아와 칼케돈에서 그리스도에 대한 교회의 근본적인 학설이 정착된 것만큼 중요한 사건이 아닐지도 모른다. 프로테스탄트 종교개혁과 그에 대한 가톨릭 종교개혁이 이전에 있었던 서방과 동방 교회의 분열이나 20세기에 일어났던 기독교 신앙의 서구 밖으로의 폭발적인 전파보다 기독교 역사에서 더욱 중요한 것으로 여겨져야 하는지는 진지하게 생각해 볼 가치가 있을 것이다.

그럼에도 불구하고, 프로테스탄트 그리스도인으로서 나는 마틴 루터가 사도시대 이래 기독교 역사상의 어느 인물보다 기독교 복음의 핵심을 잘 이해했다고 생각하기 때문에, 당연히 그의 삶과 사역을 교회사의 중요한 터닝 포인트라고 생각한다.

16세기는 결정적인 터닝 포인트들로만 가득 차 있다. 첫째는 루터의 신학적 기여이다. 그것은 기독교 신학에 있어 지속적이고 필수적인 요소를 재천명한 것이었다. 둘째는 기독교제국으로부터 근대 세속 세계로 나아가는 유럽의 새로운 모습이었다. 이러한 핵심적인 변화를 극적으로 보여주는 것은 1534년 영국의 수장령이다. 세 번째는 가톨릭 세계가 다시 활력을 갖게 된 일이다. 특히 유럽 경계를 넘어선 선교적 팽창은 1534년 이그나티우스 로욜라가 이끄는 예수회의 창설(이후 곧 교황의 승인이 있었다)에 의해 가장 뚜렷하게 나타났다. 이들 터닝 포인트들은 이 장과 다음 두 장의 주제이다. 이 터닝 포인트들은 기독교 역사에 있어 매우 중요한 시기인 루터와 로욜라의 시대(또한 존 칼빈, 찰스 5세, 크리스토퍼 콜럼버스, 코페르니쿠스, 알브레흐트 듀러, 엘리자베스 1세, 로테르담의 에라스무스, 헨리 8세, 나바르의 마가렛, 메노 시몬스, 미켈란젤로, 토마스 모어, 필립 2세, 윌리엄 틴데일, 프란시스 사비에르 등의 시대)를 만들었다.

'야생 멧돼지'의 삶

교황 레오 10세는 마틴 루터를 복종시키려 한 1520년 6월의 교황교서(문서화된 명령, '인'(seal)을 뜻하는 라틴어 bulla)인 "주여 일어나소서"(Exsurge Domine)에서 루터를 그 혀가 '불'과 같은 '숲 속의 야생 멧돼지'로 불렀다. 그러나 루터가 교회를 파괴시키려 한다는 교황의 생각이 올바른지, 반대로 루터가 하나님으로부터 사람들을 분리시켰던 제도들을 파괴시켰다고 하는 것이 맞는지는 독자 여러분이 루터에 대해 어떻게 생각하는지에 달려 있다.[4)]

Exsurge Domine_ 루터에 대한 교황 레오 10세의 파문 교서이다._역자주

루터는 1483년 작센의 한 광산 도시인 아이슬레벤(Eisleben)에서 태어났다. 그 후 10년이 안 되어 콜럼버스가 서쪽으로 항해하였고, 이슬람 무어인의 최후 세력이 스페인에서 쫓겨났으며, 좀더 나이든 동시대인인 로테르담의 에라스무스는 신약성경의 그리스어 원전에 대한 필생의 연구를 시작하였다. 유럽은 빠르게 변화하고 있었다. 루터의 부모는 루터에게 그들이 할 수 있는 최고의 교육을 시켰다. 그들은 루터가 법률가가 되어 도시의 화려한 자문관이 되기를 소망했다. 그러나 대학 생활이 끝날 때쯤, 보이지 않는 세계의 실재들이 물질적 욕망보다 더 강하게 루터를 압박하였다. 1505년, 루터가 에어푸르트(Erfurt)에 있는 아우구스티누스파 수도원에 들어가자, 루터의 아버지는 경악을 금치 못했다. 20년 후 루터는 그의 수도원 서약을 폐기하게 되지만, 첫 프로테스탄트였던 루터가 수사로서 자신의 근본적인 신앙에 이르게 되었다는 점에서 루터는 기독교제국의 이전의 천 년을 잇는

훌륭한 가교가 된다. 루터의 인격적이고 신학적인 발전에 있어 특별히 중요한 것 중 독일 아우구스티누스 수도원의 감독인 요한 폰 스타우피츠(John von Staupiz, 약 1468~1524)의 현명한 조언이 있었다. 루터가 하나님 앞에서 자신의 부족을 호소하면서 스타우피츠에게 질문공세를 퍼부었을 때, 스타우피츠(그는 로마 교회에서 평화스럽게 사망하였다)는 그에게 성경 연구를 권했다. 스타우피츠는 또한 루터의 영적 침체에 대한 실제적인 대책으로 루터가 신학 박사 학위를 취득할 수 있도록 수속을 밟아 주었다. 그 결과 루터는 대학 교수가 될 수 있었고 그의 거대한 정력을 유익하게 사용할 수 있었다. 그는 서른 살이 되기 직전에 신설 비텐베르크(Wittenberg)대학의 성경학 교수로서 생업을 시작하였다.

수도원에서 요구하는 일과 가르치는 일은 루터에게 충분히 만족할 만한 일거리를 주었으나, 그러한 일들은 루터가 개인적으로 추구하는 거룩함을 만족시키기에는 부족하였다. 루터는 결국 수도원을 떠나는데, 그가 수도원의 훈련을 무시해서가 아니라, 그 훈련이 인간적으로 할 수 있기에는 심한 것으로 생각했기 때문이었다. 그의 죄의식은 커다란 것이어서 그에게 많은 고뇌를 안겨 주었다. 더군다나 그 고뇌는 그의 생각을 지배하는 하나님의 무서운 이미지, 특히 인간에게 신적인 의의 완전하고 무서운 실재를 보여주기 위해 자기 아들을 보낸 완벽한 의로운 재판장으로서의 하나님 이미지에 의해 야기된 것이었다. 루터는 이 의로움과 관련해서 궁리하고, 애쓰고, 연구하고, 노력하고, 더욱 더 곰곰이 생각하였다. 루터는 특히 관련된 성경 본문을 찾느라 괴로움을 겪었다. 그는 이 문제에 "끈질기게 도전했다"고 고백한다.

특히 가장 당황스러운 것은 로마서 1장의 말씀 "복음에는 하나님의 의가 나타나서"(롬 1:17)였다. 하나님의 의의 나타남은, 인간들이 신의 거룩함이 주는 완전함을 대할 때 자신들이 얼마나 무가치한지 알 수 있게 하는데 어떻게 그러한 하나님의 의가 복음의 복된 소식을 이룰 수 있을까? 하나님과의 화해가 어떻게 하나님의 의의 나타남으로 인해 가능할 수 있을까? 결국 루

자신의 영적 돌파에 대해, 루터

1545년 루터가 자신의 라틴어 저작 전집의 서론을 준비하면서 거의 30년 전에 있었던 중대한 변화를 다음과 같이 회상하였다.

> 수사로서 나는 흠이 없이 살았음에도 하나님 앞에서 죄인이라 느꼈고, 내 양심은 불안했으며, 행위를 통해 하나님과 화해할 수 있다고 믿을 수가 없었다. 그렇다. 나는 죄인을 벌 주시는 의로우신 하나님을 사랑하지 않았고 증오했다. 그리고 불경스럽지는 않았을지라도 마음속으로는 확실히 크게 투덜대며 하나님께 분노하면서 말했다. "참으로, 원죄로 인해 영원히 저주받을 불쌍한 죄인들이 십계명이라는 율법으로 불행에 억눌려 있는 것이 충분치 않았나요? 하나님은 복음을 근거로 고통에 고통을 가중시키고, 또한 복음으로 우리에게 하나님의 의와 진노로 우리를 위협하시는 게 아닙니까?" 그래서 나는 맹렬하게 분노했고, 내 양심은 고통스러웠다. 그럼에도 불구하고 나는 성 바울이 무엇을 원했는지 알고자 하는 욕망으로, 끈질기게 바울을 연구했다.
>
> 밤낮으로 묵상하여 마침내 나는 하나님의 도우심으로, "하나님의 의가 나타났는데, 의로운 자는 믿음으로 살 것이다" 라는 말씀의 문맥에 귀를 기울이게 되었다. 그 말씀을 통해 나는 하나님의 의가 복음에 의해 드러났으며, 하나님의 선물, 즉 믿음이라 칭하는 것에 의해 우리가 의인으로 살 수 있음을 이해하기 시작했다. 즉 "오직 의인은 믿음으로 말미암아 살리라" 라고 기록된 것처럼, 자비로우신 하나님이 믿음에 의해 우리를 공의롭게 하신 거저 받은(수동적인) 의이다.
>
> 이제 나는 전적으로 다시 태어나게 되었고, 열려진 문을 통해 낙원으로 들어갔음을 느꼈다. 그에 따라 모든 성경이 전적으로 다르게 보였고, 기억을 더듬어 성경을 뒤지면서, 또 다른 용어에서 유사한 뜻을 발견했다. 그것은 하나님의 사역, 즉 하나님께서 우리 안에서 행하시는 것, 우리를 강하게 만드시는 하나님의 권세, 우리를 총명케 하시는 하나님의 지혜, 하나님의 능력, 하나님의 구원, 하나님의 영광 같은 것들이었다.
>
> 그리하여 이전에 내가 증오했던 단어인 '하나님의 의' 에 대해 처음 가졌던 미움만큼이나 큰 사랑을 담아, 내가 알게 된 가장 감미로운 이 단어를 찬양하게 되었다. 나에게 바울의 그 구절은 진정 낙원으로 들어가는 문이 되었다.[1]

터는 그 문제를 놓고 7년간의 치열한 연구끝에 시편 31편의 단 한 구절, "주의 공의로 나를 건지소서"에서 단서를 발견하였다. 루터는 그 영감을 갖고 "처음부터 끝까지 믿음에 의한 의"와 관련하여 로마서 1장에서 발견한 것을 이해할 수 있었고, "의인은 믿음으로 말미암아 살리라" 라는 말을 부담 없이 들을 수 있었다. 루터가 수년 후 설명한 것처럼, 그 구절의 핵심은 죄인이 하나님의 의를 그리스도 안에서 선물로 받을 수 있다는 것이다.

루터가 성경을 이해하는 과정에서 심중에 겪은 신학적 혼란과 힘들게 얻게 된 영적 돌파(breakthroughs) 중 그 어느 것도 교회라는 바다에는 잔물결조차 일게 하지 못했다. 사실 나중에 루터는 자신의 여정이 4세기 어거스틴, 15세기 초 보헤미아의 개혁자 존 후스(John Hus), 네델란드의 설교자 간스포트의 존 베셀(John Wessel of Gansfort, 1489년 사망)과 같이 교회의 이전 역사에서 많은 사람들이 간 길과 유사하다고 결론지었다. 루터가 개인적으로 발견한 것들이 공적인 적개심을 야기하게 된 것은, 그리스도를 믿는 믿음을 통해 발견해야 할 은혜의 값없는 선물을 방해하는 당시의 교회 관습에 맞서서 저항하기 시작했을 때였다.

한 예로, 1517년 면죄부 판매에 대항한 95개조의 반박문은 그를 즉각적으로 논쟁을 일삼는 사람으로 만들었다. 그것은 그 조항에 내재되어 있는 신학적인 문제라기보다는, 교황을 포함한 주요 교회 관리들이 면죄부 판매를 통해 일정 몫의 돈을 받았기 때문이었다.

그러나 루터가 계속적으로 개혁을 위해 공적으로 호소한 것에 대한 교회의 저항은 곧 권력 남용에 관한 논쟁을 넘어 기본적인 신학 문제와 관련된 심각한 싸움으로 비화되었다. 증대되는 공적 논쟁을 통해 루터는 개인적으로 신학적 사고에 있어 열심 있는 자로서만이 아니라 널리 공개된 논쟁에서도 풍부한 실력을 가진 인물로 부각되었다. 95개 조항에 이어 왕성하게 전개된 신학적 논쟁들은 유럽 역사에 있어 처음으로, 인쇄된 출판물이 전면적으로 사용되었음을 보여 주었다. 루터의 펜으로부터 흘러나온 말의 홍수는 그 시대에는 하나의 경이로움이었고, 이후 특히 루터의 전집이 더욱 쉽게 이용될 수 있게 된 20세기에는 연구를 위한 보배로운 자료가 되었다.

루터의 풍부한 문학성을 보여 주는 주목할 만한 특성은 특히 1520년에 발행된 글들에서 보여진다. 일단 각 책들의 독특한 가치를 떠나, 그 책들은 대부분 찰스 5세와 대립할 무렵 보름스의 책상 위에 올려져 있었던 책들이었다. 루터는 1520년에만 덜 본질적인 수많은 저작들 이외에 다섯 권의 중요한 책을 발행하였다. 그는 "선행에 관한 논문"(Treatise on Good Works)에서 그리스도 안에서의 믿음이 어떻게 하나님이 회개하는 죄인들에게서 기대하는 유일한 선행인지를 보여주었으며, 더 나아가 믿음의 '행위'(work)는 믿음 그 자체가 하나님의 선물이기 때문에 인간이 은혜로만 성취할 수 있는 것이라고 했다. 루터의 공격적인 글인 "로마의 교황직"에서는 교황이 그리스도의 대리자로 여겨지고 있지만, 그는 실제로 사람들이 복음의 메시지를 이해하고 귀 기울이는 것을 방해하기 때문에 적그리스도라 불려야 한다는 것을 암시하였다. 루터의 "독일의 기독교 귀족들에게 보내는 글"은 -영적으로 뿐 아니라 경제적, 정치적으로- 자신들을 로마에 결박시켰던 폭정과의 관계를 끊을 것을 알프스 북쪽의 지도자들에게 호소하는 선동적인 글이었다. 루터의 "교회의 바빌론 유수"(Babylonian Captivity of the Church)는 교회의 7성사 제도를 검증할 것을 제시했다. 단지 세례와 성찬, 그리고 아마도 고해가 신약성경에서 그리스도에 의해 인정된 성사로 발견된다고 주장함으로써 -동시에 성사의식을 가톨릭 교회가 관장하면서 성사를 자기 의의 행위로 바꾸었다고 주장함으로써 -루터는 성사 제도를 중심으로 성장했던 기독교제국의 기반을 위협하였다. 그 밖의 저작들의 날카로운 논쟁과 달리 1520년에 나온 루터의 마지막 주요 저작인 「어떤 그리스도인의 자유」(*the Freedom of a Christian*)는 어떻게 전적으로 하나님의 은혜의 역사에 의해 구원받은 그리스도인이, 그럼에도 불구하고 적극적으로 선행을 하게 되는지를 설명하면서 보다 화해적인 노력을 기울였다. 역설적 표현의 은사를 가진 루터는 다음과 같이 설명했다. "그리스도인은 모든 자 중에 완전히 자유로운 주인이어서 아무에게도 굴복하지 않으며, 그리스도인은 모든 자 중에 완전히 충성된 종이어서, 모두에게 복종한다."[5)]

이들 1520년의 저작들은 도전을 던져 주었고, 다음 해 보름스 국회가 대응하였다. 루터의 복음 해석과 그 복음의 이해를 뒷받침하는 데 필요한 교회 구조의 해석이 교황과 황제 둘 다에 의해 거부되었을 때, 프로테스탄티즘으로 향하는 움직임은 속도가 빨라졌다. 루터는 보름스에 등장한 직후부터 신약성경을 독일어로 번역하는 것 이외에 예배를 위해 수정된 교회제도를 마련하였다. 1525년에 계속된 루터의 단호한 행동은 자신이 깨달은 바가 복음에 대한 적절한 반응이었음을 분명하게 했다. 그는 전직 수녀였던 카타리나 폰 보라(Katherine von Bora)와 결혼하였고, 복음의 자유에 대한 그의 해석이 정치적 폭동을 정당화한다고 생각한 농민 봉기자들을 몹시 비난했으며, 인본주의자며 성경학자인 에라스무스에 맞서 "속박된 의지"라는 장문의 변론서를 발행하였다. 또한 하나님의 사역을 행하기 위해 특별한 사제 계층이 더 이상 필요하지 않으며, 어떤 이유로든 사회 질서를 붕괴시키는 것은 분명 채택되어서는 안 된다고 주장하는 등, 개혁된 교회의 모습을 보여주는데, 이는, 하나님께서 자신을 영화롭게 하기 위해 뜻을 바꿀 때까지 고집스럽게 자기 자신의 이기심에 사로잡힌다는 어거스틴의 인간 본성에 대한 이해를 완전히 수용하는 것이었다.

루터의 생애 마지막 20년간은, 그를 유럽에서 가장 존경스럽고 동시에 가장 증오스런 사람으로 만들었던 1517년에서 1525년까지의 기간만큼 극적이지는 않았지만, 특히 성경의 여러 부분에 대한 설교와 강의안을 담은 책들이 그의 펜으로부터 계속 쏟아져 나왔다. 그의 비중 있는 모든 저서들 중에서, 루터 자신이 선호하는 것은 1529년 발행된 소요리 문답이었다. 이는 그가 이해한 복음에 비추어 그리스도인이 일상적인 삶에서 필요한 몇 개의 원리와 함께, 십계명, 사도신경, 주기도문을 간단한 질문과 응답 형태로 설명한 것이었다.

1530년에 루터의 가장 절친한 동료인 필립 멜랑히톤은 아우구스부르크 제국 국회에 그와 루터의 신학적 신념을 담은 개요를 제시하였다. 참석한 몇 명의 주요 군주들이 그 문서에 서명함에 따라 아우구스부르크 신앙 고

루터가 전직 수녀였던 캐더린 폰 보라와 1525년 결혼했을 때, 그는 프로테스탄트 신학에 제공했던 것과 같은 자극을 프로테스탄트 목사 가족들에게 준 것이다.

백이 나왔는데 이것은 독일, 스칸디나비아, 동유럽 지역에서 부상하고 있었던 루터파 교회의 교리적 기준이 되었다. 1534년 루터는 10여 년 이상 많은 동료들의 도움을 받아 작업해왔던 전체 성경의 번역을 완결지었다. 그의 건강은 위태로워졌고, 감정은 말년에 자주 격정적이 되었다. 그는 1546년 2월에 사망하였다.

터닝 포인트로서 루터의 십자가 신학

마틴 루터의 생애를 연구하는 데에는 가치 있는 이유들이 많이 있다. 독일어 연구자들은 그를 언어적 천재성과(그의 성경 번역은 킹 제임스 성경이 잉글랜드에 끼친 것보다 더 많은 영향을 독일에 끼쳤으므로 소중히 간직된다) 색슨어를 현대 표준 독일어로 만든 것으로 칭송한다. 가족을 연구하는 사람들은 루터의 결혼을 현대적 형태의 사회적 상호작용의 발달에서 이정표가 된다고 본다. 교회사가들은 루터를 16세기 교회 구조의 재형성에 놀라운 힘을 가진 사람으로 본다. 루터의 생애에 대한 최고의 저자 중 한 사람인 로랜드 베인톤(Roland Bainton)은 잉글랜드에서 성경 번역자 윌리엄 틴데일(William Tyndale), 전례학자 토마스 크렌머(Thomas Cranmer), 설교자 휴 레티머(Hugh Latimer), 찬송작가 아이작 와츠(Isaac Watts), 그리고 여러 세대에 걸쳐 신학자들이 행했던 것을 독일에서 루터 혼자 모두 했다고 말한다.[6] 비범한 재능을 연구하는 사람들에게는 여러

사도신경에 대해, 루터

루터의 사도신경 주해는 소요리 문답서의 핵심이다.

첫 번째 항목 : 창조

Q "전능하사 천지를 만드신 하나님 아버지를 내가 믿사오며"
이는 무엇을 의미하는가?

A 나는 하나님이 나와 존재하는 모든 것을 창조하셨다는 것, 그가 나의 육체와 영혼, 나의 모든 사지와 감각, 나의 이성과 모든 정신 능력을 음식과 의복, 집과 가정, 가족과 재산과 함께 주셨고, 여전히 보존하신다는 것, 하나님이 날마다 삶에 필요한 모든 것을 풍요롭게 공급하시며, 모든 위험으로부터 보호하시고 모든 악에서 지켜 주신다는 것을 믿습니다. 나로서는 어떠한 공로나 가치가 없으나 그가 자신의 순전하고 자애로우시며, 거룩한 선하심과 자비로우심으로 이 모든 일을 행하십니다. 이 모든 것에 대하여 당신께 감사하고 찬양하고 섬기고 복종할 수밖에 없습니다. 이는 가장 분명한 진실입니다.

두 번째 항목 : 구속

Q "그의 외아들 우리 주 예수 그리스도를 믿사오니, 이는 성령으로 잉태하사 동정녀 마리아에게서 나시고 본디오 빌라도에게 고난을 받으사 십자가에 못 박혀 죽으시고 장사한 지 사흘 만에 다시 살아나시며 하늘에 오르사 전능하신 하나님 우편에 앉아 계시다가 저리로서 산 자와 죽은 자를 심판하러 오시리라."
이는 무엇을 의미하는가?

A 나는 영원 전에 성부에게서 나신 진정한 하나님이시며, 또한 동정녀 마리아에게서 나신 진정한 인간이신 예수 그리스도께서 나의 주님이심을 믿습니다. 그는 멸망되고 저주받은 피조물인 나를 구속하시고, 나를 모든 죄와 죽음과 사탄의 권세로부터 건져 주시고 자유롭게 하셨는데, 은이나 금이 아닌 그의 거룩함과 보배로운 피와 그의 죄 없으신 고통과 죽으심으로 하셨음을 믿습니다. 이는 내가 그분의 것이 되며, 그의 나라에서 그분 통치 아래에서 살며, 영원한 의와 죄 없음과 축복됨으로 그를 섬기도록 하기 위함인 바, 이는 그분이 죽은 자들로부터 부활하셔서 살아 계시며 영원까지 통치하시기 때문입니다. 이는 가장 분명한 진실입니다.[2]

종류의 논문, 설교, 강의안, 성경 주해를 평균 3주에 한 번꼴로 써냈던 루터가 당연히 관심 대상이었다.

그러나 루터와 그가 쓴 저작이 기독교 역사에서 하나의 터닝 포인트가 된 이유는 무엇일까? 그 문제에 답하려고 애쓰다 보면 처음에는 다소 곤란한 결말에 이르게 된다. 즉 우리가 아주 진지하게 루터 생애의 역사적 측면을 보게 되면 그렇다.

먼저, 루터는 결코 기독교적 예의범절의 모델은 아니었다. 그는 자신의 지지자들과 옹호자들을 교훈하기도 했지만, 오히려 당황스럽게 만들기조차 했던 퉁명스럽고 거친 저술가였다. 예를 들어 이런 일이 있었다. 처음 루터의 종교개혁이 시작될 무렵, 독일의 학교들과 대학에서 커다란 붕괴 현상이 있었는데, 이는 부모들이 가톨릭 교회의 취약함이 전통적으로 교회와 연결된 교육 제도에 자동적으로 영향을 주었다는 결론을 내림에 따라 생긴 일이었다. 루터는 이 일에 있어 아무 일도 하려 하지 않았다. 그가 보기에 자녀 교육에 관심을 기울이지 않았던 부모들은 "자신의 새끼들을 괴롭히는 비열한 돼지와 악의에 찬 짐승이 아닌 다음에야 있을 수 없는 수치스럽고, 경멸스럽고, 가증한 부모들"[7]이었다. 루터는 결혼 생활의 어려움을 겪고 있는 군주에게 고대 이스라엘 일부다처의 지배자를 따르고 후처를 취하도록 여러 번 조언하였던 사람이기도 했다. 또한 개혁 초기에 "내가 잠자거나 내 친구 필립 멜랑히톤과 니콜라스 암스도르프와 함께 비텐베르크 맥주를 마시고 있는 동안도 성경 말씀이 교황직을 크게 약화시켰기 때문에 어떤 군주나 황제도 교황직에 그 만큼의 해를 가한 적이 없다"[8]고 자랑스럽게 말하기도 했다. 이런 면에서 볼 때 기독교 역사에서 기억되는 루터의 모습은 예의바르거나 수줍은 모습은 아니었다.

루터는 교회사에서 다른 많은 훌륭한 인물들이 보여주었던 평온함, 거룩한 행실 또는 승리에 찬 그리스도인의 삶과는 거리가 멀었다. 반대로 그는 끊임없이 내적 투쟁, 의심, 우울함에 사로잡혔으며, 감정의 기복이 심했다. 웨일즈 출신의 위대한 설교가인 마틴 로이드 존스(Martyn Lloyd-Jones)가

1967년 95개조 반박문 발표 450주년 기념에 즈음하여 다음과 같이 간략하게 언급한 것은 루터의 이러한 측면을 잘 보여준다. "루터는 천재며, 뛰어난 두뇌의 소유자였지만, 우울증에서 벗어나지 못했다. … 그는 매우 인간적이었다. 그는 우울증을 겪었을 뿐 아니라, 장(腸)과 관련된 커다란 건강 염려증이 있었다. 그는 그것에 관해 많은 말을 했다. 이것이 내가 그것을 언급하는 이유이다."[9]

가장 중요한 것은 루터 역시 분명한 죄인이었다는 것이다. 특히 그 자신이 성경을 근거로 선언했던 기준에 비추어볼 때 그러했다. 더구나 거침없는 인품과 함께 그의 영적 불순종의 모습이 너무나 분명하게 드러났다. 루터가 죽기 정확하게 3년 전인 1543년에 유대인들을 가혹하게 비난한 것은 서구 역사에 특별한 손상을 끼쳤다. 루터는 과격한 말로 독일의 지도자들에게 유대인들을 그 땅에서 쫓아내고, 그들의 소유를 다 빼앗으며, 유대 랍비들이 가르치는 것을 금지시킬 것을 요청하였다. 유대 교사들이 프로테스탄트와 가톨릭 교도들을 꾀어 기독교 신앙에서 떠나게 하려 한다는 말을 들었기에 신학적 이유에서 방어하기 위해 한 말일 수 있다. 그러나 그가 주장했던 죄악된 폭력적인 방법이 독일 땅에 씨 하나를 뿌린 셈인데, 그 땅은 그 후 쓰디쓴 열매를 맺게 되었다.

간단히 말해, 루터의 가르침을 중요한 터닝 포인트로 만든 것은 그의 나무랄 데 없는 영적 자격이 아니었다. 확실히 그는 참으로 동정적이었고, 사랑이 깊었으며, 예상 외로 겸손하며, 특별한 재능을 많이 가진 인물임에 틀림없었다. 그러나 루터를 더욱 사로잡은 것은 '하나님에 대한 시각'(the vision of God)으로, 당시 루터는 이를 설교, 소책자, 논문을 통해 전달했는데 이는 기독교 역사에서 하나의 이정표가 되었다. 당시 수많은 종교적 관습을 분쇄시켰던 '하나님에 대한 시각'은 먼저 루터 자신의 마음속 깊이 파고들었고, 그 후 전체적으로 서구인들의 관심을 불러 일으켰다.

루터는 하나님의 관념적인 모습에는 관심이 없었다. 그가 보기에 아리스토텔레스의 부동의 원동자(Unmoved Mover)나 플라톤의 영원한 형상의 완전성

부동의 원동자_ 아리스토텔레스가 말한 신의 개념, 그러나 종교적 의미의 창조자가 아니며, 세계에 대해 사유하거나 세계에 목적을 부여하는 신적 존재가 아니라 운동을 설명해 주려는 하나의 방식일 뿐이다. –편집자주

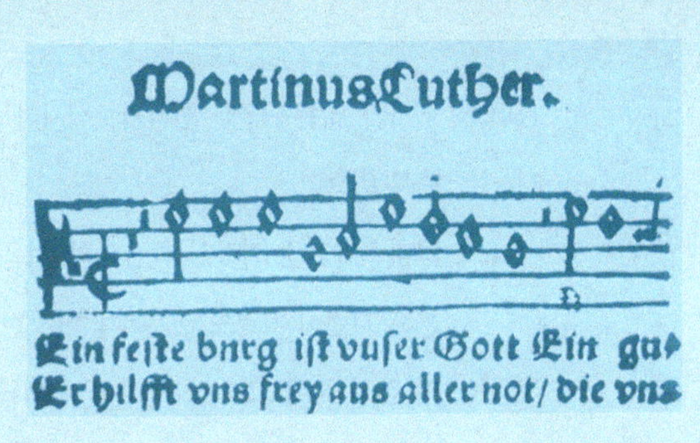

마틴 루터의 가장 유명한 찬송가인 "내 주는 강한 성이요"가 처음 출판된 직후의 모습.

중에 기독교적인 것은 없었다. 기독교 교회의 다른 유명인사들에게 영감을 준 하나님의 개념들조차도 그의 일차적인 관심 대상은 아니었다. 그는 이전 세대 독일 신비주의자들이 큰 의미를 두었던 사랑의 하나님을 높이 평가하였다. 루터는 토마스 아퀴나스가 자연적이고 이성적인 세계에 대한 하나님의 통치에 관해 언급했던 것 중에서 일부를 이용하였다(루터는 결코 아퀴나스에 대해 좋게 말할 생각이 없었다. 아퀴나스를 철저하게 읽는 데 별 어려움이 없었던 그는 아퀴나스를 정신적 선행을 통한 구원을 고취시킨 사람으로 여겼다). 루터가 순수한 도덕적 빛으로서 하나님을, 그리고 영원히 신비로운 상호작용으로서 삼위일체를 묘사한 어거스틴으로부터 무엇인가를 배운 것은 확실하다. 하지만 위에 열거한 것들과 그 밖에 다른 평판이 나 있는 기독교의 하나님 이미지들은 루터에게는 보조적인 것에 불과했다.

1517년 10월 31일 비텐베르크에 게시된 95개조에서 비롯된 '개혁'에 대한 루터의 공적 활동을 보면 루터의 하나님에 대한 핵심 관심이 무엇인지 알 수 있다. 95개조 중 첫 항에는 다음과 같이 단순하게 언급되어 있다. "우리 주님이며 주인 되신 그리스도께서 '회개하라'고 말씀하셨을 때, 그것은 신자의 모든 삶이 회개하는 삶이 되어야 한다는 것이었다." 마지막 네 조항은 그의 주요 관심사에 보다 근접해 있다.

> 92조. 평화가 없는데도 그리스도의 백성을 향하여 "평화, 평화" 하고 외치는 예언자들은 다 물러가라.

93조. 십자가 없는 곳에 "십자가, 십자가" 하고 외치는 예언자들에게 축복 있으라.

94조. 그리스도인은 죄값인 죽음이나 지옥을 통해 머리되신 그리스도를 부지런히 따르도록 훈계받아야 한다.

95조. 이 같이 하여 그리스도인으로 하여금 평안에 의해서보다 오히려 많은 고난을 통하여 하나님 나라에 들어간다는 확신을 가지게 하라.

루터가 로마서 1장을 깊이 묵상해서 힘들게 얻은 하나님 이해가 이제 알려지기 시작했다. 개인적 확신으로서의 종교는 십자가에 못 박힌 구세주에 의해 정의된 종교에 길을 열어 주었다.

이 일이 있은 지 불과 몇 달 후, 루터는 하이델베르크에서의 논쟁을 위해 몇 가지 다른 논제를 제의할 때, 이 문제에 대해 좀더 분명하게 설명하였다. "자신의 힘으로 무엇인가를 행함으로 은총을 받을 수 있다고 믿는 사람은 죄에 죄를 더하게 되어 이중으로 죄를 범하게 된다." 이렇게 루터는 단순히 인간의 힘을 쏟아 하나님과 안전한 화평을 이룰 수 있다는 개념을 비난했다. 그렇지만 이 징벌의 메시지는 심판을 알리는 어두운 메시지가 아니라, 오히려 자신을 겸손하게 낮추고 '그리스도의 은혜를 구하려는' 갈망을 증가시킬 수 있다. 당시 루터는 그가 할 수 있는 모든 힘을 다해 명확하게 그것을 설명했다. "고난과 십자가를 통해 나타나는 명확하고 뚜렷한 하나님의 일을 이해하는 사람은 … 신학자라 불리울 만하다. … 영광의 신학자(a theologian of glory)는 악(공로)을 선이라 부르고, 선(십자가)을 악이라 부르지만, 십자가의 신학자(a theologian of the cross)는 실제 있는 그대로의 것을 말한다."[11]

루터의 하나님 사상 안에 있는 중요한 요소에는 또 하나의 역설이 들어 있었다. 하늘과 땅을 만든 권세자를 이해하기 위해서는 로마의 교수대에 무기력하게 달려 있었던 예수님을 아는 것이 필수적이다. 신의 도덕적 완전함을 알기 위해서는 한 범죄자의 처형에 담긴 추문, 수치, 고통, 추잡함을 이해하는 것이 필요하다. 간단히 말해 루터에게 하나님을 발견하는 것은 십자가를 발견하는 것이었다.

루터는 그의 하나님 신학을 십자가에서, 그리고 십자가에 의해 드러난 것으로 설명하기 위해 고린도전서 1장을 자주 인용하였다.

> "십자가의 도가 멸망하는 자들에게는 미련한 것이요 구원을 받는 우리에게는 하나님의 능력이라. 기록된바 "내가 지혜 있는 자들의 지혜를 멸하고 총명한 자들의 총명을 폐하리라" 하였으니 지혜 있는 자가 어디 있느냐? 선비가 어디 있느냐? 이 세대에 변론가가 어디 있느냐? 하나님께서 이 세상의 지혜를 미련하게 하신 것이 아니냐. 하나님의 지혜에 있어서는 이 세상이 자기 지혜로 하나님을 알지 못하므로 하나님께서 전도의 미련한 것으로 믿는 자들을 구원하시기를 기뻐하셨도다. 유대인은 표적을 구하고 헬라인은 지혜를 찾으나 우리는 십자가에 못 박힌 그리스도를 전하니 유대인에게는 거리끼는 것이요 이방인에게는 미련한 것이로되 오직 부르심을 받은 자들에게는 유대인이나 헬라인이나 그리스도는 하나님의 능력이요 하나님의 지혜니라. 하나님의 어리석음이 사람보다 지혜롭고 하나님의 약하심이 사람보다 강하니라"(고전 1:18~25).

루터에게 이 성경 구절들은 하나님의 본질을 규정하는 것이었다. 따라서 그는 십자가에 대해 많이 언급했다. 그에게 있어 기독교는 죄인들을 위해 죽으신 그리스도와 함께 시작된다. 기독교가 인간의 삶에 있어 하나의 실재가 되는 것은, 남자든 여자든 코람 데오(Coram Deo, 하나님의 임재 앞에서)로 서서 자신들의 고집이 파괴되는 고통을 겪음으로 그리스도의 죽음에 들어가게 될 때이다.

루터는 또한 천성적인 논쟁가로서, 십자가의 신학(a theology of the cross)에 반대되는 사고방식, 즉 자신이 영광의 신학(a theology of glory)이라 부른 것을 비판하였다. 루터에게 영광의 신학은 두 가지를 의미했다. 우선, 영광의 신학은 인간이 자기 자신을 신뢰하도록 하여, 자신의 노력을 이생과 내생을 보장하는 기초로 삼게 한다. 영광의 신학은 자기 자신과 다른 사람들, 또한 가장 중요하게는 하나님으로부터 인정받기 위해 자신의 힘 닿는대로 열심히 분주하게 행하도록 요구한다. 영광의 신학은 우리가 우리 자신을 적절하게 훈련시킬 수만 있다면 결국 궁극적으로 하나님을 기쁘시게 해드릴 것이라 생각하도록 유도한다. 교활하게도 영광의 신학은 영적인 삶을 이루어 가는데 있어 하나님이 우리를 위해 행하시는 일보다, 오히려 우리가 하나님을 위해 행하는 일이 더 중요하다고 생각하도록 만든다.

그 다음으로 루터는 영광의 신학이 인간들로 하여금 자신의 지혜를 의지할 것을 고무시킴으로서 해를 끼치기조차 한다고 주장했다. 즉 하나님과 세상에 대한 그들 나름대로의 이해를 삶을 위한 충분한 안내자로 의지하게 만든다. 영광의 신학은 지성을 통해 자아, 타인, 세상, 그리고 하나님에 대해 발견하는 지식이 의로 가는 길을 열 수 있다고 생각하게 만든다.

바로 이러한 말들이 루터의 저작을 읽은 수많은 초기 독자들에게 루터가 공공의 영역이거나 교육적 영역이거나, 또는 교회이거나 간에 모든 기존 제도를 무너뜨리기 원했던 혁명적 인물이라고 생각하게 했다. 하지만 그러한 해석이 오해라는 것이 자녀들의 교육을 소홀히 했던 부모에 대해 말한 루터의 거친 반응에서 드러난다. 루터는 실제로 전통적인 공공의 권위에 대해 커다란 존경심을 갖고 있었다. 그는 중세 시대에 발달했던 일곱 교양 과목과 더욱 새로워진 탐구방식(역사연구와 같은)조차도 은혜로 구원받은 사람들에 의해 더 잘 수행될 수 있다고 생각했다. 동시에 그는 가시적 교회(visible church) 생활에 참여하지 않는 사람들은 아무도 구원받을 수 없다고 주장했다. 영광의 신학에 대한 루터의 비판은 인간의 행위 그 자체나 인간의 전통과 구조의 측량할 수 없는 귀중한 공헌에 대한 비판이 아니었다. 그보다는 인간의 행위, 전통, 구조 자체가 생명을 부여한다는 생각에 대한 비판이었다. 인간의 능력은 분명 하나님께서 주신 것이지만, 그 능력은 은혜의 선물에 대한 지극한 감사로 행해져야 한다. 그리고 그것은 순전히 예수 그리스도 안에서 하나님의 선하신 기쁨을 통해 주어진 은혜의 선물이다.

마침내 루터는 수사로서 그가 그때까지 열정적으로 추구했던 노력이 영광의 신학에 뿌리를 두고 있었다는 생각에 도달하였다. 그는 체계적이고, 양심적이며, 열심 있고, 자기 부정적인 종교적 예배를 드려야 하나님께 받아들여지고, 영혼의 평안을 얻게 되며, 영적인 동료 순례자로부터 존경을 받게 되고, 그래서 마침내 평안한 죽음을 얻게 될 것이라 믿었었다. 그러나 그러한 모든 개념들은 그가 십자가를 발견했을 때 사라졌다.

루터가 예수의 십자가에서 끝내 발견한 것은 그를 매우 당황하게 했다. 그것은 경멸, 비웃음, 죽음으로 가는 불안, 제자로부터의 버림 받음, 미래에 대한 희망의 붕괴, 저주스런 악인과 함께 한 죽음, 모든 세상에 대한 진노, 그리고 하나님이었다.

루터가 고난과 십자가를 통해 발견한 하나님에 대해 말하고자 한 것은 무엇일까? 첫째, 하나님을 발견하기 원하는 사람은 하나님께서 자신을 가장 완전하게 드러내셨던 갈보리를 보아야 한다는 것이다. 하나님이 자신을 가장 완전하게 드러내셨던 곳이 십자가라는 것을 깨닫게 되면, 죄악된 본성을 십자가에 못 박아야 함을 깨닫게 된다. 그것은 살아계신 하나님의 거룩함과 순전함 앞에서 우리의 죄가 얼마나 지극히 더러운지를 본질적으로 깨닫는 것이다. 그것은 또한 갈보리에서 자신을 드러내신 한 분 참 하나님께 이르는 길은 십자가에서 보이신 하나님의 지혜의 신비 앞에 모든 인간이 지적으로 겸손해지고 총체적인 무지함을 고백하는 것을 의미하였다.

이러한 깨달음이 루터를 십자가로 이끈 이유는 무엇인가? 루터는 십자가가 창조자이시며, 위대하고 전능하신 하나님의 고통, 즉 우리를 위한 하나님의 고통을 보여주시기 때문이라고 생각했다. 루터는 십자가가 우리를 위해 죽음을 경험하신 하나님의 엄청난 신비를 우리에게 보여준다고까지 말할 수 있게 되었다. 십자가에서는 성육신하신 하나님(God Incarnate)의 죽음을 통해서만 의롭게 될 수 있다는 것을 아는 것 이외에도 인간의 깊은 죄성을 보다 분명하게 발견할 수 있었다. 그러므로 그리스도인들이 자신에 대해 절망할 때만이, 즉 영광의 신학을 버릴 때만이 십자가를 받아들일 수 있다는 것이다.

루터에게 십자가는 지극히 신비로운 하나님으로서, 무한한 사랑이신 하나님을 보여주신다는 것이 바로 핵심적인 원리였다. 십자가에서 피조물은 창조자를 좌지우지했다. 피조물이 창조자를 묻어버렸다. 십자가에서 가장 존귀한 자가 가장 깊은 나락으로 떨어졌다. 십자가에서 인간들의 손이 인간들을 만든 손을 찔렀다. 이보다 더 심오한 신비가 있을까?

따라서 루터가 지속적으로 반복한 것처럼, 그 십자가는 항상 지극히 수치스러운 것으로 남아 있어야 한다. 십자가는 유대인처럼 하나님을 도덕적인 노력을 통해 찾고자 하는 모든 사람들에게 수치스러운 것이며, 그리스인처럼 하나님을 지성을 통해 찾고자 하는 사람들에게는 치욕스러운 것이었다. 루터에게 십자가는 행위로 인간을 성공시킬 수 없고, 아무리 부지런히 연구한다 해도 인간을 참으로 현명하게 만들 수 없으며, 무한한 노력으로도 지속적인 기쁨을 얻을 수 없다는 하나님의 심판을 보여주는 것이었다. 간단히 말해 십자가는 자신을 신으로 여기는 인간의 가장 근본적인 우상에 대한 하나님의 영원한 '부정'(no)이었다. 그것은 인간을 존재의 중심에 두려는 모든 노력에 대한 하나님의 최종적인 저주의 단어였다.

루터가 '영적 돌파'를 자신의 것으로 삼기까지는 몹시 고통스런 오랜 시간이 걸렸지만, 일단 알려지자 주목할 만한 반응을 가져왔다. 왜냐하면 영광의 신학에 대한 이러한 비난은 아주 광신적이고, 과도한 것 같았으며, 또한 오늘날 소위 직관에 반대되는 것이라 부를 수 있는 것처럼 보였기 때문이었다. 그럼에도 루터의 연쇄적인 추론을 이해할 수 있는 사람들이나, 그보다 더 흔한 경우로 루터가 쓴 책을 읽으며 마음의 여행을 떠나는 사람들에게는 커다란 유익이 있었다. 십자가의 신학은 파괴하기만 하는 것이 아니라 열려 있기도 한 것이었다. 그 신학이 열어놓은 것은, 자신은 끝장났다고 여기는 사람들을 향한 하나님의 영원한 '용납'(yes)이었다. 다음은 루터가 그것을 어떻게 설명하고 있는지를 보여 준다.

> 믿음이 있고 하나님을 섬기고 있다면 인간의 힘이 끝나는 곳에서 하나님의 힘이 시작된다. 그리고 무기력감이 종국에 도달할 때, 거대한 힘이 연약함 뒤에 숨어 있다는 것이 분명해진다. 그리스도는 십자가 위에서 무력하였다. 그러나 그는 거기서 위대한 일을 행하셨고, 죄, 죽음, 세상, 지옥, 사탄, 모든 악을 정복하셨다. 그와 같이 모든 순교자들은 강했고 승리했다. 그러므로 또한 고통 받고 억압받는 모든 사람들은 승리한다.[12)]

루터는 이렇게 말하면서 사도 바울이 고린도 교인들에게 말했던 것을 반복했다. 만약 사람들이 십자가를 받아들인다면 그들은 결단력 없고 바보스럽다고 조롱받을지도 모른다. 그러나 그것으로 끝나는 것은 아니다. 왜냐하면 십자가를 수용하는 것은 세상을 수용하는 것이기 때문이다. 실제로 십자가가 가장 본질적인 실재로 있을 때, 또한 우리는 "하나님의 비밀인 … 그리스도 그분 안에는 지혜와 지식의 모든 보화가 감추어져 있다"(골 2:2~3)는 것을 알게 된다. 수치스러운 십자가를 수용한다는 것은 거꾸로 예수님에 의해 받아들여진다는 것을 의미한다. 피로 얼룩진 그분이 자신에게 오는 자들을 안아주시며 하나님의 나라로 인도하신다. 십자가의 신학은 하나님의 아들이 되는 방법을 보여주는 것이다.

루터에게, 그리고 루터의 메시지가 강한 빛처럼 다가왔던 사람들에게 십자가는 생명으로 인도하는 좁은 길이 되었다. 분명 십자가에 못 박히는 아픔을 계속해서 견디게 해주는 것은 바로 한 생명이다. 루터는 바나바와 바울이 안디옥 그리스도인들에게 "우리가 하나님 나라에 들어가려면 많은 환난을 겪어야 할 것이라"(행 14:22)고 말한 것을 잊지 않았다. 그래서 그는 자주 다음과 같은 조언을 반복했다. "우리는 그리스도인들이며, 사탄이나 사람들이 지킬 수 없는 복음을 소유하고 있는데, 이는 우리가 궁핍해지고 낮아져서 그로 인해 하나님이 우리 안에서 자신의 일을 행하시게 하기 위함이다."[13] 또한 루터가 그의 가장 유명한 찬송 "내 주는 강한 성이요"(찬송가 384장)에서 다음과 같이 주장한다. "이 땅에 마귀 들끓어 우리를 삼키려 하나 겁내지 말고 섰거라 진리로 이기리로다."

루터가 기록한 마지막 말은 그의 '하나님에 대한 시각'의 진수를 요약한다. 루터는 한 짧은 논문 마지막에 고상한 라틴어를 독일어로 바꾸어 "우리는 무력한 사람이다. 그것은 진실이다"(Wir sind Better. Das ist wahr)[14]라고 썼다. 그러나 루터가 그렇게 인정한 것은 절망에 머무르는 것이 아니었다. 왜냐하면 그는 십자가로 인해 이제 하나님이 무력한 자의 외침을 들으신다는 것을 알았기 때문이었다.

몇 가지 점에서 마틴 루터의 기독교 신앙은 프로테스탄티즘에서 볼 때 기묘한 출발을 보여준다. 그는 로마 가톨릭 밖에서 교회를 재건하려고 노력했던 세월만큼이나 많은 시간을 수사로 보냈다. 루터가 성경에 깊이 몰입한 것은 수도원 감독 스타우피츠의 권고를 따른 것이었다. 그는 이후 많은 프로테스탄트들보다 예정론을 더욱 확고하게 믿었다. 성사에 대한 그의 고견(즉 하나님은 세례시에 유아들에게 진정으로 새 생명을 주며, 그리스도는 성찬의 빵과 포도주에 실제로 임재한다)은 루터파 교회 외의 프로테스탄트들에게는 거의 공유되지 않고 있다. 루터는 모든 삶을 위한 최종적인 권위로서 성경을 높였지만, 모든 사람들이 성경 해석에 있어 똑같은 권위를 향유한다는 개념에 대해서는 인정하지 않았다. 가톨릭 교회 관습에 대해서는 그가 할 수 있는 한 아주 날카롭게 비판했지만, 그 역시 설교, 교제, 그리고 가시적 교회의 성사에 참여하지 않고서는 누구도 구원받을 수 없다고 주장하였다.

루터는 교황이 적그리스도가 되었다고 생각했는데, 이는 주로 성경의 예언을 해석해서가 아니라 연쇄적인 신학적 추론(교황은 그리스도의 명성을 지니고 있다. 그러나 사람들이 그리스도를 찾는 것을 방해한다. 그러므로 교황은 적그리스도임에 틀림없다)의 결과에서 비롯된 것이었다. 그리고 그는 '개혁'이라는 말을 종말에 새 하늘과 새 땅을 창조하기로 한 하나님의 약속을 위해 예비되어진 것임에 틀림없다고

아마 20세기에 마틴 루터 신학을 대변하는 가장 탁월한 인물은 독일의 목사 디트리히 본회퍼라 할 수 있다. 그는 1945년 독일이 연합군에 의해 해방되기 불과 몇 주 전에 나치에 의해 죽임을 당했다.

믿었다. 이러한 확신과 그 외의 신념으로 루터가 종교개혁의 문을 열었지만 이후 프로테스탄트들 대부분은 그 문을 통해 지나가지 않았다.

그러나 다음 수세기 동안 주목할 만한 수많은 그리스도인들에게 루터가 품은 '하나님에 대한 시각'은 절대적인 영향을 미쳤다. 요한 세바스찬 바하(Johann Sebastian Bach, 1685~1750)의 교회 음악은 인간 죄성의 비참함, 그리스도의 신비로운 수난, 부활의 순수한 기쁨에 대한 루터의 묘사에 크게 힘입지 않고서는 절대로 생각할 수 없었다. 필립 제이콥 슈페너(1635~1705)같은 독일 경건주의 지도자들은 내면적 신앙에 관한 루터의 신념에서 경건주의 운동의 영감을 이끌어 냈다. 역설에 뛰어난 루터의 재능은 키에르케고르(1813~1855)의 역설에 직접적으로 영향을 끼쳤다. 우울한 덴마크인 키에르케고르는 루터가 그의 시대에 행한 것 만큼이나 철저하게 당시의 종교적 가식을 깨뜨렸다. 루터의 말들은 디트리히 본회퍼(1906~1945)가 히틀러와 나치에 대해 처음엔 수동적이었지만, 나중에는 적극적인 저항을 펼치다 결국 순교에 이르기까지 간직했던 십자가의 정의를 내려주었다. 또한 타문화에 영향을 준 두드러진 예도 있다. 루터의 특별한 책들은 루터의 갈라디아서 주석을 읽은 존 번연, 루터의 로마서 서문에 도전을 받은 존 웨슬리, 갈라디아서 주석을 읽은 찰스 웨슬리 등 몇몇 유명한 영국 프로테스탄트들이 경험한 '획기적인 복음적 돌파'에 영향을 주었다. 1960년대 초에 있었던 제2차 바티칸공의회 이후 루터의 핵심적인 통찰은 로마 가톨릭의 찬사를 받기에 이르렀다. 이러한 예는 1983년 루터 탄생 500주년을 기념하기 위해 쏟아져 나온 책들 중에 당시 로마 그레고리안 대학 교수였던 예수회의 제레드 윅스(Jared Wicks)가 쓴 책에서 볼 수 있다. 윅스는 사실 여러 측면에서 루터의 입장에 동의하지 않았지만, 종국에는 루터가 '살아남은 종교의 강력한 교사'가 된 것을 칭송하였다. 윅스의 말은 계속되었다. "'루터가 모든 그리스도인들의 개인적 영성을 풍부하게 한 인물임에 틀림없다." "루터의 저작이 많이 있지만, 자기를 의지하는 교만으로부터 하나님의 은혜를 믿음으로 받아들이게 되는 회개라는 주제를 만나기 전에는 그것을 읽을 필요가 없다."[15)]

기독교 내부 역사의 터닝 포인트는 마틴 루터에 의해 설정되었다. 이는 루터가 자신의 사역을 통해 바하, 슈페너, 키에르케고르, 본회퍼, 존 번연, 웨슬리 형제같은 인물들에게 나누어 주었던 은사와 상당한 관련이 있다. 그들이 루터에게서 발견한 것은 은혜에 대한 강력한 주장이었다. 이 은혜는 특히 예수 그리스도의 자기를 내어주는 삶과 희생적 죽음을 통해 전달된 것이었다. 따라서 루터의 중요성은, 비록 그의 표현방식이 교회의 본질을 공격하기도 했지만, 교회에 무엇인가 새로운 것을 제공한 데 있는 것이 아니라, 오히려 때맞춰서 아주 효과적으로 그리스도인의 소망을 다시 생각나게 해주는 역할자였다는 데 있다. 다시 말해 그리스도인의 소망은 십자가, 그리고 삼 일째 되던 날 슬픔에 찬 제자들이 마주친 빈 무덤에서 일어났던 사건, 즉 부활에서 비롯된다는 것을 알게 해준 그 점이다.

그러나 기독교 외부 역사에서의 루터의 중요성은 그가 신학적으로 기여한 시점과 관련되어 있다. 루터는 교회가 은혜의 메시지를 선포하는 것을 가로막는 장애물을 제거하기 위해 무진장 애를 썼다. 그의 이 같은 강력한 노력은 국민적, 경제적, 지적, 교회적 삶 속에서 유럽의 기존 양식에 대해 커다란 긴장이 있었던 시기와 때를 같이 한다. 그러한 시기와 일치했기 때문에 그리스도 안에 하나님의 은혜가 있다는 루터의 메시지는 교회와 사회

속에 있는 유럽적 전통들을 전복시킨 다른 두려운 사건들과 즉각 결합할 수 있었다. 이러한 외적 역사의 여러 상황들과 루터의 '복음적 돌파'에 따른 터닝 포인트들이 다음 두 장의 주제가 될 것이다. 루터의 행동이 기독교 역사의 중요한 터닝 포인트가 되었다는 주장은 부분적으로나마 루터가 16세기 유럽에서 일어난 폭넓은 사회적, 문화적 변화에 참여한 것과 관련이 있다. 그 같은 주장은 한걸음 더 나아가 루터의 '하나님에 대한 시각'이 적절하고, 당연하고(표현상 거친 점도 있고, 지나친 점도 있었지만) 옳은 것임을 말하는 것이다.

P마틴 루터는 기독교의 주일 예배 의식을 개혁하여 은혜의 메시지에 대해 충실한 관심을 갖도록 권장했다. 루터는 토마스 크렌머(Thomas Cranmer)가 이끄는 성공회를 제외하면 그를 추종하는 모든 프로테스탄트들과 비교할 때, 더 많은 중세적 전례를 간직했다. 그는 활동 초기에 그 같이 개혁된 전례를 제시하면서 이를 간단하게 '독일식 미사'라고 불렀다. 루터는 개혁자로서 삶의 대부분을 계속하여 전례안을 만들고, 기도문, 응답시(구하는 자에 대한 하나님의 응답), 찬송을 쓰면서 보냈다. 그가 쓴(약간 현대적으로 표현한) 아래의 기도문은 부활절과 장례식에서 자주 사용되었다.

> 전능하신 하나님, 당신은 아들을 죽이심으로 죄와 죽음을 헛된 것으로 만드셨습니다. 그리고 그를 부활시키심으로 다시 한 번 성결하고 영원한 삶을 주셨습니다. 그 결과 사탄의 권세로부터 해방된 우리는 당신의 나라에서 살게 되었습니다. 이제 우리가 온 마음 다하여 견고하게 이러한 사실을 믿고 항상 찬송과 감사를 드리도록 하옵소서. 변함없는 당신의 아들 우리 주 예수 그리스도의 이름으로 기도합니다. 아멘.[16]

한 잔의 차를 나누며

1. 권위의 토대는 기독교 교회가 시작한 때부터 현재까지 핵심적인 관심사이다. 루터 시대에 이르기까지 기독교 교회의 권위적인 기초로 사용되었던 것은 무엇이었는가? 루터는 어떠한 새로운 요소를 이 항목에 덧붙였는가?

2. 1521년 이후 유럽과 북아메리카 기독교 역사를 볼 때, 황제 찰스 5세가 보름스 국회에서 루터에게 한 경고는 어떠한 점에서 예언적이었는가?

3. 루터에게 끼친 기독교의 핵심적인 영향은 무엇이었는가?

4. 어떻게 권위에 대한 시민적, 정치적 기초가 루터의 로마와의 단절에 의해 영향을 받았는가?

5. 루터는 어떻게 자신의 사상과 신학으로 중세 기독교제국 개념에 영향을 끼쳤는가?

6. 저자의 관점을 고려해 볼 때, 그는 루터와 루터 반대자들에 대한 인상을 어떻게 표현하는가? 저자가 로마 가톨릭파라면 루터와 보름스 국회를 어떻게 다룰지 생각해 보라.

7. 루터의 십자가 신학이 당시 기성 교회에 의해 어떻게 반박되었는지 논의하라. 달리 말해, '십자가의 신학'을 '영광의 신학'과 구별짓는 것은 무엇인가?

8. 저자의 견해에서 볼 때, 십자가의 신학과 성경적 은혜 개념을 16세기 교회에 어떻게 재도입시켰는지 생각해 보라.

오늘날 교회에 적용할 점

1. 루터의 십자가 신학에서 발견되는 역설은 기독교 유산의 영원한 진리이다. 루터가 제기했던 다양한 역설을 논하고 왜 그 역설이 오늘날 여전히 강력한 진리가 되는지 생각해 보라.

2. 루터가 교회에 엄청나게 기여한 측면을 볼 때, 루터가 안고 있는 인격적 문제는 오늘날 일부 사람들에게 괴로움을 줄 수 있다. 어떻게 루터의 인격 문제와 그의 사역을 판단해야 하는가? 그리고 결점이 세상에 노출된 현대 기독교 지도자들을 볼 때 그 사실은 어떻게 우리를 도울 수 있는가? 이 양측면 사이에 균형을 잡는 데 루터에게서 모델을 찾아볼 수 있는가?

Turning Point 08

주후1534년 | 영국의 수장령

영적 갱신으로 시작된 프로테스탄트

영적 갱신으로 시작된 프로테스탄트

종교개혁 시대에 벌어진 커다란 논쟁 중 하나는 교회에서의 음악 사용 여부에 관한 것이었다. 이미 서론에서 언급한 것처럼 어떻게 하면 교회에서 음악을 가장 잘 활용할 수 있는지에 대해 프로테스탄트 진영과 가톨릭 교회에서 다양한 답변이 나왔다. 그 응답들은 각각의 기본적인 신학적 입장을 드러냈다는 점에서 시사하는 바가 있었다. 예를 들어 루터파는 많은 회중 찬송을 부르면서 오르간과 훈련된 성가대를 최대한 사용하였는데, 이는 루터가 복음의 의미를 깊이 이해하는데 도움을 주는 전통들이 유지되어야 한다고 주장했기 때문이었다. 이와 달리 프로테스탄트 중에서 대부분의 개혁파와 재세례파는 일반적으로 전승된 것들에 대해 다소 의구심을 가졌기에 직접적으로 성경에 근거한 찬송을 부르려 했다. 이러한 사실에 비추어 보면 교회는 교회 음악을 둘러싼 이러한 논란으로부터 많은 혜택을 입었다. 왜냐하면 수많은 찬송이 새롭게 만들어졌기 때문이다. 그 시대 가장 널리 알려진 찬송 중 하나는 윌리엄 케스(William Keth)가 1561년에 쓴 시편 100편의 편역이었다. 케스가 영국 프로테스탄트 망명자로서 제네바에 거주하면서 이 곡을 발표했기 때문에 자주 불려지는 음조(루이스 부르조아의 '옛 시편 100편') 자체는 제네바 시편집(the Genevah Psalter)이나 칼빈의 제네바 교회 찬송집에서 10년 전에 처음 발표되었다고 보는 것이 적절하다.

> 땅 위에 거하는 모든 자들아, 즐거이 주님께 노래할지어다.
>
> 경외함으로 그를 섬기며 노래하면서 그 앞에 나아가 즐거워할지어다.
>
> 주님은 진실로 우리 하나님이시오니, 우리의 도움 없이 우리를 지으셨나이다.
>
> 주께서는 우리를 먹이시며, 당신의 양으로 우리를 취하셨나이다.

오, 찬양함으로 그 문에 들어가며 기쁨으로 그의 궁정에 들어가서
찬양받기에 합당하신 주의 이름을 항상 찬양하며 노래할지어다.

이는 우리 주 하나님은 선하시며 그 인자하심이 영원하고
그의 진실하심이 영원히 견고하며 대대에 미치심이니이다.

영국의 헨리 8세와 교황 클레멘트 7세(Clement Ⅶ) 사이에 1532년 말에 이르러 극적으로 협상이 진척되었다. 헨리 8세가 아라곤의 캐더린(Catherine of Aragon)을 대신할 새로운 부인으로 원했던 앤 볼린(Anne Boleyn)은 임신 중이었다. 만약 그 아이가 헨리가 그토록 바랐던 아들이어서 적자가 되고 왕위 계승의 공인된 상속자가 되도록 하려면, 헨리 8세는 앤과 결혼해야 했고 그것도 급하게 치루어져야 했다. 그러나 교황은 헨리 8세의 죽은 형 아서(Arthur)의 미망인인 캐더린과 헨리의 이혼을 허용하지 않았다. 헨리 8세와 캐더린은 1509년에 캐더린과 결혼했다. 그런데 이제 와서 헨리는 정치(특히 아들 왕위 계승자에 대한 욕구)와 종교(특히 레위기의 혼인규례를 범한 것에 대한 두려움)를 결합시켜 캐더린과의 결혼을 무효화 하기 원했다. 그러나 헨리는 교황 클레멘트를 설득시키는데 성공하지 못했다. 만약 교황 스스로가 설득된다 해도, 그는 헨리 8세의 이혼 요청을 받아들일 수 없었다. 왜냐하면 교황 자신이 이탈리아의 정치적 분규 속에서 신성로마제국 황제 찰스 5세(Charles Ⅴ)에게 의존하고 있었기 때문이었다. 교황이 찰스에게 자신의 안전을 의존하는 한 헨리가 캐더린과 이혼하는 것을 허용할 수 없었다. 무엇보다 캐더린은 찰스 5세의 숙모였고, 찰스 황제는 숙모의 명예가 훼손되는 것을 원치 않았기 때문이었다.[1)]

헨리 8세는 형제 아내와의 결혼을 금지시킨 성경 구절(레 20:21)을 근거로 결혼 무효를 주장했다. – 역자주

궁지에 몰린 헨리 8세는 그에게 유일하게 열려 있다고 여겨진 길을 택했다. 만약 교황이 그에게 이혼장을 주지 않는다면, 헨리는 그것을 행할 누

군가를 찾아야 했다. 만일 이혼을 승인해줄 누군가를 찾게 되고, 그 일이 영국 교회가 '보편적인' 로마 가톨릭 교회로부터 떨어져 나가야 된다는 것을 의미한다면, 그렇게 영국 교회는 이탈할 준비가 되었다.

영국 교회가 로마로부터 분리되는 혁명적 조치를 취하기 위한 절차들을 재빨리 진행시킨 것은 헨리의 긴급한 목적을 위해서는 다행한 일이었다. 헨리가 새로 임명한 캔터베리 대주교 토마스 크렌머(Thomas Cranmer)는 교황의 허락을 기다리지 않고 헨리 8세의 이혼과 앤 볼린과의 결혼을 승인하려 했다. 더욱 중요한 것은 1529년 이래 간헐적으로 회기가 진행 중이었던 헨리가 장악한 의회가 대주교의 행동을 뒷받침하는데 필요한 법안을 제정할 의향이 있었다는 것이다.

이 '개혁 의회'는 헨리의 주장에 따라 이미 교회의 완전한 독립을 선언하는 사전조치를 취한 바 있었다. 의회는 교회 재판소의 소송인 경우 국외 상소를 더욱 힘들게 만들었고, 영국의 재화가 로마로 보내지는 것도 어렵게 했다. 1533년 1월 헨리가 앤 볼린과 결혼한 직후, 의회는 영국 교회의 결정을 로마에 상소하는 것을 단호하게 금지시키는 다음 단계의 조치를 취했다. 한 역사가가 그 상황에 대해 다음과 같이 기술하였다. "당시 대주교 크렌머는 법정을 열어 국왕이 중혼죄를 지은 게 아니라고 결정했다. 방금 개정된 영국의 법률 때문에 그의 판결에 대한 상소는 없었다."[2)]

1534년에 의회는 불가피하게 마지막 조치를 취했다. 먼저 의회는 공식적으로 로마에 지불되는 교회세가 군주에게 돌아가야 한다는 법률을 제정했고, 다음으로 수장령을 통과시켰는데, 이는 영국 교회의 상황을 영구히 변화시킨 것이었다. 의회의 공식적인 조치에 담긴 유연한 어조는 현대 정치 연설의 기운찬 구절과는 매우 다르지만 그 의도는 전반적으로 명확했다.

> 지존하신 국왕은 정당하고 적법하게, 영국 교회의 수장(최고의 권위를 가진 사람)이 되었으며, 그들의 성직자 회의에서 이 왕국의 성직자에 의해 그렇게 인정되었다. 그럼에도 불구하고 그것에 대한 확증과 확신, 그리고

이 그림과 같이 헨리 8세는 실제 삶에 있어 프로테스탄트(왼쪽)나 가톨릭(오른쪽) 성직자 위에 위치했다.

이 영국 영토의 기독교 안에 있는 덕을 세우기 위해, 그리고 모든 죄악과 이단과 지금까지 동일하게 사용되어 온 범죄 행위와 남용을 억누르며 뿌리뽑기 위해 현 의회의 권위에 따라 다음과 같이 제정한다. 우리 주군인 왕과 이 영토의 왕들인 그의 상속자와 계승자들은 앵글리칸 교회라 불리는 영국 교회의 지상에서 유일한 최고 수장으로 받아들여지며 평가되어야 한다. 그것은 이 영토의 제국 군주에게 자동적으로 수반되는 것으로서, 그에 속하는 품격과 칭호뿐 아니라 교회의 최고 수장의 이미 언급된 위엄에 속하는 모든 명예, 위엄, 우월, 사법권, 특전, 권위, 면책, 수익, 물자 등을 향유한다. 그리고 우리가 언급한 군주와 이 영토 내의 왕들인 그의 계승자와 상속자들은 계속하여 잘못, 이단, 남용, 상해, 모독, 범죄 행위들을 조사, 억제, 시정, 개혁, 명령, 정정, 금지, 수정할 완전한 권력과 권위를 가지게 되는데, 그러한 것들이 무엇이든지 간에 영적 권위와 사법권을 가지고 여러 방법을 통해 그것들을 개혁, 억제, 명령, 시정, 정정, 금지, 수정시켜야 하고 동시에 그렇게 할 수 있는 것이다. 이는 전능하신 하나님의 가장 큰 기쁨이 되는 기독교 안에서의 덕을 증진시키고, 이 나라의 평화, 연합, 평안을 유지하기 위한 것으로, 관습, 관례, 외국법, 외국의 권위, 규정 또는 어떤 다른 것들과 반대되는 것들이다.[3)]

산문체로 표현되었지만 그 때나 지금이나 그 결과를 잘못 해석하는 사람은 없었다. 즉 영국 교회는 로마 교회와 더 이상 우호적이지 않았으며, '가톨릭' 교회와 단절하였고, 영국(또는 적어도 영국 국왕)에 속하게 되었다. 이러한 조치 및 이와 유사한 움직임에 반대하여 감독 존 피셔와 토마스 모어 경 같은 열성적인 가톨릭 교인들은 이를 제지하려 했다. 반면 좀더 완전한 종교개혁을 헨리에게 촉구하기 위해 로버트 바네스와 존 프리스(John Frith) 같은 열성적인 프로테스탄트들은 그 운동에 동참하였다.

헨리 8세가 캔터베리 대주교와 영국 의회의 도움을 받아 로마 교회에서 이탈한 것은 기독교 역사에 있어 가장 중요한 터닝 포인트를 상징한다. 그렇지만 이는 니케아공의회나 시기적으로 보다 가까운 보름스 국회의 경우와 같은 신학적 중요성 때문이 아니다. 헨리의 결정은 오직 영국에만 특별한 효력을 가졌다는 점에서 기독교제국에 일반적인 영향을 끼쳤다. 그리고 그 특별한 효력이 갖는 특징은 많은 사례에서 볼 수 있는 것처럼, 유럽 기독교 내에 불고 있었던 강력한 새로운 경향을 보여주는 것으로 이는 교회사에서 매우 중요한 터닝 포인트가 되었다.

이미 종교개혁이 있기 전에 지역적으로 다양한 형태의 신앙이 많이 있었고, 동방과 서방 교회 사이의 분열은 교회 내에서 오랫동안 지속된 분열을 만들어 냈다. 그러나 마틴 루터 같은 첫 프로테스탄트들조차도 기존 보편 교회 내에 포괄적인 변화가 있기를 원했다. 그들은 서구의 가톨릭주의를 분쇄하거나 지방 '교회들'을 세우려 하지 않았지만, 1534년 영국의 수장령이 제정될 즈음엔 유럽 지역은 점점 더 그들 나름대로 독특한 형태의 기독교 신앙을 세워가고 있었다. 그들은 현대적 의미에 있어서 관용이나 종교적 다원주의를 추진하지는 않았으나, 보편적 가톨릭 교회에 맞서 분명히 소규모적인 대체물을 세워가고 있었다. 이런 식의 발전이 서구 기독교 모습을 영구히 바꾸어 놓았다.

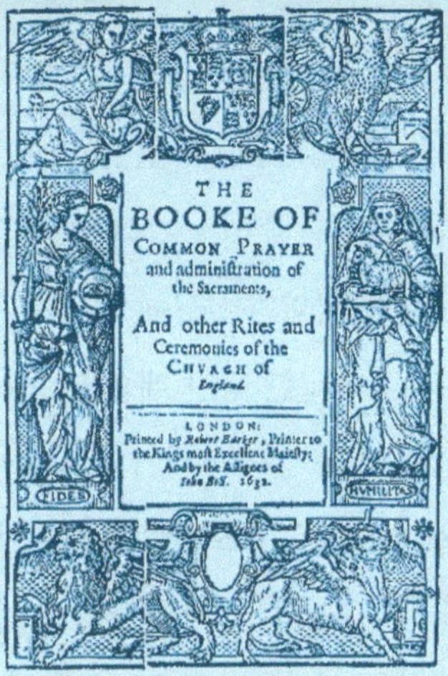
THE
BOOKE OF
COMMON PRAYER
and adminiftration of
the Sacraments,
And other Rites and
Ceremonies of the
CHVRCH of
England.
LONDON:
FIDES
HVMILITAS

신학적으로나 전례적으로 볼 때 기념비적인 토마스 크렌머의 위대한 저서는 공동기도서이다. 여기 있는 것은 16세기 판본이다.

로마 교회의 영향력을 벗어나기 시작하다

과거를 돌아볼 때, 16세기 서구 기독교의 분열을 예견하게 한 것으로, 지방 분권 세력들이 있었다. 최근 유명한 역사가들이 종교개혁 이전과 종교개혁 시대 사이의 연속성을 강조했는데, 이에 대한 적절한 근거가 있다.[4] 폭넓은 지적 대변동 뿐 아니라 지역주의, 국가주의, 그리고 경제, 사회생활에서 혼잡한 새로운 방식들이 프로테스탄티즘 출현 이전에 꽤 많이 발전되어 있었다. 프로테스탄트 개혁가들의 특별한 기독교적 행위가 16세기에 상당한 혁신을 가져왔지만, 이미 14, 15세기에 그들이 제기한 종교적 질문들과 교회적 상황들이 철저하게 검토되었다. 이를 통해 볼 때, 다양한 국가적 프로테스탄티즘의 등장뿐 아니라 프로테스탄티즘의 발흥은 미래와는 단절을, 과거와는 연속성을 보여주었다.

유럽에서 이미 잘 진행되던 지배력이나 성장에 1517년 마틴 루터의 95개조 반박문은 가속기 역할을 했다. 예를 들어 정치적 측면에서 프로테스탄티즘은 자신 있게 행동할 능력을 소유하면서 독립적으로 올바른 조치를 취할 수 있는 지방 통치자나 도시 의회가 필요하게 되었다. 다시 한번 영국을 예로 들면, 1530년대 헨리 8세의 교회 독립 선언은 와해된 왕국을 다시 통일하고 튜더 가문의 권위를 주장했던, 그의 부친 헨리 7세(Henry VII)의 업적을 떼놓고는 생각할 수 없다. 1485년 헨리 7세가 매우 적대적이었던 리처드 3세(Richard Ⅲ)를 보스워스(Bosworth) 전투에서 이겼을 때, 흔히 장미전쟁이라 불렸던 수십 년간의 왕조의 파괴적인 불화가 종식되었다. 헨리 7세가 영국을 국외의 분규에서 건져내고, 그와 경쟁했던 귀족들을 진압하고, 튜더가의 확고한 왕위 계승을 확보하는데 성공했을 때, 그는 과거에 누렸던 것보다 더 강력한 국가의식을 영국에 가져다 주었다. 그러고 보면 충직한 로마 가톨릭 교도였던 헨리 7세가 강력한 통치를 통해 그의 아들이 로마와 결별하는 길을 닦아 놓았던 셈이다.

국가주의의 성장(또는 좀더 정확하게 말하자면 핵심 왕가를 둘러싸고 증가된 권력 집중)은 실제로 가톨릭을 고수하게 된 나라에서도 발생했다. 스페인에서 아라곤의 페르디난도와 카스티야(Castile)의 이사벨라의 결혼은 그들의 두 이베리아 국가를 결합시켰고, 통일 스페인을 등장시켰다. 부와 확대된 권력면에서 볼 때 그러한 국가 간의 통합이 갖는 의미는 신세계로 가는 콜럼버스의 항해에 기꺼이 재정을 충당한 스페인 두 왕가의 행동에서 나타난다. 그러나 이보다 훨씬 중요한 결실은 왕가의 결합으로 스페인이 무슬림 그라나다(Grenada)의 무어족 정복이라는 수세기에 걸친 과업을 끝내고 유럽에서 이슬람의 존재를 거의 제거할 수 있었다는 데 있다.

마찬가지로 집중화된 국가 권력의 형태는 유럽 국가들 사이에서 첨예하게 달랐지만, 이들 각 국가들의 일반적인 흐름은 근대 민족국가를 지향하는 정치권력이 더욱 집중되게 되었다. 프랑스 왕의 권력이 확대되거나 독일의 많은 공작령(duckies), 제후령(principalities), 선제후령(eletorates), 제국도시들의 자신감이 강화되거나, 몇몇 동유럽 지역 내에서 지방자치가 돌연 강조되는 등 15세기 정치에 있어 일반적 분위기는 지방의식의 정체감이 고조되었다. 가톨릭 교회에서 볼 때, 이러한 발달은 종종 지방 지배자와 로마 교회에서 파견한 사람 사이에 긴장감이 커짐을 의미하였다. 그러한 긴장은 결국 프로테스탄트 교회(독일, 스칸디나비아, 영국, 후에 네덜란드)를 분리시키거나 오로지 교회에 충성했던 통치자들에게 더 큰 독립심을 불어 넣었다.

또한 유럽의 경제 생활에서 작용하는 힘들은 중앙의 종교적 권위에 대해 지방의 활력을 더 크게 하고, 자동적으로 중앙에 덜 복종하는 쪽으로 움직이게 했다. 흑사병이나 전염병은 14세기 중반 수십 년 동안 대참사를 초래했으며, 경제적인 침체로 인구의 감소, 비옥한 토지의 상실, 무역의 감소 등이 뒤를 이었다. 그러나 15세기 중엽 무렵 다시 한번 경제 발전의 도약이 있었다. 전쟁, 좋지 않은 기후, 정치적인 분규 등으로 인해 어떤 지역에서는 번영이, 다른 곳에서는 침체가 동시에 일어났지만, 인구의 증가와 무역과 농업 생산이 전반적으로 개선되었다. 지방 정치 세력의 커다란 집중과 함께 경제 활동의 개선으로 돈이 로마와 유럽 가톨릭 국가 사이의 분규를 야기시켰다. 실제로 유럽의 어느 지역을 막론하고 로마 교황청과 지방 당국 사이에 돈을 둘러싸고 분규를 겪지 않은 곳이 없을 정도였다. 때로 이러한 갈등은 프로테스탄티즘을 위한 전제조건이 되었다. 이는 헨리 8세가 교황에게 보내는 세금을 금지한 것과 마틴 루터가 독일 군주들에게 그들의 재화를 국내에 간직할 것을 호소한 예에서도 볼 수 있다. 경쟁적인 이탈리아 도시 국가들에서의 경제적 지배를 위한 투쟁과 같은 상황에서 가톨릭 관료들의 싸움은 삶의 일부로 받아들여졌다. 경제적 변화를 위한 마지막 동력으로서 유럽의 신세계로의 팽창은 궁극적으로 새로운 재화의 유입과 기존 자원의 재분배를 야기시켰다. 영국과 프랑스는 신세계 탐험에서 대개 투자가들을 실망시켰지만 스페인과 포르투갈은 16세기 내내 상당한 이익을 보았다.

주요 경제 지표를 강조한다 해도 무역의 증가와 프로테스탄티즘의 등장 사이에 어떤 단순한 등식이 성립되지는 않는다. 오히려 유럽의 경제적 회복은 금융 세력의 새로운 중심지, 잠재적 마찰에 대한 새로운 상황, 재정적 불만을 해소하기 위한 새로운 기회를 제공하였다. 프로테스탄트 신학이라는 맛을 내는 양념이 재료에 더해지기 직전에 새로운 상황들이, 교회와 국가에 대한 충성심이라는 전통적인 유럽인의 항아리를 휘젓고 있었다.

정치, 경제 생활에서 조직적인 움직임이 서로 결합하게 되자 당연히 사회적 제 관계에 거꾸로 영향을 미쳤다. 16세기 초반 경에 군주들은 토지

귀족 세력에 맞서기 위해 도시의 부유층과 손을 잡기 시작했다. 세습 귀족들이 몇몇 지역에서는 전통적인 권력을 잘 유지하고 있었지만 전반적인 흐름은 봉건적 충성과 토지에서 나오는 수입이 무역과 화폐 유통으로 대체되면서, 자신의 특권을 유지하려는 귀족의 노력에 역행하고 있었다. 아직은 근대적 중산층 같은 것은 존재하지 않았으나, 특히 도시에서 상인, 법률가, 수공업 장인들의 수가 증가함에 따라(이들 모두는 유럽 경제가 계속 팽창함에 따라 그 힘이 증가하였다) 사회는 활기를 띠었다. 농민들은 점차적으로 봉건적 의무를 계약 관계와 화폐 관계로 바꾸어 갔다. 곧 서유럽에서 농노제는 기억에서 사라지게 되었다. 요동치는 사회에서 성직자의 역할도 상당한 긴장을 겪었다. 하위 성직자나(그들은 얼마 안 되어 부와 교육 수준에서 도시 상인들에게 밀려났다), 강력한 주교, 재력이 있는 수도원장, 교황의 직접적인 명령을 수행하였던 고위 성직자 등 모든 교회 권위는 오랫동안 유럽인의 삶의 구조에서 당연시 되었던 명예로운 사회적 신분을 재고해야만 했다.

정치적, 경제적, 사회적 제 관계에서의 변화가 그 시대의 요청이었다면 분명 지적 생활의 경우도 마찬가지였다. 1450년대 중반 스트라스부르크(Strasbourg)와 마인츠(Mainz)의 요한 구텐베르크(Johann Gutenberg)에 의해 발달한 인쇄술은 15세기 말에는 전 유럽에 걸쳐 지적 교류의 속도와 강도에 영향을 끼쳤다. 더 중요한 것은 역사가들이 르네상스라 부르는 새로운 지적 운동이 인쇄된 책으로 회람되어, 떠오르는 사상들을 의미있게 형성해 갔다. 르네상스의 지적 생활 양식은 경건한 것에서 회의적인 것까지, 풍자적인 것에서 긍정적인 것까지, 반항적인 것에서 평화로운 것까지 아주 다양했다. 남유럽 르네상스의 형태가 먼저 등장하여 문학(예를 들어 페트라르카 Petrarch, 1304~1374 의 사랑의 소네트), 그림(예를 들어 지오토 Giotto, 프라 안젤리코 Fra Angelico, 라파엘), 과학과 고전(전 분야에 있어 뛰어난 레오나르도 다 빈치 1452~1519와 관련) 분야에서 뛰어난 창작물이 만들어졌다. 그러나 북유럽의 지적인 힘도 크게 뒤떨어지지 않았다. 로테르담의 에라스무스(약 1469~1536) 등 천재적인 학자들도 배출되었다. 그러나 위인들 개개인의 특별한 성과는 르네상스 정신이라 불려질 수 있는 것보다는 덜 중요한 것이었다. 특히 유럽의 '신학문'을 촉진시킨 사람들은 뿌리 깊은 중세적 전통에 의존하는 권위를 참지 못했고 중세적 사상에 지적으로 순응하는 것에 대해 분노하였다. 대신에 그들은 특히 유럽 문화의 문헌 자료에 눈을 돌려 고대의 지적 권위에서 새로운 것을 찾았다. 그처럼 확실한 고대의 원전(라틴적인 것과 그리스적인 것, 이교적인 것과 기독교적인 것)을 열심히 찾아 몰두하는 일은 여러 세대를 거쳐 지속되었다. 이는 프로테스탄트들이 교황에 대한 가톨릭의 전통적인 숭배를 거부하기 위한 정당화 방안으로서, 다른 고대의 원전인 성경의 권위를 내세우기 이전에 있었던 일이었다.

한두 세기에 걸쳐 널리 퍼져나간 거대한 역사적 관계를 살피는 것은 매우 복잡한 일이다. 여기서는 프로테스탄티즘을 초래했던 특별한 종교적 격변과 유럽의 일반적인 변화를 해석할 때 정기적으로 범해왔던 두 가지 오류를 지적하는 것이 중요하다. 첫 번째 오류는 15세기 내내 빠르게 추구되었던 역동적인 문화 활동을 단순히 종교개혁의 전조로 취급하는 것이다. 그러나 그러한 역동적인 일들은 그 나름의 삶과 논리를 갖고 있었다. 어떤 것들은 후에 프로테스탄트가 강조한 것과 적절하게 일치하였고, 어떤 것들은 갱신된 16세기 가톨릭 교회로 쉽게 빠져 들어갔으며, 또 어떤 것들은 이후의 어떤 종교적 발달에도 부합하기 어려운 것이었다. 유럽의 정치, 경제, 사회, 지적 삶이 모든 면에서 종교와 밀접하게 연결되기는 했지만, 이러한 역동적인 활동들은 그들 나름의 역사적 영역을 갖고 있었다.

두 번째 오류는 16세기의 종교적 발달을 유럽 문화적 변화의 종교적 부분일 뿐이라고 가치축소시키는 것이다. 예를 들면 프로테스탄트가 된 강력한 지도자들 모두가 가톨릭 교회 소유의 토지와 영향력을 점거했다고 아주 단순하게 말하는 것과 같은 것이다. 그것은 확실히 상호 연관성이 있기는 하지만 초기 프로테스탄트들을 이끌었던 동기는 그들의 가톨릭 적대자들과 마찬가지로 자신들이 표현하였던 종교적 용어로 설명하는 것이 가장 정확하다. 이를테면 프로테스탄트들은 그들이 주장한 구원의 방법을 추구하기 위해 가톨릭 교회를 버렸고, 가톨릭은 프로테스탄티즘에 의해 초래되었다고 여겨진 영적 혼돈에 대한 유일한 대책으로 교회를 강화하였다고 보아야 한다.

서구 기독교 역사에서 16세기의 중요성을 이해하는 열쇠는 종교적인 것과 삶의 다른 영역과의 관련성을 인식할 때 비로소 역사적 분석 작업이 시작될 수 있음을 깨닫는 것이다.

영적 불모지였던 교회의 위기

16세기 프로테스탄트의 종교개혁과 가톨릭 개혁의 성격을 이해하기 위해서 이전 교회사 중에서 몇 가지 사건을 살펴보자. 가톨릭 교회는 프로테스탄티즘이 출현하기 전 최소한 두 세기 동안 몇 가지 현실적인 어려움을 겪고 있었다. 14세기 첫 75년 동안 교황직이 프랑스 왕령 경계에 있는 아비뇽(Avignon)에 본부를 두고 있었던 이유는 일명 영원한 도시 로마에서의 계속되는 분규와, 교황을 독립하지 못하게 하려는 프랑스의 열망 때문이었다. 아비뇽에 있는 동안(반대파들에 의해 바빌론 유수라 불렸다) 교황직은 행정 절차를 간소화하고, 교회 내 전달체계를 개선시키는 데 성공하였다. 그러나 교황이 아비뇽에 머무는 동안 로마 교회를 둘러싸고 벌어진 정치적 분규 때문에 관심은 세속적인 일에 집중되었고, 영적이거나 종교적인 통찰력을 고양시키지 못했다.

그 후 사태는 더욱 악화되어, 교황직을 로마로 귀환시키려는 움직임은 복잡하고, 때로 추잡하고, 매우 투쟁적인 시기를 초래했다. 이 시기에 두 명 때로는 세 명의 경쟁적인 교황들이 정치적으로, 종교적으로 인정해 달라고 소동을 벌였다. 일반적으로 대분열(Great Schism)이라 불린 이 시기에 로마, 아비뇽, 때로 그 밖의 여러 지역에서 경쟁 관계에 있는 추기경단이 대립 교황들을 선출하였다. 이와 관련된 책략에서 누가 옳고 그르냐의 미묘한 문제는 일단 접어두고 보면 교황 수위권을 차지하려는 투쟁은 다시 한 번 교회 운영에 있어 일시적이며 세속적인 문제를 부각시키고, 영원하신 하나님에 대한 고려를 무시하는 결과를 낳았다고 할 수 있다.

콘크라베(conclave)는 '열쇠로 잠그는 방'을 의미하는 라틴어로, 추기경들이 교황을 뽑는 비밀 회의이다.-역자주

대분열은 교회가 재조직되면서 마침내 끝이 났는데, 무엇보다 처음엔 교회 구조뿐 아니라 종교 관습의 개혁을 약속하는 것처럼 보였다. 주교들과 교회의 다른 고위 관리로 구성된 공의회가 분열된 교회에 평화를 가져올 수 있다는 생각이 점차 힘을 얻었고, 결국 독일 남단 콘스탄츠(Constance)에서 중요한 교황 선거 회의(conclave)가 열리게 되었다. 1414년에서 1418년까지 간헐적으로 모임을 가졌던 콘스탄츠공의회는 분열된 교황직이라는 추잡함을 종식시키는 성과를 가져왔다. 또한 그 공의회는 바로 직전의 경쟁 교황들이 허용하였던 것보다 감독과 다른 지도자들을 더 많이 교회의 결정 과정에 참여시킬 것을 주장함으로써 15세기에 야기되었던 많은 사건들을 조율했다.[5)]

콘스탄츠공의회와 가장 중요한 후속 회의인 스위스 바젤공의회(1431~1437)가 조직을 개혁하는데 성공을 거두었다고는 하지만 영적 개혁에 대한 평가는 호의적이지 못했다. 특히 후기 프로테스탄트들은 체코의 개혁자 존 후스(John Hus, 약 1372~1415)의 운명에 관심을 기울였다. 그는 지방 교회의 더 많은 자치뿐 아니라 영적 개혁을 위해 프라하의 설교단에서 여론을 들끓게 한 후, 신변의 안전을 보장받고 콘스탄츠로 갔다. 그러나 그 곳 교회 당국자들과 면담 후, 후스의 안전 통행은 이단자와 한 약속은 지킬 필요가 없다는 궁색한 원칙 아래 취소되었다. 결국 후스는 그의 '이단적' 견해(교회 법령의 공식 견해에 의문을 제기하려 했을 뿐 아니라 교회 권위보다 성경에 더욱 전념할 것을 주장한 내용이 포함됨) 때문에 화형에 처해졌다.

공의회에 보내는 이러한 상소를 공의회 운동이라 했는데, 이는 실질적인 개혁을 성취했으나 그 성공은 대체로 절차상의 문제에 국한되었다. 공의회 시대에 가장 많이 부족했던 것은 12세기 클레르보의 베르나르(Bernard of Clairvaux)가 여러 교황들에게 전해주었던 특별한 영적 통찰력, 13세기 초에 성 프란시스가 보여주었던 영감 있는 기도와 헌신, 그리고 13세기 후반 토마스 아퀴나스가 교회에서 활용하라고 제시해 주었던 하나님 중심의 신학(theocentric theology) 등이었다.

15세기 교회는 결코 영적 불모지가 아니었다. 그 예로 네덜란드와 북부 독일에서 일어난 갱신운동인 공동생활의 형제단(The Brethren of the Common Life)은 교육, 자선 행위, 저작 활동 등을 통해 경건과 이웃 봉사라는 양대 이상을 전파하였다. 가장 잘 알려진 저작은 토마스 아 켐피스(약 1380~1471)의 것으로 여겨지는 「그리스도를 본받아」였다. 이 책은 그리스도 안에서 하나님과의 연합을 발견해가는 방법으로 영적인 자기 훈련을 권장하였다. 개혁의 흐름은 르네상스 주도자들의 지적 탐구에서도 발견되었다. 예를 들어 영국의 존 코렛(John Colet, 약 1466~1519)은 옥스퍼드와 런던의 청중을 위해 설교와 강연을 하면서, 바울 서신에서 핵심 주제를 뽑아냈다. 에라스무스나 스페인 사람인 추기경 히메네즈(Ximnez, 1436~1517)같은 다른 르네상스 지식인들은 보다 순수한 형태의 기독교를 발전시키기 위해 원본에 가장 가까운 그리스어 신약성경의 판본을 확보하는 일에 몰두하였다. 또한 많은 지방에서 신실한 그리스도인의 가르침이나 열심 있는 평신도들의 신앙 생활을 목격할 수 있었는데, 이 둘이 동시에 진행되기도 했다.

교훈을 주는 영적 흐름이 대체로 유럽의 몇몇 학식 있는 성직자들과 민중들 사이에서 지속되었지만, 교회의 공식적인 관심은 거룩한 삶과 생각에 대한 갈망보다는 항상 정치와 권력을 위한 투쟁과 외적인 과시에 있는 듯했다. 15세기 후반 들어 교황직이 이전에 공의회에 양보했던 권위를 회복했을 때, 교회 계급 제도에 대한 세속적인 집착만이 증가된 것처럼 보였다. 그러한 집착 현상이 보통 르네상스 교황이라 불리는 마지막 세 명의 위대한 인물들의 재위 기간에 있었다.

알렉산더 6세(Alexander VI, 1492~1503)는 교활한 정치 지도자이자, 노련한 외교가이며, 신중한 교회 재정 관리자였다. 또한 알렉산더는 북아프리카와 남아메리카, 그리고 극동 지역의 선교 사업을 지원하여 기독교 후기 역사에서 매우 중요한 발전을 기대케 했다. 더욱이 그의 예술 후원으로 미켈란젤로의 피에타(Piet)를 포함한 참으로 기념비적인 작품들이 나오게 되었다. 그러나 알렉산더는 영적인 지도자는 아니었다. 그의 초기의 삶은 부도덕한

가톨릭 교회에 맞선 에라스무스

에라스무스의 대화집 "거부된 율리우스"(Julius Exclusus)에서 발췌_ 교황 율리우스 2세가 죽어 천국에 이르렀을 때.

율리우스 : 사탄 때문인가? 왜 문이 열리지 않지? 누군가가 자물쇠로 장난을 치고 있는 것이 분명해.

성령 : 아마 너는 맞지 않는 열쇠를 갖고 있을거야. 네가 가지고 있는 건 권력의 열쇠야.

율리우스 : 이것은 내가 갖고 있었던 바로 그것이오. …

베드로 : 당신은 누구시죠?

율리우스 : 당신은 이 열쇠, 이 삼중 왕관, 보석으로 반짝이는 영대(影帶)가 보이지 않소?

베드로 : 그것은 그리스도께서 내게 주셨던 열쇠와 다릅니다. 어떻게 내가 야만적인 전제군주조차도 감히 쓰려 하지 않았던 왕관을 알 수 있겠습니까? 나는 보석과 주옥들을 발아래 짓밟아 버립니다. … 내게 다시 한번 말해 보십시오. 당신은 교회를 위해 무엇을 했습니까?

율리우스 : 나는 교회가 가난한 것을 보았고, 안타까웠소. 그래서 교회를 제왕의 궁전과 호화스런 말과 노새, 하인들, 군대, 관료들로 멋지게 만들었소.

성령 : 그리고 매혹적인 창녀들과 비굴한 뚜쟁이들로.

베드로 : 그런데 지금은 어떻습니까? 교회는 그리스도에 의해 세워질 때와 같지 않습니다. … 바울은 도시들을 습격했다거나 군주들을 살육했다거나, 제왕들을 전쟁으로 유인했다고 말한 적이 없습니다. 그는 파선과 쇠사슬, 위험, 음모에 대해 말했을 뿐입니다. 이것이 일반적인 그리스도인의 영광입니다. 나는 교회의 수장인 당신에게 간청합니다. 당신은 어떻게 교회가 시작됐고, 부흥했고, 세워지게 되었는지 결코 생각해본 적이 없습니까? 그것이 전쟁으로, 부(富)로, 말로 그리 되었습니까? 진정으로 그렇지 않습니다. 그것은 인내와 나를 포함한 순교자들의 피, 그리고 감옥과 매 맞음으로 된 것입니다. 당신은 사제들이 세상을 혼란에 빠뜨릴 때 교회가 부흥했다고 말합니다. 당신은 교회가 번영할 때는 세상이 방탕함에 취해 있을 때이며, 교회가 평온할 때는 세상이 악에 빠져 있어도 비난 받지 않을 때와 '교회의 수호자' 인 군주와 학자들에 의해 거대한 강탈과 맹렬한 싸움이 정당화 될 때라고 생각합니다.[1]

모습으로 인해 교황 피우스 2세(Pius II)의 비난을 받은 적이 있었고, 교황이 가진 많은 힘을 아들 체자레 보르지아(Cesare Borgia)와 다른 사생아들의 출세를 위해 소모하였다. 율리우스 2세(Julius II, 한 달 남짓 재위하였던 피우스 3세(1503) 이후 즉위)는 알렉산더를 계승하였다. 율리우스는 뇌물과 보르지아 가문과의 복잡한 협상으로 교황직을 얻었다. 율리우스는 알렉산더처럼 발빠른 외교가였다. 그러나 활발한 군사 행동으로 교황의 세속 지배를 크게 확대시킨 점에서 그의 전임자보다 훨씬 활동적인 인물이었다. 율리우스는 위대한 전사 겸 외교가일 뿐만 아니라 위대한 건축가이기도 했다. 그가 설립한 것들 중에는 바티칸 도서관, 수많은 건축물, 일련의 기념비적인 예술품(미켈란젤로가 그린 시스틴 성당의 천장 프레스코화 등)들이 들어있다. 율리우스는 성직 매매를 종식시키려 했고, 일반적으로 교황직의 운영을 투명하게 하려 했던 면에서 훌륭한 점이 있었다. 그러나 그를 내내 기억하게 하는 비문(epitaph)은 에라스무스가 쓴, 익살맞으나 천박한 대화로 구성된 "거부된 율리우스"(Julius Exclusus)이다. 이 대화집은 율리우스가 거대한 군단을 거느리고 천국문에 도달하였으나 성 베드로가 그를 거부하는 모습을 그리고 있다. 베드로는 그리스도의 대리자인 교황이 겸손과 섬김에서 떠나 전쟁과 외교에 영적 삶을 바친 것을 이해할 수 없었다.

율리우스를 계승한 레오 10세(Leo X, 1513~1521)는 그의 전임자들보다는 경건한 편이었으나, 교황의 위대함이란 교황령을 확대하는 것과 예술을 후원하는 것이라는 신념을 적지 않게 갖고 있었다. 레오는 아직 십대일 때 추기경이 되었고, 메디치(de' Medici) 가문의 일원이라는 가족 관계 때문에 권좌에 오르게 된 인물이었다. 그는 탁월한 사냥꾼이며, 자신이 속한 메디치가의 후견자였으며, 낭비가 심한 자였을 뿐만 아니라, 연극, 예술, 음악의 거대한 후원자였다. 사실 레오는 예술 후원과 건축에 돈을 낭비하여 항상 재정이 부족했다. 이 문제를 해결하기 위해 독일에서 면죄부 판매를 공인하였기 때문에 이에 맞서 루터가 95개조로 강력한 항의를 했던 것이다.

르네상스 교황들의 세속적 관심은 공의회주의의 초기 실패와 분열된 교황직의 추문처럼 그 자체로 볼 때는 완전한 재앙은 아니었다. 서방과 동방으로 분열된 교회는 앞선 지도자들의 잘못에도 불구하고 존속했다. 후기 프로테스탄트들도 상층부의 잘못이 비록 실망스럽긴 하지만 결코 교회에 치명적이 아니라는 것을 자신들이 겪은 경험에서 배우게 되었다. 그럼에도 불구하고 두 세기 이상 정치 권력, 부, 왕조의 영향력, 세속적인 이익에 지속적으로 몰두한 일은 마침내 전체 교회에 영향을 미치기 시작하였다. 특별히 문제가 되었던 일은 그리스도인의 삶에 있어 가장 기본적인 문제에 대해 계속하여 무관심으로 일관한 것이었다. 즉 구원받기 위해 무엇을 해야 하며, 어디에서 신뢰할 수 있는 종교적 권위를 찾을 수 있나? 교회의 영적 관심과 세상에서 살기 위해 필요한 것을 어떻게 조화시켜야 하는가? 교회가 이러한 문제를 처리하는 데 실패한 것은 교회가 가장 근본적인 수준에서 표류하고 있음을 의미했다.

그러한 질문에 대해 대답하지 못했고, 권위를 완전히 행사하거나, 동시에 누가 보아도 삶이 거룩하여 존경받을 만한 지도자들이 없었기 때문에 교회는 거의 통제 불능 상태가 되었다. 그러한 어려움이 전 유럽적인 관심사가 되었던 차에 프로테스탄트 개혁자들이 1510년대 후반부터 그 문제들의 해결에 접근했는데, 그 위기의 심각성은 그 이전에도 개혁을 외치던 수많은 사람들이나 단체에 의해 제기되어 왔다. 또한 프로테스탄트들이 가톨릭 교회로부터 떨어져나가기 시작했던 시기에 가톨릭 교회 내에서도 일어났다. 그 같은 움직임은 다음 장에서 다루게 되는데, 여기서는 가톨릭의 지도력이 권력을 추구하는 것만큼 영혼을 보살피는데 힘을 쏟지 못했기 때문에 초래된 엄청난 위기를 지적하기 위해 이들 움직임들을 적어둔다. 달리 말해 15세기 영적 위기의 실상은 다음 세기말 경 프로테스탄트 교회의 등장으로 외부에서 제기된 만큼이나 로마 가톨릭 교회 내부에서 매우 철저한 혁신을 보여주었다는 것을 알게 될 때 더 잘 이해하게 된다.

프로테스탄티즘의 등장

따라서 프로테스탄티즘의 등장은 가톨릭 교회의 바로 이전 역사에 나타난 뚜렷한 영적 위기에 대한 반응일 뿐 아니라 유럽 사회의 전반적이고 역동적인 변화 시기에 발생한 것으로 볼 수 있다. 유럽의 경제적 팽창과 정치적 변화가 가져온 원심력이 교회의 태만에서 비롯된 원심력과 합쳐졌을 때, 가장 초기의 프로테스탄트들을 포함한 거의 모든 사람이 예상했던 것보다 더 큰 분열을 초래했다.

프로테스탄트의 첫 세대는 교회의 계급제도로 인해 오랫동안 소홀하게 여겨졌던 근본적인 문제에 답하면서, 거의 같은 목소리를 냈다. 구원받기 위해 나는 무엇을 해야 하는가? 프로테스탄트의 대답은 그리스도의 사역 안에서, 죄인을 의인되게 하시는 하나님의 능동적이고 대가 없는 은혜를 신뢰하는 것이었다. 어디에서 신뢰할 수 있는 종교적 권위를 발견할 수 있는가? 프로테스탄트의 대답은 절대적으로 신뢰할 만한 단 하나의 궁극적인 권위는 성경이다. 교회의 영적 관심이 세상에서 살기 위한 필요와 어떻게 조화되어야 하는가? 이 경우 프로테스탄트의 대답은 앞의 두 질문처럼 거의 만장일치는 아니었지만, 교회가 근본적으로 사제들의 모임이라는 원칙하에 의견이 모아졌다. 즉 모든 그리스도인들은 그리스도의 중재를 통해 하나님을 만나기 위해 부르심을 받았고, 세상에서 그리스도의 대리자로 행하기 위해 소명을 받았다는 것이다. 프로테스탄트들은 수도생활이 세상에서의 평범한 삶보다 더 높은 형태의 영적 존재를 만들어 준다는 확신과 사제 집단을 특별하게 구별짓는 것을 거부했다. 프로테스탄트들은 영적 민주주의의 원리를 주장했지만 누가 설교를 하고 성사를 관장할 수 있는가에 대해서는 일반적으로 그들 스스로도 상당한 제한을 두고 있었다.

가장 초기의 프로테스탄트 지도자들 – 독일의 루터, 취리히의 쯔빙글리, 영국의 크렌머, 스트라스부르크의 마틴 부셔(Martin Bucer), 루터의 가장 절친한 연하 동료인 필립 멜랑히톤, 동유럽의 피터 마타이어(Peter Martyr), 스코틀랜드의 존 낙스, 그리고 그 밖의 수많은 사람들 – 은 커다란 영적 문제에 대한 자신들의 부단한 관심이 서구 교회에 총체적인 개혁을 가져오리

유럽 정부가 초기 재세례파를 제거하려 했던 방법 중의 하나는 그들을 익사시키는 것이었는데 이는 재세례파가 성인 신자의 세례를 옹호한 것에 대한 가학적인 조롱이었다.

라 기대하거나 바라고 있었다. 교황 레오 10세가 처음 루터의 활동에 주목하여 그의 주장을 잠재우려고 했을 때, 루터는 여러 해 동안 계속하여 전체적인 공의회에 청원을 했었다. 루터가 전체 교회의 전반적인 상황을 수정하곤 하는 공의회에 대한 희망을 포기한 이후 오랫동안, 멜랑히톤과 부셔 같은 프로테스탄트 신봉가들은 전체 교회의 갱신을 이끌 수 있는 총체적인 개혁을 추구하기 위해 계속하여 가톨릭 관료들과 협상을 시도하였다. 그러한 희망은 1540년대가 지나면서 사라졌다.

그러한 희망이 사라졌고, 프로테스탄트들이 상황을 둘러보게 되었을 때, 그들은 자신들 중 아무도 예상하지 못했던 상황이 발생했다는 것을 알게 되었다. 그 새로운 상황이란 유럽의 각 지역에서 독립적인 프로테스탄트 교회가 출현한 것이었다. 이들 새로운 교회가 지리적으로뿐 아니라, 기독교 교리에 있어 미묘하지만 중요한 차이로 분리되어 있다는 사실을 알고 그들은 더욱 놀랐다. 그들의 관심이 서구 교회 개혁에 초점을 맞추고 있는 동안 이러한 상황을 거의 아무도 주목하지 못했던 것이었다.

먼저 프로테스탄트 교회들은 세속적인 권위로부터 받은 지지 정도에 따라 각기 구별되었다. 여러 프로테스탄트 지역의 통치자들은 개혁을 이끌었기에 그에 대한 대가로 교회에서 주도적인 목소리를 내게 되기를 기대했다. 그러한 일은 헨리 8세의 영국 시의회가 전권을 행사했던 취리히 및 대부분의 스칸디나비아 프로테스탄트 교회에서 일어났다. 군주나 시의회가 개혁의 속도를 조절했던 상황은 에라스티아니즘(Erastianism)으로 알려졌는데,

개혁파와 재세례파의 논쟁

1578년 네덜란드 엠덴(Emden)에서는 재세례파와 다른 프로테스탄트 사이에 그 시대에 거의 찾아볼 수 없었던 평화로운 논쟁이 있었다. 특이한 일련의 논의(2월 27일에서 5월 17일에 걸쳐 지속된 120차례의 모임) 과정에서 네덜란드의 여러 개혁파 지도자들(대부분 메노나이트파)이 재세례파 대표자들과 벌인 토론은 삼위일체, 인간의 죄성, 성사, 육체의 부활 같은 쟁점들에 관한 것이었다. 다음은 시민 정부에 대해 주고받은 대화를 간략하게 발췌한 것이다.

멘조(개혁파 대표) : 사안을 분명히 하기 위해, 다음 질문들에 답변하는 것이 좋겠습니다. 첫째, 여러분들이 정부의 기능이 육체의 사역 또는 성령의 사역이라고 주장했는지의 여부입니다. 우리는 성령의 사역이 되어야 한다고 주장합니다. 둘째, 그리스도인이 선한 양심으로 공직에서 봉사할 수 있는지의 여부에 관한 것입니다. 즉 정의를 결정하고 집행하는 일과, 선을 보호하고 검으로 악을 징계하는 일을 해야 하는데, 그러한 직책에서 일하면서 그리스도인으로 남을 수 있고, 구원에 참여할 수 있는 가 하는 것입니다. 이에 대해 우리는 그렇다고 말합니다. …

쾰른의 피터(재세례파 주요 대표) : 우리는 첫 번째 문제에 대해 정부는 세속사에 있어 하나님의 명령에 따라 통치하기 위해 존재한다는 것을 인정한다고 대답하고 싶습니다. 이러한 의미에서 우리의 대답은 그렇다는 것입니다. 이는 우리가 어떻게 해야 할지 알고 있는 유일한 답변입니다.

우리는 두 번째 문제에 대해 답변하면서 교회 내 어떤 그리스도인이라도 검을 갖고 공직에서 일했다는 것을 신약성경에서 발견할 수 없기 때문에 감히 멘조에게 그렇다는 답을 줄 수 없다는 것을 밝힙니다. 만약 우리가 호소하거니와 그가 신약성경에서 우리에게 증거를 제공할 수 있다면, 우리는 매우 기쁜 마음으로 그에게 그렇다고 할 것입니다. 그렇지 않다면 그 모든 문제에 대한 우리의 답변은 아니다입니다. 우리는 그러한 사람들이 구원받을 수 있는지의 여부를 하나님께 맡깁니다. 이에 대해 우리는 더이상 할 말이 없습니다.[2]

이는 하이델베르크의 유명한 의사였던 토마스 에라스투스(Thomas Erastus)의 이름을 따른 것이다. 그는 1550년대 후반 그 도시에서 여러 프로테스탄트 당파 사이에 논쟁이 벌어지고 있었을 때, 팔라틴(Palatinate)의 프레드릭 3세(Frederick III)에게 교회를 장악하여 상황을 진정시키도록 한 인물이었다.

다른 프로테스탄트들은 교회 생활의 일차적인 책임이 교회 자체에 있다고 주장했다. 작센에서 루터의 대체적인 활동뿐 아니라 제네바의 존 칼빈의 사역, 스코틀랜드에서 존 낙스가 시도했던 개혁, 개혁파(또는 칼빈파) 교리가 우세한 다른 많은 지역의 사역에서 교회 생활의 통제는 적절하게 구성된 교회 관리들에게 있어야 한다는 원칙이 암시되었다. 그러나 일반적으로 말씀 사역자들에 의해 적절한 방향이 제시되어지면 세속 당국자들이 개혁의 실행을 돕게 되리라는 기대를 품고 있었다. 따라서 1553년 칼빈은 제네바에서 세속 권위와 교회 권위 사이의 협력을 승인하여 미카엘 세르베투스(Michael Servetus)를 처형했는데, 이는 이 스페인 의사가 유럽의 프로테스탄트뿐 아니라 가톨릭에서 자신을 사냥감으로 만든 이단적 내용의 책을 출판한 데서 비롯된 것이었다. 칼빈이 그 상황을 조사한 것처럼, 교회는 이단의 악한 결과들을 지적할 의무가 있었다. 국가는 이단의 선동적인 영향으로부터 국민들을 적절하게 보호했지만, 교회에게 어떻게 설교하고, 성사를 주관하고, 교회 규율을 수행하라고 말할 권리는 없었다.

16세기 유럽에서 교회-국가 관계에 대한 가장 급진적인 견해는 재세례파의 주장인데, 그들은 콘스탄틴 시대 이래 유럽에 설정되어 있었던 종교적인 것과 비종교적인 것을 잇는 거의 모든 연결고리를 부정했다. 스위스의 재세례파(콘라드 그레벨, 마카엘 자틀러, 페릭스 만츠, 게오르게 브라우록 같은 인물), 남부 독일의 재세례파(발다자르 휘브마이어, 한스 훗(Hans Hut), 한스 덴크, 제이콥 후터 등), 네덜란드의 재세례파(특히 메노 시몬스)들은 국가의 교회 규제를 교회의 부패와 동등한 것으로 여겼다. 재세례파가 유아 세례를 거부하고, 개인 신앙고백에 따른 성인 세례를 주장한 것은 신약성경의 세례에 관한 가르침을 새롭게 해석한 데서 나온 것일 뿐 아니라 기독교를 국가의 시민 직분과 구별지으려는 바람에서 비롯된 것이었다. 재세례파의 가르침이 사실상 훗날 교회와 국가의 분리에 대한 서구인들의 신념을 앞서 보여주는 것이었지만, 적어도 16세기에 가톨릭이나 프로테스탄트들은 재세례파의 신념에 대해 유럽 기독교 사회의 안정을 심각하게 위협하는 것으로 여겼다.

그러나 여기에서 중요한 점은 일단 가톨릭 교회의 지시에 항거하여 프로테스탄트 교회가 출현했을 때, 이들 프로테스탄트 교회는 거의 즉각적으로 개혁으로 가는 수많은 다양한 길을 열었다는 것이다. 우파의 보수적인 에라스티안파로부터 좌파의 급진적인 재세례파에 이르기까지 프로테스탄트들은 가톨릭의 오류에 대항하여 비록 일치된 목소리는 아니었지만 다양한 목소리를 인정했다.

곧이어 그와 같은 관점의 차이가 기독교 교리와 관습의 문제에서 분명하게 드러났다. 이미 지적한 것처럼 대부분의 주요 프로테스탄트 지도자들은 기본적인 교리의 주장에 대해서는 견해가 같았다. 그들은 믿음에 의해 의롭게 됨을 믿었다. 그들은 오직 믿음으로 의롭게 된다고 주장하여, 중세 가톨릭이 선행을 의로 간주하는 것에 대해 분명히 반대했다. 일반적으로 프로테스탄트들은 오직 성경(sola Scriptura), 즉 성경을 궁극적인 권위로 주장했다. 그리고 그들은 계급적인 가톨릭의 교황직 개념, 수도원 생활, 사제직 등에 맞서 모든 신자들이 사제임을 주장하였다. 이렇게 공유된 원칙 위에서 칼빈, 멜랑히톤, 부셔 같은 몇몇 종교개혁 지도자들은 특별한 도시들과 지역을 프로테스탄트적으로 개혁하기 위해, 적어도 다른 지역의 프로테스탄트 지도자들과 협력하려고 했다. 그러나 1529년 루터가 마브르크(Marburg)에서 쯔빙글리와 성만찬 문제에 대해 의견 차이를 보이기 이전에도, 그 같은 일반적인 원칙들에 대한 프로테스탄트적인 일치가 통일된 프로테스탄트적 표현이 담긴 신앙을 유도하지는 못한 것이 분명하다. 프로테스탄트의 분열은 로마 가톨릭 교회의 옹호자들이 그렇게 되리라고 예견한 만큼 완전하거나 신속한 것은 아니었으나 종교개혁 운동 초기에는 현실이었다.

사실, 프로테스탄트들은 기독교 교리나 관습과 관련된 교회 생활의 거의 모든 주요 문제에 대해 내부적으로 견해 차이가 있었다. 예정론에 관한 존 칼빈과 필립 멜랑히톤과의 견해 차이는 진심에서 우러난 것이어서 진정한 협력에 장애가 되지 않았다. 그러나 재세례파와 권위적인(국가-교회의) 프로테스탄트들 사이에 세례를 둘러싼 견해차와 같은 다른 사안에서의 불일치는 위험한 것이었고, 더 약한 측(항상 재세례파)이 추방, 투옥 또는 처형되기조차 하는 상황을 초래할 수 있었다.

프로테스탄트 내부의 견해차도 컸다. 만일 성경이 최종적인 권위라고 하자. 엄밀히 말해 성경이 유일한(only) 권위란 말인가? 쯔빙글리와 재세례파 대부분과 개혁파 전통을 가장 엄격하게 대표하는 사람들 중 일부는 그렇다고 말했으며, 루터와 대부분의 성공회(영국 국교회) 지도자들은 이에 동의하지 않았다. 이들은 만약 전통적인 신앙과 관습이 성경의 핵심적인 가르침을 손상시키지 않는다면, 그러한 전통은 성경에 뒤이어 유용한 이차적 권위로서 은혜롭게 수용해야 한다고 주장했다. 그 차이를 보여주는 실제적인 사례가 있다. 쯔빙글리는 자신의 취리히 교회에서 오르간을 치웠는데, 왜냐하면 성경에서 기독교 예배시 오르간의 사용을 명령하는 구절을 발견할 수 없었기 때문이었다. 반면 루터는 교회 내에서 모든 종류의 악기 사용을 권장했는데, 이는 이를 반대하는 성경상의 규정을 찾지 못했기 때문이었다. 게다가 그는 음악이 복음을 전달하는데 효과적인 수단을 제공한다고 느끼고 있었다.

원래의 문제로 돌아가서 성경이 궁극적인 권위라고 하자. 그렇다면 그것을 어떻게 해석해야만 하는가? 루터파와 국교도들은 성경의 모든 부분을 결합시키는 복음의 광범위한 주제를 따라 해석해야 한다고 말하는 경향이 있었다(1530년대 루터파와 국교회 신학자들 사이에 있었던 장기간의 열띤 논쟁은 그들 신앙의 공통적인 표현을 찾을 수 없다는 점에서 대부분 효과가 없었다). 대부분의 재세례파는 성경을 해석하는 열쇠로 구약성경을 상징적으로 읽는 반면, 신약성경의 명령은 문자적으로 따라야 하며, 특히 그리스도의 삶을 닮는 것이어야 한다고 주장했다. 많은

성공회_
성공회라는 명칭은 '하나요, 거룩하고 공번되고 사도적인 교회'라는 교회에 관한 신앙 고백 가운데 성과 공 두 자에서 유래한 것이다.
영국 국교회, 영국교회, 영국 성공회, 잉글랜드 교회, 앵글러컨 처지라고도 한다.
영국에 가톨릭이 전파된 것은 1세기 중엽으로 추정된다. 596년 로마 교황 그레고리 1세가 어거스틴과 수도사 40명을 영국에 파견한 이후 로마 가톨릭은 영국 교회는 물론 정치적으로도 영국을 지배했으며, 교회 법정에서는 국가의 사법권을 대행했다. 성공회의 개혁은 헨리 8세와 캐서린의 결혼무효소송으로 시작되었다.-편집자주

개혁파 프로테스탄트들은 성경 전체를 통일된 것으로 보고 접근하였다. 그러나 구약의 계시, 특히 아브라함과 맺은 하나님의 언약은 하나님이 개인, 교회, 국가와 맺은 언약의 실체가 되었다는 식의 해석을 특별히 강조하였다(하지만 개혁파가 아닌 사람 중에는 하나님이 국가와 계속해서 언약을 맺는다는 것을 단호하게 부정하는 경우도 있었다).

요약하면 성경 해석의 차이는 거의 모든 주요 항목에 대한 프로테스탄트의 학설에 영향을 미쳤다. 즉 성만찬과 세례의 의미, 이들 성사를 누가 맡아야 하는가, 세례 후 죄를 용서받기 위하여 요청되는 것이 무엇인가, 어떠한 종류의 음악을 교회에서 사용해야 하는가, 그리스도인들은 병역에 종사해야 하는가 말아야 하는가? 지방과 지역 교회는 어떻게 조직되어야 하는가, 로마 가톨릭 미사는 수정해야 하는가(루터의 주장) 또는 전부 없애버려야 하는가(재세례파와 많은 개혁파의 주장), 프로테스탄트 교회들은 전통적인 교양과목 배우기를 권장해야 하는가 등이다.

교양과목(liberal arts) 인문학, 사회과학, 자연과학, 어학 등의 모든 학과. 중세에 있어서는 문법, 논리학, 수사학, 산수, 기하학, 음악, 천문학의 7과목을 말한다. – 편집자주

프로테스탄트 내부의 견해 차이는 바로 교회 자체의 문제에서 가장 심각했을지 모른다. 프로테스탄트들은 중세 후반 가톨릭에서 구축했던 것처럼 세상과 관계를 맺지 않으려 했다는 점에서 견해를 같이 했다. 그러나 그들 사이에 더 많은 일치는 찾아보기 힘들다. 그 결과 영국 교회는 사도적 계승이라는 완화된 개념을 고수했다. 루터파는 매우 현실적인 목적에서 영토적 형태의 교회 권위를 채택했다. 재세례파가 원했던 것은 교회가 세상으로부터 완전히 분리되는 것이었다. 다음 세기에 영국의 올리버 크롬웰(Oliver Cromwell)같은 열정적인 프로테스탄트들은 모든 종파가 스스로 조직을 구성하는 방법에 관하여 상대적으로 관용을 베풀면서 국가가 종교를 긴밀하게 감독하는 정책을 펼치려고 했다. "교회란 무엇인가?"에 대해 수많은 답변이 쏟아져 나온 것은 이전 1500년간 지속되어왔던 나름대로의 통일성이 깨졌다는 것을 보여준다. 또한 그러한 답변은 의미상 다른 프로테스탄트적인 요소들이 있음을 보여주는데, 그것들은 세상 속의 그리스도인들의 삶에 오늘날까지 계속해서 영향을 주고 있다.

성찬식에서 떡과 포도주를 나누어 주는 마틴 루터와 존 후스(1415년 사망)의 모습에서 보는 것처럼 프로테스탄트들은 일찍부터 자신들을 지지하는 역사적 증거를 얻으려 했다.

프로테스탄트들의 견해차가 전면적인 교리 투쟁으로 치닫는 일은 거의 없었다. 하지만 재세례파에 대한 프로테스탄트의 폭력은 16세기 내내 슬픈 현실이었고, 폭력을 유발한 프로테스탄트 내부의 불화가 유럽 여러 지역에 알려져 있었다. 그렇지만 프로테스탄트들 상호간에는 비교적 평화를 유지할 수 있었는데, 이는 그들의 공통된 관심이 로마의 오류에 맞추어져 있었고, 대부분의 주요 프로테스탄트 집단이 신앙을 확정하고 실행에 옮기는데 지역 독점을 누렸기 때문이었다. 드문 예지만 16세기 후반기에 마틴 부셔 지도 하에 있었던 스트라스부르크 시와 네덜란드 몇몇 지역에서의 불관용이 가톨릭 지역 만큼이나 프로테스탄트 지역의 특징으로 존속하였다. 한 지역당 하나의 교회라는 개념은 여전히 전형적인 기준이었다. 종교개혁 이후 행정상의 차이란, 각기 자신의 지역을 지배했던 프로테스탄트 신앙이 로마와 결별했다는 점이었다.

헨리 8세의 국가적인 영국 교회 창설을 예로 새로운 상황이 전개되었지만, 중세 전통 중 많은 것들이 바뀌지 않은 채 남아 있었다. 영국에 이어 다른 프로테스탄트 지역과 교회들은 더 이상 교황을 고려하지 않게 되었다. 그러나 로마 가톨릭주의와 관계를 끊은 헨리나 교회의 다른 지도자들 어느 누구도 결코 공인된 독점적 국가교회를 기대하지는 않았다. 하지만 이후 새로운 가톨릭 지도자들의 바람이 무엇이었든지 간에 다양한 프로테스탄티즘이 존재했다는 사실은 언젠가 다른 종파가 단일 영토 내에 존재하게 될 것이라는 매우 다른 종교적 상황을 보여주는 것이었다.

이러한 의미에서 볼 때, 프로테스탄티즘의 등장은 통일된 서구 교회를 종식시키고, 일반적 교회에 대한 충성을 국가에 대한 충성으로 대체하기 위한 장을 열었음을 상징한다. 또한 어떤 교회가 되었든지 간에 그 교회의 지도를 거부하는 사고 형태에 자극을 주었음을 의미한다. 이런 식의 대대적인 발전에 대한 평가는 주관적일 수밖에 없다. 프로테스탄트인 나의 견해로는, 각기 지역의 상황에 밀접하게 결합된 다양한 프로테스탄티즘의 등장으로 유럽의 가톨릭 지역과 비교하여 지역의 신앙 갱신이 보다 더 쉽게 일어날 수 있었고, 마음을 더 깊이 감동시킬 수 있는 상황들이 만들어졌다고 생각한다. 그러나 유럽의 교회 분열은 유럽의 세속화를 가속화시키기도 했는데, 이는 일반적 교회의 실패가 직 · 간접적으로 모든 사람들에게 모든 전통적 권위를 버리고 그들 스스로 생각하고 행동하도록 고무시켰기 때문이었다. 따라서 프로테스탄티즘은 기독교의 권위를 버린 세속화와 진정한 기독교적 부흥 둘 다를 예견하는 상황을 만들었는지도 모른다. 이에 반하여 교회의 보편성에 새롭게 헌신하게 된 로마 가톨릭주의는 지역적인 기독교 갱신을 위해서는 다소 부족했지만, 종교적 권위, 성경에서 발견된 하나님의 계시, 기독교 전통 그 자체에 대한 전통적인 유럽인의 존경을 유지하는 데 있어서는 더 좋은 상황을 이끌어냈다.

이러한 장기적인 결과 분석이 올바른지를 떠나서, 다양한 프로테스탄트적 표현을 갖고 있는 기독교의 등장은 신앙의 모습뿐 아니라 유럽 기독교의 모습을 바꾸었다. 유럽 전역의 프로테스탄트 교회처럼, 영국에서 하나의 프로테스탄트 교회를 세우게 한 사건들은 기독교 역사에서 극적으로 중요한 터닝 포인트가 되었다.

헨리 8세의 수장령을 주목할 때, 모든 시대가 그렇듯이, 종교개혁이 일어나고 있는 동안 교회 구조의 뚜렷한 변화가 지속적인 영적 공헌을 동반

P 하지는 않았다는 것을 기억할 필요가 있다. 이러한 사실에 대한 극적인 증거는 헨리 8세의 캔터베리 대주교인 토마스 크렌머(1489~1556)가 끼친 역사적 영향에서 찾을 수 있다. 의심할 수 없이 헨리는 그를 우선적으로 왕의 충실한 신하로 생각했다. 그러나 충성스런 가톨릭 교도들은 그를 유일하고 참된 교회(the One True Church)를 반대하는 공모자로 여겼다. 열정적인 프로테스탄트들은 가톨릭계인 메리 여왕 치하에서 화형에 직면하여 그가 보여준 용기를 칭송하였다.

크렌머 시대 이후 여러 세대에 걸친 그의 영향은 전례 자료들에 남아 있는데, 이것은 그가 개혁파 영국 교회를 위해, 특별히 성공회 공동 기도서(Anglican Book of Common Prayer)를 위해 준비한 것이었다. 거대한 분량의 기도문, 응답시, 성경적인 서적, 세례와 성만찬을 위한 규칙은 국교회나 감독교회가 세워진 곳과 그 원방에 커다란 영향을 주었다. 크렌머가 연례적인 국교회 예배를 위해 작성한 일치를 위한 기도는 당시 군주의 즉위를 염두에 둔 것이다. 그렇지만 16세기의 사건들이 어떻게 서구 교회를 분할시켰는지에 대략의 초점을 맞춘 이 장을 마감하는데 딱 어울린다.

> 오, 하나님, 우리의 유일한 구원자시며, 평화의 왕인 우리 주 예수 그리스도의 성부시여, 불행한 분열에 의해 우리가 처해 있는 커다란 위험을 마음속 깊이 새길 수 있는 은혜를 주옵소서. 모든 미움과 편견, 그리고 거룩한 연합과 일치로부터 우리를 방해할지 모르는 것은 무엇이든 제거하여 주옵소서. 오로지 하나의 몸과, 하나의 성령과 우리를 부르신 하나의 소망, 하나의 주님, 하나의 믿음, 하나의 세례, 우리 모두의 한분 하나님 아버지가 있듯이, 이제 우리 모두는 진리와 평화와 신앙과 자비라는 하나의 거룩한 결속으로 연합된 한 마음과 한 영이 되어, 하나의 마음과 하나의 입술로 당신을 찬양할 수 있기를 원하나이다. 우리 주 예수 그리스도의 이름으로 기도합니다. 아멘.

한 잔의 차를 나누며

1. 저자는 왜 수장령(일종의 국가적 명령)을 기독교 역사의 터닝 포인트라고 생각하는가?

2. 유럽 기독교에 수장령으로 세워졌던 새로운 권위의 기초는 무엇인가?

3. 종교개혁은 단순히 정치적, 사회적, 지적 운동의 결과라고 결론지을 수 있는가? 왜 저자는 이러한 접근에 대해 경고하는가?

4. 유럽 기독교가 여러 프로테스탄티즘으로 분산된 것이 어떤 점에서 16세기에 이르는 유럽 내 사상 조류의 자연스런 결과인가? 외부의 어떤 문화적, 사회적 영향이 이전에 통일된 교회에서 일어난 분열에 불을 붙였는가?

5. 교회의 수장으로서 영국 왕이 행한 이 새로운 역할은 중세 기독교제국에서 제왕들이 행한 것과 같은 것인가? 그렇지 않다면, 그것은 어떻게 중세 기독교제국과 다른가?

6. 종교개혁에 대해 중세 교황만을 비난했다는 것은 왜 올바르지 않은가?

7. 저자의 평가를 볼 때, 종교개혁의 핵심적인 결과는 무엇인가? 어떤 점에서 지역적 프로테스탄티즘의 발달이 실제로 교회를 고무시키고 강화하였는가?

한 잔의 차를 나누며

오늘날 교회에 적용할 점

1. 국가는 어떤 방법으로, 그리고 어떤 위치에서 여전히 현대 기독교의 권위의 기초로 작용하는가?

2. 다른 종파와 구별지어 프로테스탄티즘이라고 이름 붙이게 한 기본적인 이슈는 무엇이었는가? 오늘날에도 이 이슈들로 종파들이 나누어지는가? 아니면 다른 특별한 사항으로 대체되어 왔는가?

Turning Point 09

주후1540년 | 이그나티우스 로욜라의 예수회

가톨릭의 개혁으로 복음이 세계 선교로 이어지다

가톨릭의 개혁으로 복음이 세계 선교로 이어지다

프로테스탄트 종교개혁으로 인한 위기의식과 함께 유럽으로 밀려들어온 프로테스탄트적인 찬송가들로 로마 가톨릭 교회는 예기치 않은 어려움을 겪었다. 프로테스탄티즘과 관련된 회중 찬양은 매우 완벽했고, 프로테스탄트들이 붙인 찬송 곡조는 부르기에 매우 효과적이었다. 그래서 가톨릭 교회 지도자들은 단순하게 미사에서 음악 사용 금지를 고려했었다. 그러나 교회음악은 1562년 트렌트공의회(The Council of Trent)의 최종회기 끝무렵에 '구제되었다'. 추기경들의 위원회는 지오반니 팔레스트리나(약 1525~1594)와 다른 가톨릭 작곡자로부터 전통적인 교회 음악 교재로 사용할 적절한 곡들을 확보했다. 트렌트공의회는 어떻게 음악이 교회를 파괴하기보다는 도움을 줄 수 있는지를 보여준 사례들을 파악하고 있었기 때문에, 세속적인 것과 교황에 대한 공격을 조장했던 모든 음악을 엄격히 경고하면서도 적절한 찬송 사용을 보장했다. 가톨릭 교도들은 새롭지만 비교적 신중한, 그러나 여전히 신선한 찬송을 지속적으로 만들어냈다. 찬송학에 대한 표준 안내서에는 아래의 부활절 찬송이 어떤 익명의 예수회 회원이 만든 것이라고 적혀 있다. 이 곡은 1695년 처음 출판되었다. 팔레스트리나가 작곡한 것이 이 찬양곡으로 자주 사용되었는데, 그의 작곡은 16세기 가톨릭 교회 개혁과 연관된다.

> 싸움은 멈추고, 전투는 끝났다.
> 생명이 승리를 거두었다.
> 승리의 노래가 시작된 것이다.
> 할렐루야!

죽음의 권세는 가장 악한 일을 하였지만,
그리스도는 그들의 군대를 물리치셨다.
이제 거룩한 기쁨의 함성을 지르자.
할렐루야.

슬픔의 삼일은 빠르게 지나갔다.
그리스도는 죽은 자들 가운데서 영광스럽게 다시 살아나셨다.
부활하신 우리 왕께 모든 영광을 돌리세!
할렐루야![1]

1539년 여름, 스페인 왕을 위한 전투에 참여해 성년기의 삶을 시작했던 한 스페인인이 색다른 운동에 참여하였다. 바스크 귀족 가문의 자손이었지만 수년 동안 가톨릭 교회의 사제로, 열심 있는 종으로 섬겼던 이그나티우스 로욜라(Ignatius Loyola)는 이제 교황 바오로 3세에게 새로운 교단을 세우게 해달라고 요청하였다. 로욜라는 5년 전 여섯 명의 동료들(니콜라스 보바딜라, 피에르 페브르, 디에고 레이네즈, 시몬 로드리게즈, 알폰소 살메론, 프란시스 자비에르로, 한 명은 프랑스인, 한 명은 포르투갈인, 네 명은 스페인 여러 지역 출신)과 함께 청빈과 순결 서약을 했다. 그들 모두는 이미 예루살렘과 그 인근에 사는 무슬림 투르크족을 개종시키기로 서원했는데, 1534년 8월 15일 파리에서 있었던 모임에서 로욜라와 친구들은 만약 그들의 원래 의도가 실현될 수 없는 경우에는 그들에게 맡겨지는 사역이 무엇이든 교황의 처사에 따르기로 약속했다. 익히 알려진 것처럼, 여러 환경적 요인들이 그들의 동방 선교 여행을 막자 진정으로 그들은 교회에 자신들을 직접 바쳤다.

스페인 군인에서 교황의 종으로 행로를 바꾼 로욜라의 여정은 쉬운 길이 아니었다. 30세쯤 되었을 때 그는 1521년 5월 스페인과 프랑스가 벌인 팜 프로나전투에서 부상을 당했다. 그는 오랜 요양 중에 그리스도의 생애에 대한 경건한 서적들을 접했다. 이 서적들에 감동을 받은 그는 군인으로서의 직업을 버렸다. 완전히 회복되자 로욜라는 예루살렘(Holy Land)으로 여행을 갔고 그 후 사제가 되기 위한 공부를 시작했다. 그러나 그는 그 무렵, 후에 영성 훈련(Spiritual Exercises)이라 불려지게 될 제자도의 과정을 정밀하게 다듬어 갔다. 그 훈련은 후에 한 권의 책으로 발행되었는데, 그것은 대면 교제(face-to-face communication)를 위해 쓰여진 것이었다. 이 훈련은 첫째, 각 개인의 죄성, 둘째, 그리스도의 왕 되심, 셋째, 그리스도의 수난, 그리고 마지막으로, 부활한 그리스도의 삶을 여러 주 동안 묵상하는 강도 깊은 명상과 기도 시간을 요구했다. 이들 훈련에 대해 성공회 복음주의자인 제임스 패커(J. I. Packer)는 "그 훈련은 지혜, 상상, 양심을 통해 의지에 호소한다. 이는 강력한 가톨릭 사상을 갖고 있지 않은 사람들에게조차, 주 예수에 대한 자각과 헌신에 대해 효과적인 도움을 준다"[2]고 평가했다.

은혜에 의한 칭의(justification) 명상이 독일인 개혁가인 마틴 루터를 변화시킨 것처럼, 로욜라는 훈련을 사용하여 자신을 완전히 변화시켰다. 변화되어 달라진 모습은 양적인 것이 아니라 질적인 것이었다. 루터는 기독교적 순례로 가톨릭 교회로부터 멀어졌지만, 로욜라는 가톨릭 교회로 더욱 깊이 빠져 들어갔다.

로욜라는 11년 동안 신학을 공부했는데 처음에는 바르셀로나, 알카라, 살라만카대학에서, 그 후 1528년부터 1535년까지 파리대학에서 공부했다. 로욜라는 파리에 있는 동안 매우 열정적이어서 교회의 평화와 선한 질서를 훼방한다는 혐의로 잠시 종교재판소의 조사를 받기도 했다. 파리 사람들 중에는 로욜라의 강한 영성에 불편을 느끼는 사람도 있었지만, 많은 사람들이 진리와 목적을 밝혀주는 자로 여기고 그에게 모여 들었다. 그 결과 선교 사역에 서약하는 사람들이 나타났다.

로욜라의 새로운 교단 청원은 즉시 응답을 받지 못했다. 청원의 제출 시기로부터 공식적인 예수회 설립일인 1540년 7월 24일에 바오로 3세의 교

17세기의 이 그림은 로욜라가 교황 바오로 3세로부터 예수회에 대한 최종적인 승인을 받는 모습을 보여준다.

황교서 발표까지 1년 이상이 걸렸다. 파리대학 학생 시절부터 있었던 약간의 나쁜 소문이 여전히 로욜라를 붙어 다녔다. 더구나 새로운 교단을 위한 청원은 가톨릭 교회 공의회의 주요 인물인 추기경 가스파로 콘타리니가 후원했는데, 그는 프로테스탄트와의 타협을 모색할 가능성을 마음에 품고 있었기 때문에 로욜라 역시 일부 가톨릭 인사들에게 커다란 의심을 받고 있었던 상황이었다. 결과가 불투명했음에도 불구하고 교서가 발표되었다. "전투적 교회의 통치"라는 제목이 그 열기를 말해 주었다. 교서에 들어 있는 상세한 설명은 예수회가 어떤 형태의 단체가 되어야 하는지를 분명하게 제시한다.

> 단체의 모든 구성원들은 그들이 처음 신앙 고백을 할 때 뿐 아니라 생애 전반에 걸쳐, 이 전체 단체와 그를 구성하는 모든 사람들이 지존한 교황성하와 교황직 계승자들에게 순종하는 가운데 신을 위한 투쟁에 참여하고 있다는 것을 알고, 마음에 간직해야 한다. 그리고 우리가 복음서에서 배워왔고 정통신앙으로 알게 되어, 그리스도 예수 안에 있는 모든 신앙인들이 예수 그리스도의 대리자인 동시에 머리 되신 로마 교황에게 복종해야 한다는 것을 확실하게 고백하지만, 그럼에도 불구하고 우리 회(society)의 극진한 겸손과 각자의 완전한 고행, 그리고 의지의 절

> 제를 위해 우리가 모든 신앙인들에게 주어지는 일상적인 매임을 넘어 특별한 맹세를 취하는 것은 매우 바람직한 것으로 간주된다. 따라서 그것은 현재의 로마 교황과 그 계승자들이 영혼의 진보와 신앙의 전파에 관해 우리에게 명령하는 것이 무엇이든 우리가 거기에 매인다는 것을 의미한다. 우리는 어떠한 회피나 변명도 하지 않고, 그들이 우리를 보낼 나라가 어떤 곳이든지, 투르크인들 중에, 또는 다른 이교도들이 있는 곳, 그리고 인도에까지, 혹은 이단자들과 분리론자들이 있는 곳에, 또는 어떤 신자들 속으로 가든지 우리의 힘이 미치는 한 즉각적으로 복종해야 한다.[3)]

이렇게 해서 현대 역사가인 존 오린(John Olin)이 "이러한 종교적인 위기의 시대에 가톨릭의 부흥과 부활의 가장 강력한 도구"[4)]라고 적절하게 지칭한 단체가 창설되었다.

실로 예수회 창설의 실제적이고 상징적인 의미는 아무리 강조해도 지나침이 없다. 첫째 예수회 창설은 프로테스탄트 개혁이 시작된 직후 로마 가톨릭을 완전히 회복시킨 가톨릭 종교개혁 중 가장 훌륭한 표현 중의 하나였다. 예수회는 프로테스탄트 지역을 로마 가톨릭으로 되돌리는데, 더 나아가 가톨릭 교회에 대한 충성심이 흔들리던 유럽인들의 신앙을 결속시키는 데 가장 두드러진 역할을 하게 되었다.

둘째, 그러나 예수회의 등장은 16세기 중반에서 20세기 중반까지 이어져온 전통적인 로마 가톨릭주의의 힘을 상징하는 것이기도 했다. 그 이후의 가톨릭 역사를 보면 예수회 자체가 간혹 모호한 역할을 했지만(18세기에 짧은 시기 동안 심지어 금지 처분을 당하게 된다), 16세기에 가톨릭 교리와 행위를 확립하려는 그들의 열정은 거의 500년 동안 로마 가톨릭주의를 형성시키는데 매우 큰 역할을 하였다.

셋째, 예수회의 선교 열정 또한 그들을 기독교 역사에서 특별히 영향력있는 세력으로 만들었다. 그 열정은 이미 예수회 초기에 모든 사람이 볼

명상에 대해, 로욜라

다음 글은 로욜라의 "영성 훈련"(Spiritual Exercises)에 있는 명상을 위한 지침의 한 예이다. 이것은 '4주간' 중 세 번째 것인데, 현대 번역에서는 200~203항에 해당된다.

〈두 번째 명상〉

아침. 최후의 만찬에서 겟세마네 동산의 고민으로.

기도. 일상적인 예비 기도.

첫 번째 서막

이는 신비의 역사이다. 여기에선 다음 내용이 전개될 것이다. 우리 주 예수는 시온산에서 있었던 만찬 후에 제자들과 함께 내려오셨다. 그들은 예루살렘성과 성벽 밖 계곡을 가로질러 감람산 기슭 가까이에 있는 겟세마네 동산으로 갔다. 예수께서는 제자 셋을 택한 후 혼자 떨어져 기도하기 시작했는데, 그 기도는 간절해서 핏방울이 맺혀지기 시작했다. 그는 세 번 기도했고, 세 번이나 잠자는 제자들을 깨우러 갔다. 유다가 입맞춤으로 주님을 배반하러 병정들과 함께 도착했고 베드로가 대제사장의 종 말고의 귀를 베었을 때, 예수는 평범한 범죄자처럼 붙잡혔고, 계곡을 지나서 안나스의 집으로 끌려갔다.

두 번째 서막

이제 그 장소를 보게 된다. 여기에선 시온산에서 겟세마네 동산까지 가는 길과 또한 동산의 폭, 길이, 모양이 고려될 것이다.

세 번째 서막

이제 내가 바라는 것을 간구하게 된다. 수난을 겪으면서 슬픔 중에 있는 그리스도께 동참하여 슬픔을 구하고, 뼈가 부러진 그리스도와 함께 부러지며, 그리스도께서 나를 위해 겪으신 고난으로 인해 눈물과 깊은 내면의 고통을 간구하는 것이 바람직하다. [1]

수 있을 정도였다. 교황이 공식적으로 그 교단을 세우도록 허용하기도 전에, 로욜라의 첫 동역자 중 한 사람인 자비에르(Francis Xavier, 1506~1552)는 인도, 말레이시아, 인도네시아, 일본으로 가톨릭 기독교의 메시지를 전달하는 선교여행을 시작했다. 그는 1552년에 사망할 당시 바로 중국 해안에 도착해 있었다. 이러한 일(프로테스탄트 독자들은 주목하기 바란다!)은 프로테스탄트들 중에서 비슷한 일들이 있기 150년 전에, 그리고 영어권 프로테스탄트들 중에서 이와 유사한 일들이 있기 250년 전에 일어난 일이었다. 더욱이 16세기와 17세기 예수회의 선교 경험은 20세기 말의 상황과 밀접한 관련이 있는 주제이다. 왜냐하면 그들의 역사는 오랫동안 유럽에서 성장한 종교가 이제 전세계로 퍼지면서 제기되는 가능성과 문제점들을 보여주기 때문이다.

16세기 가톨릭 교회, 개혁의 바람이 불다

16세기의 가톨릭에 대한 오랜 역사적 논의를 들여다 보면, 가톨릭의 활발한 활동이 프로테스탄티즘의 도전에 대한 직접적인 반응이었다는 견해와 가톨릭 내부적 추진력의 결과였다는 견해로 나누어지는데, 프로테스탄티즘에 대한 반응이라는 관점에서는 '반종교개혁'이라 부르며, 가톨릭 교회 내 내부 경향에 주목하는 역사가들은 '가톨릭 종교개혁'이라 말하기도 한다. 이러한 논점은 중요하지만, 그보다 더 중요한 역사적 실재(이를테면 반개혁, 개혁, 교황의 주도권, 트렌트공의회가 16세기 말 가톨릭 교회를 한 세기 전과 다른 모습으로 체계화시킨 것)를 모호하게 만들 수도 있다. 가톨릭 내부 개혁 운동으로서의 가장 분명한 사례는 1520년대부터 시작된 새로운 교단 창설이라는 커다란 움직임에서 찾을 수 있다. 새로운 교단은 프로테스탄트적인 관심과 비슷한 동기에서 시작되었지만, 가톨릭 신앙의 전통을 기반으로 하여 갱신되었다. 가톨릭 교회가 인정한 자원에 의존하여 근대적인 문제점들에 대해 전통적인 해결책을 부활시킨 것이었다. 베네딕트 수도원 제도가 6세기에 교회의 폭넓은 갱신을 가져왔으며, 클뤼니(Cluny)수도원의 창설이 10세기에 동일한 일을 행하였던 것처럼, 16세기 초의 교회 몰락에 대한 관심은 독실한 신자들을 움직여 기도와 봉사를 목적으로 하는 새로운 단체를 형성하거나, 기존의 종교 조직을 개혁하게 했다. 이들 새로운 교단이나 개혁된 교단 대부분은 이탈리아에 집중되어 있었다. 하지만 때로 비(非)이탈리아인들로부터 중요한 기여가 있었고, 예수회처럼 매우 중요한 새로운 교단 몇몇은 이탈리아 반도 밖에서 창설되었다.

새로운 교단들은 명상의 삶을 지향하는 엄격한 헌신을 강조하거나, 세상에서의 행동주의를 강조하는 양극단의 모습을 보였다. 새로운 교단 중 맨 처음 생긴 것은 1524년에 창설된 테아틴회(Theatines)로, 로마의 오라토리아회(Oratory of Divine Love)에 속했던 두 명의 사제가 이끌었는데, 오라토리아회가 중점을 둔 개인 경건과 교회 개혁을 계속 강조하였다. 창설자 중 한 사람인 지안 피에트로 카라파(Gian Pietro Carafa, 1476~1559)는 그 후 1555년에 교황 바오로 4세가 되었고, 교회를 강화시키기 위해 활기차고 확고한 개혁을 추구하였다. 테아틴회는 16세기 상반기에 새로 창설된 대부분의 교단처럼 소규모 교단을 남겼는데 이러한 교단 중에는 수녀들의 모임인 바오로천사자매회(Angelic Sister of St. Paul)와 평신도들의 유사 조직인 바오로기혼부부회(The Married Couples of St. Paul)가 합쳐져 1530년 밀라노에서 창설된 바오로사제수도회(Clerks Regular of St. Paul, 또는 바나바회)가 있었다.

탁발수도회_
청빈과 엄격한 규율을 신앙 이념으로 삼아 13세기 이후 서유럽에서 널리 유행한 수도회이다. 탁발수도회는 크게 둘로 나뉘는데, 1210년 프란시스가 창설한 프란시스수도회와 1216년 도미니쿠스가 창설한 도미니크수도회이다.

수사들과 탁발수도사들의 초기 전통에서 좀더 오래된 원칙들을 부활시키려 했던 교단들은 상당히 크고 폭넓은 영향을 끼쳤다. 한 중요한 예로 1528년에 성 프란시스(아시시의 프란시스, 프란체스코라 불리기도 함)의 제자들이 세운 것으로 '가난과 봉사'라는 창설자의 이상을 엄격하게 '지켜나갈 것'을 주장했던 프란시스 엄수회(The Observant Franciscans)에서 카푸친회(Capuchins)가 떨어져 나갔다. 카푸친회(카푸친작은수도회)는 그들의 창립 취지에 더욱 더 헌신하고자 그들 스스로 분리된 존재로 떨어져 나간 것이었다. 카푸친회는 정기적으로 도시 인근에 작고 은둔지 같은 마을을 세웠다. 그들은 최선을 다해 전파하였고, 성만찬을 정기적으로 시행했으며, 교회력의 주요 축일과 관련해서는 특별한 헌신을 권장하였고, 병자들, 특히 전염병자를 돌보는 데 몸을 사리지 않는 용기를 보여 주었다. 그러나 카푸친회의 개혁 노력은 본궤도에 오르기도 전인 1542년에 그들 중 가장 유명한 전도자였던 베르나르디노 오키노(Bernardino Ochino, 1487~1564)가 프로테스탄티즘으로 개종하고 칼빈이 있었던 제노바로 도피하면서 원래의 노선을 벗어났다. 이러한 결함 때문에 엄격한 조사를 받게 되었으나, 결국은 결백이 입증되어 그 이후 많은 사람들의 개혁 활동을 고무시켰다.

카푸친회에는 여전히 다른 프란시스 엄수회 출신 집단들이 참여했다. 맨발의 카르멜회(The Discalced Carmelites)는 주로 스페인인으로 구성되었는데, 그 이름은 맨발로 활동하는 모습에서 따왔다. 그들의 개혁활동은 성 아빌라의 테레사(Teresa of Avila, 1515~1582)의 활발한 지도력으로 활기를 띠었다. 그는 독실한 경건과 예리한 상식을 갖고 대부분의 시간을 기도와 명상에 쏟는 종교 공동체를 이끌었다. 테레사가 유사한 수도원을 설립하는데 성과를 올리자(하나는 남성, 다른 하나는 여성을 위한 것이었다) 가톨릭 유럽 전역에서 몇몇 새로운 교단이나 재건된 교단이 이를 답습하였다. 또한 기도와 신비적인 영성을 추구하였던 십자가의 요한(John of the Cross, 1542~1591)은 남성 카르멜회에서 가장 유명한 인물이 되었다. 이와 약간 유사한 교단으로 프란시스 교단의 회상회(Recollect)가 있는데, 이 역시 프란시스 엄수회에 뿌리를 두었다. 회상회는 1570년대에 프랑스에서 세워졌는데, 곧 세계 여러 다른 지역뿐 아니라 북아메리카에 선교사들을 보내기 시작했다.

새롭게 세워진 많은 교단 중 프란시스 교단의 종교 사상이 중요하다는 것은 결국 여러 교단의 구성원이 된 많은 회원들이 말해준다. 약 1세기 반 후인 1700년 경에는 프란시스 교단의 원리에 새롭게 헌신한 35,000명 가량의 엄수회, 27,000명 이상의 카푸친회, 13,000명 가량의 프란시스 개혁파, 6,000명 이상의 맨발의 카르멜회, 9,000명 이상의 회상파가 있었다.[5] 20세기까지는 프로테스탄트 선교회 중 맨발의 카르멜회만큼 큰 선교회조차 없었다.

이들 새로운 교단(거기에는 가장 규모가 크고 활동적인 예수회, 소마쉬회 Somaschi와 여성교단인 우술라회 Ursulines같은 셀 수 없이 많은 소규모 단체가 포함되어 있다)이 전통적인 중세 사상인 청빈, 순결, 복종을 고수했다는 점을 설명할 필요가 있다. 이러한 교단들 중 특히 예수회의 경우 궁극적으로는 프로테스탄트들과 경쟁했지만, 회원들 대부분은 프로테스탄티즘을 능가하려는 것보다는 교회 내 옛 전통과 연결하여 기도 관습, 명상, 예배 등을 통해 전통 사상을 부활시키고 개혁을 수행하는 것에 더 많은 관심이 있었다.

마침내 교황들이 개혁에 착수하자, 교황의 정책은 프로테스탄트의 도전에 대한 대응과 교회를 정화하고 활력있게 하려는 개인적 야망을 동시에 추구하는 것으로 보여졌다. 1530년대까지 교황의 권좌는 적어도 영적인 관심뿐 아니라, 세속적이고 정치적인 사안에 관여했던 인물들이 장악했다. 그러나 알레산드로 파네스(Alessandro Farnese, 1549년까지 교황 재위, 바오로 3세라 칭해짐)가 1534년에 교황이 되기 시작하면서 교황 활동의 본질이 바뀌기 시작했다. 바오로 3세는 계속하여 르네상스 시대 교황직의 발자취를 보여 주었지만(예를 들어 그의 가족들에게 실제 정책에서 주요 역할을 하도록 맡김), 그 역시 개혁을 요구하는 소리에 응하여 여러 조치를 취하였다. 바오로 3세는 교황이 된 직후 개혁적 성향의 추기경들로 특별위원회를 조직했고, 그들에게 교회의 세액과 그 필요액을 마련할 것을 요청하였다. 이 위원회 구성원에는 보수적인 테아틴회의 지안 피에트로 카라파가 포함되어 있었으나, 프로테스탄트들과 교회 내 비판가들에 대하여 다소 타협적인 태도의 개혁사상을 가진 세 명의 추기경도 있었다. 야코포 사돌레토(Jacopo Sadoleto, 1477~1547)는 이탈리아 출신의 학자로, 로마서 주석(1535년 작성)과 1539년 칼빈(John Calvin)과의 서신 교환으로 프랑스에서 유명하게 된 인물인데, 이를 통해 격렬한 가톨릭-프로테스탄트 논쟁이 최고점에 다다랐다. 영국의 귀족 가문에서 태어난 레기날드 폴(Reginald Pole, 1500~1558)은 헨리 8세의 이혼에 대한 지지를 거부한다는 이유로 결국 고국에서 추방되었다. 그는 한참 후에 메리 튜더(Mary Tudor, 1553~1558)의 교황 고문으로 다시 영국에 돌아오게 되었고, 고국을 다시 가톨릭주의로 돌아가게 하려고 힘을 쓴 중요한 인물이었으나 성공하지 못했다. 가스파로 콘타리니(Casparo Contarini, 1483~1542)는 베네치아 출신의 외교관이자 교회 봉사를 위해 부름 받았던 기독교적 르네상스의 탁월한 인물이었다. 콘타리니의 신학적 입장 중에서 믿음에 의한 칭의 문제 같은 것은 당시 가톨릭 교회 내에 남아있었던 몇몇 주요 인사들의 경우처럼, 프로테스탄트적인 결정들을 수용하는 쪽에 가까웠다.

1537년에 이들 개혁적 성향의 추기경들은 "교회 개혁의 임무"(Consilium de emendanda ecclesia)라는 제목의 보고서를 발표했는데, 이는 교회와 사회 내에서 과도하게 권력을 요구하는 당시의 교황직을 비판한 것이었다. 이 보고서는 교황직이 영적인 임무에 집중하고 통치, 부, 현세적 위엄 등을 멀리할 것을 요구했는데, 성직 매매와 교구 사제인 주교들의 업무 수행시 실패 사례가 보고서의 대부분을 차지했다. 이러한 권고사항들은 실행에 옮기기는 지나치게 일반적이고 심오한 것이었지만, 이들이 지적한 것은 훗날 교황들이 추구하게 될 개혁과 맥을 같이 하는 것이었다.

바오로 3세 또한 치세 동안에 프로테스탄트들과의 불화를 치유하기 위해 마지막으로 진지한 노력이 있었다. 1541년에 남부 독일 레겐스부르크에서 합동 토론회가 열렸는데, 거기에는 프로테스탄트들과의 타협을 희망했던 콘타리니 같은 가톨릭 인사들과 마틴 부처와 필립 멜랑히톤같이 화해에 대한 희망을 내비쳤던 프로테스탄트 지도자들이 모였다.[6] 그 토론회에서 놀랍게도 칭의에 대한 합의안 작성에 성공했다. 모임에 참석한 신학자들은 두 가지 기본사항에 동의할 수 있다는 것을 발견했다. 즉 하나님이 유일한 구원의 근원이라는 것과 인간의 선행은 하나님이 구원을 베푸시는 행위에 대한 필연적인 반응이라는 것이었다. 그러나 이 두 사항 외의 문제가 논의되자마자 의견 일치는 깨졌다. 특히 성찬식에서의 화체설과 성경 해석을 가르치는 권한이 있는 유일한 세력이 가톨릭 교회라고 주장하는 가톨릭의 입장 고수는 분열을 초래했다. 그러나 불일치 상태의 두 진영에 결정타를 가한 근본적인 문제는 교황의 종교적인 권위였다. 이러한 암초 위에서 건설적인 대화에 대한 희망은 깨졌고, 거의 400년 동안 되살아나지 않았다.

화체설_
성찬시 떡과 포도주의 외적 성질이 그대로 보존된 채 그 본질이 기적적으로 예수 그리스도의 실제 몸과 피로 변한다는 교리이다.

레겐스부르크의 토론회는 또한 가톨릭의 개혁 노력에도 터닝 포인트가 되었다. 1540년대 초반에 들어서면서, 가톨릭의 태도가 나누어졌다. 카라파처럼 교회를 개혁하고 회복하는 방법의 일환으로 체계적이고 엄격한 과정을 촉구하는 인물들과 콘타리니 같이 최소한 프로테스탄트들과 타협 조치를 취할 것을 권고하는 사람들로 갈라진 것이다. 레겐스부르크에서의 타협이 실패하고 베르나르디노 오키노(Bernardino Ochino)가 칼빈파로 이탈한 이후 가톨릭 교회는 점차 타협을 배제하고 엄격함과 배척의 길을 선택했다. 결과적으로 전체 공의회(바오로 3세는 재임 초기부터 개최 요청을 받고 있었다)가 마침내 1545년 12월에 북이탈리아의 트렌트(Trent)에서 개최되었을 때, 공의회는 프로테스탄트들에 적응하기보다는 프로테스탄티즘에 의해 위협 당했던 역사적인 가톨릭 노선을 다시 강화하는 쪽으로 나아갔다.

세 번의 회기(1545~1547, 1551~1552, 1562~1563)로 소집된 트렌트공의회는 프로테스탄트의 주요 주장에 대한 체계적인 반박으로 시작했기 때문에 반종교개혁의 추진으로 보였을지도 모른다. 그러나 공의회는 마지막 회기에 이르러 정책을 작성하고, 원리를 확증하는데 있어 미래 지향적인 모습을 보였는데 이는 프로테스탄티즘에 반응하기보다는 가톨릭 교회 자체의 내적 자원에 기초한 가톨릭 팽창을 가능케 하는 것이었다. 독일에서 온 몇 명의 프로테스탄트 참관인들이 1551년의 공의회에 초청되었으나 그 때에 이르러서는 두 진영 사이에 실질적으로 대화할 것이 아무 것도 없었고, 접촉 또한 전반적으로 빈약하였다. 트렌트공의회는 프로테스탄트가 참석을 거부했음에도 불구하고 극단적인 가톨릭 보수주의를 피했다. 추기경 카라파가 1555년 바오로 4세로 선출되었을 때, 그는 공의회의 독립성에 반대하여 공의회 재소집을 거부했다. 하지만 그의 전임자와 후임자들은 효과적이고 지속적인 교회 개혁을 하려면 공의회의 구조를 충분히 이용해야만 한다는 것을 깨달았다. 트렌트공의회의 어떤 회기에도 교황이 참석하지 않았지만, 트렌트공의회의 규범과 교령은 이제 세속의 정치적 권력보다는 영적인 통치를 더욱 지향했고, 교회 내에서 교황의 지도적이고 권위적인 목소리를 재확인하였다.

트렌트공의회는 일종의 반종교개혁으로서 교조적인 결정에 주력하였다. 왜냐하면 많은 사항이 프로테스탄트의 주요 논제를 직접적으로 공격했기 때문이었다. 트렌트공의회에서는 칭의 과정에서의 인간의 수동성을 부정했고, 성경과 전승이 동등한 권위를 갖는 것으로 확정하였고, –대체로 토마스 아퀴나스에 의해 정해진– 7성사를 지정하여 이를 구원을 위해 필요한 것으로 규정하였으며, 미사를 그리스도의 참된 속죄 제물이라 일컬었다. 동시에 지방 속어로 된 성경이나 전례들에 맞서 라틴어 불가타(Vulgate) 성경과 라틴식 미사 규칙을 공식적인 교회의 문서로 확정지었다.

1960년대 초 제2차 바티칸공의회 이후 트렌트공의회의 주장에 관해 가톨릭과 프로테스탄트는 함께 진지한 견해를 나누었다. 또한 새로운 연구를 통해 트렌트공의회의 결정에 대한 프로테스탄트의 평가와 이들 반종교개혁적인 주장들을 이끌어 냈던 프로테스탄트 교리들이 검토되었다(예를 들어 칼빈은 트렌트공의회의 초기 회의에 대해 반응하였고, 마틴 켐니츠는 확고하게 루터파 입장에 선 반박서 네 권을 발행했다) 현대 학자들은 이 16세기의 교황권이나 성사의 본질에 대한 가톨릭과 프로테스탄트의 핵심적인 차이점들이 400년이 흘렀어도 여전히 거의 그대로 남아 있다는 데 일치된 견해를 보인다. 그러나 트렌트공의회가 선행에 의한 구원을 확정지었다는 프로테스탄트의 비난이나, 프로테스탄트의 칭의 개념이 방종을 부추겼다는 가톨릭의 비난과 같은 그 밖의 다른 문제들에 대해서는, 16세기 가톨릭과 프로테스탄트의 논쟁자들이 책임 있고 주의깊은 표현과 타협적인 입장보다는, 반대자들의 입장에서 극단적인 표현을 사용했다고 결론짓는 추세이다. 가톨릭 진영과 프로테스탄트 진영의 트렌트공의회에 대한 지배적인 해석을 볼 때, 사실상 이 기간은 프로테스탄트와 가톨릭의 차이점이 절대적이라 할 만큼 조화될 수 없는 성격임이 강조되었던 시기였다.

트랜트공의회 마지막 회기에서는 첫 두 회기에 대한 개혁적인 규범과 교령이 재확인되었다. 뿐만 아니라 프로테스탄트와의 분쟁보다는 장차 가톨

피우스 4세(Pius IV)의 신경

트렌트공의회가 끝난 직후 교황 피우스 4세는 "정통 가톨릭 신앙고백을 위한 소문서" 작성을 위임하였다. 때로 피우스 4세의 신경 또는 트렌트공의회의 신앙고백이라 불리는 이 문서는 니케아 신경을 확인하는 것으로 시작하고 있지만 이후 프로테스탄트와 논쟁을 벌이는 교조로 발전한다.

II. 나는 사도의 전승 및 교회의 전승, 그리고 가톨릭 교회의 다른 모든 규율과 법규를 항상 인정하고 채택한다.

III. 나는 또한 우리의 거룩한 모교회(Mother Church)가 주장하는 그 뜻에 따라 거룩한 성경을 인정하고 성경의 진정한 의미와 해석을 판단하는 것은 교회에 속해 있음을 주장한다. 나는 결코 교부들의 일치된 동의에 따르는 것 이외에 다른 방법으로 성경을 채택하거나 해석하지 않을 것이다.

X. 나는 거룩한 가톨릭 로마 사도 교회를 모든 교회의 모체이며 수장으로 인정하고, 사도의 으뜸이며 예수 그리스도의 대리자인 성 베드로의 계승자로서 로마 주교에게 진정으로 복종할 것을 약속하고 맹세한다.[2]

릭 교회가 필요한 것에 초점을 맞춘 행동지침을 작성하기 시작했다. 이 주제에 대한 최근의 연구자인 엘리자베스 그리손(Elisabeth Gleason)이 트렌트의 마지막 회기를 평가한 바 있다. 트렌트공의회는 "일차적으로 더 이상 프로테스탄트의 교리에 대항하거나 가톨릭 신앙과 관습에 대한 프로테스탄트의 비판에 대응하는 쪽으로 방향을 설정하지 않았다. 오히려 교황 주도 하의 개혁이 반종교개혁을 넘어, 1563년 이전에 행해진 것보다 좀더 견고하게 조직되고, 잘 지시되고, 효과적으로 통제되는 교회를 세우기 위한 적극적이고 건설적인 노력으로 나아갔다."[8)]

공의회는 특히 1562년과 1563년에 있었던 마지막 회기 동안에 교회의 구조를 견고히 하고 교회 교리를 장려하기 위한 수단을 정교히 하는 작업을 시작했다. 그것은 프로테스탄트에 의해 촉발된 일련의 개혁으로 이끌려가지 않으려는 의지로도 보인다. 이는 서품 성직자라는 엘리트 신분을 다시 강조하는 여러 결정을 보면 알 수 있다. 예를 들어 성찬식의 잔은 일반 신도에게는 허락되지 않았고 성직자를 위해 마련해 두었다.

그러나 프로테스탄트의 개혁을 모방하지 않았다 하더라도 가톨릭 내 개혁은 나름대로 철저하게 진행되었다. 트렌트공의회에서는 주교들이 교구 내 교회들을 정규적으로 방문할 것과 자신의 관할 하에 있는 모든 교회 직원을 가르치고 격려하는 연례적인 모임을 가질 것과 각자의 관할 관구 내 사제들의 교육을 위한 신학교 시설을 감독할 것을 명문화 했다. 이 마지막 조치는 결과적으로 교육을 전문적으로 했던 예수회 같은 교단들에게 커다란 기회를 제공해 주었으나, 그 규정이 갖는 보다 전반적인 중요성은 사제들이 적절하게 잘 훈련되고 그들의 의무를 잘 행하도록 주교들에게 책임을 지우는데 있었다.

트렌트공의회 마지막 회기에서 채택된 다른 조치에서는 면죄부(indulgences)의 효용을 확인했으나, 16세기 초 프로테스탄트 운동을 촉발시켰던 면죄부 판매에서의 과도한 행위를 방지하기 위한 엄격한 통제 수단을 마련하기도 했다. 공의회는 또한 성인 숭배같은 다른 전통적인 가톨릭 학설을 확정하였고, 금서 목록을 발행하여 독서 행위의 한계를 정하는 조치를 취하였다. 그리고 새롭게 편집한 –일반 신도를 위한– 교리문답서, –경배를 위한– 미사 경본, –사제와 교단 회원이 매일 읽기 위한– 성무(聖務) 일과서 등의 준비를 위한 공동 지침 발행으로 면모를 쇄신하였다. 공의회가 끝났을 때, 이들 문서들에는 많은 양의 중요한 성경 자료가 포함되었으나 성경의 사용은 교회의 교권 제도에 의해 엄격히 규정되어야 한다는 것을 분명히 언급하였다. 트렌트공의회 마지막 회기에서 최종적으로 강조된 것은 선교 사명이었다. 이 무렵 수많은 교단들이 이미 꽤 광범위한 지역에서 선교 활동을 시작했으나, 트렌트공의회에서는 기독교제국을 넘어 아시아, 북아메리카, 남아메리카와 멀리 다른 지역에까지 가톨릭 신앙을 전달하는 것이 긴급하다는 것을 확인하였다.

트렌트공의회가 끝났을 때 교황 피우스 4세는 공의회의 규범과 교령을 모두 승인하였다. 그는 또한 공의회 자체를 신성한 지혜의 원천으로 여기고 있지만, 공의회 교령의 해석과 규범의 실행 문서들은 교황청이 독점적으로 맡는다는 것을 명문화 했다. 교황이 교회 내에서 자신의 권위를 내세웠을지라도, 교황은 이러한 조치를 통해 공의회의 개혁과 연계되었다. 이러한 기민한 대응으로 인해 15세기 초 콘스탄틴공의회의 전통에 따라 가톨릭 역사를 지배했던 교황과 공의회 사이의 긴장이 트렌트공의회가 열리는 동안에는 반복되지 않게 되었다.

트렌트공의회에서 대체적으로 침묵했던 한 가지 중요한 사항은 교회와 국가의 관계였다. 트렌트에서 그 같은 주제에 대해 심도 깊은 침묵을 선택한 것은 당연하다고 할 수 있다. 왜냐하면 전체 공의회를 소집하려는 교황 바오로 3세의 노력이 프랑스의 프란시스 1세(Francis I)와 스페인의 왕이며 독일의 신성로마제국 황제인 찰스 5세 사이의 분쟁 때문에 수년 동안 무산되었기 때문이었다. 트렌트공의회는 그 자체만을 보면 세속적인 영역에 대해 신성한 영역의 전통적인 우위를 확인한 듯했다. 그러나 유럽의 역사를 조망하여 볼 때, 트렌트 개혁의 성공은 결정적으로 프란시스 1세와 찰스 5세 같은 로마 가톨릭 군주에게 달려 있었다. 그들은 서로에 대해서는 극히 불신하였지만, 그들 자신의 영토와 유럽 전역에 가톨릭적인 통일을 강화하려는 욕망을 공유하고 있었다.

의욕적인 가톨릭 개혁가들과 신앙심 깊은 가톨릭 군주들의 활발한 협력은 상당히 효과적인 결합이었다는 것이 16세기 중반부터 증명되었다. 특히 교단들이 서로 말다툼을 하고, 교구 성직자가 세속 지배자와 언쟁을 일삼고 심지어 가톨릭 군주들이 서로에 대해 간헐적으로 계속 음모를 꾸몄던 것에서 볼 수 있듯이 교회 내에 수많은 분쟁이 남아 있었던 것은 분명하다(가톨릭-프로테스탄트 분쟁과 함께 가톨릭 내부의 긴장은 후에 공포스런 30년 전쟁에 불을 붙였는데 그 전쟁으로 1618년부터 1648년까지 중부 유럽 대부분 지역이 황폐해졌다). 그러나 가톨릭 교회 내에서 계속되었던 갈등에도 불구하고 트렌트에서 추진된 개혁은 강력한 군주들의 협력을 얻어 가톨릭 세력의 대대적인 갱신, 헌신, 현세적인 성공을 뒷받침했다. 1600년 경 거의 모든 남유럽이 다시 확실한 가톨릭 지역이 되었다. 개혁파 프로테스탄티즘의 강력한 수중에 남아있던 프랑스가 가톨릭을 유지하게 되었으며, 프로테스탄티즘이 한때 승리 직전에 도달한 듯했던 남부독일, 네덜란드 남부, 폴란드, 헝가리, 보헤미아같은 지역도 대부분 로마 가톨릭을 다시 지지했다. 루터파는 북부독일과 스칸디나비아, 발틱 지역에 국한되었다. 그러나 개혁파 프로테스탄티즘은 계속하여 스위스, 남부독일, 헝가리 일부, 잉글랜드, 스코틀랜드, 프랑스 일부에서 세력을 확장하고 있었다. 초기에 실제 가능성이 엿보였던 가톨릭의 거의 전면적인 해체 위협은 더 이상 없었다. 로마는 자기 진영을 단속했을 뿐 아니라 프로테스탄트에 맞선 결과 이제 자신의 힘을 되찾았다.

트렌트공의회의 가톨릭 개혁

이러한 가톨릭 개혁 작업은 매우 효과적이어서 트렌트공의회에서 확정된 규범들은 거의 400년 동안 가톨릭 교회를 압도적으로 지배하게 되었다. 그 첫 예로, 트렌트공의회는 로마 중심의 가톨릭에 새로운 의미를 부여하였다. 트렌트공의회가 교회를 지도하는 주요 수단으로 주교의 역할을 크게 강조했지만, 주교들의 임무는 로마 가톨릭의 지침을 각 지방에 흩어져 있는 사람들에게 전달하는 것으로 보다 더 신중하게 규정되었다. 로마의 견고함은 교황의 선언이나 프로테스탄트들의 두려움이 보여주었던 것만큼 결코 조직적이지 못했다. 그러나 트렌트공의회에 의해 많은 주요 문건들이 로마 교리문답서(Roman Catechism, 1566), 로마 성무 일과서(Roman Breviary, 1568), 로마 미사 경전(Roman Missal, 1570)으로 세상에 출판되었을 때, 그 이름이 보여주는 것처럼 로마의 견고함은 현실이 되었다. 가톨릭 교회가 다음 수세기 동안 전 대륙으로 퍼져나갈 때도, 16세기 가톨릭 갱신의 주요 유산은 더 강력하고 더 지배적인 로마 중심으로 남아 있었다.

마찬가지로 중요한 것은 트렌트공의회가 발달시킨 교리의 체계화와 예배의식의 성문화였다. 중세 말 로마 가톨릭은 결코 신학적으로나 교회적으로 단일체가 아니었다. 가장 급진적인 프로테스탄트의 가장 과격한 신념들 중 거의 모두는 루터와 칼빈 이전 300년 동안 적어도 몇몇 가톨릭 인사들이 주장했던 것이라고 말하는 게 타당하다. 여러 요소들이 결합되어 중세 서유럽 교회 안에 상당량의 유동적 조치가 허용되었다. 이들 요소에는 긴급한 지방 분규가 없었던 것(정교회는 너무 멀리 떨어져 있었고, 이슬람은 지리적으로 가까웠지만 너무 낯선 것이었다), 르네상스 교황이 세속적인 관심사에 몰두한 것(정치적으로 번거로워지지 않는 한 교리와 예배의식에서 변화를 위한 여지가 마련되었다), 그리고 15세기 공의회 운동이 오랜 기간 끼친 영향(교리나 예배의식 문제를 확정하는 것보다 관할구의 사법 판결 문제가 더 큰 것이었다) 등이 포함된다. 중세 말 가톨릭 교회의 내적인 변화는 1960년대 초 이래 현대 가톨릭 교회에서 일어난 것만큼 광범위한 것은 아니었지만 계속하여 매우 폭넓게 확대되었고, 대체로 로마 가톨릭의 존재를 인정된 사실로 수용했다.

트렌트공의회 이후 가톨릭 교회는 아주 오랫동안 이전과는 다른 길을 걷게 되었다. 다시 말해 공의회 이후 가톨릭의 교리와 예배의식이 통합되었다고 말하는 것은 좀 과장일 수도 있으나, 트렌트공의회는 서유럽 교회에 이전에 존재했던 것보다 훨씬 큰 통일성을 가져다 주었다. 신자들을 감독하는 주교의 임무, 교황의 영적 책임, 전례서와 교리 문답서를 위한 통일된 지침서 마련 등 공의회의 관심은 교회를 개혁하는 일뿐 아니라 통일시키는 것들이었다. 트렌트공의회는 칭의, 연옥, 미사의 성찬 같은 수많은 개별 교리에 대해 가톨릭 입장에서 수용할 수 있는 편차를 축소시켰다. 때로 상세한 작업은 초기 학설에서 중요하지만 아주 결정적인 요소가 아니었던 것을 교회의 공식적인 입장으로 고양시킴으로써 이루어졌다. 예를 들어 화체설을 정할 때, 토마스 아퀴나스가 아리스토텔레스의 철학적 범주를 채택한 일은 16세기 이전의 가톨릭 교회에서 폭넓게 수용되었던 일이다. 그러나 그 교리는 트렌트공의회에서 비로소 가톨릭의 고유 학설로 확정되었다. 또한 동일한 과정을 거처 고해, 혼인, 신품, 그리고 견진 성사 같은 교회의 많은 관습들이 표준화되었다.

프로테스탄트 그리스도인들이 보기에 트렌트에서 가톨릭 교리와 예배의 식들을 표준화 하는데 성공했다는 것은 로마 가톨릭이 마음의 진정한 경건을 희생시켜 신앙의 형식과 구조를 지나치게 강조했다는 비판을 확증시켜 주었다. 이러한 프로테스탄트들의 비판은 어느 정도 타당성이 있지만, 가톨릭의 시각으로 볼 때, 트렌트공의회의 활동, 그리고 이후 가톨릭 교리와 예배의식의 표준화 작업은, -정확히 말해 프로테스탄티즘의 운명처럼 되었던- 수많은 자체 규정의(self-defined) 조각으로 교회가 파편화되는 것으로부터 교회를 지키는 질서, 연속성, 지침을 제공하는 것이었다.

트렌트공의회에서 성취된 통일성이 결코 가톨릭 교회를 전체적으로 통일시키지는 못했다. 예를 들면 가톨릭 신앙이 지방 차원에서 전개될 때, 가톨릭 신앙의 형성에 중요한 영향을 준 것은 예측 불가능한 정치 상황이었다. 아일랜드의 가톨릭은 프로테스탄트계인 영국의 제국주의적 통치 하에 활동하고 있었고, 영국의 가톨릭은 일시적으로 망명해 있거나 영국 내에서 몸을 낮추고 있었다. 프랑스 가톨릭에서 국왕들은 지대한 관심을 갖고 그들의 성직상의 특권을 유지하고 있었으며, 이탈리아의 가톨릭은 중세 말의 가족적 분위기와 정치적 지향성을 청산하지 않았다. 스페인의 가톨릭은 강력한 금욕적 신비주의와 과단성 있는 가톨릭 군주들이 주도하였으며, 폴란드 가톨릭은 폴란드의 정치적 불행으로 인해 폴란드 민족주의를 이끌어 가게 되었다. 이러한 정치 상황들이 다양한 국가적 상황들과 함께 가톨릭 사이에서 중요한 차이를 만들었다. 그러나 가톨릭은 이후 수세기에 걸친 변화 속에서도 트렌트공의회의 개혁 흔적을 계속 지니게 되었다. 20세기에 와서야 가톨릭 교회는 지정학, 지적 삶, 인구, 상업, 전쟁 등에서의 세계적인 변화에 반응하여 트렌트에서 확립된 노선을 수정하게 되었다.

복음이 유럽을 넘어서 세계로 확산되다

16세기 중반의 개혁이 유럽 가톨릭에 지속적으로 끼친 영향은 기독교 역사의 중요한 터닝 포인트가 되기에 충분한 것이다. 그러나 이들 개혁은 세계의 나머지 지역에 영향을 줌으로써 더 큰 중요성을 띠게 되었다. 사실 좀더 시야를 넓혀보면, 새로운 교단의 창설, 교황직의 재정립, 트렌트공의회로 인해 이루어진 가톨릭 교회의 확산은 기독교의 유럽 역사보다 기독교의 세계 역사를 위해 더욱 중요한 전환점이 되었다.

지중해와 유럽 세계를 넘어 복음을 전파하는 일은 1세기에 이미 시작되었다. 인도로 선교여행을 간 제자 도마의 사례 보고같은 사도들의 광범위한 복음 전도 이야기는 교회가 일찍부터 세계 선교에 관심을 품고 있었다는 것을 증명해 준다. 그러나 특히 1500년 이전 약 천 년 동안, 특히 이슬람의 확산, 동방 교회의 비잔티움으로의 제한, 교황-유럽(papal-Europe)축의 발달 등에 따라 세계를 향한 복음 선교의 가능성은 희박했다. 선교학자인 데이빗 바렛(David Barret)은 1500년에 세계 기독교 인구의 약 95%가 유럽에 집중되어 있었다고 추정한다. 16세기 중엽의 가톨릭 개혁이 기독교 역사에서 특별히 중요한 터닝 포인트가 되는 이유는, 그 개혁이 의욕적이고 실천적인 방법의 광범위한 영감을 북돋아 주어 기독교 신앙의 세계를 향한 잠재력을 현실로 전환하기 시작했기 때문이다.

다양한 선교 활동이 기독교의 초기 팽창에 중요한 역할을 했는데, 교회사의 처음 500년은 타문화권 복음 선교를 위한 두드러진 활동을 보여 주었다. 이 같은 사실은 필연적으로 유대적 성격을 가졌던 초기 기독교가 폭넓은 지중해 세계인 헬라와 로마 문화로 성공리에 선교된 것에서 볼 수 있다. 다음 500년 동안은 일련의 도약이 있었는데, 흔히 순회 수도단으로 조직된 선교사들이 야만인들이 거주하는 유럽을 향하여 북쪽으로 이동하여 수세기 동안 북방 부족의 문화적 용어로 기독교 복음을 설명하기 시작했다. 5세기 아일랜드에서의 패트릭의 사역부터 8세기 북서유럽에서 보니파스의 사역, 9세기 슬라브족에게 선교 활동을 한 정교회 수사 시릴과 메토디우스 형제를 거쳐 10세기 키에프(Kyiv, 현재 우크라이나) 러시아인들의 회심까지, 복음은 매우 폭넓고 활력 있게 타문화권으로 선교되며 뻗어나갔다.

선교의 역사를 500년 단위로 획을 긋는 것은 역사적인 현실을 지나치게 단순화하는 것이지만, 약 1000년에서 1500년의 기간은 새로운 비기독교 문화권으로 기독교를 확장시키려 했다기보다는 기독교제국 내부의 세례자를 강화했던 것으로 특징지어진다. 중세 후반에는 유럽 기독교를 뛰어넘는 의미 있는 선교적 노력이 있었다. 우리가 이미 살펴본 대로 프란시스회의 신비주의자인 레이몬드 룰(Raymond Lull, 약 1233~1315)은 북아프리카의 아랍인들에게 기독교를 전달하기 위해 아랍어를 배웠다. 그러나 대체적으로 이 기간 중 가장 왕성한 복음 전도 활동은 수사와 탁발 수도사들의 사역이었는데, 그들은 대체로 명목상 그리스도인이었던 유럽인들 속에서 사역했다.

16세기 가톨릭 개혁의 흐름은 선교 활동의 이러한 주안점을 철저하게 변화시켰고, 다시 한번 기독교를 전 세계로 확산시키는 공격적인 행로 위에 올려놓았다. 이 때 이러한 방법을 이끌고 간 주체는 새롭게 만들어지거나 부활된 교단이었다. 카푸친회는 타문화 전도에 있어 다른 교단에 뒤쳐졌지만 그럼에도 불구하고 17세기 중반 경 중동, 콩고, 아메리카로 선교사들을 파견했다. 마찬가지로 당시 호스피탈러 형제회(Brothers Hospitallers)의 대표적 인물들이 남아메리카에서 선교 활동을 했고, 필립 네리(Philip Neri, 1515~1595)에 의해 창설된 오라토리아회는 스페인과 포르투갈의 아시아, 아메리카 식민

영광스럽게도 16세기 일부 가톨릭 선교사들은 다른 유럽인들과는 달리 토착인들을 옹호하였다. 이 그림은 그러한 일을 행하는 라스 카사스(Bartolom de Las Casas)를 보여주고 있다.

지에서 사역했다. 빈센트 드 폴(Vincent de Paul, 약 1580~1660)에 의해 창설된 빈센트회(Vincentians)는 마다가스카르로, 우술린회는 뉴프랑스(오늘날 캐나다)로 여성 선교사들을 파송했다.

그와 같은 선교 활동이 신설되거나 부활되는 가톨릭 교단들 대부분의 특징이 되면서, 이제 어거스틴 교단, 도미니쿠스단, 예수회에서 더욱 조직적인 주목을 받게 되었다. 종교개혁사에서 어거스틴 교단은 흔히 마틴 루터의 교단으로 기억되면서 프로테스탄티즘의 출발에 부지중에 기여한 것으로 알려진다. 세계적 기독교라는 시각에서 볼 때, 궁극적으로 루터를 가톨릭 교회로부터 빠져나오게 한 것이 엄격한 계율이었다고 하지만, 그 계율도 선교적 열망이라는 헌신적인 활동을 고무시켰다는 점에서 역시 중요한 것이었다. 1600년에 이르면 어거스틴 교단 선교사들은 그들이 번역한 복음을 라틴 아메리카의 멕시코, 페루, 콜롬비아, 칠레, 아시아의 인도, 중국, 말라카, 필리핀, 아프리카의 케냐와 아라비아에 전파했으며, 그 후 25년이 못되어 멀리 일본, 페르시아, 이라크, 실론(스리랑카)으로 진출하였다.

학설과 신학적 분석에 강한 전통을 가지고 있는 도미니쿠스단은 기독교를 신세계로 확대하는데 있어 특별히 중요한 안내 역할을 하였다. 도미니쿠스단 사제였던 바돌로메 데 라스 카사스(Bartolome de Las Casas, 1474~1566)와 빅토리아(Francisco de Vitoria, 약 1485~1546)는 유럽인이 아메리카의 토착민들과 접촉하는 의미에 대해 그리스도인으로서 특별한 생각을 품고 있었던 첫 유럽인들에 속한다. 히스파놀라에서 신세계를 직접 경험한 라스 카사스는 아메리카 토착 원주민들에게 복음전도를 위한 전략을 공식화 하려 했는데, 이는 복음에 대한 열정과 인간으로서 인디언에 대한 존중을 결합시킨 것이었다. 스페인 살라망카 대학의 주요 신학자였던 빅토리아는 아메리카 원주민의 재산, 생명, 영혼을 존중하기 위한 도덕적 지침을 작성하였는데, 이는 근대적 국제관계의 원칙을 확립하는데 도움을 주었다. 1537년, 두 명의 다른 도미니쿠스 회원인 미나야와 가르시스의 항의로 교황 바오로 3세는 인디언에 대한 스페인 정복자들의 잔학 행위를 비난했고, 아메리카 원주민들이 인간으로서 완전한 존중을 받을 자격이 있음을 선언하였다.

새로 만들어지거나 부활된 모든 가톨릭 교단 중 예수회가 교회의 선교적 사명을 다시 불러일으키는 일에 가장 큰 기여를 했다. 프란시스 자비에르는 예수회의 첫 선교사였으며 1552년 그가 생을 마칠 때에야 다른 예수회 회원들이 아시아와 세계의 다른 지역에 발을 들여놓기 시작했다. 일본에서 자비에르의 사역은 일본에 그리스도인을 배출시켰을 뿐 아니라 기독교의 타문화권 선교에 대해 중요한 문제점을 부각시켰다는 점에서 특히 중요하다. 자비에르는 1549년 8월에 사역을 시작했는데, 그 때는 일본의 통치자들과 포르투갈 상인들 사이의 관계가 유동적인 시기였다. 따라서 자비에르는 그의 복음을 들려주기 위해 포르투갈인들의 후원과 일본인들의 호기심을 이용할 수 있었다. 그가 27개월 후 사망했을 때 약 700명 이상의 일본인들이 교회에 출석하고 있었다. 그리고 1580년에는 일본에서 75명의 예수회 선교사들이 사역하고 있었고, 개종자는 약 15만 명이나 되었다. 예수회가 사역하던 일본에서의 이러한 폭발적인 가톨릭 선교는 서구에 반감을 갖고 있던 새로운 통치자들이 권력을 장악했던 1610년대에 중단되었다. 그 결과 일본 내 기독교는 격렬한 박해로 인해 거의 다 없어졌다. 그러나 거의 70여 년 동안의 예수회의 선교 역량은 기독교가 유럽의 한계를 넘어 팽창할 수 있는 잠재력을 보여 주었다.

그러나 일본에서 예수회의 경험은 기독교가 타문화와 어떻게 교류할 것인지에 대해 유럽 기독교 진영 내에서 심각한 격론을 불러일으켰다. 예를 들어 자비에르는 거의 본능적으로 일본의 규례(procedure)를 따랐는데, 그것은 예수회의 유럽적 규범과 모순되는 것이었다. 자비에르는 대단히 계급화된 문화권인 일본에서 복음을 알아듣게 하려고 자신을 일본의 영주처럼 내세웠다. 그는 일본 사회의 지도층에게 접근하기 위해, 유럽에서의 청빈의 서원을 반영하는 검소한 의복을 벗고 일본 상류 계급의 비단옷을 입었다. 그는 선교를 위한 안전을 확보하기 위해 포르투갈 상인들의 후원과 보호를 모색하였기에 유럽에서 예수회 활동을 특징짓는(오직 교황에게만 복종하는) 강렬한 독립정신을 포기하였다. 예수회 선교사들이 이러한 조치들을 그대로 따라하자, 전통적인 기독교 형식이 새로운 문화적 환경에 얼마나 적응하게 할 수 있는지에 관해 로마와 유럽에서 격렬한 논쟁이 야기되었다.

그러한 논쟁은 예수회가 중국에서 폭넓게 활동하기 시작했을 때 더욱 고조되었다. 결단성과 자의식을 갖고 지역 상황에 맞게 적응하려는 노력에 대해 논쟁이 불거져 나왔다. 예수회 선교사 마테오 리치(Matteo Rici, 1552~1610)는 중국의 유교와 자신의 기독교 신앙 사이에 공동의 토대를 발견할 수 있다는 점에 특히 관심을 기울였다. 마테오 리치의 활동에 대해 중국의 의식 논쟁으로 흔히 일컬어지는 신랄한 논쟁이 오랫동안 벌어졌다. 그러한 논쟁은 기독교를 타문화로 번역하는 것과 관련된 선구적인 일이었다. 마테오 리치의 문화 신학(cultural theology, 그는 중국인의 조상 숭배의 어떤 측면은 기독교에 적응될 수 있다고 생각했다)뿐 아니라 그의 복장(자비에르의 경우와 마찬가지로 마테오 리치는 더욱 우아한 지식 계급의 복장을 하기 위해 평상복을 벗어버렸다)에 대해 유럽의 예수회 내부에서 일어난 격렬한 반대는 수세기 동안 계속된 논쟁의 시발점이 되었다. 이러한 논쟁에서 진정한 그리스도인은 유럽 문화의 특수성에 의존하지 않는다는 원칙이 자주 언급되었다. 예를 들어 1659년 '로마 교황청의 포교성'에서는 통킹과 코친차이나에 있는 세 명의 신참 프랑스 가톨릭 선교사들에게 폭넓은 문화적 적응 원칙이 제시된 문서를 발송하였다. "중국인들로 하여금 그들의 의

통킹(Tonkin)_ 프랑스 식민지 시대의 베트남 북부를 가리킴

코친차이나(CochinChina) 프랑스 식민지 시대의 베트남 남부 지역을 유럽인들이 부르는 이름으로 통킹과 코친차이나는 중국과 면해 있었다. 중국 제국과 베트남 왕국 사이에서 수세기 동안 종주권을 놓고 영국과 중국이 여러 해 동안 충돌한 끝에 1883년 프랑스의 보호국이 되었다. 전 역사에 걸쳐 중국의 영향을 강하게 받았다. – 편집자주

중국의 의식논쟁에 대한 발표문

로마에서 중국에 보낸 지침은 가톨릭 선교사들에게 곡예용 밧줄을 준 셈이 되었다. 한편으로는 기독교를 중국인들과 상관없는 것으로 만들 위험성이 있었으며, 다른 한편으로는 지방 관습에 너무 많이 적응하는 위험이 도사리고 있었다. 다음 서술은 균형을 찾기 위한 노력의 한 예로 유교 의식에 관한 지침을 제공한다. 이는 1704년 교황청이 펴낸 장문의 답변 중 일부이다.

> 어떠한 방법으로든 어떠한 이유에서든 그리스도인들은 매년 춘분과 추분에 공자나 죽은 조상에게 정례적으로 드려지는 종교상의 제물이나 봉헌물을 주재하거나 숭배하거나 바치는 일을 허용해서는 안 된다. 이러한 제물과 봉헌은 미신으로 더럽혀져 있다. …
>
> 이러한 답변을 단순한 육체상의 참석이나 참여를 비난하는 것으로 여겨서는 안 된다. 그리스도인들은 때로 이교도들이 미신적인 행동을 할 때, 공공연히 하든 은밀히 하든 그들이 하는 일에 동의하지 않고, 적극적인 참여를 피하면서 그러한 미신적인 행위에 대해 때로 이러한 방법을 취할 수 있다. 그렇게 하지 않으면 미움과 적대감을 피할 수 없다. 그러나 그리스도인들은 자신들의 신앙을 고백하고 잃어버리지 않도록 조심해야 한다.
>
> 마찬가지로 죽은 자들에게 경의를 표하여 행해지고 있는 다른 일들이 만약 이들 이교도의 문화를 간직하는 것이라면, 실제로 미신적이지 않고, 미신적으로 보이지 않고, 민간이나 정치적 전례 범위 안에서 행해진다면 반대하지 않는다는 동일한 답변이 주어진다. 이러한 의식에는 어떤 것이 있는가? 어떤 예방조치가 있으면 용납될 수 있는가? 이는 중국에 있는 안디옥 주교님과 방문 수도원장과 그 지역의 주교들과 대리 대사들의 판단에 달려 있다. 그러나 이들은 가능한 모든 열정과 근면함을 갖고 이교적 의식을 없애는 데 신중을 기해야 한다. 그렇게 되면 서서히 그들의 의식은 그리스도인에 의해, 그리스도인들을 위해 제정되는 관습이 될 수 있는데, 이는 지금까지 가톨릭 교회가 죽은 자들에 대해 경건하게 규정해 온 것이다.[3]

식, 관습, 생활방식이 종교나 선한 도덕성에 공공연히 반대되지 않는 한 이것을 바꾸도록 설득하려 들지 말라. 프랑스, 스페인, 이탈리아나 유럽의 다른 여러 국가들의 것이 중국으로 수입되는 것보다 더 어리석은 일이 어디 있을까? 이런 것들 말고 신앙을 들여가도록 하라. 신앙이란 어떤 종족의 의식과 관습이 사악한 것이 아닌 한 이를 거부하거나 파괴하지 않으며, 오히려 그러한 것들을 보존하기 원한다."[9] 그러나 그러한 생각은 보편적인 것이 아니었고, 커다란 분쟁을 내포하는 것이어서 점차 예수회 지도부는 중국에서의 진정한 기독교가 유럽의 진정한 기독교와 무엇인가 다르게 보일지도 모른다고 생각하게 되었다.

어렵게 획득한 그 교훈은 특히 예수회에게 큰 도움을 주었다. 그렇다고 모든 예수회 선교사들이 좋은 선교사들이라는 것은 아니다. 그리고 프로테스탄트의 관점에서 보면 16세기와 그 후 세기 동안 가톨릭의 선교 활동은 지나치게 피상적이고, 성경적으로 부적절하고, 때로 혼합주의적인 것처럼 보인다(이교적이고 비기독교적인 종교 조직 내로 가톨릭 요소가 무비판적으로 섞여 들어가는 것을 의미한다). 하지만 예수회의 기록을 보면 그럴듯한 반대 의견이 제기되었을 때 겉으로는 상당한 유연성을 보였지만, 실제로는 분명한 신앙이 드러나 있다. 가장 확실한 사례 한 가지를 들어보면, 예수회의 뉴프랑스(New France) 선교는 유럽 외부 지역에서 기독교 신앙에 대한 개념의 재해석을 어떻게 해야 하는지에 대한 아이디어를 준다. 예수회가 게오르그만(Georgian Bay) 근처 휴론족 인디언들 사이에서 행한 사역은 장 드 브레뵈프(Jean de Brébeuf, 1593~1649)가 앞장섰는데, 그가 도착한 1625년은 휴론족이 정치 · 문화적으로 위기를 맞고 있었던 때였다. 휴론족은 질병, 전쟁, 만연된 무질서로 극도의 긴장감 속에 있었기 때문에 예수회가 가져다준 신앙에 대해 간절하게 귀 기울였다. 브레뵈프는 기독교 복음을 휴론족 문화에 적응시키기 위해 휴론족의 언어를 배웠고, 성경과 전례 자료들을 번역하였으며, 자신과 함께한 예수회 선교사들로 하여금 아메리카 원주민의 생활방식을 불평 없이 수용하도록 지시했다. 또한 다음과 같이 시작하는 크리스마스 캐롤에서 볼 수 있듯이 기독교 복음을 휴론족 관용어로 바꾸어 말하는 일을 시작하였다.

> 찢어진 나무 껍질로 만든 통나무집 속에
> 귀여운 아기가 있네
> 산토끼 가죽으로 된 남루한 덮개가
> 그분의 아름다운 모습을 둘러싸고 있도다.

일본에서처럼 예수회의 선교 활동이 대대적인 재난으로 갑자기 종식되었는데, 휴론족이 다섯 개의 토착 이로퀴스(Iroquois)족에 의해 멸절당한 것이다. 휴론족에서 보여진 예수회 선교의 성공이 예수회의 민감한 기독교 적응 능력 때문이었는지, 휴론족의 혼란한 상태 때문이었는지에 대해서는 학문적 논쟁이 계속되고 있다.

그러나 그들이 기독교 역사에 남긴 매우 중요한 유산은 예수회와 몇몇 다른 가톨릭 교단들이 보여준 선구자적인 인식이다. 그것은 비유럽인들에게 기독교를 전할 때 신앙의 문화적 탈바꿈이 수반되어야 한다는 것이다. 이러한 통찰은 이후의 선교사들이 16세기와 17세기 선교 개척자들의 활동을 기초로 사역함에 따라 결국 가톨릭 교회 내에서 폭넓게 인정받게 되었다. 그것은 17세기 말과 18세기 초 모라비안파와 독일 루터파 경건주의자들의 효과적인 첫 프로테스탄트 선교에서 근본 원리가 되었다. 그리고 그것은 허드슨 테일러(Hudson Taylor)와 중국내지선교회(China Inland Mission)에게서 볼 수 있듯이 19세기의 위대한 선교적 추진에 의한 매우 중요한 타문화 사역에 많은 영감을 주었다. 결국 20세기에 이르러, 그리스도인이 되기 위해 서구 문화의 산물이 될 필요는 없다는 인식이 생기면서 글자 그대로 기독교 세계의 지평을 바꾸었다. 이 이야기가 다음 12장의 주제이다. 여기서는 로마 가톨릭이 프로테스탄트의 도전과 그들 자신의 개혁을 위한 자극에 반응하면서 유럽 그리스도인의 삶뿐만 아니라 전 세계 기독교 역사에 깊은 영향을 끼치게 된 성장을 이루어갔다는 정도로 말하고자 한다.

이그나티우스 로욜라의 이 짧은 기도문은 그의 생애와 예수회의 사상을 잘 요약한다.

선한 목자시여, 우리를 가르치소서. 당신께서 받으실 만하게 당신을 섬길 수 있도록, 베풀되 비용을 계산하지 아니하며, 싸우되 상처에 주목하지 아니하며, 수고하되 휴식을 구하지 아니하며, 일하되 우리가 당신의 뜻 행함을 아는 것 외에 어떤 보상도 구하지 아니하도록 하소서. 우리 주 예수 그리스도의 이름으로 기도하나이다.[10]

1. 개혁자 마틴 루터와 이그나티우스 로욜라는 그리스도의 교회를 개혁하기 위해 크게 다른 길을 걸었다. 이 두 사람의 배경, 교회와 권위에 대한 입장, 성취한 일의 유사점과 차이점은 무엇인가?

2. 저자에 따르면, 1540년에 시작된 예수회 운동이 기여한 중요한 점은 무엇이었는가?

3. 16세기 로마 가톨릭 교회의 개혁은 트렌트공의회 이전의 프로테스탄티즘에 대해 두 가지 점에서 반대 입장을 취하였다. 이 입장은 무엇이었으며, 공의회 이후 널리 행해진 것은 무엇이었는가?

4. 레겐스부르크 토론회에서는 가톨릭과 루터파 프로테스탄트 사이에 어느 정도 합의가 있었다. 어떤 점에서 그들은 동의했으며 어떤 점에서 견해차가 있었는가?

5. 트렌트공의회의 결과는 어떤 점에서 프로테스탄티즘의 영향을 받았으며, 동시에 그에 따른 '반종교개혁'의 열매라 할 수 있는가? 또한 어떤 점에서 그것은 로마 가톨릭 내부 개혁을 목표로 시도된 것임을 보여주는가?

6. 저자는 가톨릭 종교개혁이 기여한 가장 위대한 점이 무엇이라 생각하는가?

7. 선교정신을 가졌던 로마 가톨릭 교인들 사이에서 외국의 토양과 문화에 복음을 전파하려 할 때 발생했던 갈등은 무엇인가?

8. 예수회 운동을 매우 호전적으로 만들고 교회를 위한 추진력을 가지게 한 것은 무엇이라고 생각하는가?

9. 저자는, 트렌트공의회가 프로테스탄트에게 더욱 확인시켜준 것은 로마 가톨릭이 '마음속의 진정한 경건을 희생시키고 신앙의 형태나 구조에 너무 많은 강조점을 둔' 것이라고 적고 있다. 저자가 이 장에서 제시한 내용을 근거로 할 때, 그가 이러한 평가에 동의한다고 생각하는가? 저자의 배경과 관점이 이 장 저술에 어떻게 작용하고 있는가?

오늘날 교회에 적용할 점

1. 오늘날 로마 가톨릭 교회에 끼친 가톨릭 종교개혁의 영향에 대해 논하라. 오늘날 가톨릭과 프로테스탄트 사이의 관계는 16세기와 비교하여 어떻게 다른가?

2. 예수회가 오늘의 사회에 계속 영향을 끼치고 있는 점들을 논하라. 로마 가톨릭과 프로테스탄트는 그들을 어떻게 생각하는가?

3. 이그나티우스 로욜라의 그리스도에 대한 뚜렷한 열정과 훈련이 16세기의 수많은 사람들에게 호소력이 있었다는 것은 의심할 바 없다. 그리스도로 인한 신앙(가톨릭과 프로테스탄트 또는 정교회)에 있어 공격적이고 호전적으로 접근하면서 다른 사람들에게 영감을 주는 현대 교회의 인물들에 대해 나누어 보라.

Turning Point 10

주후1738년 | 존 웨슬리, 찰스 웨슬리 형제의 회심

기독교의 영적 회복과 갱신, 그리고 부흥

기독교의 영적 회복과 갱신, 그리고 부흥

18세기 상반기 프로테스탄트 세계에서 찬송가가 쏟아져 나왔다. 18세기 초 아이작 왓츠(Isaac Watts, 1674~1748)는 영어 찬송을 성경 편역 수준을 넘어 보다 자유롭고 교리적이며 체험적인 노래로 만들었다. 왓츠 이후 곧 영어 역사상 가장 위대한 찬송 작시자인 찰스 웨슬리(Charles Wesley)가 뒤를 이었고, 그 후 찬송을 18세기 영국의 복음주의 각성의 가장 강력한 동력으로 만들었던 수많은 사람들이 그 뒤를 이었다. 같은 시기에 유럽에서는 이와 비슷한 독창적인 일이 행해지고 있었는데, 요한 세바스찬 바하(Johann Sebastian Bach, 1685~1750)가 교회 음악에서 전대미문의 천재성을 발휘하여 성가의 전반적인 번영을 맞게 되었다. 이 장의 주제인 영국 복음주의와 유럽 경건주의를 묶어주는 가장 확실한 증거는 찬송 작시에서의 협력이었다. 1740년 존 웨슬리(John Wesley)는 모라비아 교도의 지도자인 진젠도르프(Nikolaus Ludwig von Zinzendorf, 1700~1760) 백작이 불과 1년 전에 펴낸 찬송을 영어로 번역하였다. 그 찬송은 구원의 해방 경험뿐 아니라 그리스도의 구원 사역을 강조했는데, 이는 18세기 기독교 부흥의 핵심 주제를 보여주는 것이었다.

> 예수여, 당신의 피와 의로움은
> 나의 아름다움이며 나의 영광스런 옷이 되나이다.
> 불타오르는 세상 속에서 이것으로 옷 입으며
> 기쁨으로 머리를 드나이다.
>
> 주여, 나는 당신의 보혈을 믿나이다.
> 그것은 하나님의 자비의 보좌에서
> 영원히 죄인들을 위해 탄원하시며

나를 위해, 바로 내 영혼을 위해 흘리신 것이니이다. …

아, 전능하신 하나님, 우리 모두에게
권능으로 당신의 은혜의 말씀을 전하게 하소서.
당신의 상하신 몸으로 피하려는 자들이
당신 안에서 영원한 생명을 발견하게 하소서.[1]

때는 1739년 4월 2일 월요일이었다. 장소는 브리스톨로, 그 도시는 잉글랜드 서부 해안에서 급격히 발달하고 있는 항구였고, 제조업 중심지로 성장하고 있었다. 브리스톨의 노동자들은 어둡고 비좁은 거리의 습기 찬 주거지로 내몰렸다. 도시의 안전망은 붕괴되고 있었다. 그곳에 있었던 오래되고 우아한 교회들은 주민들과 접촉하는데 거의 실패하였고 영적인 필요를 채워주지 못했다. 지저분한 생활 조건에 저항하는 폭동이 이미 그 도시에서 일어났었고, 그 폭동은 18세기에 정기적으로 반복되고 있었다.

그곳에서 그날 한 낯선 사람이 이상한 일을 하고 있었다. 그 사람은 키가 작아 163센티가 채 안 되었고 마른 편이었다. 그는 넘치는 힘으로 운행되는 차처럼 움직였다. 브리스톨에서 그가 이상하게 보인 것은 그의 혈통 때문이었다. 그는 성공회 목사였고, 일반인들을 영적으로 돌보는 일을 거의 포기했던 그곳 국교회 목사의 아들이었다. 그는 정치적으로 토리당이었고 후에 아메리카 혁명을 하나님께서 주신 사회질서에 악의적인 공격을 가한 일로 비난하게 될 보수적 성향의 인물이었다. 또한 그는 영국에서 대학 진학 연령 중 1퍼센트 미만이 대학에 들어갈 특권을 갖고 있을 당시에 옥스퍼드 대학을 졸업한 인물이었다. 아마 많은 브리스톨 노동자들이 이전에 그렇게 가까이서 옥스퍼드 졸업생을 본 적이 없었을 것이다.

이 낯선 사람이 행한 일은 매우 도발적인 것이었다. 18세기 영국에서 삶의 모든 관례는 엄격히 지켜졌다. 그 관례는 교회에서 가장 엄격했는데, 지방 국교회 교구 목사들은 그들 교구의 모든 영적 활동을 완전히 통제하는 자들로 간주되었다. 침례교인, 회중교인, 장로교인들은 단지 예배만 드리려 해도 특별 허가증이 필요했다. 가톨릭 교인들은 이보다 더 많은 제약을 받았다. 영국 국교회(성공회) 교인이 아닌 사람은 어느 누구든 브리스톨이나 영국의 그 어떤 지역에서도 주 행정관을 맡을 수 없었다. 국교회와 영국 정부가 국민들을 지배하기 위해 손을 잡았던 것이다. 가장 절대적인 종교적 관례 중 하나는 매주일 행해지는 설교였는데 그것은 교회 내에서만 행해졌다. 그 밖의 일들은 선동적이고 광신적인 것으로 여겨졌다. 옥외 설교는 사실상 전례가 없었다. 만약 그러한 일이 벌어지게 된다면 그것은 치안 방해에 해당되는 것이었다.

그러나 그 4월의 월요일에 전 기독교 역사에 있어 –특히 프로테스탄트적 표현에 따르자면– 새롭고 매우 중요한 일이 벌어지고 있었다. 그 목사는 자신이 무엇을 하고 있는지를 잘 알고 있었다. 그는 다음과 같이 자신의 일기에서 특유의 절제된 언어로 그 일을 설명하였다.

> 오후 4시 나는 좀 비참함을 감수하면서, 도시에 인접한 약간 나지막한 언덕에서 약 3천 명의 사람들에게 구원의 기쁜 소식을 크게 선포하고 있었다. 나는 이 말씀을 전하였다. (그리스도의 진정한 사역으로 성취된 모든 것을 어느 누가 무시할 수 있을까?) "주님의 성령이 저에게 임하셨습니다. 왜냐하면 성령은 가난한 자에게 복음을 전하라고 저에게 기름 부으셨기 때문입니다. 그분은 상한 심령을 고치시고, 포로된 자의 해방과 눈먼 자의 회복을 전하고, 상처받은 자들이 자유롭게 되도록 주님께서 받으실 만한 때를 선포하라고 저를 보내셨습니다."[2)]

이 설교가는 존 웨슬리(1703~1791)였다. 그는 가난한 사람들에게 복음을 전하기 위해 자신을 잘 단련시켰던 종교적 관례를 기꺼이 깨뜨렸다. 웨슬리는 그리스도 안에 있는 "해방, 회복, 자유"의 메시지를 결코 들어본 적이 없었던 사람들에게, 이를 전하기 위해 옥외에서 설교하였고, '비참함을 감수하였던 것' 이다. 존 웨슬리가 이 중대한 걸음을 내디뎠을 때, 그는 혼자가 아니었다. 왜냐하면 그의 동생인 찬송 작시가인 찰스 웨슬리(1707~1788)가 항상 온전한 동역자로 함께 했기 때문이었다.

여러 가지 중요한 면에서, 웨슬리 형제는 프로테스탄티즘이 마틴 루터, 존 칼빈, 메노 시몬스, 토마스 크렌머의 활동으로 시작된 이래 두 세기 동안 종교개혁의 근본적인 메시지를 가장 효과적으로 변호한 사역자였다. 또 다른 측면에서 볼 때, 그들은 종교개혁의 메시지를 새로운 상황에 적응시킨 사역자였다. 초기 프로테스탄트들의 메시지를 보존하고 조정해 나간 웨슬리 형제의 활동은 하나님의 은혜의 메시지를 생명력 있게 했고 그 지경을 크게 넓혀 주었다. 그러나 그들이 프로테스탄트 전통을 수용한 것(웨슬리 형제의 동역자인 국교회의 조지 휫필드 George Whitefield, 1714~1770의 혁신과 함께)은 아마 종교개혁 시대의 종교를 근대 프로테스탄트적 복음주의로 변형시킨 가장 중요한 요소였을 것이다.

프로테스탄티즘에 잘 적응한 웨슬리 형제는 영국, 미국 및 복음주의자들이 복음을 전파했던 세계 곳곳의 기독교 형성에 끊임없이 결정적인 영향을 미쳤다. 존 웨슬리는 혁신가라기보다는 다른 사람들의 새로운 사상을 독창적으로 이용했던 유능한 조직가였다. 조지 휫필드와 웨일즈 사람 호웰 해리스(Howell Harris)가 야외 설교의 선구자였지만, 순회 전도와 옥외 복음전파의 위대한 조직가는 바로 존 웨슬리였다. 한편 모라비아 교도들은 소그룹 모임(cell meeting)의 선구자였다. 그러나 이들 소그룹 모임을 단(band), 회(society), 순회 교구(circuits)로 부지런히 조직해서 감리교(Methodist Church)를 창설한 인물이 바로 존 웨슬리이다. 더욱이 웨슬리는 사회 개혁을 위한 자원단체를 만든 첫 프로테스탄트는 아니었지만, 노예와 과음에 반대하고 미취학 아동의 교육 운동을 펼쳐, 이후 등장한 많은 복음주의자들의 선례가 되었다.

윌리엄 호가트의 신랄한 풍자화인 골목 선술집은 초기 감리교도들이 반대하였던 18세기 영국 도시의 많은 죄악을 묘사하였다.

또한 웨슬리는 프로테스탄트적 유산을 실제적으로도, 교리적으로도 변화시켰다. 그는 대부분의 프로테스탄트 선구자들과 달리, 인간성을 상실시킨 자유의지를 하나님이 은혜를 베푸셔서 회복시켰다고 주장하는 알미니안(Arminian)파였다. 또한 웨슬리 형제는 신자들이 고의적으로 회개할 수 없는 죄를 저지르면 구원을 상실할 수 있다고 하면서, 그리스도인들이 '그리스도인의 완전함'에 도달하기 위해 노력해야 한다고 가르쳤다. 이 완전함이란 절대적인 무죄성을 의미하지는 않으나, 그리스도인들이 생각이나 말이나 행동으로 범하는 모든 의식적인 죄로부터 벗어나기 위해 노력해야 함을 뜻한다. 끝으로 웨슬리 형제는 성령의 사역을 크게 강조하였다. 이렇게 교리적으로 기여한 것 중 어느 것도 완전히 새로운 것은 없었지만, 그것들은 전통적인 프로테스탄트 가르침과는 다른 것이었다.

웨슬리 형제가 전통적인 프로테스탄티즘을 수용한 것도 중요한 일이었지만, 그들이 프로테스탄트의 유산 중 많은 것들을 유지했기 때문에 교회사에서 중요한 터닝 포인트가 되었다. 웨슬리 형제는 예상할 수 없는 속도로 변화하는 세상(새로운 사상이 촉진됨에 따라 경제 생활이 재조직되고, 자아의 재개념화에 따라 정치적 혁신이 일어났다)에서 살았다. 그러나 웨슬리 형제는 18세기 유럽의 변화 가운데서 프로테스탄트 종교개혁과 견고한 유대를 맺었다. 초기 프로테스탄트 운동을 상속한 것 중 가장 중요한 것은 웨슬리 형제가 프로테스탄트의 핵심내용인 오직 은혜(sola gratia), 오직 믿음(sola fide), 오직 성경(sola Scriptura, 구원은 믿음으로 말미암아 오직 은혜로만 얻는데, 이는 성경의 완전한 권위와 상통한다)을 정열적으로 주장

믿음에 대해, 존 웨슬리

웨슬리 형제들이 방문한 곳에서 그들이 행한 설교의 요지는 동일했다. –우리는 하나님의 은혜로 말미암아 오직 믿음으로 은혜로 하나님과 화해될 수 있는 죄인들이다.– 존 웨슬리는 여러 편의 설교를 감리교 운동의 지침으로 출판하였고 그 책은 판이 거듭되었다. 이들 설교 중 항상 으뜸으로 여겨진 것은 '믿음에 의한 구원' 이었는데 이는 웨슬리가 앨더스게이트에서 중대한 체험을 한지 3주일이 채 안 된 1738년 6월 11일, 옥스퍼드의 성 메리 교회(St. Mary' s Church)에서 처음 전했던 설교이다.

> 대체 우리는 어떤 신앙으로 구원 받을 수 있을까요? 일반적으로 우리는 먼저 예수 그리스도를 믿는 것이라고 대답할 수 있습니다. 즉 예수 그리스도와 그리스도를 통한 하나님만이 우리가 믿어야 할 적절한 대상입니다. 그러므로 우리의 기독교 신앙은 고대나 근대 이교도들의 신앙과는 전적으로 그리고 절대적으로 구별되는 것입니다. 우리의 신앙은 회의적이거나 이성적이지 않으며, 냉혹하거나 생명력 없이 동의하는 것도 아니며, 머리속의 사상 체계도 아니지만, 마음속에서 생각한 것을 보여주는 것도 아닙니다. … 그러므로 우리의 기독교 신앙은 그리스도의 모든 복음에 동의하는 것일 뿐 아니라, 그리스도의 보혈을 온전히 의지하는 것입니다. 그분의 삶과 그분의 죽음, 그리고 부활하심에 대한 전적인 신뢰이며, 우리의 대속물이자 우리 생명이시며, 우리를 위해 내어준 바 되시고 우리 안에 살아 계신 그분을 신뢰하는 것입니다.[1]

했다는 점이다.

또한 이들 종교개혁의 진리는 웨슬리 형제에게 가장 큰 의미를 준 살아 있는 실재들이었다. 그들의 구체적인 회심 이야기는 그들이 분명 종교개혁과 연관되어 있음을 보여준다. 1738년 5월 17일에 찰스 웨슬리와 한 친구는 루터의 갈라디아서 주석을 함께 읽기 시작했다. 그들은 그 책이 '신앙으로 충만한 훌륭한 것' 임을 발견했다. 4일 후 찰스 웨슬리는 마침내 "이제 나는 나 자신이 하나님과 화평 중에 있음을 알게 되었고, 사랑의 그리스도를 소망함으로 기쁨을 누렸다"고 말할 수 있었다.[3)]

두드러진 것은 존 웨슬리의 복음적인 도약과 그러한 경험에도 종교개혁의 역할이 있었다는 점이다. 존 웨슬리는 아메리카 선교 여행에서 실패하고 막 돌아왔다. 그는 이미 선행에 대한 진지한 '방법적'(methodical) 접근으로 유명해졌지만, 고민에 가득 찬 이 성직자는 여전히 하나님께서 그리스도 안에서 자신의 죄를 용서하셨다는 확신이 없었다. 그의 동생 찰스 웨슬리가 루터의 갈라디아서 주석을 읽은 지 불과 일주일 후인 1738년 5월 24일, 존 웨슬리에게 하나님의 은혜가 새로운 의미로 다가왔다. 그의 일기에서 발췌한 기념비적인 이야기는 다음과 같다. "저녁에 나는 별로 내키지 않은 상태에서 앨더스게이트가(Aldersgate street)에 있는 한 집회에 갔다. 거기에서 누군가가 루터의 로마서 주석 서문을 읽고 있었다. 8시 45분쯤, 그가 예수 그리스도를 믿는 믿음을 통해 하나님께서 심령에 일으키신 변화를 묘사하는 동안 나는 이상하게 내 마음이 뜨거워짐을 느꼈다. 나는 구원을 위해 그리스도 그분만을 의뢰하고 있음을 느끼게 되었다. 그리고 그분이 바로 나의 죄를 없애버렸고, 죄와 사망의 법에서 나를 구원하셨다는 확신이 왔다."[4)]

그 일을 경험한 이후 하나님의 은혜의 메시지는 웨슬리 형제 사역의 핵심이 되었다. 존 웨슬리는 영국에 이렇다 할 도로망이 갖추어지지 않았던 시기에 그리스도 안에 있는 은혜의 복음을 전하기 위해 여행을 계속했다. 1738년 앨더스게이트가의 집회 이후 그의 전도 여행은 -대부분 말을 타고- 약

25만 마일에 달하였고, 4만 번의 설교(평균 하루에 두 번 이상)를 했다. 웨슬리는 결국 모든 영국인이 어쩔 수 없이 감탄하기까지 수년 동안 별로 호의적이지 않은 분위기 속에서, 때로는 귀에 거슬리는 반대 앞에서 말씀을 전했다. 그들은 때로 옥외에서, 보통은 아침 일찍 혹은 황혼 무렵에, 군중들에게 자주 야유를 받으면서, 귀족들에게 핍박을 받는 가운데 복음을 전했다. 웨슬리는 70세가 되어서야 타던 말에서 내려왔다. 그리고 그는 80대 중반에야 새벽 설교를 그만두었다. 여기 1785년 9월 7일 수요일 새벽 설교에 대한 기록이 있다. 그 때 그의 나이 82세였다. "내가 메시지를 전하기 시작할 무렵, 말벌 한 마리가 까닭 없이 입술을 쏘았다. 나는 입술이 부풀어 오를까 걱정했다. 그렇게 되면 내 메시지가 더 이상 계속될 수 없기 때문이었다. 그러나 그렇게 되지는 않았다. 나는 모두 합해 거의 두 시간 동안 분명하게 말씀을 전했다. 그 일로 인해 잘못되어진 일은 없었다."[5] 수년 동안 매우 활동적으로 순회 설교를 했던 존 웨슬리의 동생 찰스 웨슬리는 하나님의 은혜의 복음을 전하기 위해 수만 편에 달하는 찬송시를 지었다.

웨슬리 형제는 그들의 매우 활동적인 삶에 많은 기복을 겪으며 상당히 상처깊은 논쟁에 빠져든 적도 있었지만, 하나님의 값없는 은혜가 죄인을 구원하셨다는 엄청난 주제를 결코 포기하지 않았다.

학자들은 웨슬리 형제의 영향을 기록된 자료로 평가해왔다. 그러나 그들의 영향력은 어느 시기에라도 프로테스탄트 교회에 출석한 적이 있는 사람이면 누구나 느낄 수 있다. 왜냐하면 그리스도인들이 모여서 예배를 드릴 때, 예수 안에 있는 하나님의 은혜를 가장 강하게 호소하는 찬송들이 찰스 웨슬리에 의해 쓰였기 때문이다.

내 죄의 권세 깨뜨려 그 결박 푸시고
이 추한 맘을 피로써 곧 정케 하셨네.(찬송가 23장 참고)

하나님의 크신 사랑 하늘로서 내리사

우리 맘에 항상 계셔 온전하게 합소서.

나의 주는 자비하사 사랑 무한하시니

두려워서 떠는 자를 구원하여 줍소서.(찬송가 55장 참고)

나의 영혼 피할 데 예수밖에 없으니

혼자 있게 마시고 위로하여 주소서. …

나의 죄를 사하는 주의 은혜 크도다

생명수로 고치사 나를 성케 하소서.(찬송가 441 참고)

오, 나의 하나님을 찬양하는 마음으로,

내 마음은 죄로부터 벗어났도다.

마음 가득 날 위해 값없이 흘리신 당신의 피를 언제나 느끼나이다.

성탄절 찬송도 있다.

오랫 동안 기다리던 주님 강림하셔서

죄에 매인 백성들을 자유 얻게 하시네.(찬송가 105장)

천사 찬송하시기를 거룩하신 구주께

영광 돌려 보내세 구주 오늘 나셨네.

크고 작은 나라들 기뻐 화답하여라

영광 받을 왕의 왕 베들레헴에 나신 주.(찬송가 126장 참고)

부활절 찬송도 있다.

예수 부활했으니 만민 찬송하여라

대속하신 주 예수 선한 싸움 이겼네.(찬송가 154장 참고)

찰스 웨슬리의 찬송가_ 찰스 웨슬리는 4,500곡 이상의 찬송가를 발표하고 3,000여 편의 원고를 남겼는데, 헨델은 그 중 일부를 특별히 작곡했다. 웨슬리의 찬송 중 널리 알려진 것으로는 "하나님의 크신 사랑", "천사 찬송하기를", "예수 부활했으니", "그리스도의 군병들아, 일어나라", "만유의 주 앞에", "비바람이 칠 때와" 등이 있다. 찰스 웨슬리의 찬송가는 복음 전도의 귀중한 수단이 되었다.- 편집자 주

하나님의 은혜에 대한 메시지 중 찰스 웨슬리의 이 위대한 찬양("어찌 날 위함이온지")보다 더 강력하게 표현된 것은 없다.

주 보혈로 날 사심은 그 뜻이 깊고 크셔라
상하심과 죽으심이 어찌 날 위함이온지
놀라워라 주사랑이 날 위해 죽으신 사랑.
놀라워라 주 사랑이 어찌 날 위함이온지
하늘 보좌 아버지집 겸손히 떠나신 그 뜻
주의 사랑 사랑만이 그 일을 이루셨도다
놀라워라 주 사랑이 날 위해 죽으신 사랑.

간단히 말해 웨슬리 형제의 사역은 기독교 역사에서 하나의 큰 터닝 포인트가 되었는데, 이는 웨슬리 형제와 '감리교' 그리스도인들이 영국 교회에서 진부하게 여겼던 '하나님 은혜'의 메시지를 새롭게 했기 때문이다.* 그들은 새로운 열정으로 하나님의 은혜를 기존 교회들이 무시했던 브리스톨의 노동계급 같은 모든 대중에게 전했다. 사실상 새로운 열정을 불러일으킨 웨슬리 형제의 사역은 프로테스탄티즘이라는 종교개혁의 유산으로부터 현대 복음주의라는 역사를 창조했다.

물론 웨슬리 형제나 영국의 감리교도들만이 활동하고 있었던 것은 아니었다. 그들은 17세기 말부터 시작되어 마침내 중부 유럽에서 북아메리카로 퍼진 더 일반적인 경건주의 갱신 운동에 있어서, 가장 탁월한 영국의 지도자들이었다. 그들이 다른 복음주의자들과 경건주의자들과 함께 제시한 강조점들은 프로테스탄티즘의 면모를 바꾸어 놓았다. 그 변화의 본질을 이해하기 위해서는, 어떻게 영국의 복음주의가 대륙의 프로테스탄티즘 사이에 진행된 것과 비슷한 흐름을 따르게 되었는지를 살펴보고, 그 다음 좀더 자세히 들어가 어떻게 프로테스탄티즘의 복음주의적이고 경건주의적인 요소가 17세기와 18세기 기독교 교회의 폭넓은 발달과 조화를 이루었는지를

* 웨슬리 시대에 "메소디스트"(methodist)란 일반적인 용어로 후에 감리교(Methodist)의 일부가 되었던 그리스도인들(존 웨슬리), 알미니안 신학을 갖고 성공회에 남았던 그리스도인들(찰스 웨슬리), 캘빈주의자의 메시지를 강하게 옹호했으며 성공회에 속한 자(조지 휫필드), 웨일즈 교회에 속한 그리스도인(호웰 해리스), 국교회에서 나온 국교회 반대파(결국 웨일즈 감리교도라 불리게 될 그리스도인들) 등을 포함했다.

생각해 보도록 하자.

대륙의 경건주의(17세기 말 독일 루터교회의 일파)

웨슬리 형제의 감리교와 그와 동일한 마음을 가진 복음주의자들은 유럽 프로테스탄트 교회 안에 있었던 보다 일반적인 운동의 영국적 현상으로 볼 수 있다. 영국의 역사가 와드(W. R. Ward)는 대륙의 경건주의자들, 영국의 복음주의자들, 아메리카 신천지의 부흥가들(revivalists)을 연결하는 복잡한 관계망과 그들의 공동 관심사를 정리하는데 앞장서 왔다.[6] 이들 공통 관심사 중 중요한 것은, 보다 직접적으로 개인적인 종교를 추구하려는 열망과 자신들의 지역민들을 더욱 강력하게 지배하기 위해 가톨릭과 프로테스탄트적인 국가-교회 제도에 의해 추진된 노력의 결과들에 대해 공통적으로 저항한 일이었다. 따라서 웨슬리 이전 세대에 등장했던 독일 경건주의 운동을 묘사해 보면, 존 웨슬리, 찰스 웨슬리, 조지 휫필드와 영국 내 그들 동역자들의 사역을 특징지웠던 많은 주제와 질문, 문제점, 그리고 해결책들을 볼 수 있다.

'경건주의'는 논쟁의 여지가 있는 용어지만, 역사적으로 보면 17세기 독일 루터주의 안에 있었던 여러 종파 중 하나라는 것을 알 수 있다. 17세기 초 독일의 루터파 교회들은 많은 어려움을 겪고 있었다. 그들의 활동은 독일의 수많은 주권적인 군주들에 의해 엄격히 제한되었다. 루터파 목사들은 흔히 회중을 격려하기보다는 철학적인 논쟁과 수사적인 과시에 더 많은 관심이 있는 듯했다. 루터 시대부터 시작된 프로테스탄티즘 내 개혁파인 캘빈파와의 싸움은 1700년대에 들어서서도 매우 심각하게 계속되었다. 더욱이 종교, 정치, 경제적 문제가 뒤얽혀 싸움이 벌어진 파괴적인 30년전쟁(1618~1648)으로 교회를 포함하여 중부 유럽인들의 삶은 전반적으로 피폐해졌다.

30년전쟁_
(1618~1648년)
독일의 프로테스탄트와 가톨릭 간에 벌어진 종교 전쟁인데, 가장 장기적인 종교 전쟁이면서, 마지막 종교 전쟁이기도 하다. 전반기는 종교적 색채가 짙었지만, 후반기에는 정치성이 강했다. 이 전쟁에 여러 나라가 합세하면서 장기전이 되었는데, 프로테스탄트에는 영국, 프랑스, 북독일, 덴마크, 영국, 스웨덴 등이, 가톨릭에는 이탈리아, 스페인, 오스트리아, 남독일, 포르투갈 등이 참전했다. -편집자주

그러나 분명 종교적인 모습은 전체적으로 그리 어두운 것은 아니었다. 독일어권 밖에서의 영향이 기독교 신앙과 관습을 더욱 생동감 있게 고무시

켰다. 네덜란드에서 다시 회복된 경건한 삶과 건전한 신학이 독일 북부로 흘러 들어갔다. 리차드 박스터(Richard Baxter, 1615~1691)와 존 번연(John Bunyan, 1628~1688)같은 영국 청교도들의 신앙서적이 독일어로 번역되었으며, 중세의 신비주의적 기독교 작품 중 몇 권이 새로운 관심을 끌었다. 독일 자체적으로도 요한 아른트(Johann Arndt, 1555~1621)의 저서에 의해 더욱 활기찬 신앙이 촉진되었다. 요한 아른트의 「진정한 기독교」(*True Christianity*, 1606)는 후기 경건주의자들과 필립 니콜라이(Philip Nicolai, 1556~1608)의 "밤이 지나갔으니 깨어라, 일어나라" 같은 감동적인 찬송에 지대한 영향을 끼쳤다.

그러나 이러한 영적 삶의 모습들은 많은 지역에서 형식주의와 교회 지도자들의 불성실 때문에 방해받았다. 이렇게 어두운 일반 상황이 흔히 경건주의의 아버지라 일컫는 필립 제이콥 슈페너(Philipp Jakob Spener, 1635~1705)의 지칠 줄 모르는 활동 배경이었다. 그는 스트라스부르크 근처에서 태어나 그곳과 대륙의 여러 곳에서 교육을 받은 후, 1666년 마인 주 프랑크푸르트의 담임 목사로 임명되었다. 슈페너는 거기에서 공적 임무의 과중한 업무 수행 이외에 청년들의 교육과 신앙 성숙을 위한 기구들을 재정비했다. 그는 그 도시의 도덕적 개혁을 요구하였으며, 또한 통치자들 및 다른 지도자들과 광범위한 서신 교환을 시작했는데, 그 일로 그는 '전 독일의 영적 상담자'라는 칭호를 얻게 되었다.

가장 중요한 점은 슈페너가 교회의 실제적인 삶에 있어서 주요한 개혁을 추진했다는 점이다. 그는 1669년 평신도들이 모인 집회의 설교에서 '술, 카드, 주사위 도박'을 그만두고, 함께 모여 기독교 신앙 안에서 서로를 격려하는 것이 바람직한 일이라고 강조하였으며,[7] 다음 해에 슈페너 자신이 그러한 일을 위해 경건회를 만들었다. 그들은 슈페너의 집에서 매주 수요일과 일요일에 모여, 기도하고 지난 주 설교에 대해 토론하고 성경과 신앙 서적을 자신들의 삶에 적용하였다. 두 세대가 지나 존 웨슬리는 속회제도의 토대를 만들기 위해 슈페너가 창안한 것을 수정하여 사용했는데, 이것이 감리교의 영적 특징이 되었다.

속회제도
(class system). 12명을 단위로 한 소그룹 모임. 오늘날 셀 목회나 가정 교회의 원형이 되었다.-편집자주

슈페너의 노력은 광범위한 대중에게 영향을 끼쳤는데, 1675년 슈페너는 요한 아른트의 설교집에 새로운 서문을 써달라는 요청을 받고, 그의 유명한 "우리가 바라는 경건"(Pia Desideria)을 썼다. 그는 이 짧은 글에서 프로테스탄트 독일이 영적으로 몰락하게 된 원인을 검토하였고, 개혁을 위해 몇 가지 제안을 했는데, 슈페너는 교회에 대해 독단적인 지배권을 행사하는 귀족들과 군주들, 뜨거운 신앙을 냉담한 교리로 대체하는 목사들, 그리스도인의 합당한 행동을 소홀히 하는 일반 그리스도인들을 비판했다.

슈페너가 개혁을 위해 제안한 여섯 가지 항목은 경건주의의 일반적인 구호가 되었다. 슈페너는 첫째, "우리 가운데 하나님의 말씀이 더 광범위하게 사용되어야 한다"고 하면서, 성경이 "개혁에 있어 가장 중요한 수단임에 틀림없다"고 말했다. 둘째, 슈페너는 모든 그리스도인들이 성직이라는, '만인 제사장직의 회복'을 주장했다. 여기에서 모든 그리스도인들이 기독교 사역에 능동적으로 참여할 것을 촉구하기 위해 루터의 학설을 인용했다. 셋째, 기독교는 단순한 지식 이상의 것이며, 그리스도인들이 신앙을 확실한 행위로 표현할 것을 호소하였다. 넷째, 슈페너는 종교적 논쟁의 자제와 자비를 촉구하면서, 불신자와 범법자를 사랑하고 그들을 위해 기도할 것과 논쟁에서 온건한 논조를 사용할 것을 요청하였다. 다섯째, 그는 신학교육의 개혁을 요구했는데, 학문적인 면뿐 아니라 경건과 헌신 훈련의 필요성을 강조하였다. 그는 마지막으로 목회자들이 다른 성직자들을 염두에 둔 기술적인 담론보다는 일반 사람들이 이해할 수 있도록 회개와 영적 각성을 촉구하는 설교를 할 것을 간청하였다.

이러한 제안은 많은 성직자와 평신도들에게 개혁과 갱신을 위한 자극을 주었다. 그것은 또한 경건주의와 복음주의 신앙을 계속하여 어지럽히는 두 가지 어려움에 직면했는데, 첫째, 일부 성직자들과 전문 신학자들이 이 제안을 거부했다. 그 중 한 부류는 오직 자신들의 전통적인 권위를 유지하는 데만 관심을 가졌고, 다른 부류는 슈페너의 제안에 들어있는 대중주의 안에 자유분방한 주관성과 반지성주의의 위험이 있다고 보았다. 둘째, 일부

그리스도인 모임에서의 상호 나눔에 대해 – 슈페너

슈페너는 그의 "우리가 바라는 경건" 에서 (여러 형태를 들어) 경건주의자들과 복음주의자들에게 기준이 될 소그룹 모임을 다음과 같이 제안하였다.

> 아마도 교회 모임에서 고대적이고 사도적인 것을 다시 도입하는 것은 … 부적당한 것이 아닐 것이다. 설교가 있는 관례적인 예배에 더하여 다른 집회들도 바울이 고린도전서 14장 26~40절에 묘사한 방법으로 행하는 것이 좋다. 한 사람이 설교하기 위해 일어날 것이 아니라 … 은사와 지식의 축복을 받은 다른 사람들이 나머지 사람들의 판단에 맡기면서, 제기된 주제에 대해 자신들의 경건한 견해를 말하고 제시하도록 하는 것이 좋은데, 이 모든 일을 행할 때 무질서와 분쟁을 피해야 한다. (그들 다수가 한 도시에 살고) 여러 목회자들이 함께 만나거나, 하나님에 대해 올바른 지식을 갖고 있거나 하나님에 대한 지식을 늘이기를 바라는 그리스도인들을 한 목회자의 지도 아래 만나게 하여 성경을 큰소리로 읽고, 그 분명한 의미와 감동을 주기 위해 유용한 것은 무엇이든지 발견하기 위해 각 절들을 즐거운 마음으로 나누게 함으로써 적절하게 행해질 수 있다. 어떤 문제가 만족스럽게 이해되지 않은 사람들은 자신의 의문점을 표현하고 더 많은 설명을 구할 수 있도록 해야 한다. … 그런 다음 성경에서 성령의 뜻과 부합되는 한, 도움이 되는 모든 것은 나머지 사람들, 특히 안수를 받은 목사들에 의해 주의깊게 검토되고 전체 모임을 감화시키는 데 적용되어야 한다. 이 모든 일에 있어서 하나님의 영광과 참석한 사람들의 영적 성장, 그리고 그들 역량의 한계를 고려해야 한다. 참견, 다툼, 자기 과시 또는 그밖에 다른 것들의 위험을 경계해야 하고, 특히 이 모임에서 지도적 위치에 있는 설교가들이 그것들을 재치있게 중단시켜야 한다.[2]

그리스도인들은 슈페너의 제안이 전통적인 교회로부터의 이탈을 정당화시키는 것이라고 생각했다. 슈페너는 다른 사람들이 그의 제안에서 이끌어낸 분리주의적이거나 종파주의적인 결론을 확고하게 거부했지만, 전통 교회를 비판했던 사람들을 통제하는 일에 항상 성공한 것은 아니었다. 이와 비슷한 일이 존 웨슬리에게 일어났는데, 그는 자신의 감리교 모임이 성공회에 많은 도움이 되기를 바랐으나 결국 생전에 성공회에서 이탈된 새로운 감리교 종파의 형성을 목도하고 말았다.

슈페너의 목적은 루터의 관심사와 초기 종교개혁을 회복시키는 것이었다. 그러나 그 역시 웨슬리와 비슷한 방식으로 종교개혁 신학을 수정하였다. 예를 들면 종교개혁자들은 구원을 중생보다는 칭의에 더욱 강조점을 두고 보았지만, 슈페너는 구원이 칭의(하나님과 올바른 관계가 되는 것)보다는 중생(새로운 탄생)에 더 가까운 것으로 보았다. 또한 슈페너는 성사에 대해 주요 개혁자들의 견해처럼 은혜의 외적인 봉헌으로 보기보다는, 마음속에서 하나님을 새롭게 경험한 사건으로 여겼는데, 이는 후기 경건주의자들 및 복음주의자들과 견해를 같이 하는 것이었다. 프로테스탄트 교리에 있어 그러한 변화들은 미묘한 것이었으나, 웨슬리에게서 볼 수 있는 것과 유사하게 그들은 기독교 메시지를 시대의 필요를 최상으로 이해하는데 맞춘 중요한 적응 사례를 보여준다.

슈페너는 1686년 프랑크푸르트를 떠나 드레스덴으로 향했다. 그곳에서 1691년에 베를린으로 불려갔다. 그의 드레스덴 시절은 험난하고 논쟁에 휩싸였던 때였다. 10년이 안되어 루터가 가르쳤던 비텐베르크 대학 교수단이 284개의 교리상의 잘못을 들어 슈페너를 비난하였다. 그러나 그의 드레스덴 체류는 손실만 가져온 것은 아니었다. 왜냐하면 그곳에서 자신의 후계자가 될 아우구스트 헤르만 프랑케(August Hermann Francke, 1663~1727)를 만났기 때문이었다. 후에 슈페너는 할레(베를린 근처)의 대학 설립을 도왔고, 1691년에 프랑케는 그곳에 초빙되었다. 프랑케가 이끄는 할레 대학은 경건주의의 실천이 무엇을 의미하는지를 보여주었다. 사실 프랑케의 할레 대학은 서구 사회 전체에 프로테스탄트적인 갱신과 프로테스탄트적인 예배를 위한 영감을 주었다.

1695년에 프랑케는 가난한 어린이를 위한 학교로 쓰기 위해 자신의 집을 개방하여 광범위한 실천 활동을 시작했다. 그는 다음 해에 세계적으로 유명하게 된 고아원을 창설했고 교사 훈련 기관을 설립했으며, 그 후 출판사와 병원, 그리고 다른 기관들을 세우는데 영향을 미쳤다. 이들 경건주의 활동이 사회에서 갖는 중요성을 이해하기 위해서는 조지 휫필드가 1738년 조지아에 갔을 때, 이 유명한 순회 설교가의 공식적인 임무가 고아원의 원장으로 봉사하는 것이었음을 기억하는 것이 도움이 된다. 이는 프랑크가 할레에서 했던 사역에 영감받은 것이었다.

프랑케는 1687년에 극적인 회심을 경험했다. 한편 그의 광범위하고 선구적인 선교사역은 복음을 아직 들은 적이 없었던 사람들이 기독교적 회심을 할 수 있다는 기대에서 비롯되었다. 프랑케의 감독 하에 할레에서 훈련받은 경건주의자들은 광범위한 타문화권 선교사역에 동참한 첫 프로테스탄트들이 되었다. 대학에는 동양권 언어들을 연구하는 연구소가 세워졌고, 또한 성경을 타문화권 언어로 번역하는 일이 추진되었다. 프랑케의 선교적 영향력은 직접적으로는 할레를 떠나 외국으로 간 노동자들에게, 간접적으로는 경건주의 지도자들로부터 영감과 지침을 받은 모라비아 교도와 활동적인 덴마크 선교단 같은 그룹에게 주어졌다.

슈페너와 프랑케가 추구한 경건주의적 갱신은 곧이어 웨슬리 시대에 다양한 종파의 독일 경건주의를 낳았다. 갱신된 모라비아 교회의 지도자였던 루드비히 니콜라스 폰 진젠도르프 백작(1700~1760)은 슈페너의 대자(代子)였고 프랑케의 제자였다. 진젠도르프는 모라비아(오늘날 체코공화국) 망명객들을 독일 루터파 내에 있는 일종의 경건회로 조직하였으며, 후에 이 모임의 지도자들을 양육하여 체코 형제단(Czech Unity of the Brethren)으로 부흥시켰다. 이 모라비아 교도들이 소명을 받게 되었을 때, 그들은 개인 영성에 대한 경건주의적 관심을 사실상 거의 전 세계로 전파하여 인도, 서인도제도, 북아메리카와 그 외 지역에서 중요한 사명을 담당하였다. 존 웨슬리가 1735년 조지아로 항해하는 동안 이 모라비아 교도들에게 매료된 것은 영어권 기독교 역사에서 중대한 의미가 있는 것이었다. 그때 존 웨슬리가 그들의 행동에서 본 것과 영국으로 돌아온 후 그들의 신앙에 대해 들은 것은 직접적으로 그의 복음주의적 각성에 기여하였다.

이 모라비아 교도들은 루터파에서 이탈한 경건주의자들이었다. 독일의 뷔템베르크에 있었던 다른 그룹은 루터파의 국가교회 안에 남았고 성경연구로 유명해졌다. 그 집단의 지도적인 인물은 요한 알브레히트 벵겔(Johann Albrecht Bengel, 1687~1752)로, 그는 이례적으로 학문적 지식과 신앙적 열심을 겸비한 그리스도인이었다. 벵겔은 신중하고 경건한 주해자였을 뿐 아니라 신약성경 원전의 뛰어난 연구자였다. 그의 「그노몬」이라는 신약 주석(*Gnomon Novi Testamenti*)은 웨슬리가 성경연구를 위해 사용한 것으로, 오늘날에도 인쇄되고 있다. 구원 이야기가 전체 성경의 핵심을 이룬다는 벵겔의 주장은 다른 많은 사람들의 사역에 자극을 주었다. 또한 그는 천년왕국과 마지막 날들에 대해 여러 권의 책을 썼는데, 이 책들 역시 종말에 대한 특유의 경건주의적이고 복음주의적인 열정을 불러 일으켰다.

할레, 뷔템베르크, 모라비아 교도로부터 발산된 영향력은 유럽과 신세계 전역의 프로테스탄티즘에 깊은 영향을 끼쳤다. 경건주의의 영향력은 스칸디나비아로 빠르게 뻗어나갔으며, 스웨덴과 핀란드의 병사들이 러시아와의 전투(1709년)에서 포로로 잡혔을 때, 경건주의자들의 관심이 포로들과 함께 시베리아로 흘러들어갔다. 경건주의는 미국에서도 중요했다. 미국 루터주의의 아버지인 헨리 멜콰이어 뮬렌베르크(Henry Melchoir Muhlenberg, 1711~1787)는 영적 지도자를 구하는 독일 이민자들의 요청에 응하여 프랑케의 아들이 미국으로 파송한 선교사였다. 초창기 미국의 어느 곳에서든 경건주의의 영향이 메노나이트(메노파 교도, 16세기 Friesland에서 일어난 신교의 일파 – 편집자주), 모라비아 교도, 형제단, 네덜란드 개혁파들 속에 남아 있었다.

존 웨슬리가 1740년대 초에 모라비아 교도와 결별했지만, 위에서 지적

찰스 웨슬리와 존 웨슬리는 쉬지 않고 돌아다녔지만, 그들은 여기 북캐롤리나 윌밍톤 은혜 감리교회의 스테인드 글라스에 딱 붙어 있다.

한 것처럼 경건주의는 그의 사상 형성에 영향을 끼쳤다. 웨슬리는 1735년에서 1737년까지 조지아에 머물렀을 때, 그리고 영국으로 돌아온 후, 몇몇 모라비아 교도들과 직접 접촉하였는데 이 일은 그가 하나님의 적극적인 은혜를 발견하는데 중요한 역할을 하였다. 존 웨슬리는 이러한 교류에도 불구하고 결국 경건주의 영성이 신비주의에 너무 많이 빠져있고, 경건주의의 감각이 기독교 운동에 충분한 열정을 불어넣지 못한다고 생각했다. 그러나 이후의 입장 차이에도 불구하고 그의 독일 방문 및 진젠도르프와 다른 경건주의자들의 독일 찬송을 존 웨슬리가 번역한 것 등에서 볼 수 있듯이 웨슬리가 경건주의자들에게 진 빚은 실질적으로 남아 있다.

또한 19세기 내내 유럽에서 일어났던 여러 갱신운동에서는 부분적으로 슈페너, 프랑케 및 그들 진영의 계속적인 영향력을 추적해 볼 수 있다. 독일에서 루터와 그의 신학에 대한 관심이 부활한 것은 경건주의의 자극과 연관되어 있다. 19세기의 타문화 사역을 위한 두 개의 활동적인 기구인 바젤선교단과 덴마크내지선교회 역시 경건주의 전통에 의존했다. 노르웨이에서는 부흥론자인 한스 닐젠 하우제(Hans Nielsen Hauge, 1771~1824)가 루터파 국가교회에 경건주의의 모습을 회복시켰다. 스웨덴에서 경건주의에 대한 관심의 회복은 스웨덴 선교계약교회(Swedish Mission Covenant Church, 1878)를 세우게 하는 한 요인이 되었다. 특히 대규모의 영어권 사람들로 구성된 경건주의 분파가 북아메리카로 이주했을 때, 복음주의와 경건주의의 영향이 함께 들어간 것은 일반적인 일이었다.

대륙에서의 갱신운동은, 존 웨슬리와 찰스 웨슬리가 시작했고 조지 휫필드의 대규모 대중 설교에서 실제화된 감리교 예배와 많은 공통점이 있었다. 영국과 대륙의 갱신 운동은 성경에 대한 강조, 복음 전도에 대한 열정, 소그룹을 통한 조직 체계, 사회적 자선 활동의 실천적인 헌신 등을 공유했다. 교회사에 있어 중요한 성장 단계인 복음주의와 경건주의를 등장시킨 이들 헌신은 긍정적으로 의도했던 것뿐만 아니라, 부정적 측면을 남기기도 했다.

기독교 역사에 있어서 복음주의와 경건주의

영어권 세계의 복음주의와 대륙의 경건주의는 기독교적인 활동력과 방향, 전제, 모임에서 전술적인 변화를 함께 보여주었다. 새로운 방향 중 어떤 것들은 유럽 내 변화된 환경에 답한 것이었고 어떤 것들은 좀더 직접적으로 교회 내부 상황에 반응한 것이었다.

18세기 유럽 세계는 더 이상 프로테스탄트 종교개혁이 탄생되었을 때의 세계가 아니었다. 16세기에는 어느 한 지역에 하나의 통합된 교회가 존재한다고 단순히 주장되었지만, 이제 18세기에는 정부가 소수파의 종교들에 대해 관용을 베풀 수 있다는 사상의 이면에 압력이 증가되고 있었다. 또한 신세계의 유럽 식민지에서는 한 지역에서 여러 교회가 완전한 공민권을 가진 채 공존할 수 있다는 급진적인 사상의 목소리를 들을 수 있었다.

전에는 가장 극단적인 재세례파를 제외한 거의 모든 유럽인들이 기독교제국이라는 개념을 받아들였고 교회의 영향력이 사회의 모든 영역에 미치는 것은 당연하다고 여겼지만, 이제 기독교 세계는 한편으로는 진정한 교회를 구하기 위해 기독교제국을 기꺼이 포기하려는 분리파 교회에 의해, 다른 한편으로는 교회에서 벗어나기 위해 기독교제국을 포기하려는 점증하는 세속주의자들에게 둘러싸여 점점 더 공격받는 모습이 되었다.

전에는 지적인 삶이 본능적으로 보수적이어서 가르침과 영감과 본질을 구하기 위해 과거에 관심을 가졌지만, 이제는 평신도의 지식이 더해짐에 따라 무엇인가 새로운 것을 발견할 수 있는 사람들에게 더 많은 보상이 주어졌고, 자동적으로 과거에 경의를 표하는 일은 더욱 소홀해졌다.

또한 이전에는 성경의 권위를 다른 모든 권위 위에 놓았던 프로테스탄트들조차 성경 읽는 것을 거의 보편적으로 모든 사람들이 공유하는 활동 정도로 생각하게 되었다. 루터와 칼빈, 그리고 다른 초기 프로테스탄트들은 평신도들이 그들 스스로 성경을 읽기를 원했으나, 그들은 여전히 학식 있고 경건한 성직자들이 그들이 믿음으로 받아들일 수 있도록 성경을 해석해 줄 것을 기대했다. 그리하여 이제 성경 읽기는 평신도들 스스로 할 수 있는 일이라고 생각되었지만, 이것은 공동체를 연합시키기보다 오히려 분열시키기도 했다. 1700년에 이르러, 혁신적인 비기독교적 해석자들이 성경이 가지고 있는 유일한 신적 권위에 의문을 제기하기 시작했다. 다른 한편, 분리파 교회의 성경 독자들은 점점 더 교회가 행해 온 역사적 해석 양식을 거부했다.

이전에는 유럽 인구가 압도적으로 농촌에 집중되어 있었는데, 이제는 대도시가 경제적으로뿐 아니라 정신적으로 변혁을 이끄는 힘이 되었고, 성장한 도시의 숫자가 증가하여 곳곳에 산재해 있는 모습을 보이고 있다.

그리하여 이전에는 경제 생활이 가속도로 팽창하기 시작했을지라도 대체로 여전히 지방에 머물러 있었고, 부를 상속했던 사람들의 권위 밑에 있었으며, 농업에 치중해 있었지만, 이제 근대 경제가 어렴풋이 모습을 드러내기 시작했는데, 여기에서 시장의 힘은 농촌의 자급자족 수준을 초월하였고, 수공업, 재정, 교통의 대규모 발달은 이전에 고립된 지역을 보다 큰 생산 및 소비 집단으로 만들기 시작했다.

이전에 대부분 유럽인들이 알았거나 관심을 가졌던 유일한 세계는 유럽이었지만, 이제 비유럽인들과의 접촉, 멀리 떨어진 해안을 식민화 하려는 노력, 비서구 지역들과의 교역이 모든 면에서 증가하였다.

달리 말하면, 16세기 유럽과 18세기 유럽의 차이는 엄청나게 컸다. 이러한 일반적인 상황에서 복음주의자들과 경건주의자들은 두 가지 일로 분주하였다. 이들은 프로테스탄트 전통의 요소(특히 오직 성경, 은혜에 대한 강조, 만인 제사장직)들을 회복시켜 갔다. 그들은 이러한 요소를 가지고 좀더 진정한 기독교, 또는 당시 모든 북유럽과 아메리카인들이 '참 종교'라고 불렀던 것을 추구했다. 그러나 그들 역시 프로테스탄티즘이 태동했던 상황과 크게 달라진 사회 분위기 속에서 그들의 종교적 관심을 독창적으로 해석했다.

종교개혁의 결과로 생겨난 프로테스탄트의 교회-국가 제도는 독일과 스위스의 많은 지역, 네덜란드, 잉글랜드, 스코틀랜드, 웨일즈, 스칸디나비아 국가들과 헝가리의 몇몇 지역 등 동유럽 제후령에서 가톨릭의 교회-국가제도를 대신하였다. 신세계에 정착한 유럽인들은 유럽적 개념의 종교 제도를 유지하는 것이 어렵다는 것을 알았으나, 그럼에도 불구하고 식민화 초기에 전력을 다해 로드 아일랜드를 제외하고는 여러 형태의 교회-국가 관계를 유지시켰다. 이들 프로테스탄트 제도가 들어간 지역에서는 국민들을 새로운 프로테스탄트 학설로 지도하고, 유럽 언어로 이용할 수 있는 성경을 만들고, 프로테스탄트 찬송가 부르기를 장려하고, 가장 기초 단계로부터, 목회자들을 위한 신학교 과정을 교육하는 기관들을 세우는 등 많은 일들을 수행했다.

그러나 프로테스탄트 국가의 교회 역시 슈페너의 독일과 웨슬리의 영국에서 볼 수 있는 것처럼, 그들의 첫 세대 지도자들의 죽음 후에 많은 어려움을 겪었다. 심각한 신학 논쟁과 전술상의 정치적 반전으로 루터주의는 독일과 스칸디나비아 국가들에 국한되었다. 메노나이트 같은 재세례파는 변방으로 밀려 때로 망명객이 되곤 했다. 16세기와 17세기 내내 여러 개혁파 프로테스탄티즘은 네덜란드, 스위스, 영국 전체, 그리고 잠시 동안 프랑스로 계속 확산되었다. 그러나 반대자들과 무관심한 사람들을 평화적으로 포섭하려는 칼빈파는 개혁파의 호전적인 자신감으로 인해 많은 어려움을 겪었다. 호전성, 그것은 골수 신앙인들을 크게 고무시킨 것이기도 했지만, 또한 이를 지지하지 않는 사람들을 크게 공격하는 것이었다. 예를 들면 1580년대부터 활동하여 영국의 종교개혁을 완성시킨 열광적인 청교도들은 칭송할 만한 것이 많았다. 청교도들은 인내심이 강한 전도자였고, 슬퍼하는 사람들과 죄로 인해 파멸된 사람들에게는 헌신된 목양자들이었으며, 가정과 일터에서는 규율을 성실하게 추구한 사람들이었다. 그러나 청교도주의 역시 파괴적이었다는 것이 밝혀졌다. 국교도 군주인 찰스 1세가 협조하지 않음에 따라 청교도적인 열망은 1640년대에는 영국을 내란으로 몰았고, 1650년대에는 올리버 크롬웰의 지도 아래 자비로운 독재(benevolent dictatorship)로 치달았다. 그리하여 결국 1660년대에는 종교 분규로 그 열망이 사그라졌다.

올리브 크롬웰_
(1599~1658)
청교도혁명 당시 국왕 찰스 1세에 맞선 의회진영의 장군, 상류 가문의 아들로 태어나, 헌팅턴의 그래머스쿨과 케임브리지대학에서 공부했고, 청교도주의의 영향을 크게 받았다. 1620년 무렵 신앙에 눈을 떠 회심을 경험하여 하나님으로부터 선택받은 사람으로서의 자각을 갖게 되었다고 한다. 1649년 반혁명의 뿌리를 뽑기 위해 국왕 찰스 1세를 처형하고, 왕제와 귀족원을 폐지하였다. 의회가 왕위에 오르기를 요청했으나 이를 거부했다. 교회국가 체제를 타파하였고 영국 근대 사회의 문을 열었다고 평가받고 있으며, 때로는 청교도혁명의 영웅으로 때로는 국왕에 대한 반역자로 평가된다. –편집자주

영국의 개혁파 프로테스탄트들이 당한 시련은 30년전쟁 동안 대륙에서 로마 가톨릭 교도와 프로테스탄트들이 겪은 재난과 유사했다. 이 전쟁에서는 300년 후에 벌어질 제1차 세계대전까지 다시 볼 수 없을 포학함을 띠고 중부 유럽을 황폐하게 만든 잔인한 전투들이 펼쳐졌다. 정치적 싸움, 경제적 투쟁, 그리고 다른 수많은 비교회적 요소들이 30년전쟁의 원인이었다. 그러나 프로테스탄트와 가톨릭이 갖고 있었던 공포와 시기심, 불안, 그리고 복수심도 이 맹렬한 대화재에 기름을 부었다. 최근 역사가들은 교회가 이 투쟁에서 호전적인 팽창주의자들에 의해 꼭두각시로 이용되었을 것이라고 주장하기도 했지만, 결국 그 전쟁은 유럽 국가들의 일상 생활에 평화를 가져오기 위해서는 종교의 가시적 성격을 약화시키는 것이 필요하다는 생각을 증대시키는 결과를 가져왔다.

교회의 정치적인 실패는 신앙의 핵심 영역에 프로테스탄트적 영향력이 제한적이었다는 것과 관련이 있다. 요한 아른트의 독일에서의 사역, 리처드 박스터와 존 번연의 영국에서의 활동, 독일의 필립 니콜라이(Philip Nicolai)와 영국의 토마스 켄(Thomas Ken, 1637~1711, '영광송' Doxology의 작사자)의 찬송시에서 볼 수 있는 것처럼, 영적 생활에 대한 진지한 관심이 17세기 프로테스탄트 교회에 없었던 것은 아니다. 그러나 그러한 관심이 지배적이거나 특별히

역동적이지는 않았다. 프로테스탄트의 국가-교회 제도는 때로 삶의 주기 속에 나타나는 일상적인 위기를 통해 교구민을 양육하는데 있어서는, 후기 개혁자들의 사역보다 더 효과적이었다. 그러나 17세기 내내, 그리고 18세기에 들어서 -체코의 교육자인 요하네스 코메니우스(1592~1670)처럼 지방적인 예외가 약간 있기는 하지만,- 그러한 국가-교회 제도 아래에서는 예수회나 다른 갱신된 가톨릭 교단과 마찬가지로 기독교적 가르침이 잘 행해지지 않았다. 그들은 그들 자신이 세운 정치적 한계로부터 벗어나는데 성공하지 못했으며, 동시에 -다시 로마 가톨릭과 비교하여 보면- 복음을 비기독교 문화로 전파하는데 거의 관심을 기울이지도 않았다.

독일의 경건주의와 영국의 복음주의는 프로테스탄트 갱신운동으로서, 유럽의 정치, 사회, 경제, 문화적 생활의 변화되는 현실에 맞게 대응했으며, 교회 내 이러한 취약점들에 반응했다. 돌아보면, 경건주의와 복음주의 지도자들의 헌신은 특히 기독교의 활력을 새로운 방향으로 돌리는데 중요한 역할을 했다.

슈페너, 프랑케, 휫필드, 웨슬리 형제 모두는 적어도 어느 정도 그들을 탄생시켰던 전통적인 프로테스탄트의 국가교회들에 충성을 다했지만, 또한 그들 모두는 전통적인 교회-국가 제도를 거부하거나 무시하는 사역을 시도할 준비가 되어 있었다. 그런 까닭에 경건주의자들의 경건회는 국가교회의 정규 활동을 강화시키려고 의도된 것이었지만, 교회-국가 구조에 대한 대안이 되기도 했다. 대체로 모라비아 교도에게는 국가교회와의 관계를 중단하는 것은 간단한 일이었다. 영국의 웨슬리 형제와 휫필드 같은 인물들은 전반적으로 자신들의 국교회 서품으로 만족했다. 이렇듯 그들의 혁신은 여러 측면에서 18세기 사회에 새로운 상황들을 개척했지만, 전통교회와의 연결고리를 약하게 만들기도 했다. 초기 감리교도들은 교회의 유산을 따르기보다는 그 시대가 필요로 하는 사역에 주안점을 두었다. 예를 들면, 찰스 웨슬리는 기성 교회와 느슨한 관계만 맺고 있었던 속회 모임을 위해 찬송을 지었다. 존 웨슬리는 교회와 무관하게 종교적, 사회적인 구제 단체를 세우는데 열중하였다. 조지 휫필드는 더욱 혁신적이었다. 그는 대영제국이라는 새로운 경쟁시장에서 복음을 전파하는 '세일즈맨'으로서 천부적인 재능을 가진 그리스도인이었는데, 군중들을 끌어들이고 '복음이라는 상품'에 관심을 집중시킬 수 있는 능력이, 기성교회에 의해 주어진 전통적 '소비'의 패턴에 복종하는 것보다 낫다고 생각하기 시작했다. 더욱이 휫필드가 당시에 막 출현한 대중 인쇄매체를 설교 말씀을 전달하는 수단으로 이용했던 능력 또한 기성교회가 미처 준비하지 못했던 것으로, 이는 휫필드가 그 시대의 정신에 적응한 사역자였음을 보여주는 것이었다.[8)]

경건주의자들과 복음주의자들이 18세기 상황에 맞추어 복음 메시지를 새롭게 한 방식은 사회적일 뿐 아니라 신학적인 것이었다. 존 웨슬리는 영국 국교회(성공회) 제도의 전통에 반대하여, 이제 진부한 것이 된 듯한 전통을 흔쾌히 포기한 혁신가였는데, 그는 신앙을 전통적인 지침에 순응시키기보다 신앙의 '실험적인'(또는 경험적인) 성격을 통해 실천하는 데 큰 강조점을 두었다. 그는 단지 신앙을 전해내려온 진리와 일치시키기보다, 오히려 실천적이고 실용적인 신앙의 영향력에 열정적인 관심이 있었다. 또한 신앙생활을 위해 이전 세대로부터 전해내려온 명령을 강조하는 데 반대하고, 개인적 상황을 고려하도록 했다. 이러한 방식에서 웨슬리는 계몽사상의 형태와 유사한 종교적 신앙을 추구했지만, 이런 식으로 행한 그의 목적은 수많은 계몽주의 지지자들이 포기했던, 그리스도인이 되는 것이었다.[9)]

복음주의자들과 경건주의자들은 이전 시대의 어떤 프로테스탄트들보다 타문화권 복음 전도에 보다 적극적으로 나섬으로써 시대의 요청에 응답하였다. 슈페너, 프랑케, 모라비아 교도의 선교 활동은 프로테스탄트의 주요 혁신 사역이었다. 웨슬리 형제, 휫필드, 그리고 회자되지 않는 수많은 감리교의 순회 전도자들이 영국의 광부, 군인, 산업노동자, 그리고 기성교회가 무시했던 사람들에게 복음을 전하는 데 보여준 열정은 그 동안 복음이 미치지 않았던 곳에 복음을 전하는, 대대적인 복음주의 활동의 출발점이 되었다. 신세계로의 복음 전파는 아메리카 토착인과 아프리카계 아메리카인에 대해 이전에 행해진 것보다 더욱 일치된 선교를 특징으로 했다. 18세기 말에 이르러 영어권 지역의 복음주의자들은 독일과 스칸디나비아의 경건주의 그리스도인들을 모방하여 복음 전파를 위해 해외로 선교사들을 보내기 시작하였다. 어떤 의미에서, 그러한 선교적 노력은 하나님의 구원과 모든 인간에게 내재된 존엄성에 대해 전승된 프로테스탄트 신앙이 자연스럽게 확장된 것이었다. 하지만 중요한 측면은 이러한 선교적 노력과 열정이 그 시대의 현실에 분명하게 적응했다는 점이다.

경건주의자들과 복음주의자들이 프로테스탄트 역사에 근거한 메시지를 17세기 말과 18세기 유럽의 현실을 반영한 기교와 태도, 감정과 혁신으로 결합시킨 능력은 기독교 신앙에 대한 이러한 적용에 신속하고도 광범위한 성공을 가져다 주었다. 슈페너의 「우리가 바라는 경건」이 출판된 지 한 세기 반이 채 안 되었고, 웨슬리의 앨더스게이트 체험이 있은 지 한 세기가 채 안 되었지만, 다양한 형태의 복음주의나 경건주의가 미국(남부와 북부 모두), 스코틀랜드 고지대, 캐나다 연해 지역, 아일랜드의 북부와 웨일즈를 포함하는 18세기 영제국의 변경 여러 곳에서 매우 중요한 형태의 기독교 신앙으로 자리 잡았다. 이들 지역에서 복음주의 세력은 프로테스탄트 교회들을 지배했을 뿐 아니라 전반적으로 사회에 강력한 영향력을 행사하였다.

그 외 많은 지역에서도 복음주의나 경건주의는 설령 아주 지배적이지 않았다 해도 프로테스탄트 교회 안에서 중요한 요소가 되었고 때로 사회에 깊은 영향을 끼쳤다. 여기에는 네덜란드, 잉글랜드, 스코틀랜드 저지대, 캐나다 고지대(현재 온타리오주), 독일과 스코틀랜드의 여러 지역, 스위스 일부, 동유럽의 한두 개 지역이 포함된다.

이들 새로운 형태의 프로테스탄티즘은 경건주의와 복음주의 운동을 불러일으켰던 중요한 요소를 공유했지만, 그 지방의 상황에 맞게 적용되었기 때문에 그들 역시 내부적으로 커다란 차이가 있었다. 신학적으로 볼 때, 복음주의자들과 경건주의자들은 구원 과정에서 하나님과 인간의 행위에 관한 문제에 대해 루터파, 칼빈파, 알미니안주의자나 당혹감을 주는 다양한 중재파 등을 수용할 수 있었다. 교회관의 경우 일부 복음주의자들과 경건주의자들은 전통적인 국교회, 장로교, 루터파의 형식을 지지했지만, 나머지 부류는 전통적인 교회의 모든 권위에서 벗어나기를 원했다. 정치적으로는 아메리카의 복음주의자들은 공화주의자인 동시에 때로 군주제에 반대하는 민주주의자의 성향을 가졌으나 영국, 독일, 스칸디나비아, 노바스코샤(Nova Scotia, 캐나다 동부 반도)에 있었던 그들의 동료들은 공화주의나 민주주의를 선호하기보다는 전래된 군주제를 지지하거나 정치색을 벗어나려 했던 것 같다. 따라서 일부 복음주의자들과 경건주의자들은 자신들의 신앙형태가 기독교제국을 구할 것이라 생각했지만, 나머지 사람들은 그 신앙형태가 기독교제국에 기여한 것이 없다고 생각했던 것은 놀라운 일이 아니다. 정신적 삶에 대한 그들의 태도에서도 이와 유사한 일이 벌어지는데, 일부 사람들은 지적인 것을 열심히 구했지만, 나머지 사람들은 형식적인 추론이 신앙에 위협이 된다고 생각했다.

이러한 차이에 대해 중요하게 지적할 것은 그 차이들이 대체로 유럽의 사회 변화와 유럽의 국가교회들의 발달이 규정지은 새로운 현실에 기독교의 전래된 특징을 맞추려는 노력에서 발생했다는 점이다. 그러나 복음주의자들과 경건주의자들은 정치, 사회적 관습, 지성에 대한 태도 및 다른 여러 가지 점에서 차이가 있었음에도 불구하고, 실제로는 널리 인정된 기본적인 종교적 신념의 틀을 공유하였다. 두 가지 점이 매우 중요한데, 첫째, 복음주의자들과 경건주의자들은 성경을 의지한다는 점에서 분명히 프로테스탄트였다. 그들은 성경의 의미에 대해서는 견해차가 있을 수 있지만, 성경은 논란의 여지가 없이 확고한 것으로 여겼다. 슈페너의 사역은 일반인들의 삶에 성경을 생동감 있게 적용시키려는 여정이었고, 존 웨슬리는 책의 사람(homo unius libri)이라 일컬어지는 것을 자랑스럽게 여겼다. 둘째, 복음주의자들과 경건주의자들은 진정한 신앙은 하나님에 대한 개인적 체험을 필요로 한다는 확신을 공유하고 있었다. 그들은 그러한 경험에 대한 수많은 다른 기준을 제공하거나 하나님에 대한 체험을 이성, 전통, 교권제도와 함께 나열하는 많은 방법을 제시할 수 있었지만, 핵심으로 삼은 것은 신앙의 경험적 특성이었다.

이들 두 종파(둘 다 경험론적 성경주의라고 불릴 수 있는 것에서 유래한)의 강한 헌신은 세 가지 특징을 보여주었다. 첫째, 복음주의자들과 경건주의자들은 전래된 제도들에 대해 (때로 약간, 때로는 광범위한) 편견을 갖고 있었다. 예를 들면 18세기가 되면 프로테스탄트의 표어인 '오직 성경' 또는 '성경으로만'의 의미는 초기 프로테스탄티즘에서 일반적이었던 '성경을 뛰어넘는(over) 권위는 없다'는 뜻 대신 '성경 외에(except) 권위는 없다'를 의미하기 시작했다. 둘째, 복음주의자들과 경건주의자들은 지적, 정치적, 사회적, 경제적 상황에 대한 유연성을 하나의 원리로 삼았다. 이전 프로테스탄트 역사에서 신앙의 필수적인 기둥으로 취급되었던 교회, 정치, 전례, 찬송, 기도에 대한 많은 전통들은 이제 타협되기 시작했다. 세 번째, 복음주의자들과 경건주의자들은 역사가 다니엘 워커 호웨(Daniel Walker Howe)가 훈련이라 지칭했던 일을 수행했다.[10] 그들의 경험론적인 성경주의는 여러 다양한 방면으로 자신과 타인들을 위한 행동원리를 제공했을지 모르나 그러한 원리들은 내면화되었고, 개인적인 거룩함을 촉진하고 사회적 섬김을 실천해 나갔다.

이런 식으로 복음주의자들과 경건주의자들은 그들의 경험론적 성경주의의 기초 위에 새로운 형태의 기독교 신앙을 세웠다. 그것은 종교개혁의 유산을 분명히 물려받은 프로테스탄티즘이었다. 그러나 또한 전통을 폐기하려 했고, 다양한 사회 현실에 폭넓게 적응하려 했으며, 경건 행위에 열심을 품었다는 점에서 기독교 역사의 중요한 새로운 단계를 보여주었다. 스트라스부르크, 프랑크프르트, 드레스덴의 경건주의 지도자들과 앨더스게이트 같은 집회의 영어권 복음주의자들이 개인적으로 시작한 운동은 마침내 거대한 영향력을 발휘하여 전 세계로 전파되었다. 16세기 후반 로마 가톨릭의 갱신이 20세기까지 가톨릭 역사에서 가장 중요한 발달이었다고 한다면, 프로테스탄티즘에서도 동일한 일이 벌어졌다고 말할 수 있는데, 그것은 1739년 4월 야외에서의 설교를 결정했던 존 웨슬리가 상징하는 영적 갱신과 부흥이었다.

P 18세기 복음주의와 경건주의의 부흥이 그리스도인의 삶에 즉각 영향을 주었다고 한다면, 그 부흥은 또한 자의식도 높아지게 했다. 복음주의의 대표적 인물 중 시인 윌리엄 카우퍼(William Cowper, 1731~1800)만큼 그러한 자의식으로 인한 고통을 크게 느낀 사람은 없을 것이다. 오늘날 조울증이라 일컬어질 수 있는 정신장애로 고통받았던 그는 고요한 신앙의 순간과 영원히 저주받기로 예정되어 있다고 확신하는 시기를 넘나들었다. 회심한 노예 상인이며 찬송작가인 존 뉴톤(John Newton, 1725~1807)같은 유명한 복음주의자들이 지속적으로 카우퍼를 위로했으나, 그러한 노력에도 불구하고 그는 서서히 정신병으로 빠져 들었다. 카우퍼의 시들은 하나님의 은혜를 온전히 경험하면서도 매우 고통스러워 하는 감정을 반영한 기도였다. 다음 시는 "여호와는 우리의 의"라고 불려지는 것으로, 예레미야 23장 6절을 참고로 하였다.

나의 하나님 당신의 길은 어찌 그리 완전합니까!
그러나 나의 길은 부패합니다.
죄악이 나의 찬양을 얽어매고
나의 기도에도 파고듭니다.

나를 죄악에서 구원하시기 위해
당신이 행하신 일을 말하려 할 때에도
나는 당신의 자비를 알릴 수 없고,
내 자랑만이 기어들어옵니다.

이 마음, 사악한 생각의 샘이
얼마나 넘쳐 흐르는지.
수면 위로 내 자아가 떠오르는 동안
그 밑에는 거품만이 일고 있습니다!

꾸민 공로로 치장한 사람들이
빛나게 내버려 두십시오.
주님은 나의 의가 될 것이며,
영원히 나의 주님이십니다.[12)]

윌리엄 카우퍼

영국의 시인이면서 67곡의 찬송가를 작곡한 윌리엄 카우퍼는 자살을 네 번이나 시도할 정도로 지극히 심한 우울증 환자였다.

"샘물과 같은 보혈은 임마누엘 피로다"로 시작되는 찬송가 190장의 작사자인 윌리엄 카우퍼는 목사 아들로서 변호사가 되었는데, 69년의 생애 중 21년간을 정신질환을 앓았다.

"나같은 죄인 살리신"(찬송가 450장)을 작사한 존 뉴톤 목사는 그를 위해 늘 기도하고 격려해 주었고, 말씀을 들려 주었다. 윌리엄 카우퍼는 존 뉴톤을 통해 심리적 안정을 찾고 존 뉴톤의 권고를 통해 자신에게 시적 은사가 있음을 발견하고 여러 편의 아름다운 찬송가를 남겼다. 투병 중이던 윌리엄 카우퍼는 그의 평생을 붙들어 주었던 십자가 보혈의 능력을 마지막까지 의지하다 평안히 주님 앞으로 갔다. 윌리엄 카우퍼는 많은 명언을 남기기도 했다.

"삶이 아무리 거칠고 소란스러워 보여도
이를 현명하고 아름답게 가꾸는 사람에게
지혜는 깊은 호수에서 온 힘을 다해 찾아낸 진주와 같다."

"순교는 불멸의 진리를 살찌게 하며,
거룩하게 자유해지는 것이다."

"나는 내가 바라보는 모든 것의 군주이며,
세상에 내 권리를 의심하는 자는 하나도 없다."

– 윌리엄 카우퍼 –

한 잔의 차를 나누며

1. 존 웨슬리와 찰스 웨슬리에게 18세기의 종교적 관습을 벗어나 활동하도록 영감을 준 것은 무엇이었는가?

2. 존 웨슬리는 루터의 로마서 주석 서문을 읽은 후에 회심하였다. 존 웨슬리 신학을 루터와 다른 개혁자들의 신학과 비교하라. 그 차이는 어떤 점에서 웨슬리의 인격을 반영한 것인가? 어떤 점에서 그가 활동하던 시대의 반영인가?

3. 18세기 프로테스탄티즘의 어떤 모습이 존 웨슬리가 현대 복음주의 프로테스탄티즘의 핵심 요소로서 조직하고 제도화 하는 데 도움을 주었는가?

4. 경건주의는 때로 잉글랜드와 북아메리카에서 경험했던 부흥 운동에 비견되는 유럽 대륙의 부흥 운동이라고 여겨진다. 특히 유럽 프로테스탄티즘 내부에서 발생한 흐름에 대한 반응으로서 경건주의의 뿌리에 대해 나누어 보라. 그것은 무엇에 저항한 반응이었나?

5. 필립 제이콥 슈페너가 개혁을 위해 제안한 것은 무엇이었는가? 슈페너의 제안이 초래한 두 가지 문제는 무엇이었는가? 이 문제들이 어떤 점에서 교회사의 다른 개혁운동을 대표하는가?

6. 유럽 대륙의 경건주의는 18세기에 여러 모습으로 나타났다. 그런데 이 다양한 운동 속에서 볼 수 있는 공통적인 맥락은 무엇인가?

7. 유럽 사회와 사상 중 어떤 측면이 16세기와 18세기 사이에 변했는지 논하라. 경건주의 운동, 웨슬리 운동, 부흥 운동이 어떤 점에서 16세기 프로테스탄티즘보다 18세기 환경에 어떤 점에서 더 잘 적응할 채비를 갖추고 있었는가?

8. 18세기 복음주의자들과 경건주의자들은 프로테스탄트의 타문화 선교를 향해 처음으로 의미 있는 사역에 불을 지폈다. 그들의 신앙과 그들 시대의 어떠한 특징이 이 시기를 프로테스탄트 선교의 시작으로 만들었는가?

오늘날 교회에 적용할 점

1. 여전히 오늘날 복음주의적 프로테스탄티즘에 남아 있는 것으로, 18세기 복음주의자들과 경건주의자들이 공유하고 있는 핵심적인 특징은 무엇인가?

2. 18세기의 어떤 특징이 현대에 남아 있으며, 어떠한 측면이 변하였는가? 그것은 현재 복음이 제시되는 다양한 방법에 어떠한 영향을 끼치고 있는가?

3. 저자는 웨슬리 형제들이 "마틴 루터, 존 칼빈, 메노 시몬스, 토마스 크렌머와 함께 프로테스탄티즘이 시작된 이래 종교개혁의 기본적인 메시지를 가장 효과적으로 변호한 사람" 이었다고 주장한다. 웨슬리 형제들은 종교개혁의 중심 메시지를 채택하여 복음의 핵심 진리를 18세기에 적용시켰다. 복음의 진리를 현대 세계에 효과적으로 제기하고 있는 현대의 존 웨슬리 형제는 누구인지 나누어 보라.

Turning Point 11

주후1789년 | **프랑스혁명**

기독교제국은 가고, 새로운 회복의 시대가 오다

전 세계 영어권에서 가장 대중적인 찬송 중 하나는 프랑스혁명이라는 떠들썩한 사건 직전에 쓰여졌다. "예수 이름의 권세를 찬양하세"는 1780년 〈가스펠 매거진〉(Gospel Magazine) 4월호에 실렸는데, 그 잡지는 웨슬리 형제와 조지 휫필드 및 그들의 여러 동료들이 참여하여 복음적 부흥이라는 가치를 추구했던 영국의 정기 간행물이었다. 이 찬송 작가는 에드워드 페로넷(Edward Perronet, 1726~1792)으로 그가 찬송시에서 사용한 성경구절뿐 아니라 그의 전기에는 당시의 중요한 사건들이 반영되어 있다. 페로넷은 프랑스에서의 박해 때문에 피신할 수밖에 없었던 위그노의 후손이었다. 그는 개혁을 위해 열심히 일했던 그리스도인으로서, 감리교, 성공회, 회중교회로 옮겨 다니면서 사역하였다. 또한 그는 선지서와 계시록에서 따온 성경적 이미지를 생생하게 사용하여 예수 통치의 역동성, 권세, 그리고 전 세계에 미치는 범위를 강조하였다. 그러므로 이 찬송시는 프랑스혁명을 둘러싸고 벌어진 혼란스런 수십 년 동안 유럽 그리스도인의 삶의 한 부분이었던 갈등, 팽창, 박해 및 개혁에 대한 열정을 말하고 있다. 아래의 찬송 구절은 페로넷의 원래 시에서 따온 것인데, 이것은 그 직후에 수정되어 침례교 목사 존 리폰(John Rippon)에 의해 처음으로 세상에 선보였다. 존 리폰의 편집본은 보통 오늘날 찬송가에 수록되어 있다(우리나라에는 O. Holden의 편집본과 J. Ellor의 편집본 "주 예수 이름 높이어"가 찬송가 36, 37장에 나란히 수록되어 있다).

예수 이름의 권세를 찬양하라.
천사들로 꿇어 엎드리게 하라.
고귀한 면류관을 가져와
만유의 주님을 찬양하라.

고귀한 천사들로 수금 타며 노래하게 하라.
그들이 노래할 때 들으시는
주님 앞에 절하라.
그리고 만유의 주님을 찬양하라.

주님의 제단에서 불려지는 하나님의 순교자들이여,
주님을 찬양하라.
이새의 뿌리에서 나온 가지에게 찬양하라.
만유의 주님을 찬양하라.

모든 족속과 방언은
주님 앞에 엎드려 절하라.
그리고 온 우주의 찬양으로 크게 외치라.
만유의 왕 되신 주님께.[1)]

프리지아 모자는 소아시아 고대국가 프리지아에서 로마의 해방 노예들이 썼던 것이다. 프랑스혁명 중에 혁명가들이 공화국 자유의 상징으로 채택하였다. 또한 프랑스 혁명가들은 공화국을 상징하는 자유의 여신을 마리안느로 의인화 했다. 마리아와 안나의 합성어로 비기독교화 정책의 대표적 사례이다.-역자주

1793년 11월 10일 프랑스의 가장 큰 교회인 노틀담(Notre Dame)사원에서는 예기치 않은 광경이 벌어졌다. 이 장엄한 고딕 건물은 12세기 중반에 건축되기 시작한 때로부터 600년 이상 국가의 기독교적 정체성을 상징해 왔다. 그러나 그 사원은 이제 혁명의 열광 앞에서 이성의 전당(the Temple of Reason)으로 이름이 고쳐졌다. 그레코 로만 양식의 혼응지(송진과 기름을 먹인 딱딱한 종이)로 만들어진 산의 모형이 본당 회중석에 세워졌다. 역사가 시몬 샤마(Simon Schama)는 다음에 진행되는 연극에 대해 묘사한다. "프리지아의 원형 모자를 쓰고 창을 쥔, 하얀 옷의 -한 오페라 가수가 역을 맡은- 자유의 여신은 이성의 불꽃에 절했고, 꽃과 나무 더미 위에 앉아 있었다."[2)] 이 뒤바뀐 '예배의 식'은 프랑스혁명의 비기독교화를 위한 계획의 극치를 보여주었는데, 이렇

게 하여 혁명의 지도자들은 그들이 보기에 강압적이고 생명력 없는 교회를 없애버리려 했다. 파리의 혁명가들은 군주뿐 아니라 성인들과 관련된 것을 제거하기 위해, 1,400개의 거리에 다른 이름을 부여했다. 사제와 주교 및 다른 성직자들은 자리에서 물러나야 했다. 전반적으로, 로마 가톨릭 교회와 프랑스 사이의 오랜 관계를 근절시키기 위한 노력이 기울여졌다. 후에 알렉스 드 토크빌(Alexis de Tocqueville)이 기록한 것처럼 기독교에 대한 적대감은 그 끝을 모를 정도였다. "프랑스에서 … 기독교는 거의 광적인 폭력에 의해 공격되었다. 기독교가 다른 종교로 대체되리라는 것은 의문의 여지가 없었다. 사람들은 정열적이고 지속적인 노력으로 조상들의 신앙을 버렸으나 일단 그 신앙이 상실된 후에는 그 빈 공백에 아무 것도 채워지지 않았다. … 18세기 말에 만연되었던 모든 형태의 종교적 신앙에 대한 전국적인 불신이 프랑스혁명 과정에서 압도적인 영향을 행사했음이 분명하다. 이는 사실상 혁명의 가장 두드러진 특성이었고, 당시 이를 지켜본 사람들에게 이보다 더 큰 충격은 없었다."[3)]

오랫 동안 곪아온 상황들이 기독교에 대한 이러한 공격 방식을 준비해 왔다. 이미 1789년 혁명 시작 이전에 여러 곳에서 긴장감이 감지되었다. 정치적 형식(절대군주)과 정치적 실재(전통적인 특권을 가진 귀족, 기업, 그리고 로마 가톨릭에 의해 모든 면에서 간섭받고 있었던 왕권) 사이에 긴장이 있었다. 지적인 긴장은 한편으로 가톨릭 교회의 전통적인 권위주의와 군주 통치 사이의 팽팽한 긴장 사이에서 자라났으며, 다른 한편으로는 볼테르(Voltaire, 1694~1778)와 1751년과 1780년 사이에 「대백과사전」을 발행한 철학자들, 뛰어난 기인인 장 자크 루소(Jean Jacques Rousseau, 1712~1778)에 의해 각기 다른 방식으로 설명된 인간 이성과 인간 능력에 대한 신뢰가 커짐에 따라 생겨났다. 사회적 긴장은 상업적 이해관계를 가지고 부상하는 '중산층'으로부터 귀족들을 분리시켰으며, 이들 두 집단은 다시 폭넓은 농민집단과 구별되었고, 농민들은 매우 가난했음에도 엄청난 세금 부담을 떠안아야 했었다.

1789년에 일어난 사건들은 이들 긴장의 폭발을 보여 준 것이었다. 6월에

-프랑스 삼부회 또는 의회의 일부로, 부르주아를 대표하는- '제3신분'은 새로이 국민의회를 결성했고, 7월 14일에는 파리의 대중 봉기가 바스티유를 해방시켰다. 당시 이러한 행동은 전국적인 폭동을 야기시켜 농민들은 자신들의 노예 대장을 없애버렸고, 귀족들 사이에서는 '대공포'(Great Fear)가 발생했다. 8월 26일에 국민의회는 인간과 시민의 권리선언을 발표했다. 이 선언은 많은 제안을 했는데, "모든 주권의 근원은 본질적으로 국민에게 있으며, 어떠한 육체나 개인도 명백하게 국민으로부터 나오지 않은 권위를 행사할 수 없다"[4]고 주장했다. 한때 존속해왔던 유럽세계는 사라지고 있었다.

놀랍게도 일부 신실한 프로테스탄트들 중에는 혁명을 잠정적으로 지지하는 사람들이 많았다. 아메리카에서 최초의 호의적인 견해가 사무엘 밀러(Samuel Miller)로부터 나왔는데, 그는 떠오르는 뉴욕 장로교 목사로 후에 프린스톤 신학교의 보수파가 된 그리스도인이었다. 밀러는 1793년 7월 말에 루이 16세의 처형에 관한 소식이 뉴욕에 전해진 후에도 여전히 유럽의 '사력을 다한 투쟁'이 기독교의 전파와 인간의 행복을 촉진시키기를 기대하였다. 밀러는 미국 독립전쟁에서 애국파를 도왔던 프랑스의 중요한 역할을 기억하고 있었다. 그는 만약 즐거운 기대에 빠져들 수 없어도 "우리의 우호적인 동맹세력의 흥미진진한 상황을 볼 수 있다면 비록 소란스러운 혼란 속에서지만 하늘을 향해 올라가는 불꽃은 곧 모든 불을 사르는 도구가 되고, 이 불은 지상의 가장 어둡고 먼 구석을 비추게 되며, 그곳에 10배나 큰 영광의 광채를 쏟아 붓게 될 것이다"라고 생각했다.[5]

프랑스혁명에 대한 밀러의 긍정적인 견해는 당시 많은 민감한 유럽인들이 품고 있었던 기독교의 입장을 보여 주었다. 마침내 사회는 국왕, 귀족, 주교 등 몇몇 엘리트의 사적 이익을 보호하는 대신 전체 공동체의 선을 향해 나아가고 있었다. 드디어 '민중들'이 마땅히 그들의 것이라 할 수 있는 권력을 장악했다. 혁명의 초기 몇 년 동안 프랑스에 거주했던 시인 윌리엄 워즈워드는 "그 새벽에 살아남은 것은 축복"이라는 시를 썼다.

당시 판화에는 노틀담 사원에서 자코뱅당에 의해 '경배되어진' 이성의 여신으로 자세를 취하고 있는 여배우가 보인다.

이성의 여신이 그녀의 권리를 극도로 주장하는 것처럼 보일 때,
대부분 사람들이(그 과업을 돕기 위해)
그녀를 우두머리 마법사로 만들려 할 때,
그것은 그녀의 이름으로 전진하고 있을 뿐이었다!
환영받는 곳만이 아닌 모든 대지에,
그 아름다움이 약속의 옷을 입었다.[6)]

그러나 이 때가 최상의 시간이었다면, 찰스 디킨스가 "두 도시의 이야기"의 첫 줄에서 주목할 만한 묘사를 할 때는 가장 열악한 시간이었다. 혁명이 피로 얼룩지기 이전에 이미 에드먼드 버크는 불길한 예감을 가진 채 영국에서 해협 너머를 바라보고 있었다. "그러나 지혜 없고 덕이 없는 자유라니? 그 자유는 모든 가능한 죄악 중 가장 큰 것이다. 왜냐하면 그것은 지도되거나 절제되지 않은 어리석음, 악덕, 광란이기 때문이다."[7)]

프랑스에서 혁명이 진행됨에 따라 워즈워드와 아메리카의 복음주의자들 같은 관찰자들은 곧장 그들이 처음 품은 희망을 포기했다. 열렬한 공론가들이 주도권을 장악하고 학살이 더욱 기승을 부리자 초기 혁명 지지자들은 공포에 휩싸였다.

1789년 이후 사건의 기록은 참으로 두려운 것이었다. 충격과 대격변은 굉장한 속도로 이어졌다. 복종, 전통, 세습 엘리트의 통치로부터 벗어났지만 자유가 꽃피기보다는 새로운 모습의 압제가 시작되었다. 새로운 통치자

프랑스 혁명의 연혁

1789. 6. 17.	삼부회의 하원이 국민의회 결성을 선언하다.
7. 14.	바스티유 함락.
	대공포
8. 26.	인권 선언
1790.	성직자의 시민헌장과 로마 가톨릭 교회에 대한 제한 조치
1792. 4. 20.	새로운 입법의회에서 오스트리아에 선전포고를 하다 (이는 프랑스혁명 전쟁 중 최초의 것이다)
9. 22.	공화국이 세워지고 군주제가 폐지되다
1793. 1. 21.	국왕 루이 16세 처형
	좌익 자코뱅당이 보다 온건한 지롱드당과 투쟁
	혁명파가 권력을 장악하였고, 게오르게 당통과 막시밀리언 로베스피에르 하에서 비기독교화를 위한 정책을 추진했으며, 단두대를 자유롭게 사용하도록 하였다 (이 시기는 '공포정치' 시대로 알려지게 된다).
1794. 7. 27.	로베스피에르 실각, 다음날 단두대에서 처형
1794~1795	데오도미르 반동 - 취약한 정부, 무정부상태, 인플레이션, 폭동
1795~1799	집정관제도가 마련되다 - 온건정부에 대항하는 많은 쿠데타가 시도되었다.
1799~1804	집정정부시대. 나폴레옹이 첫 집정관이 되다
1804~1815	나폴레옹 치하의 제1제국
1815	나폴레옹의 최종적인 패배와 프랑스에서 왕정 복고

들이 벌인 무차별적인 폭력은 평등의 꿈을 조롱거리로 만들었다. 특히 좌익 자코뱅당이 들고 나온 무성한 사상은 박애라는 개념에 불길한 의미를 부여했다. 1792년 9월에 정치적인 혐의를 받고 있었던 수많은 인사가 일거에 처형되었다. 또한 그 해에 프랑스의 '시민군'에 의해 전쟁이 시작되어 유럽의 모습이 영원히 바뀌었다. 1793년 1월 국왕 루이 16세와 왕비 마리 앙트와네트의 처형은 144년 전에 청교도들이 영국의 찰스 1세를 처형한 것 만큼이나 유럽인들에게 충격을 주었다. 1793년 9월부터 1794년 7월까지 공안위원회는 '공포정치'를 통해 수만 명의 인사를 죽음으로 내몰았다. 이 공포정치를 지휘했던 막시밀리언 로베스피에르는 이러한 행위를 정당화 하기 위해 '조국에 대한 사랑' 그리고 '대중의 이익' 같은 말을 사용했다. 로베스피에르 같은 권위주의적 지도자들은 스파르타적인 열정으로 덕을 추구하기 위해 애썼으나, 결과는 계속하여 단두대로 쇄도하는 행렬이었다. 국민의회는 문자 그대로 그 세계를 재형성하려는 야심에 찬 입법들을 무수히 통과시켰다. 그 법안 중에는 비기독교화를 위한 계획이 포함되었다.

그러한 과도한 일에 맞선 반동은 불가피한 것이었다. 이 반동은 위풍당당한 젊은 장군의 원대한 야심에 따라 일어났다. 그 장군은 곧 첫 집정관으로, 그 후 나폴레옹 황제로 칭송받았다. 그는 1815년 유럽 연합군에 의해 최종적으로 패배할 때까지, 1792년 프랑스 혁명군에 의해 시작된 전례없는 파괴와 전쟁을 확대시켰다.

아놀드 토인비는 혁명과 반동의 결과를 적절하게 요약하였다. "혁명 중에 잠자고 있던 하나의 불길한 고대 종교가 갑자기 본질적인 폭력성을 띠고 다시 폭발하였다. 이 유령은 집단적인 인간의 힘을 열광적으로 숭배하는 것이었다. 그 공포정치는 이 사악한 종교의 이름으로 저질렀던 대중범죄의 첫출발일 뿐이었다."[8] 후에 이 사악한 종교는 '민족주의', '이데올로기', '국가', '계급투쟁'으로 다양하게 다시 태어났다.

좀더 신랄한 평가는 20세기의 폭력적인 갈등을 목도했던 아일랜드의 외교관이자 작가인 코너 크루즈 오브라이언(Coner Cruise O' Brien)에 의해 내려졌다. 그의 견해에 따르면 18세기 민족주의적 또는 이데올로기적 정신의 성장은 직접적으로 전통적인 종교를 희생시켜 일어난 것이었다. 오래된 초자연적인 신은 참으로 멀리 사라졌으나, 대개 그 자리를 대신한 것은 이성이 아니었다. 그것은 새로운 계시들로 무장한 새로운 현세적 신조였고, 과거에 박해를 일삼던 가장 악한 사제와 수도사들처럼 종종 자의적이고, 거만하며, 광신적인 해석자들이었다."[9]

반기독교적 활동으로 전개되었던 프랑스혁명이라는 기독교 역사의 터닝포인트는, 세상에서 기독교의 지배력을 표현했던 유럽 기독교제국의 종말(또는 적어도 종말의 시작)이었다. 기독교제국이라는 이상은 1500년 가까이 유럽에서 지배적이었다. 그 이상에서 기독교의 관심사와 유럽문화의 관심사는 동일한 실재의 두 표현으로 간주되었다. 그러나 이제 18세기 말에 그 이상은 매우 유감스럽게도 소멸되었다. 가톨릭-프로테스탄트간의 투쟁과 계속적인 유럽 내부의 전쟁은 유럽 통합의 개념을 손상시켰다. 적어도 17세기 중반부터 점점 많은 유럽의 지성인들이 일반적으로 자연세계, 사회, 사물의 본질에 관한 새로운 사상을 사용하여 기성 교회를 공격하였고, 신의 계시에 관한 전통적인 관점에 의문을 제기했으며(전례가 없는 방법으로) 심지어 하나님의 존재를 의심했다.

프랑스혁명의 사건들이 있은 지 한 세대가 못되어 영국의 문학가 매튜 아놀드(Matthew Arnold)는 "도버 해안"(Dover Beach)이라는 유명한 시를 썼는데, 이 시는 전통적인 기독교의 운명을 밤바람에 달빛을 맞으며 거대한 해안으로부터 밀려나가는 조류에 비유한 것이었다. 그의 표현에 따르면,

> 믿음의 바다는
> 오늘도 해안 둥글게 가득해졌다.
> 환하게 말아진 띠가 주름처럼 널려 있다.
> 그러나 이제 나는 들을 수 있을 뿐이다.

우울하게 계속 밀려나가는 고함소리를.
밤바람의 숨결을 따라 거대한 해안 끝자락 아래로
쓸쓸하게 자갈 깔린 해변을 벗기며 물러가고 있다.[10)]

그러나 19세기 기독교의 전 세계적인 운명에 관한 묘사에서, 아놀드의 생각은 잘못되었다. 그가 이 시어들을 썼을 때인 19세기에 기독교 신자들의 수는 5세기 이래 어느 시기보다도 가장 많이 증가했으며, 더 큰 비율로 증가하고 있었다. 하지만 유럽을 놓고 볼 때는 아놀드의 말은 진실이었다. 기독교권의 종말은 곧 닥치고 있는 것 같았다. 프랑스의 열렬한 혁명가들에 의해 수행된 급진적인 비기독교화는 어떤 징조였는데, 그것은 어떻게 비기독교화가 유럽인의 의식의 핵심에서 기독교를 배제시켜 갔는지에 대해서가 아닌, 그렇게 배제된 실재 그 자체에 대한 것이었다.

이 장에서는 유럽 기독교제국의 종말에 기여했던 몇몇 주요 세력들을 간단하게 살펴볼 것이다. 그 다음에 유럽 교회의 주요 반응에 대해 좀더 길게 다룰 것이다. 이 장은 서구 그리스도인의 편견, 충격, 고뇌가 기독교 역사에 큰 영향을 미쳤지만, 그 역사는 결코 유럽에서 진행되고 있었던 일로 제한되지 않았다는 것을 기억하는 것으로 끝을 맺게 된다.

유럽 기독교제국이 몰락하게 되다

흔히 유럽의 지적 생활을 연구하는 사람들은 17세기 말의 주요한 발전을 유럽의 문화적 힘의 중심에서 극적인 변화가 나타난 것으로 설명한다. 아이작 뉴톤 경이 1687년 「수학의 원리」를 출판한 것은 이러한 사건들 중 하나였다. 뉴톤 자신이 성경(특히 계시록 부분)을 연구하는데 수고를 아끼지 않았고, 비록 뉴톤의 명성이 처음에 공식적인 종교와 유럽의 지적 엘리트 사이가 더 긴밀해지도록 고무시켰지만, 그의 저작이 사용됨에 따라 결국 유럽인의 지적인 삶을 혁명화 하는데 기여하였다. 정확한 수학공식으로 확실하게 자연의 무한한 운행을 묘사하는 뉴톤의 능력은 결과적으로 다른 지식인들로 하여금 모든 삶은 하나님이나 교회의 가르침과 관련된 것이라기보다는 삶 자체와 관계된 것으로 이해되어질 수 있다고 주장하게 했다.

C. S. 루이스는 그러한 믿음에 의해 시작된 전환을 '서구의 역사를 구분 짓는 모든 것 중 가장 중요한 것'이라 말한 적이 있었고 「유럽 지성의 위기」(*Crisis of the European Mind*)라는 영향력 있는 책을 쓴 프랑스의 역사가 폴 아자르(Paul Hazard) 같은 사람들도 동일한 결론을 내렸다.[11] 그러나 18세기 초에 이르러 유럽의 지적 엘리트들 중에서 진행되고 있던 중대한 변화는 일반적으로 그 이후 상당 기간까지 폭넓은 영향을 끼쳤다. 오웬 채드윅(Owen Chadwick)은 「유럽 지성의 세속화」(*The Secularization of the European Mind*)라는 시사하는 바가 많은 연구서에서 "1650년에서 1750년 사이"(즉 아이작 뉴톤 경, 그와 동시대 영국인 존 로크, 볼테르와 프랑스 철학자들, 독창적인 범신론자 바룩 스피노자, 스코틀랜드의 회의론자 데이빗 흄의 시대)가 '근대 지성사의 발아기였다'고 주장한 바 있다. 그러나 이들 사상의 결과가 폭넓은 유럽 사회에 영향을 끼치기에는 다시 한 세기 반이 더 소요되었다. 채드윅은 그 이유에 대해 "세속화의 문제는 계몽사상의 문제와 같지 않다. 계몽사상은 극소수의 문제였고, 세속화는 수많은 사람들의 문제이기 때문"이라고 설명한다.[12]

채드윅이 언급한 세속화를 다른 말로 묘사하면 기독교제국의 종말이나 장구한 유럽 역사의 종식이라 지칭할 수 있는데, 이러한 현상은 교회와 사회의 관심이 동일하다고 생각했던 시기에, 그리고 기독교의 정신적 실재가 세속세계의 것보다 더욱 근본적이라고 주장되었던 곳에서 일어났다. 물론 유럽의 기독교제국은 하루아침에 소멸되지는 않았다. 많은 유럽 지역의 건축, 미술, 음악, 문학에서 기독교적 주제가 우세할 뿐 아니라 여러 유럽 국가들에서 국가의 지지를 받는 교회들이 존재한다는 사실은 기독교제국의 이상이 여전히 힘을 발휘하고 있음을 증명한다. 그러나 프랑스혁명에서 실행되었던 폭력적인 비기독교화 계획은 전개 과정을 보여주는 적절한 상징으로, 그에 따라 세속적인 실재가 유럽인의 충성심, 관심사, 교양의 중심으로서의 기독교적 실재를 체계적으로 대신하기 시작했다.

19세기에 탈기독교 유럽(post-Christian Europe)은 어디에서나 발견되기 시작했다. 아마도 경제적, 사회적 생활에서의 구조적인 발달이야말로 가장 분명한 변화의 현장이었을 것이다. 다양한 전통을 가진 신앙인들은 근대 경제를 기독교적으로 이용하고 그에 대한 기독교적 관점을 계속 모색했다. 19세기 초 스코틀랜드 장로교인인 토마스 찰머(Thomas Chalmers)는 새로운 산업사회가 만들어 낸 인간의 욕구를 채우기 위한 방법으로 도시 교구의 활력을 위해 주된 노력을 기울였다. 19세기 말에는 교황 레오 13세(Leo XIII)가 "새로운 것"(Rerum novarum, 1891)이란 교황회칙을 발표하였는데 거기에서 그는 찰머가 다루었던 것과 동일한 경제적 문제에 대해 성경과 가톨릭 전승에서 이끌어낸 잘 고안된 지침을 제공했다. 그러나 경제적 변화가 초래한 사회적 영향 뿐 아니라 일반적인 경제적 흐름도 교회로부터 급속히 이탈하였다. 점차적으로 부의 생산, 부의 사용, 부의 소유에 다른 불평등, 부를 사회 문제에 적용시키는 일이 교회의 감시나 지도를 벗어나 그들 자신의 삶으로 맡겨지게 되었다. 지금까지 꿈꾸지 못했던 소비 가능성과 도시의 확대, 그리고 산업의 빈곤은 19세기 유럽인의 삶에서 핵심적인 특징이 되었다. 더욱이 그들은 점점 더 기독교의 영향을 받지 않는 세속적인 환경에서 살게 되었다. 19세기 후반 무렵 이미 지성인들을 끌어들일 수 없었던 유럽의 전통적인 교회들은 노동계급마저 상실하였다.

Rerum novarum
노동자들의 비참한 현실에 대해 가난한 노동자와 부자인 자본가가 교회의 자녀로서 형제애를 가질 것을 촉구하는 가톨릭의 '노동헌장'이라 불린다.–역자주

이와 마찬가지로 그 시대 커다란 국가적 위기가 세속적인 구조 속에서 펼쳐졌다. 전쟁은 극소수의 사람들로 하나님을 잠시 동안 생각하게 했을지 모르나, 유럽의 국가적 삶은 기독교제국 밖에서 유유히 진행되어갔다. 교회의 권위를 무력화시키는 협상들은 1871년 독일민족을 통일시키려는 비스마르크의 전술에 공헌했다. 거의 같은 시기에 이탈리아의 통일을 초래했던 유사한 움직임은 교황을 강제적으로 밀쳐냄으로써 전통 종교에 대항하여 더욱 공격적으로 전개되었다. '지리했던 19세기'의 끝에 와서 유럽 국가들은 대변동을 경험했는데, 이는 기독교가 유럽적 정체성에 통합되었던 과거 수세기와 분리되었음을 입증하였다. 1차 세계대전에 있었던 대학살

은 적어도 아주 폭넓은 엘리트 교양인들의 집단 중에 얼마간 남아있었던 유럽에 대한 거룩한 염려(divine solicitude)를 압도해 버렸다. 1917년의 러시아 혁명으로 기독교를 경외할 구실이 될만한 것은 어떤 것이라도 제거되었고, 정교회 기관과 지도자들은 인민의 적으로 취급되었다.

20세기 초 이러한 소동이 있기 오래 전에 유럽의 주요 사상가들은 기독교 신앙에서 더 멀리, 더 빨리 떨어져 나갔다. 기독교가 영향력을 발휘한 수세기 동안 형성된 형이상학적이고 윤리적인 문제는 유럽 지성인들을 계속 사로잡았음에 틀림없다. 그러나 계시와 종교적 전승에 대한 전통적인 의존을 자신들의 주장으로 대체하기 위해 애를 쓴 19세기의 거대한 철학적 영향(독일의 임마뉴엘 칸트와 헤겔 또는 영국의 존 스튜어트 밀 등)으로 진, 선, 미에 대한 좀더 확실한 기초가 세워졌다. 1793년 칸트의 「이성의 한계 내에서의 종교」(*Religion within the Limits of Reason Alone*)는 19세기 수많은 위대한 사상들을 위한 지적 현장이 되었다. "진정한 종교는 하나님이 하시는 일이 무엇인지 또는 우리 구원을 위해 행하신 일이 무엇인지 생각하는데 있지 않고, 구원받을 가치 있는 자가 되기 위해 무엇을 행해야 하는지에 달려 있다. … 모든 사람은 어떤 성경적 가르침 없이도 그 필요를 온전히 확신할 수 있다. … 인간 스스로 도덕적 의미에서 선악 간에 자신이 누구인지 또는 무엇이 될 것인지를 결정하거나 그렇게 되어야만 한다."[13]

동일한 경향이 과학의 발달에서도 일어났다. 기독교 신앙과 과학적인 노력 사이의 전통적인 협력이 20세기의 많은 역사 서술이 제시하는 것보다 실제로는 더 오랫 동안 더 많은 형태로 남아 있었지만, 사상적 흐름은 여전히 하나님의 권세와 창조적인 지혜에 관한 전통적인 믿음이 불필요한 세상이라는 개념 쪽으로 흘러갔다. 찰스 다윈의 「종의 기원」(1859)은 실제로 후에 비평가들이 인정했던 것보다 이러한 문제들에 대해 더 모호한 태도를 취했는데, 이는 다윈이 생명의 신적 기원을 보여주는 몇 종류의 가능성을 사용했기 때문이었다. 더욱이 다윈의 초기 제자들 중 몇몇은 다윈이 묘사한 '자연도태'가 세상에 대한 하나님의 의도적인 계획과 양립할 수 있는 것으로 보았다. 그러나 다윈의 기원은 곧 창조자와 상관없이 자신의 길을 걷는 과학의 상징물이 되었다. 더 나아가 정부와 대학에서 활동했던 새로운 계층의 전문 과학자들은 정열적이고도 재빠르게 그들의 체계적인 연구가 자연계의 실제 모습에 관한 분명한 정보를 제공함으로써 대다수가 성직자였던 아마추어 박물학자들을 대체할 자격이 있음을 강조하였다.

19세기 중반에 이르면, 먼 옛날부터 유럽인의 자의식에서 핵심적인 역할을 했었던 존경심, 즉 하나님이 주신 책으로서의 성경에 대한 본능적인 존경심조차 사라져갔다. 유명한 영향력 있는 목소리(18세기 철학적 회의론과 19세기 자아 중심의 주장들로부터 구축된 토대에 의존한)가 점점 커짐으로 성경에 대한 전통적인 입장이 폐기되기 시작했다. 1835년에 다비드 스트라우스(David Strauss)는 「예수의 생애」(*Leben Jesus*)를 출판했는데, 그 책에서는 신약성경의 그리스도를 초기 기독교 공동체 시기로 거슬러 올라가는 투영의 산물로 묘사하였다.

스트라우스는 예수님의 기적을 모두 신화로 해석했는데, 그는 신화라는 것을 '영원한 진리를 상징적으로 보여주는 도구'라고 정의한다. 스트라우스는 예수님의 이적들을 신화 형성의 신앙에 의해 인간이 만들어낸 산물로 보는데, 이는 헤겔 철학의 영향으로 보인다. – 편집자주

널리 인용되는 튀빙겐 신학자 페르디난트 크리스찬 바우어(Ferdinand Christian Bauer, 1792~1860)는 헤겔의 변증법을 신약성경에 적용시켰다. 그가 이렇게 한 이유는 그리스도와 그의 사역의 상반되는 모습이 바울의 영향을 받은 저작과 베드로의 영향을 받은 다른 저작에서 드러난다는 것과 신약성경에서 일치된 모습은 2세기 후반 창의적인 편집자들로부터 나왔을 뿐이라는 것을 제시하기 위해서였다. 1863년에 어네스트 르낭(Ernest Renan)이 쓴 「예수의 생애」(*vie de jesus*)에서 예수는 아마 후세대인들이 자신의 초자연적인 기원과 힘에 대해 말하는 것을 보고 깜짝 놀라게 될 단순한 갈릴리의 전도자로 묘사되었다. 또한 19세기 마지막 3분의 1 시기에 구약성경에 대한 공식적인 학문적 연구는 히브리어 저작들이 하나님에게서 나온 계시라기보다는 셈족의 진화된 경험적 산물이라고 가정하는 견해의 영향을 강력하게 받았다. 또한 더욱 정통적인 '예수의 생애'를 연구하는 많은 사람들과 구약성경을 연구하는 소수의 정통파 연구자들이 있었는데, 그들은 성경의 보다 전통적인 견해를 옹호하는 19세기 인명록에 포함되었다. 그 정통적인 활동이 갖는 많은 본질적인 장점에도 불구하고, 19세기의 상황을 바로 그

이전 시대에 존재했던 일들과 비교했던 사람들 모두는 분위기가 크게 바뀌었다는 것을 실감했다. 성경의 신적 특성을 지키는 것이 필수적이었던 시대, –종종 태만하였지만– 성경에 충실한 신뢰를 보냈던 그런 기독교제국은 더 이상 존재하지 않았던 것이다.

끝으로 영웅적인 잠재력이 있는, 하나님과 같은 것으로서(God-like) 자아를 새롭게 인식하는 일이 점점 더 영향력 있는 유럽인들의 상상력을 사로잡았다. 이렇게 인간의 잠재력을 높게 본 것은 때로 '낭만주의'라는 이름 아래 전개되었으나, 낭만주의의 문학과 문화 운동의 틀을 넘어 크게 확장되었다. 인간의 무한함을 극찬하는 이러한 감정은 영국의 낭만주의 시인들(워즈워드와 콜리지의 초기 삶, 셸리와 바이런의 짧은 생애 내내) 가운데서 불타올랐고, 괴테의 왕성한 작품 활동 초기에 영감을 주었다. 또한 베토벤과 바그너의 작곡에 영향을 주었고, 유럽 문학의 주된 형식인 소설의 화려한 등장을 뒷받침하였다. 자아에 대한 낭만적 감정은, 독일의 시인 노발리스(Novalis)가 중세를 목가적인 기독교 이상향으로 묘사한 데서 볼 수 있듯이 기독교적 표현 속에서 구현되고, 찬송 곡조에 기반을 둔 멘델스존(Mendelssohn)의 음악에서, 또는 새로운 사도적 교회를 창건하고자 했던 런던의 선구적인 전도자 에드워드 어빙(Edward Irving)의 노력 속에서 구체화될 수 있었다는 것을 지적하는 것이 중요하다. 그러나 낭만적 감정은 독일의 하인리히 하이네(Heinrich Heine)의 경우처럼 그 옹호자들을 절망에 빠뜨릴 수도 있었다. 전 시대 계몽사상의 극단적 관점과 마찬가지로, 기독교 역사에서 극단적인 낭만주의적 관점이 갖는 중요성은, 유럽에 많은 의미를 주었던 이 폭넓은 문화운동 안에 기독교적 계시나 관습, 또는 경건성이 상대적으로 부재했다는 점이다.

유럽의 경제적, 사회적, 민족적, 지적, 문화적 삶에서의 이러한 발달은 한 시대의 종말을 보여주었다. 그러한 19세기의 과정을 지나면서, 기독교는 유럽에서 쫓겨나지는 않았으나 변방으로 내몰렸다. 콘스탄틴과 데오도시우스 같은 로마 황제가 4세기에 교회를 보호하려 노력했던 이래 기독교는 유럽 문화에서 가장 중요한 요소였다. 더구나 기독교는 수많은 유럽인들의 사생활에서 신뢰를 받은 만큼 공적인 삶에서도 확실히 중요한 위치를 차지했다. 그러나 19세기의 물결을 지나는 동안, 다양한 교회의 종교적 영향력은 쇠약해졌고, 충실한 그리스도인들의 사회적 평가는 극적으로 빈약해져서, 기독교제국은 형식적으로 간신히 명맥을 유지하게 되었다. 예를 들면, 국가 후원을 받는 독일 대학에서 신학과의 학부를 보호받거나, 몇몇 전통적인 가톨릭 국가에서 교황을 존경하거나 영국의 국가 행사 중 교회 승인을 받는 의식을 치르는 식이다. 그러나 이제 그 흐름은 바뀌게 되었다.

'근대'를 사는 그리스도인들의 반응들

유럽 기독교제국의 쇠퇴에 대한 기독교의 반응은 여러 형태를 띠었다. 교회들은 이제 '근대' 세계에 직면하게 되었다. 그 세계의 영향력 있는 목소리는 물질의 작용을 가장 근본적인 실재로, 인간의 마음을 진리의 결정자로, 인간의 행복을 궁극적인 사회적 선으로 선언하였다. 그리스도인들은 이러한 새로운 상황을 맞아 보존과 성장이라는 문제에 직면했다. 어떻게 우리는 신앙을 유지할 수 있을까? 어떻게 우리는 많은 장애물에도 불구하고 복음을 전파할 수 있을까?

지적인 대응과 회복과 부흥의 열정

이 시기에 유럽의 그리스도인들은 북아메리카 그리스도인들과 함께 지적인 일보다는 세상 속으로 복음을 침투시키는 일과 복음 전도에 더 나은 성과를 거두었다. 물론 몇몇 존경스런 기독교 지식인들은 불후의 발자취를 남겼다. 한 예를 들면 격렬하고 변덕스러운 덴마크 작가인 키에르케고르(1813~1855)는 당대의 지배적인 주된 철학 양식들에 대해 가장 엄격한 지적 비판을 시작한 반면, 기독교의 교리를 주장하기보다 오히려 기독교는 궁극적으로 살아남아야 할 생명이라고 역설하였다. 또한 세 명의 영국 성경학자들은 그 시대의 가장 방대한 지식을 다루었던 전통적인 그리스도인들이 계속 행할 수 있는 것이 무엇인지를 보여주었다. '캠브리지의 세 거두'(브룩 포스 웨스트코트 1825~1901, 조셉 바버 라이트풋 1828~1889, 펜톤 J. A. 호트 1828~1892)는 노련하게도 고전적이고 현대적인 지식을 이용하여 신약성경의 원전이 근본적으로 순수하다는 것과 속사도 시대 역사가 보편적인 신뢰성이 있음을 보여 주었다. 그들은 이를 통해 당시 성경 비평이 쏟아낸 놀랄만한 발견이 던져준 많은 공포를 물리쳤다. 19세기 중반에 신생 아메리카로부터 놀라울 정도로 잘 정비된 사려 깊은 기독교 사상가들이 쏟아져 나왔는데, 그들은 지적으로 활력 있는 기독교 신앙을 보존하기 위해 신세계 안에 스며들어 있는 유럽적인 사고와 지적으로 연루된 것들을 노련하게 가려냈다. 이 아메리카인들 중에는 회중교회 성경학자인 모세 스튜어트(1780~1852), 장로교 고백파 신학자인 찰스 핫지(1797~1878), 헨리 보인톤 스미스(1815~1877), 근본적인 보편(catholic) 기독교의 개혁파 수장인 존 윌리엄슨 네빈(1803~1886) 등이 있었다. 그리고 옛 신앙의 미묘한 복잡성을 아프리카계 아메리카인의 잔인한 현실에 전달했던 아프리카 감리교 감독파 교회의 다니엘 알렉산더 페인(1811~1893)이 포함된다. 이러한 견실한 지적 작업이 적절하게 등장했지만, 사실 정통적이고 고전적인 기독교 신념을 가지고 활동했던 학자들은 콩트, 다윈, 맑스, 니체, 프로이드 등의 강력하고도 끊임없는 공격에 맞설만한 지적인 화력을 제공하지는 못했다. 그리고 그러한 상대적인 취약성 때문에, 그리스도인들이 서구의 다른 삶의 영역에서 폭넓은 기회를 부지런히 이용하고 있었다는 사실이 부각되지 못했다.

다음 장은 서구 교회가 중요한 기여를 했던 19세기 비유럽 지역에서의 기독교 팽창에 초점을 맞추었다. 서구 사회의 복음주의자들은 강력한 세속화 세력에 맞서 사역하면서 큰 부흥을 맛보았다. 그러한 갱신운동의 중심에는 주요 서구 국가 대부분의 거의 모든 중요한 교회 지도자들이 포함되었다. 스칸디나비아에서는 덴마크 루터파 목사인 니콜라이 그룬트비히(1783~1872)와 특히 노르웨이의 일반 신도였던 한스 닐젠 하우제(1771~1824)가 부흥망을 구축했는데, 이것은 오늘날까지 프로테스탄트 선교사업의 선도자인 스칸디나비아인들을 돕고 있다. 독일에서는 요한 크리스토프 브룸하르트(1805~1880)가 뷔템베르크에 있는 그의 본거지에서 복음 전도와 신앙 치유, 국제 선교사역에 대한 관심을 발전시켰다. 독일의 갱신을 효과적으로 추진하고 있었던 다른 두 인물, 요하네스 에반겔리스타 고스너(1773~1858)와 아로이스 헨훠퍼(1789~1862)는 로마 가톨릭 사제였는데, 헨훠퍼가 '내적 기독교'(inner Christianity)라고 명명한 것을 추구하기 위해 결국 그들은 가톨릭에서 루터파 교회로 옮겨야만 했다.

이와 상반된 흐름의 운동으로는 처음엔 독일, 이후에는 미국에서 영향력 있는 교단이었던 구세주회(the Redemptorists)가 후원한 가톨릭 복음주의를 들 수 있는데, 이 교단은 한동안 아이작 헤커(1819~1888)의 활동으로 고무되었다. 그는 19세기 중반에 가톨릭으로 개종한 많은 아메리카인들 중에서 가장 유명한 인물이었다.

구세주회. 1732년 알폰수스 리궈리(Alphonsus Liguori)에 의해 창설된 지성 구세주회의 회원.

스코틀랜드에서는 로버트 할데인(1764~1842)과 제임스 알렉산더 할데인(1768~1851) 형제가 1795년에 둘 다 회심하였고, 스코틀랜드, 잉글랜드, 프랑스, 스위스 및 전 세계에서 다양한 형태의 수많은 선교활동을 전개하였다. 그들의 사역은 다른 한 쌍의 형제인 프랑스의 프레드릭 모나드(1794~1863)와 아돌프 모나드(1802~1856)에게 얼마간 영향을 주었는데, 이들은 프랑스와 스위스의 개혁파 프로테스탄트 교회에 활력을 불어넣은 르 흐바일(Le Réveil)의 주된 후원자였다. 19세기 기독교 갱신을 효율적으로 추진하였던 다른 많은 사람들 중 네덜란드의 아이작 다 코스타(1798~1860)는 가장 주목받는 인물이다. 왜냐하면 그는 그 시대 몇몇 주요 모더니스트들의 저작에 맞서 저술활동을 했던 능력 있는 변론가였을 뿐 아니라 폭넓은 독자층이 있는 시인이었다.

19세기를 거치는 동안 서구 사회의 복음주의자들은 교리나 부흥사들의 기교적인 문제 모두에 대해 일치된 견해를 갖지는 않았다. 그러나 그들의 계속적인 성공은 후에 무디(D. L. Moody) 같은 훌륭한 설교자들의 사역을 위한 길을 터주게 되었고, 서구의 세속화가 신앙을 파괴할 수 없다는 사실을

윌리엄 부스와 캐더린 부스는 구세군(the Salvation Army)의 활동을 큰길과 샛길을 통하여 전개시켰는데, 이는 이전 교회가 소홀히 했던 것이었다.

보여주었다.

이와 유사하게 다양한 형태를 가진 비슷한 혁신이 19세기 내내 기독교의 사회적 영향력을 보여주었다. 19세기 상반기 동안 기독교의 사회적 활동에서 가장 중요한 영역은 노예제도에 맞선 투쟁이었다. 영국의 윌리엄 윌버포스(William Wilberforce, 1759~1833)의 주도 하에 여러 지역의 박애주의자들이 참여하여 기독교가 노예제도와 양립할 수 없다는 확신을 추구한 일은 더디지만 꾸준한 진전이 있었다. 현 상태의 유지를 고수했던 기독교계의 사회적 보수주의자들이 활발한 개혁 지지자들이 될 수 있었는데, 이들 중에는 샤프츠베리(Shaftesbury) 백작의 7대손으로, 영국 산업에서 아동 노동을 규제하는 활동을 했던 안토니 애쉴리 쿠퍼(Anthony Ashley Cooper, 1801~1885)와 독일 노동자들의 주장을 변호하였던 마인쯔 가톨릭 대주교 빌헬름 폰 케틀러(Wilhelm von Ketteler, 1811~1877)같은 사람들이 있었다. 정치적으로 볼 때 유럽 산업주의의 위기에 대한 해법으로 다양한 종류의 사회주의를 기대했던 진지한 그리스도인들 중에는 영국의 캐어 하디(Keir Hardie, 1856~1915), 독일의 크리스토프 브룸하르트(Christoph Blumhardt, 1842~1919), 스위스의 레온하르트 라가츠(Leonhard Ragaz, 1868~1945) 등이 있었다. 다른 기독교 사회개혁자들은 정치에는 직접적인 관심을 덜 기울였으나 많은 선행을 추구했다. 19세기 초 잉글랜드의 퀘이커교도인 엘리자베스 프라이(Elizabeth Fry, 1780~1845)는 인도적 감옥제도를 주장한 유능한 인물이었다. 19세기 말에 윌리엄 부스(William Booth, 1829~1912)와 캐더린 부스(Catherine Booth, 1829~1890)는 지속적으로 복음의 거룩한 모습을 활기차게 추구하면서 도시의 모든 사회적 필요에 대처하는 수단으로서 구세군(the Salvation Army)을 창설하였다. 그 세기 초에 데오도어 프리드너(Theodor Fliedner, 1800~1864)와 프레데릭케 프리드너(Friederike Fliedner, 1800~1842)도 광범위하게 실제적인 사회적 필요에 창조적으로 기여하고 있었던 독일 루터파 교회 안에서 자선사업부인회 운동을 조직했다.

부흥과 갱신의 열정 있는 사역들과 활발한 사회 참여를 고려할 때, 매튜 아놀드의 시처럼 '믿음의 바닷물'이 유럽에서 물러가고 있을지라도, 썰물에서조차도 왕성한 힘을 남길 수 있음이 분명하다.

기독교 신앙을 회복하려는 다양한 노력들

겸손한 신앙인들이 평범한 삶의 일상적인 현실 속에 전승된 제도를 책임 있게 지키고 믿음을 유지할 수 있는지의 문제에 대해 기독교에서 다양한 대답이 나왔다. 지적 위기감을 느끼는 지적 엘리트들의 대체적인 반응으로 융통성 있고 자유로운 전략이라 부를 수 있는 것이 나타났다. 일반 프로테스탄트 그리스도인들 사이에서 보다 더 중요했던 것은 다양한 경건주의, 종파주의 전략이었다. 전체적으로 로마 가톨릭 교회에서 뿐 아니라 몇몇 프로테스탄트 국가교회에서 기독교제국을 복원하려는 방어적 노력이 그 당시의 상황이었다.

'근대성'(modernity)이라는 형이상학적인 주장에 응하여 기존 신앙을 조정하려는 노력들이 전 서구 사회에 걸쳐 일어났으나, 가장 잘 알려진 노력은 독일에서 있었다. 1799년에 F. D. E. 슐라이어마허(Schleiermacher, 1768~1834)는 「종교를 멸시하는 교양인들에게 보내는 담화」(*Religion: Speeches to Its Cultured Despisers*)라는 제목으로 일련의 강의안을 출판하였다. 이 책과 그 후 그의 영향력 있는 신학 연구의 삶에는 슐라이어마허가 경건주의 교육에서 받은 강점들이 비판자들이 기꺼이 인정하려는 것보다 더 많이 간직되어 있다. 그

슐라이어마허는
「종교를 멸시하는 교양인들에게 보내는 담화」에서 진정한 신앙은 교리가 아닌 감정에 관한 것임을 강조하였다.

러나 슐라이어마허는 신앙의 핵심을 인간적인 '하나님 의식' 또는 좀더 일반적으로 말하면 인간적인 '의존감정' 쪽으로 이동시킴으로써 기독교를 의미한다고 가정된 것을 더욱 급진적으로 재정의하는 길을 열어놓았다.

자유주의 유럽신학 100년은 1900년 베를린의 아돌프 폰 하르낙(Adolf von Harnack, 1851~1930)이 출판한 강의록에서 그 정점에 도달했다. 그는 「기독교는 무엇인가?」(*Das Wesen des Christentums*)에서 예수가 전파한 단순한 복음은, 대체로 헬레니즘적인 용어로 번역되었을 때 상실되었다고 주장했다. 기독교 초기 역사를 연구한 박식한 학자로 여전히 유용하게 읽혀지고 있는 하르낙은 원래의 단순한 복음은 하나님의 아버지됨, 인간의 형제됨, 인간 영혼의 무한한 가치 등으로 요약될 수 있다고 보았다.

자유주의 신학_ 19세기의 일반 사조였던 자유주의적인 연구태도를 기독교 해석에 도입, 적용한 신학의 한 유파이다. 자유주의는 교리주의와 대립되는 용어로, 이 용어를 처음 사용한 것은 젬러인데, 그는 성경을 엄격한 역사학적 입장에서 연구한다는 뜻으로 사용하였다. 그러므로 자유주의 신학이란, 정통주의 신학에 반대하여 인간의 주체적인 사고와 활동을 적극 인정하는 신학을 가리킨다. 형식면에서는 기독교 해석의 궁극적 권위를 성경에 두지 않고, 이성에 둔다는 의미에서 성경의 권위로부터의 자유를 주장하는 입장을 취한다. - 편집자주

보다 소규모의 자유주의 신학 운동은 마침내 가톨릭 교회에서 등장했으나, 단지 20세기 초 몇 년 안 되는 동안에만 존재했다. 프랑스의 알프레드 로이지(Alfred Loisy, 1857~1940) 같은 성경 비평가와 영국인 조지 티렐(George Tyrrell, 1861~1909)같은 신학자에 의해 추진된 자기 고백적인 모더니스트들은 그들이 목도했던 바 몇몇 프로테스탄트 교회에서 일어난 것과 동일한 종류의 조정이 가톨릭주의 내에 존재하기를 희망했다. 하르낙의 「기독교란 무엇인가」의 영향을 받아 1902년에 나온 로이지의 책 「복음과 교회」는 예수의 순수한 이타주의와 교회의 위선적인 이기주의 사이에 보다 극명한 차이가 있음을 묘사했다. 가톨릭의 모더니즘 운동은 1907년 교황 성명과 1910년 교회의 모든 구성원에게 명령이 내려진 "반모더니스트 서약" 요강에 의해 무정할 정도로 별 효과도 없이 종식되었다. 가톨릭 내에서 그러한 자유주의 신학은 그 후 반세기 동안 나타나지 않았다.

자유주의 신학자인 하르낙과 로이지의 주된 주장은 1차 세계대전 발발 전 10년 동안 나타났다. 전쟁 종식 후 20년이 안 되어 미국 신학자 리차드 니버(H. Richard Niebuhr)는 그때까지 잘 확립된 자유주의 신학의 전통을 아주 간략하게 요약했다. "진노 없는 신(A God)은, 죄 없는 인간을, 심판 없는 천국으로, 십자가 없는 그리스도(a Christ)의 사역을 통해 이끌었다."[14] 리차드

니버가 자유주의 신학에서 빼버렸다고 느낀 것을 대부분의 일반 그리스도인들도 빼버렸다. 기독교제국의 종말에 대한 일반 그리스도인들의 전형적인 대응은 흔히 도피하거나 투쟁하는 것이었다.

19세기를 지나면서 기독교제국이 퇴조해가는 현실에 대한 대책으로 종파적 형식의 기독교 신앙과 관습을 제공한 몇몇 운동이 있었다. 여기에 사용된 '종파주의'란 헌신된 그리스도인들로 구성된, 개별적이고 의도적인 집단에 초점을 맞춘 종교를 의미하는데, 이들은 그리스도를 발견하기 위해 얼마간 세상을 등진 그리스도인들이었다. 이와 대조되는 것은 기독교제국의 습관과 관련된 것으로, 여기에서는 개인적인 신앙이 공적이고 사회 전반적인 영향력을 통해 자연스럽게 표현될 것이라 여겨졌다. 이러한 종류의 '종파적' 운동들은 가톨릭과 프로테스탄티즘 내부에 모두 존재했다. 그들은 교리적으로 호전적이었고 신앙적으로 탁월했을 것이다. 그러나 그들은 결코 이상적인 기독교가 갖고 있는 것과 일치된 관점을 추구하지는 못했다. 그러나 그들이 공유한 확신은 종종 맹목적이었다. 만약 진정한 기독교 신앙을 찾을 수 있다면 세속적인 영향력을 포기하는 것은 그다지 큰 손실이 아니라고 생각했기 때문이다.

아일랜드와 폴란드 및 그보다 작은 가톨릭 우세 지역에서의 강력한 신앙적 부흥으로, 많은 활동적인 가톨릭 교도들이 한 방향으로 움직였다. 이러한 신앙이 성모 마리아에 대한 갱신된 숭배, 그리스도의 고난에 대한 새로운 형태의 묵상, 존경받는 성인들의 유물이 있는 곳으로의 순례 등을 특징으로 하는 것일지는 모르나 그것들은 비교적 가톨릭 세력과 무관한 가톨릭 신앙의 영감 있는 깊이가 가져온 일반적인 결과물이었다. 프로테스탄트들 중 몇몇 경건주의 집단은 기독교(또는 플리머스)형제단 같은 전혀 새로운 기구를 세웠는데, 이 형제단은 성경의 섭리적 해석과 조직교회에 대한 묵시론적 심판을 추구하는 과정에서 성공회주의에서 분리되었다. 노르웨이의 한스 닐젠 하우제(Hans Nielsen Hauge)의 사역으로, '기도의 집' 같은 다른 프로테스탄트 경건운동들은 전통적인 루터파 교회와 단절하지 않으려고 신중한 자세를 취했다. 19세기 후반에 있었던 일련의 프로테스탄트 갱신 운동들은 때로 아메리카와 연결하여 유럽에 커다란 영향력을 행사하기 시작했다. 여기에는 감리교에서 일어난 성결파(the Holiness) 부흥운동과 오순절파(the Pentecostal) 운동이 포함되었는데, 이들은 하나님의 치유와 방언을 강조하였다.

기독교제국 몰락에 대한 종파적 대응이 프로테스탄트 안에서 보다 현저하게 나타나고 있을 때 기독교제국을 옹호하려는(그리고 부활시키려고까지 하는) 매우 활발한 노력이 가톨릭 교회의 교권조직에서 등장했다. 1806년 독일 신성로마제국이 종식되고 독일이 재조직된 이후, 프러시아 같은 몇몇 새로운 정치단위는 통일된 프로테스탄트 교회들을 창설했는데, 그 교회들은 종교개혁 시기 위풍당당한 교회의 전통적이고 사회 전반에 걸친 권위를 계속적으로 행사하였다. 그러나 기독교제국을 가장 열정적으로 옹호한 것은 가톨릭이었고, 그러한 방어적인 노력을 한 지도자는 교황 피우스 9세(Pius IX)였다. 대주교 지오바니 마리아 마스타이-페레티(Giovanni Maria Mastai-Ferretti)가 1846년에 교황 피우스 9세가 되었을 때, 그는 온건주의자로 여겨졌다. 그는 다른 종교에 대한 관용, 언론과 교육의 자유, 입헌정부의 권리 등에 관한 제안으로 개방적인 인물로 보였다. 그러나 1848~1849년 유럽 혁명에 대한 충격적인 경험으로 그러한 사고들은 그의 머리에서 떨어져 나갔다. 이탈리아인들이 근대적이고 입헌적인 이탈리아 국가 건설을 위해 투쟁하면서 로마를 점령했을 때, 교황은 이러한 충돌의 와중에서 그 도시를 떠나야만 했다. 그는 프랑스 군대의 도움으로 겨우 복귀할 수 있었다.

교황직에 오래 있었던 피우스 9세(재위, 1846~1878)는 초기부터 세속화 풍조와 가톨릭 교회의 권세를 약화시키려는 경향을 적으로 보고, 맞서 싸우는데 전력을 기울였다. 그에게 이탈리아 반도의 중요한 통치자로서 교황직의 천 년 역사는, 교회의 몸을 보호했던 '예수 그리스도의 겉옷'에 해당했다. 1854년에 그는 교회의 일반 신도가 행했던 대중적인 마리아 숭배와 교황을 연결하려는 노력의 일환으로 마리아의 무흠 개념을 공식적으로 확정지었다. 그는 10년 후 깜짝 놀랄만한 회칙을 반포하였는데, 그것은 일반적으로 근대화의 변화를 비난한 것이었지만, 당시 만연된 80개의 견해를 심각한 오류로 열거한 '오류 목록'(Syllabus of Errors)으로 끝을 맺었다. 이러한 오류 중 최종적으로, 그리고 가장 많이 청산해야 할 것은 "로마 교황은 진보, 자유주의, 현대 문명과 타협하고 조화할 수 있고, 조화해야만 한다"[15]는 믿음이었다. 그 후 얼마 안 되어 1869~1870년에 제1차 바티칸공의회가 이어졌는데, 여기에서는 교황청 인사들이 운집한 주교들을 심하게 압박하면서, 교황의 공적 지위로부터의(ex cathedra) 결정은 오류가 없는 것으로 확정하는 선언이 선포되었다.[16] 그러나 피우스 9세는 거침없는 행동에도 불구하고 이탈리아 민족통일 지도자들이 1870년에 최종적으로 그들의 목적을 달성했을 때, –바티칸시를 제외한–전통적인 교황 세력권 중에서 마지막 남아 있던 지역을 포기해야 했다(사실상, 제1차 바티칸공의회는 통일 세력들의 군대가 로마에 입성했을 때 돌연히 끝나게 되었다).

피우스 9세는 세속 권력을 포기해야 했지만, 가톨릭 교회를 유럽의 가장 보수적인 제도로 확립하는 성과를 올렸다. 그는 영국과 네덜란드 같은 프로테스탄트 국가 내의 가톨릭 교회를 확고하게 옹호하였고, 스페인, 오스트리아와 다른 전통적인 가톨릭 국가에서 가톨릭 교회의 특권을 보존하는 협약을 체결하는데 성공하였다.

피우스 9세의 행동이 미친 장기적 결과에 대해서는 해석상의 논란이 많이 있다. 한편으로는, 그가 취한 행동은 유럽에서 기승을 부리고 있었던 세속화 세력을 억제하려는 가톨릭의 노력에 커다란 힘을 실어준 것이 분명하다. 그러나 20세기 말의 시각에서 볼 때 그러한 투쟁은 당시에 받아들여졌던 것과는 다르게 보인다. 가톨릭 교회가 제2차 바티칸공의회(1962~1965) 이후 수십 년 동안 얼마나 급격히 변화되었는지를 살펴볼 때, 피우스 9세는 20세기 말 프로테스탄트와 마찬가지로, 가톨릭주의 내부에 분명하게 자리잡고 있던 근대화 세력을 제거했다기보다는 단지 밀봉하는데 성공했다고 할 수 있다.

교황의 무오류성에 대한 제1차 바티칸공의회 선언(1870)

이에 첫 기독교 신앙에서 연유한 전통과 우리 구주 하나님의 영광과, 가톨릭 신앙의 고양과 기독교 족속의 구원을 신실하게 고수하면서, 공의회의 거룩한 허용(Sacro approbante Concilio)에 따라 우리는 다음의 선언이 신성하게 계시된 교조임을 가르치며 규정한다.:로마 교황이 그의 공적 직위로(Ex Cathedra) 말할 때, 즉 모든 그리스도인들의 목자나 선생(doctor)이라는 직책 수행에서 그의 최고의 사도적 권위로 보편 교회가 주장한 신앙이나 도덕의 원리를 규정할 때, 성 베드로 안에서 그에게 약속된 하나님의 조력을 통해 그 무오류성을 부여받았는데, 이는 우리의 거룩한 구속자가 의도했던 것으로, 교회는 신앙이나 도덕을 규정하는 교리를 갖추어야 하고, 따라서 로마교황에 대한 그러한 정의(定義)는 자연히 변경할 수 없는 것이며, 교회의 허락 없이는 바뀌어 질 수 없는 것이다.[1]

19세기 유럽에서는 비기독교화(dechristianization) 과정을 저지하기 위해 기억될 만한 다른 기독교적 노력이 기울여졌다. 1830년대 성공회의 고교회파(High Church Anglicans)는 초대교회의 가르침을 현재의 위기에 적용하기 위해 '옥스퍼드 운동'(Oxford Movement)과 연합했다. 이 운동의 지도자 중 한 명인 존 헨리 뉴만(John Henry Newman, 1801~1890)은 결국 로마 가톨릭 교인이 되었고, 존 키블(John Keble, 1792~1866)과 푸세이(E. B. Pusey, 1800~1882) 같은 인물들은 영국 사회를 거룩하게 재구축하려는 꿈을 갖고 사역하였다. 19세기 후반에 화란의 칼빈주의자인 아브라함 카이퍼(Abraham Kuyper, 1837~1920)는 신학자, 편집인, 정치가로서 정력적으로 일하면서(일반 시민들, 학자, 정부 의원들 가운데서) 신앙에 대한 지적인 설명과 제도적인 기독교의 활력을 조화시키려 했다. 카이퍼와 동시대 인물인 교황 레오 13세(Leo XIII, 교황 재위 1878~1903)도 마찬가지로 가톨릭의 영적, 사회적 갱신 프로그램을 촉진시키기 위해 활기차게 일했다.

정리하면, 유럽 기독교제국의 취약함에 대한 자유주의, 종파주의, 전통주의자들의 대응은 분명 서로 다른 종류였지만 모두 상당한 활력을 갖고 있었다. 그러나 많은 훌륭한 신앙과 효과적인 행위에도 불구하고, 세속주의라는 우상(juggernaut, 인도의 신으로 이 신상을 태운 차에 깔려 죽으면 극락왕생 할 수 있다고 한다-역자주)은 굴러가고 있었다. 제1차 세계대전에서 전개된 사건만큼 프랑스혁명과 함께 시작했던 비기독교화의 '오랜 세기'를 잘(그러나 또한 비극적으로) 요약해 놓은 것은 없을 것이다. 19세기를 지나는 동안 유럽의 전통적인 기독교 신앙의 대체물로서 등장했던 사상들이 이 전쟁에서 해로운 결과를 초래했다. 사실 기독교제국을 비판하는 사람들이, 제도적인 기독교가 유럽을 지배했을 때 자주 비인간적인 재앙을 초래했다고 비난한 것은 적절했다. 그러나 기독교제국이 장기간 명백한 오류의 역사를 가졌지만 그 어떤 것도 19세기의 새로운 신들(deities)이 초래한 깊은 타락과 견줄 수는 없다. 1914년에서 1918년까지 국가에 대한 최고의 충성과 독가스, 기관총, 탱크, 폭격기 등의 경악스러운 것들을 생산한 과학기술에의 맹목적인 의존과, 경이로운 대중 매체를 확립한 선전술의 승리 등은 유럽의 모든 젊은 세대들을 살육하려는 세력과 결합되어 유럽을 황폐화시켰는데, 14세기 흑사병의 재앙 이래로 그렇게 많은 사람들이 죽은 적은 없었다. 다만 이 때에는, 14세기에 많은 생존자들이 하나님 앞에서 그들이 지은 죄를 두려워하며 떨었던 것처럼 떨지 않았다.

그러나 기독교 역사 초기에 복음의 핵심 지역에서 있었던 시련이 신앙의 사멸을 초래하지 않았던 것처럼, 19세기에 걸쳐 발생한 유럽 기독교제국의 수축이 기독교의 붕괴를 의미하지는 않았다. 이전에 지중해 동쪽에 있었던 기독교 본거지의 붕괴와 유럽에서의 기독교의 확산이 동시에 일어난 것처럼, 이제 유럽 내 기독교 본거지의 붕괴는 유럽에서 훨씬 벗어난 지역에서 기독교가 꽃피는 것과 시기를 같이 했다. 대양 넘어 북아메리카 세계의 가장 '근대적' 국가인 미국은 놀라울 정도로 활기찬 신앙의 모습을 누렸다. 19세기 말 경에 이르러 캐나다는 그들의 강력한 가톨릭과 프로테스탄트 공동체로 미국보다 더욱 역동적인 기독교 신앙의 승리를 이루었다. 20세기 초에 세계의 다른 많은 지역에서 기독교 신앙이 꽃피기 시작하여, 단지 한 세기 전에는 생각지도 못했을 일들을 기대하게 되었다. 천 년 이상 기독교의 역사적 중심지였던 유럽 기독교제국은 사그라졌지만, 전 세계적인 기독교는 그렇지 않았다.

19세기의 산업혁명과 그에 따른 도시의 성장으로 정부뿐 아니라 교회도 도전을 받았다. 교육을 받지 못하고 보호도, 희망도 없이 때로 비인간적인 조건으로 빈민굴과 작업장으로 모여든 사람들과 어린이들이 겪은 열악한 환경에 그리스도인들은 어떻게 반응하였는가? 영국 귀족이며 샤프츠베리 백작의 7대손인 안토니 애쉴리 쿠퍼의 반응을 소개한다. 샤프츠베리는 하로우(Harrow)와 옥스퍼드에서 교육받은 보수당원이었지만 노동자들 특히 여성과 아동의 권리 보호를 위한 의회 입법을 성사시키려고 열심히 뛰었다. 그는 빈민을 위한 학교를 세웠고 해외와 영국 내의 복음 전파와 사회 개혁을 지원하였다. 그의 일생의 사역에 동기를 부여했던 열정과 신앙은 다음 기도에 나타난다.

> 오, 하나님은 버려진 자의 아버지시며 약한 자의 도움이시며 빈궁한 자의 공급자이십니다. 당신은 인간의 삶에 대한 사랑이 우리를 온전하게 하며, 주님의 축복받은 자아를 닮아가는 것이라고 우리에게 가르치십니다. 우리의 마음을 여시고 만지소서. 우리가 이생과 내생에 평화에 속하는 일들을 보고 행하도록 하소서. 우리에게 맡겨진 일을 할 때 강건하게 하시며, 우리에게 지혜와 인내, 믿음, 열정을 주시고, 당신의 때에 주께서 기뻐하시는 일을 하여 이 일이 창대케 하소서. 당신의 아들 예수 그리스도의 사랑을 담아 기도합니다.[17]

페로넷의 찬송이 보여준 기적

11장 앞 부분에 쓰여진 에드워드 페로넷의 찬송시를 기억할 것이다. 그 찬송에 얽힌 극적인 일화가 있어 소개한다.

E.P.스콧은 인도로 간 선교사였다.

어느 날 그는 길거리에서 모습이 몹시 낯선 한 남자를 보고 그와 대화를 나누었다. 그는 그리스도가 한 번도 전파된 적이 없는 어느 산간 부족에 사는 사람이었다. 스콧은 그 부족에 대한 관심으로 그 문제를 놓고 기도했고, 그 부족을 찾아가기로 결심했다. 스콧은 그들의 산간 부족에 도착하자마자, 전쟁을 하러 떠나던 야만인들과 마주쳤다. 그들은 스콧을 붙잡고 가지고 있던 창으로 그의 가슴에 겨누며 짐승처럼 으르렁대며 위협했다.

손에 가진 것이라곤 바이올린밖에 없던 스콧은 두 눈을 지긋이 감고 바이올린을 연주하며, 페로넷의 찬송 "만물은 예수 이름의 능력을 찬양하라"를 불렀다. 마침내 그는 눈을 뜨고 죽음을 맞이하려고 했다. 그러나 그는 이 찬양을 부른 덕분에 목숨을 건졌다. 야만인들의 창은 모두 땅바닥에 떨어져 있었고, 그들의 부리부리한 눈가에는 눈물이 고여 있었던 것이다.

그들은 처음에는 호기심과 관심을 보이더니, 스콧에 대해 진지한 관심을 보이기 시작했다. 그들은 스콧을 자기 집으로 초대했고, 스콧은 그곳에 2년 반을 머물며 많은 사람들을 그리스도에게로 인도했다.

1. 이 책에서 전적으로 세속적인 사건인 프랑스혁명이 왜 기독교 역사상 터닝 포인트의 하나라고 명명되었는가?

2. 기독교제국이 샤를마뉴 통치 이래 종교개혁과 민족국가의 등장을 거쳐 프랑스혁명의 정점에 이르기까지 발전했던 과정에 대해 나누어 보라.

3. 코너 크루즈 오브라이언(Conor Cruise O' Brien)의 말에 따르면, 18세기 후반 전통적인 종교를 대신한 것은 무엇이었는가? 어떤 세속적 기반의 권위가 성경, 계시, 서구 사상의 전통을 대신하였는가?

4. 유럽 기독교제국의 붕괴를 초래하는 데 함께 작용했던 요소들은 무엇인가?

5. 과학에서의 새로운 동향과 이성에 대한 신뢰가 어떤 점에서 19세기 성경연구에 영향을 끼쳤는가?

6. 기독교가 '변두리화' 된 결과 유럽의 경제적, 문화적, 사회적, 지적, 민족적 생활에 어떠한 변화를 주었는가?

7. 교회가 점점 커지는 서구의 세속화에 대응하였던 방법들은 무엇인가? 고조되는 반대 또는 무관심 속에서 복음주의적 기독교 지도자들이 신앙을 지켰던 방법에 대해 나누어 보라.

오늘날 교회에 적용할 점

1. 19세기에 '변두리화된' 기독교가 오늘날 교회에 미친 장기적인 영향은 무엇인가?

2. 5장에서 정의된 기독교제국은 오늘날 어떤 형태 속에서 여전히 존재하는가?

3. 더 이상 기독교제국이 아닌 기독교가 19세기와 20세기 초 서구의 세속화로부터 얻은 유익이 있었는지, 있었다면 어떻게 얻었는지를 나누어 보라.

4. 옳고 그름의 기준을 결정하는 데 있어, 19세기 서구 사상에 있어서 가장 가치 있게 된 권위의 기초는 무엇인가? 초대 교회의 권위의 기초로부터 남겨진 것은 무엇인가? 오늘날 권위의 기초로 생각되는 것은 무엇인가?

5. 18세기와 19세기에 일어났던 기독교제국의 붕괴로 현대 그리스도인들이 직접적으로 영향을 받은 것은 무엇인가?

Turning Point 12

주후1910년 | 에딘버러선교대회

선교의 폭발적 부흥이 일어난 위대한 시대

선교의 폭발적 부흥이 일어난 위대한 시대

전반적인 기독교 역사에서 신앙이 대위임 명령(the Great Commission)의 정신 아래 세계로 퍼져갔을 때, 교회는 보편적인 기독교 메시지를 새로운 환경에 적용하기 위해 각 지방의 관용어를 차용하였다. 20세기의 선교적 팽창도 예외가 아니었다. 몇몇 선교사들은 자신들의 서구적인 찬송을 변경시키지 않은 채 비서구적인 양식으로 바꾸려 한 반면, 다른 선교사들은 지방의 전통과 더욱 조화되는 시와 멜로디를 개발하려고 애썼다. 아래의 중국 찬송 "태양을 맞이하러 일어나라"는 후자의 예이다. 1936년 챠오(T. C. Chao)가 작사하고 중국 민요풍의 멜로디로 작곡된 이 찬송은 1946년 브레스 와인트(Bless Wiant)가 영어로 번역하였다. 흥미롭게도 중국 관용어 자체가 빛이신 그리스도라는 주제를 반영했는데, 그것은 교회의 첫 위대한 찬송가들에 많은 영감을 불어넣었다.

태양을 맞이하러 일어나라
동쪽 하늘에 붉은 태양은
영광스런 신랑처럼
기쁨으로 달려 나간다.
하늘 높이 나는 새들아,
피어나는 향기로운 꽃들아,
은혜로운 하나님이 가까이 오심을 이야기하라.
이제 그분이 만든 것이 드러나도다.

이 날에 복이 있을지어다.
예수의 돌보심을 의지함으로

마음과 정신은 아름답게 빛나노라.
하늘의 광채로 인해,
수수한 의복 주심에,
양식과 좋은 음식 주심에 감사하라.
이는 자비로운 주님께서 주신
다함없이 좋은 것이로다.[1)]

1910년 세계선교대회가 에딘버러의 유명한 성채 안의 별로 눈에 띄지 않는 곳, 스코틀랜드 연합자유교회(the United Free Church)의 예배실에서 6월 14일 저녁에 개최되었다.[2)] 개회기도 후에 대회 의장인 버라이의 벨포어 경(Lord Balfour of Burleigh)이 축사를 읽었는데, 그 축사는 독일 제국 식민청과 전임 미국 대통령 데오도어 루즈벨트(Theodore Roosevelt, 그는 미국 내 화란 개혁파 교회에 의해 대회 대표로 지명되었으나 바쁜 업무로 참석하지 못했다), 그리고 바로 한 달 전에 방탕한 아버지 에드워드 7세로부터 영국 왕위를 계승했던 정직한 군주인 영국의 조지 5세 등으로부터 온 것이었다. 마지막 축사가 낭독된 후 대표들은 자발적으로 일어나 "하나님께서 왕을 구원하셨다"라는 찬송을 불렀다.

저녁 집회 연사였던 벨포어 경은 "선교지에서 시작된 일치는 그 영향력을 확장시킬 것이고, 본국에 있는 우리에게, 그리고 옛 문명 전체에 반응을 불러일으킬 것이다"라고 희망 섞인 연설을 하였다. 또한 캔터베리 대주교는, 그 회의에 참석한 몇 명은 하나님의 나라가 능력으로 임하는 것을 볼 때까지 죽음을 맛보지 않을 수도 있다는 메시지를 전하기도 했다. 그리고 미국 선교사의 대변인인 로버트 스피어(Robert E. Speer)는 '땅끝까지 이르러 복음을 전하라는 예수 그리스도를 따르지 않고는' 아무도 그리스도를 따를 수 없다는 것을 기억하자고 대표들에게 도전하였고, '살아 있는 신앙만이 그리스도가 우리를 사용하여 세상의 즉각적인 정복을 가능케 하는

것' 임을 믿을 것을 촉구하였다.[3)]

열흘간의 회의에서는 여덟 개의 세부 주제를 채택했는데, 극적인 연설들이 광범위한 토론과 함께 행해졌다. 각각의 주제에 대한 보고서들이 한 권의 책으로 나왔다. 이 보고서의 저자들은 선교사들이 응답한 천 개 이상의 광범위한 질문지에서 자유롭게 추렸다. 그렇게 해서 고려된 항목은 1.모든 비기독교 세계의 복음 전파 2.선교지 내의 교회 3.국가 차원의 기독교적 삶을 위한 교육 장소 4.비기독교 신앙과 관련된 기독교 선교의 내용 5.선교사 양성 6.선교의 국내 기지 7.선교와 정부 8.기독교의 일치 추구 등이었다. 전 세계에서 온 탁월한 영국, 아메리카, 유럽 선교사들이 논의를 이끌었는데, 그 과정에서 때로 선교사의 경험 자체가 자세히 설명됨으로써 활기가 더해졌다.

그냥 흩어지기에는 이 모임이 너무 중요하다는 확신을 공감하면서 대회가 끝났다. 1910년 에딘버러에서 시작되었던 논의는 그 후 실제로 계속되었다. 마침내 그들은 '국제선교협의회'(International Missionary Conference)를 설립하였다. 곧이어 1925년에는 '삶과 일에 대한 국제기독교협의회'(the Universal Christian Conference on Life and Work)를, 1927년에는 '신앙과 직제에 관한 세계협의회'(the World Conference on Faith and Order)를 설립하였는데, 이 두 개의 조직은 마침내 1948년에 통합되어 세계교회협의회(WCC: World Council of Churches)가 되었다. 따라서 에딘버러 선교대회는 20세기 교회일치(에큐메니컬)운동의 시작이었다.

에딘버러선교대회는 또한 이미 19세기 전 기간에 걸쳐 힘을 모은 바 있었던 서구의 선교적 팽창의 거대한 물결을 보여주는 것이었다. 20세기(처음으로 영국이 전 세계적인 지도력의 공백을 채웠고, 미국이 경제 대국과 문화 형성자로 등장하였다)에 기독교 교회와 관련된 세계 인구의 비율은 4세기 이래 어떤 시기보다 더욱 급증하였다. 1800년에는 그리스도인으로 규정될 수 있었던 인구가 전 세계 인구의 4분의 1이 안 되었는데, 에딘버러선교대회 시기에는 거의 35퍼센트가 그리스도인으로 추정되었다.[4)] 따라서 로버트 스피어의 열정과 캔터베

1920년대 리버풀(Liverpool)에서 발행된 이 엽서는 그 당시 최고조에 이른 선교 비전을 전하고 있다.

리 대주교의 낙관주의는 이해될 만한 것이었다. 에딘버러에 참석한 대표들은 전례 없이 교회가 팽창하는 시기에 살고 있었는데, 그 대부분의 확장은 선교 사역의 직접적인 결과였다. 그들은 마치 대위임 명령의 신속한 완성을 기뻐하고 기대하면서 더 나아가 이 위대한 일이 에딘버러선교대회를 책임진 프로테스탄트의 주도 하에 종결될 것이며, 그렇게 주장할 권리가 있는 듯이 행동했다.

그러나 만약 에딘버러가 정점을 보였다고 해도, 그것은 또한 선교사가(史家)인 스테판 닐(Stephen Neill)의 말대로 '한 시대의 종식'이기도 했다.[5] 20세기 말의 시각에서 보면 에딘버러 회의는 어떤 부분에서 미묘했다. '교회'의 전 세계적인 선교에 관한 회의였지만 단지 프로테스탄트들만이 참석했다는 점에서 그러하며(1900년에 전 세계적으로 대략 5억 2천만 명이 기독교 교회에 소속되었는데, 이들 중(성공회를 포함하여) 1억 3천 5백만 명이 프로테스탄트였고, 1억 1천 5백만 명이 정교회이며, 2억 6천 5백만 명이 로마 가톨릭이었다), 더욱이 세계 복음화를 논의하는 회의에 약 1,200명의 대표 중 80% 이상이 영국과 북아메리카에서 왔고, 단지 170명만이 유럽 대륙에서, 불과 18명만이 유럽과 북아메리카 이외의 세계를 대표하고 있었다. 영국과 아메리카의 두드러진 우세는 부분적으로 이 지역 출신 선교사들이 그 회의의 주요 기획자였다는 사실로 설명될 수 있다. 그러나 달리 설명하자면, 에딘버러(또는 뉴욕, 시카고, 로스엔젤레스, 토론토, 베를린, 코펜하겐)에서

1910년의 '전 세계적인 기독교'는 여전히 유럽(그리고 북아메리카로의 확산)에서 지구상의 나머지 지역으로 뻗어나가는 기독교를 의미했다.

에딘버러선교대회가 기독교 역사에서 하나의 터닝 포인트가 되는 것은 교회 일치의 중요성 때문이다. 공교롭게도, 에딘버러에서는 기독교가 하나님으로부터 온 절대적으로 최종적인(absolutely final) 계시인지 아니면 단순히 하나님으로부터 온 최상(best)의 계시로 여겨야 하는지를 생각하게 하는 견해들이 있었다. 이러한 견해들은 전통적인 프로테스탄트, 가톨릭, 정교회의 관점에서, 후에 세계교회협의회로 가는 운동에 자주 등장하곤 했었다. 더욱이 에딘버러선교대회가 터닝 포인트가 될 수 있었던 것은 어떤 중요한 의미에서 볼 때, '전 세계적인 기독교'가 유럽과 북아메리카의 기독교와 동등하게 여겨졌던 바로 그 최종적인 시점에서 개최되었기 때문이다. 앞으로의 흐름은 유럽과 북아메리카에 의해 그 이외의 지역으로 확산되는, 그야말로 세계적인 기독교로 향하여 가게 되며, 또한 앞으로의 흐름은 전 세계의 셀 수 없이 많은 지역 문화 안에서 기독교의 토착화로 흘러가게 된다. 또한 장래 1974년의 로잔(Lausanne) 세계복음화대회로 향했는데 당시에 모인 151개국 2,700명의 대표들 중 최소 절반은 세계 3분의 2 지역 출신자들로, 그들은 20세기를 지나면서 현실적으로 대두되는 주제들을 논의했다.

에딘버러선교대회는 기독교의 서구적인 정의와 신앙의 전 세계적인 팽창 사이에 서 있었지만, 1910년의 에딘버러선교대회를 지나 기독교가 전 세계를 휩쓸게 되도록 만든 선교적 흐름을 고찰하는 데 탁월한 이점을 제공한다. 그러나 기독교의 전체 역사에서 볼 때 선교 활동은 신앙의 지역적 토착화 없이는 불완전했다. 19세기와 20세기 동안에 있었던 선교적 팽창으로부터 지역적 접근으로의 전환은 다른 시대에도 다양한 방법으로 있어 왔지만, 최근 수세기 동안의 기독교 역사를 볼 때, 그러한 전환은 예수 그리스도 이후 첫 3세기의 역동적인 기독교 확산과 같이 어느모로 보나 중요한 것이다.

〈각 교파 신도 수(a) 〉 (단위 백만)

	1900년	1970년	1997년
로마 가톨릭	266	689	992
프로테스탄트(b)	134	288	426
정교회	116	147	215
기타(C)	9	74	238

〈대륙별 신도 수(a) 〉 (단위 백만)

	1900년	1970년	1997년
아프리카	9	119	310
아시아	20	90	299
유럽	369	494	527
라틴아메리카	60	268	451
북아메리카	60	173	203
오세아니아	4	15	20

출전 : Barrett, "Annual Statistical Table on Global: 1997", International Bulletin of Missionary Research 21(January 1997), p. 25.

a) 바렛(Barett)에 따르면, 신도에 포함되는 경우는 일상적인 행위를 보면 이름뿐이지만 외부 관찰자들이 보기에 그리스도인이라 불려지고, 기독교 교회에 어떤 모양이든 연결되어 있는 '등록된' 그리스도인들이다.

b) 여기 '프로테스탄트' 에는 바렛의 '영국 국교회' 와 여러 종류의 '프로테스탄트' 가 들어 있다.

c) 여기에서 '기타' 란 바렛의 분류와 연결되는데, 전통적인 서구 교회로부터 가장 멀리 떨어진 종파이다. 즉 (비로마적인) 가톨릭파들, '주변부 프로테스탄트' (marginal Protestant)와 '비백인계 토착 그리스도인' 등이 있다.

선교의 폭발적 부흥이 일어난 '위대한 세기'

18세기 내내 서구 너머로의 기독교 선교는 교회 안팎의 삶과 관련된 수많은 이유로 인해 그 진행이 더뎠다. 분명, 선교적 마인드를 가진 로마 가톨릭은 가톨릭 종교개혁의 과업을 수행했는데, 도미니쿠스단, 아우구스티누스단, 특히 예수회가 세계의 수많은 지역으로 복음을 전파한 것이 그 예이다. 이에 대하여, 경건주의 운동에 의해 야기된 유럽 프로테스탄티즘의 갱신 또한 상당한 선교적 활기를 증진시킬 책임을 져야 했다. 그러나 북아메리카의 유럽 이주민들에게 신앙을 고무시키려는 노력을 제외하면, 18세기는 기독교 팽창의 위대한 시기는 아니었다. 이러한 상황이 빚어진 것은 정치적인 이유에서였다. 1773년에 예수회와 몇몇 유럽 군주들, 특히 프랑스 군주들과의 분쟁으로 이 최고의 선교단이 제거되기에 이르렀다(예수회는 1814년에 복원되었고, 그 즉시 다시 주요 선교 세력이 되었다). 정교회 세계를 이끌었던 러시아에서, 피터 대제(Peter the Great, 재위 1682~1725)와 캐더린 2세(Catherine Ⅱ, 재위 1762~1796)같은 통치자들의 정교회에 대한 고압적인 간섭은 선교에 대한 교회의 관심을 포함하여 전반적인 힘을 약화시켰다. 18세기 전 시기에 걸쳐 유럽의 양대 세력이었던 프랑스와 영국 사이의 간헐적인 전쟁으로 선교 활동에 대한 군사적 장벽이 만들어졌고, 국가에 대한 충성과 연관하여 그리스도에 대한 복종이 힘을 잃었다. 18세기 말에 프랑스혁명의 소요가 있었고, 그 후 나폴레옹이 추구한 민족 해방 운동의 물결은 타문화로 기독교를 팽창시키는 것에 대한 유럽인의 관심을 감소시켰다.

외부 상황이 교회 자체의 심각한 문제들과 뒤섞였다. 17세기 종교 전쟁에 대한 반동으로 다양한 형태의 계몽사상이 등장했는데, 그 사상은 기독교적인 열심보다는 종교적 관용을 더욱 더 촉진시켰다. 일반적으로 유럽과 북아메리카의 주요 교회들은 팽창보다는 현상 유지에 더욱 관심이 있었다. 대륙에서는 루터파, 개혁파, 가톨릭 교회 모두 -계몽전제군주로 알려지기 원했던- 그 시대의 야심에 찬 군주들과 충돌하는 와중에서 자체 보존의 문제에 직면하였다. 18세기 중반부터 영국의 국교인 성공회와 장로교회뿐 아니라, 국교회 반대파들도 복음 전도에 대한 자극으로 활기를 띠었으나, 그들 역시 급속히 진행되는 산업화에 맞서, 부르주아가 된 도시에서 종교적 필요를 채우는 일이 힘에 부치고 있었다. 프랑스령 퀘벡(French Quebec)의 가톨릭 뿐 아니라 북아메리카의 영국 식민지에서 우세했던 프로테스탄트들은 매우 불리한 환경 속에서 살아남기 위해 할 수 있는 모든 일을 해야만 했다.

기독교 선교는 더 일반적인 기독교 갱신에 따른 결과로서, 북아메리카와 역사적인 유럽 기독교 모든 지역에서 부흥하였다. 유럽 대륙 프로테스탄트 중에서는 경건주의가, 영국 프로테스탄트 중에서는 복음주의가 등장함에 따라, 곧이어 기존의 세계와 새로운 세계 모두에 선교적 팽창이 가속화되었다. 피우스 7세(Pius VII, 재위 1800~1823)가 나폴레옹의 손아귀에서 겪었던 굴욕은 로마 가톨릭 교회의 영적 정화에 기여하여 곧바로 선교적 결실을 맺었다. 또한 19세기에 러시아와 동유럽에서는 영적 갱신의 중요한 흐름이 있었고, 곧이어 정교회 내에서 주목할 만한 선교 활동이 펼쳐졌다.

로마 가톨릭은 19세기 처음 약 66년간(3분의 2 사이) 새로운 교단의 설립으로 또 한번 번영의 시기를 맞이했는데, 이 교단들은 16세기처럼 선교활동에 커다란 자극을 주었다. 가장 오래 지속된 중요한 교단 중에는 1868년 알제리 대주교 찰스 라비게리(Charles Lavigerie)가 창설한 아프리카여성선교회(the Missionaries of Our Lady of Africa)가 있었다. 라비게리 교단은 아라비아 옷을 입었기 때문에 백색 형제단(White Fathers)으로 알려졌고, 곧이어 비슷한 복장을 했던 백색 자매단(White Sisters)과 합쳐져 로마와 보수적인 시각의 가톨릭 신학에 강한 충성을 유지했을 뿐만 아니라 빅토리아 호수 주변과 아프리카의 다른 대호수를 둘러싼 대륙의 중심지를 복음화하기 위해 굳게 헌신하였다.

정교회 선교 활동의 갱신은 몇몇 역동적인 러시아 사제들이 이끌었는데, 그들은 기독교를 시베리아와 더 먼 동쪽 지역으로 전파하기 위해 특별한 노력을 기울였다. 이들 선교사 중에서 가장 중요한 인물 중 하나는 시베리아의 이르쿠츠(Irkutsk) 지방에서 태어난 존 베니아미노우(John Veniaminou, 1797~1879)였다. 베니아미노우는 젊은 사제였을 때 알류샨 열도(Aleutian Islands)

사역을 자원했는데, 그곳 사람들은 그의 전도를 매우 진지하게 받아들였다. 그는 알래스카, 일본, 시트카(Sitka)섬과 러시아의 광대한 동쪽 제국 먼 변경에 직접 복음을 전하거나 선교사들을 파송하였다. 70세의 베니아미노우가 마지막에 한 수도원으로 은퇴했을 때, 그는 자신의 평생의 사역이 끝났다고 생각했다. 그러나 모스크바 감독이 죽고 나자 감독으로 선출되었다. 그 후 십 년 동안 이 노련한 감독(그는 동료 선교사들과 함께 '시베리아에서의 생활로 단련'되었으며, 잘 교육되고 열정적이며, 새롭게 된 영혼으로 러시아로 돌아왔다)은 러시아 교회를 이끌었고, 교회의 선교적 비전을 크게 확장시켰다.[6)]

프로테스탄트들이 그와 유사한 비전에 대해 눈뜬 것은, 몇몇 예외가 있긴 하지만 종교개혁 후 200년 이상 프로테스탄트들이 다른 문화로의 복음 전파에 두드러진 관심을 보이지 못했다는 사실에 비추어볼 때, 충분한 설명이 요구된다.[7)] 마침내 프로테스탄트의 체계적인 선교 노력이 시작되었는데 그것은 프로테스탄트 군주의 팽창에 대한 비전의 결과였다. 앞서 로마 가톨릭 선교가 스페인과 포르투갈의 세계 인식에 대한 각성과 결합되었던 것처럼, 이제 18세기에 세계에 대한 북유럽 프로테스탄트의 관심이 달라지기 시작했다. 이러한 사례로 덴마크와 노르웨이의 경건주의파 국왕 프레드릭 4세(Frederick IV)를 들 수 있는데, 그는 18세기 초 인도 남부 트랜퀘바(Tranquebar)의 자국 무역거점에서 영향을 받고 있었던 사람들의 영적 부흥을 위해 몇 가지 조치를 취했다. 프레드릭이 덴마크에서 선교 지원자들을 찾을 수 없었을 때, 그는 할레의 아우구스트 헤르만 프랑케에게 요청했고 프랑케는 두 명의 독일 경건주의자들에게 이 사명을 맡겼다. 그 중에는 처음으로 널리 알려진 프로테스탄트 선교 지도자 바르톨로메 지겐발크(Bartholomaus Ziegenbalg, 1682~1719)가 있었다. 트랜퀘바에서 지겐발크의 다양한 활동은 영국에 특별한 감동을 주었는데, 이후 영국에서는 덴마크 경건주의파에 보편화 되어 있었던 종교와 경제에 대한 동일한 관심이 비유럽 세계에 대한 관심을 고조시키기 시작했다.

그러나 18세기 대부분 독일 경건주의자들은 같은 성향의 다른 북유럽 프로테스탄트 국가 출신 그리스도인들의 도움으로 프로테스탄트 선교 활동의 주요 세력이 되었다. 할레대학 교수인 요한 하인리히 칼렌베르크(Johann Heinrich Callenberg, 1694~1760)는 아라비아어, 페르시아어, 투르크어를 열심히 공부했는데, 그는 이들 언어로 기독교 문헌을 출판하여 무슬림 개종에 영향을 끼칠 수 있기를 기대했다. 더구나 칼렌베르크의 이슬람 복음화와 중동에 대한 관심은 1728년 유대인협회(the Jewish Institute)를 설립하기에 이르렀는데, 이 단체는 유대인에 대한 기독교 복음 전파에서 그 동안 자주 나타났던 폭력적인 강요 대신에 평화로운 복음 전파 활동을 촉진시켰다. 할레 출신의 선교사들은 신세계로 이주한 독일계 사람들에게 선교사로 파송되기도 했다. 이 선교사들 중 헨리 멜콰이어 뮬렌베르크(Henry Melchoir Muhlenberg, 1711~1787)는 뛰어난 인물이었다. 그는 1742년에 펜실배니아에 도착했고, 1748년에는 북아메리카 첫 루터파 회당인 펜실배니아 선교센터를 세우는데 성공했다.

여러 부분에서 할레의 경건주의자들과 공통점이 있었던 모라비아파는 18세기 전 기간에 걸쳐 매우 헌신된 프로테스탄트 선교사들이 되었다. 모라비아파가 1720년대 초 진젠도르프 백작의 지도 하에 하나의 교회로 재건된 후, 한 세기 동안 대략 2,000명(그들 중 4분의 1은 여성)이 타문화권으로 선교사역에 자원하였다. 첫 모라비아 선교사들은 도버(J. L. Dober, 1706~66)와 데이비드 니치만(David Nitschmann, 1696~1772)으로, 덴마크의 버진제도(Virgin Island)에 자급자조하는 기독교 사역을 정착시켜 진젠도르프의 호소(그 호소 자체는 덴마크의 선교 사역과 연합한 할레 선교사들의 요청으로 자극받은 것이다)에 응답하였다. 곧이어 중요한 모라비아파 선교가 그린랜드, 수리남, 남아프리카, 에스토니아, 라브라도(Labrador), 니코바제도(Nicobar Islands)에서, 그리고 아시아, 아프리카, 북아메리카, 중앙아메리카의 여러 지역에서 계속되었다. 1730년대 모라비아 선교사들은 북아메리카의 토착 아메리카인들 가운데서 활동하기 시작했는데, 다른 유럽의 선교 활동보다 더 많은 성과를 거둔 것으로 입증되었다. 그들은 스스로 국가주의 세력과 연계되는 것을 피했던 주변인들로서, 정치에 대한 일상적인 관심에서 벗어난 모라비아인들의 그 자유로움이 메시지에 특별한 신뢰를 부여했다. 불행하게도 모라비아파는 아메리카 원주민보다 오히려 북아메리카의 유럽 정착자들에게 그들이 품고 있는 기독교 복음을 설득시키는데 더 어려움을 겪었다. 모라비아 인디언 공동체는 두 차례나 - 1750년대 프랑스와 인디언 전쟁의 일원으로 펜실배니아에서, 아메리카 혁명 이후 1780년대 초 오하이오에서 - 인디언 개종자들이 적을 지원한다는 잘못된 인식을 하고 있었던 아메리카 군대의 공격을 받았다. 오랫 동안 북아메리카 모라비아파 선교사들의 지도자였던 다비드 자이스베르거(David Zeisberger, 1721~1808)는 마침내 온타리오(Ontario)에서 델라웨어(Delaware) 인디언 개종자를 위한 피신처를 세웠는데, 그 공동체의 유적은 오늘날까지 남아 있다.

초기 경건주의와 모라비아파의 선교는, 새로운 개종자를 위해 그리스도인 스스로를 준비시키라는 목표를 추진했는데, 이는 후세대의 가장 탁월한 선교사들도 추구했던 일이었다. 그 결과 트랜퀘바에서 바르톨로메 지벤발크는 토착어로 성경을 충분히 번역할 만큼 타밀어(Tamil)를 배웠고, 새로운 신자들이 스스로 성경 읽는 법을 배울 수 있는 학교를 세웠다. 그는 적절한 관용어로 복음을 신뢰성 있게 표현하기 위해 인도의 문화와 종교를 열심히 공부하였다. 또한 의료 사업을 활발히 했으며, 임직 제도를 마련하여 타밀인 개종자가 타밀 회중의 목사로 사역하게 했다.

이러한 일들은 실제로 윌리엄 캐리(William Carey, 1761~1834)가 18세기 말에 영어권 프로테스탄트 선교의 활기찬 개척자가 되었을 때 추구한 것과 같은 것이었다. 진정한 선교 활동은 북아메리카의 영국 이주민들 가운데서 처음 일어났다. 그곳에서 존 엘리엇(John Eliot, 1604~1690)과 메이휴(Mayhew)의 가족(처음에 토마스 주니어 1621~1657, 그 후 그의 아버지 토마스 시니어 1593~1682)은 메사츄세츠의 알곤퀴안(Algonquian)어를 사용하는 인디언과 마르타의 빈야드(Martha' s Vineyard)와 난투켓(Nantucket)의 토착 아메리카인 중 몇몇을 기독교로 개종시켰다. 그러나 이러한 초창기 사역에서 엘리어트와 메이휴 가족은 인디언 개종자들을 지도하는 것과 백인 정착자들을 달래는 일에 계속적으로 좌절을 맛보았다.

해외 선교에 대한 윌리엄 캐리(Carey)의 호소

다음 글은 윌리엄 캐리가 행한 '조사'(Enquiry)의 처음과 마지막 단락에서 발췌한 것이다.

우리 주님께서 우리에게 그의 왕국이 도래할 것과 그의 뜻이 하늘에서처럼 땅에서도 이루어질 것을 기도하라고 요청했을 때, 그분의 뜻은 우리로 하여금 말씀에 의해 그 일이 이루어질 것임을 표현하게 할 뿐 아니라 그의 이름을 아는 지식을 퍼뜨리는 모든 합법적인 방법을 사용하도록 하는 것이다. … 우리는 "보물을 하늘에 쌓아두라 거기는 좀이나 동록이 해하지 못하며 도적이 구멍을 뚫지 못하고 도적질도 못하느니라"고 권고 받는다. 이 말씀은 또한 "사람이 무엇으로 심든지 그대로 거두리라"는 선언이기도 하다. 이 말씀은 우리에게 도래할 삶의 즐거움이 현재의 것과 밀접한 관계가 있으며, 추수와 씨앗의 관계와 유사한 것임을 가르쳐 준다. 모든 상급이 단지 은혜에 속해 있다는 것은 사실이다. 그럼에도 불구하고 그것은 고무적인 것이다. '보화', '추수'는 그들 자신을 온전히 주님의 사역에 바친 바울, 엘리엇, 브레이너드(존 엘리엇과 데이빗 브레이너드는 북아메리카 인디언에게 파송된 선교사였다) 같은 인물들을 위해 대기하고 있음에 틀림없다. 천국에서는 수많은 가난한 이교도의 무리와 그 외에 그들의 노력으로 하나님을 아는 지식에 이르게 된 영국인들을 보게 될 것이다. 확실히 이 같은 '기쁨의 면류관'은 갈망할 만하다. 분명 우리의 모든 힘을 다해 복음을 전하고, 그리스도의 왕국을 추구하는 데 헌신하는 것은 가치 있는 일이다.[1]

윌리엄 캐리가 시작한 것은 오직 단 하나의 선교 목적을 갖고 타문화권에 복음을 전파하는 일이었다. 침례교도인 윌리엄 캐리는 구두 만드는 일을 했는데 그의 선교 사역에의 헌신은 영국 복음주의 부흥이라는 강력한 영성에서 비롯되었다. 1792년에 그가 쓴 「이교도 개종을 위해 여러 수단(인간의 활동)을 사용할 그리스도인의 의무에 대한 조사」(*An Enquiry into the Obligations of Christians to use Means for the Conversion of the Heathens*)라는 소책자는 그를 따를 많은 사람들을 부르는 종소리였다.

다음 해 윌리엄 캐리와 그의 가족은 인도로 갔는데, 그 길은 다시는 돌아오지 못할 길이었다. 그들은 처음에 영국 동인도 회사의 후원 아래 사역을 시도했으나, 덴마크의 후원이 더욱 유용한 조건으로 생각되어 세람포르(Serampore)로 떠났다. 거기에서 윌리엄 캐리는 교사인 조수아 마쉬만(1768~1837)과 인쇄업자인 윌리엄 와드(William Ward, 1764~1823)와 합세하였다. 윌리엄 와드는 침례교선교회(the Baptist Missionary Society)의 후원을 받아 윌리엄 캐리를 따라 인도로 갔던 사람이었다. 이들 '세람포르의 3인'(Serampore Trio)은 복음을 전파하고 교회를 세웠다. 그들은 성경을 수많은 인도 언어로 번역하거나 그 일을 후원하였으며, 성경과 다른 기독교 서적들을 출판하였고, 또한 벵갈어와 산스크리트어를 공부하여 책을 발행하였다. 그들은 대학을 세우고(거기에서 가르치기도 했다), 사회 개혁과 농업 개혁을 위해 적극적으로 활동했다.

윌리엄 캐리는 많은 사람들을 인도로 가게 하는 자극제가 되었다. 그들 중 미국의 아도니람 저드슨(Adoniram Judson, 1788~1850)이 가장 잘 알려진 사람이었다. 캐리의 사역은 또한 폭넓은 선교적 관심을 불러일으키는 원인이 되었는데, 곧 잉글랜드 교회와 스코틀랜드 장로파 교회가 관심을 갖고 선교 사역을 추진하였다. 이렇듯 윌리엄 캐리의 사역은 유럽 프로테스탄트 전체의 선교적 관심을 일깨웠다고 할 수 있다. 19세기 삼십 년 동안 특별한 협력정신이 새로운 선교사들 사이에 만연되었다. 한 예로 네덜란드선교회 창설자인 요하네스 반더켐프(Johannes T. Vanderkemp, 1747~1811)는 런던선교회

(각 종파들이 섞여 있는) 지도 하에 남아프리카에서 수년간 일했다. 1815년 스위스 바젤에서 한 선교회가 만들어진 이후 많은 스위스인들이 교회선교회(성공회 계열) 지도 하에 사역을 감당하였으며, 1830년대에 이르러 영국, 프랑스, 덴마크, 스웨덴, 노르웨이, 독일, 네덜란드, 미국 내 대부분의 프로테스탄트들이 선교활동에 참여하였다.

19세기 전반기 동안의 프로테스탄트 선교 활동은 서구의 경제, 정치에 대한 관심이 세계적으로 확산되는 가운데 일어났다. 이 시기에 선교, 교역, 박애주의, 정치적 동기가 순수했다는 점에서 일치했지만, 그것은 곧 상실되었다. 예를 들어 영국의 경우, 초기의 선교 노력은 노예제 반대 운동과 밀접한 관련이 있었다. 1807년 노예 무역에 대한 의회의 금지조치는 영국 사회의 도덕 개혁을 위한 윌리엄 윌버포스(William Wilberforce)의 복음주의적 열망에 의한 결실이었다. 그러나 그 일은 영국 프로테스탄트들의 노예제에 맞선(동시에 기독교를 위한) 싸움을 아프리카에까지 확대하도록 자극하기도 했다. 하지만 1850년대 일본의 문호 개방과 더불어 유럽이 이권과 비서구 식민지를 차지하기 위해 벌인 쟁탈전이 시작되었고, 이어서 1870년대부터 유럽의 민족 갈등으로 해외 식민지에서 충돌이 가속화되자 선교적 노력은 점점 더 영국 제국의 의도와 분리되기 어려워졌다.

초기에는 1841년 나이지리아 탐험대를 보면 잘 알 수 있듯이, 영국 제국의 관심사와 기독교의 관심사가 비교적 잘 결합되었다. 이 탐험대는 포웰 벅스톤(Fowell Buxton, 1786~1845)이 이끌었는데, 그는 의회 내에서 복음주의 성향을 가진 지도자이며 노예 반대 운동가로서 윌버포스의 계승자였다. 그는 서부 아프리카의 니제르(Niger)강 유역에서 '기독교와 상업과 문명'이 촉진되면 노예산업의 참혹한 피해가 극복될 것이라 보았다. 그런데 1834년 영국 의회가 영국 내 노예제를 폐지하였음에도 불구하고 그곳의 노예산업은 계속되고 있었다(미국에서 계속된 노예제는 아프리카 인간 거래를 위한 시장과 그 정당성을 유지시켰다). 벅스톤의 탐험은 예기치 않게 불행한 실패를 맛보았으나, 스코틀랜드의 데이빗 리빙스톤(David Livingstone, 1813~1873)에게 자극을 주었다. 리빙스톤-

선교사, 탐험가, 과학자, 유럽 여러 정부의 상담역, 노예제에 대한 열정적인 반대자 – 은 사하라 남부 아프리카에서 활동하던 시기에 현대적 농업, 활기찬 무역, 진정한 기독교가 함께 보이면 노예 무역을 종식시키고 아프리카 사회를 품위 있게 만들 수 있다는 믿음을 갖고 있었다. 리빙스톤의 초기 사역에서 가장 심각한 어려움이 아프리카인들에게 기독교 복음의 좋은 점을 확신시키는 것이었다면, 생애 말기에 그의 주요 문제는 토착인들의 자립을 돕는다는 초기의 원칙을 철회하기 시작한 유럽인들과 관련된 것이었다.

이러한 원칙은 초창기 프로테스탄트 선교 활동 지도자들에 의해 잘 확립된 것이었는데, 유럽과 아메리카 제국주의가 19세기 말 비서구 세계를 고통스럽게 할 때에도 계속 구현되고 있었다. 영국교회선교회(성공회 계열)의 서기인 헨리 벤(Henry Venn, 1796~1873)과 해외 선교를 위한 아메리카 이사국(the American Board of Commissioners for Foreign Missions, 다종파기구로 회중주의자들이 지배했다)의 해외 담당 서기인 루프스 앤더슨(Rufus Anderson, 1796~1880)은 선교 사역이 새로운 기독교 교회 자체의 리더십이 생기도록 직접적이고 의도적으로 이끌어야 한다고 생각했던 지도자들이었다. 앤더슨은 1869년의 저작에서 그가 이해하는 신약성경의 선교 원리를 정리했는데, 이는 헨리 벤이 여러 세대에 걸쳐 성공회 선교사들에게 전수했던 것보다 더 압축해서 단순한 말로 요약된 것이었다.

> 사도의 사명은 … 회심한 그리스도인들을 영향력 행사의 중심지인 교회로 모으고, 그들을 토착 목회자의 감독과 보호 아래 두는 것을 의미한다. 사용한 수단은 영적인 것, 즉 그리스도의 복음이다. 이들 수단에 능력을 부여하기 위해 의존한 권세는 신성한 것, 즉 성령의 약속된 도우심이었는데, 사회의 중류층과 하위층 사람들 사이에 복음이 전파된 것은 주요한 성과였다. 그리고 자치, 자활(self-support), 부흥에 대한 책임은 즉시 여러 교회에 맡겨졌다.[8]

19세기 말에 중국으로 간 두 명의 선교사들, 즉 아메리카 장로교의 존 네비우스(John L. Nevius, 1829~1893)와 성공회의 로랜드 알렌(Roland Allen, 1868~1947)은 서구의 아시아 개입이 매우 고압적일 때, 이와 유사한 원리를 반복했다. 그들과 동시대 인물인 허드슨 테일러(J. Hudson Taylor, 1832~1905)는 중국내지선교회(the China Inland Mission)의 창설자이며, 선교 자금 조달에서 '믿음의 선교'(faith mission) 전략을 주창한 초창기의 가장 중요한 인물이었다. 그는 어떤 선교 이론가처럼 분명한 표현을 하지는 않았으나, 그가 선교사들을 중국인 복장으로 서구의 보호 관내를 넘어 중국의 벽지로 보낸 정책은 아마도 새로운 기독교 교회의 토착화를 촉진시켰을 것이다.

처음부터 프로테스탄트 선교에서 매우 중요한 역할을 한 그리스도인은 여성들이었다. 그들은 선교사 남편의 부인으로서, 또한 동시에 독자적으로 사역을 수행했다. 앤 하셀틴 저드슨(Ann Hasseltine Judson, 1789~1826)은 아도니람의 첫 부인으로, 특히 그녀의 남편이 미얀마 옥중에 있었을 때 그리스도인의 헌신을 촉구하고 선교지의 환경에 대한 정보를 제공하기 위해 부지런히 펜을 들었다. 허드슨 테일러의 첫 부인인 마리아(Maria)는 중국내지선교회의 창립 동역자였으며, 두 번째 부인 제니(Jennie) 역시 영국, 미국, 캐나다로부터의 후원을 계속 유지시켰을 뿐 아니라 중국 선교를 이끌어 가는 데 전적으로 동참하였다.

또한 독신 여성들은 프로테스탄트 선교 활동이 치열한 곳에서 찾아볼 수 있었는데, 가난한 스코틀랜드 가정에서 태어난 메리 슬레서(Mary Slessor, 1848~1915)는 가장 활발하게 선교 활동을 한 여성이었다. 그녀는 데이빗 리빙스톤의 죽음에 영향을 받아 선교 사역에 자원하기 위해 1876년 카라바(Calabar)장로회선교본부(오늘날 나이지리아에 있다)에 도착했다. 그녀는 거기에서 빠르게 그 지방 언어를 습득했고, 곧장 교사를 직업으로 삼아 정착하였다. 그녀는 1880년부터 선교 사역을 시작했는데, 여러 번 새로운 지역으로 이동하면서, 기독교 신앙을 가르치고 의료 구제 사업을 펼치고 -고아나 버려진 쌍둥이들 같이- 보호받지 못하는 이들을 도와 주는 등 다방면에 걸쳐 활동하였

중국내지선교회 사역을 준비하기 위해 1931년 양조우에서 중국어를 공부하던 60명 이상의 선교사들

다. 이 일로 그녀는 아프리카인들에게는 사랑을 받고, 영국인들에게는 존경을 받았다. 그녀는 일반적인 선교 관례를 벗어나 그 선교지 환경에 자신을 맞추는 행동을 했는데, 그녀는 아프리카인들처럼, 모자도 쓰지 않고 신발도 신지 않은 채 걸어 다녔다.

로티 문(Lottie Moon, 1840~1912)의 이력은 한 선교사의 용기가 선교 현장뿐 아니라 서구의 파송 교회에 얼마나 큰 영향을 줄 수 있는지를 보여준다. 1837년에 로티 문은 남침례총회(Souther Baptist Convention) 선교사로 중국에 발을 디뎠다. 산동 지방에서 교육자, 복음 전도자, 여성 선교의 옹호자로서 그녀가 행한 괄목할 만한 사역은, 선교사들이 기독교뿐 아니라 서구인의 다양한 삶을 중국인에게 소개하는 지역에서 뚜렷한 흔적으로 남았다. 그러나 로티 문의 영향은 미국 내에서 더 컸다. 1888년 그녀가 선교지를 위한 선교 후원금을 더 마련해줄 것을 호소한 노력 덕분에 남침례교여성선교연합(Souther Baptist' Women Missionary Union)이 조직되었고, 1918년에는 선교 사역을 위해 남침례교 내에 선교 후원금을 위한 기구가 설립되었다. 전자는 남침례교 선교 사역에 막대한 힘을 쏟았고, 후자는 남침례교 총회에서 선교 사역 지원을 위해 10억 달러 이상의 모금 결정을 이끌어 냈다.

그리하여 19세기를 지나면서 서구 선교사들의 숫자가 놀랄 만큼 증가되었다. 그리고 선교 사역을 위해 서구의 문화를 포기하는 독신 여성 선교사들의 비율도 높게 증가하였다. 19세기 후반에 여성 스스로의 힘에 의해 중요한 선교회들이 창립되었고 후원되었으며 움직여졌다. 이 중에는 영국의 여성교육협회(Female Education Society)와 잉글랜드 제나나 교회선교협회(Church of England Zenana Missionary Society), 미국에서는 여성연합선교협회(Women' s Union Missionary Society)와 여러 개의 독일 루터파 여성봉사자회가 있었다.

선교에 대한 프로테스탄트의 관심이 증가한 것은 가톨릭과 정교회에 선교적 부흥을 일으키는데 기여했다. 그 결과 19세기에 이르러 교회가 존재한 이후 처음 수세기 동안 일어났던 것보다 더욱 폭넓고 더욱 확장된 기독교의 확산이라는 결과를 낳았다. 모든 대륙에서 중요한 기독교 종파들의 토착화 토대가 마련되어갔던 19세기는 저명한 선교사학자 케네스 스콧 라토렛(Kenneth Scott Latourett)이 언급한 대로 진정 '위대한 세기'(the Great Century)였다.

기독교 선교는 피흘림 없이 이룬 승리가 아니었다

그러나 초창기 수세기와 마찬가지로 이러한 타문화로의 선교는 희생 없이 이루어지지 않았다는 것을 기억할 필요가 있다. 기독교가 맨 처음 확산된 때처럼 19세기에도 선교사들과 새로운 그리스도인들이 치른 대가는 사뭇 컸다.

서구 역사가들은 당연히 선교사들의 불의의 죽음을 일단 강조한다. 그에 대해서는 수없이 많은 이야기가 있다. 시에라리온(Sierra Leone)에서 교회선교회(Church Missionary Society)가 사역한 첫 20년 동안(약 1805~1825) 50명의 남녀 선교사들이 죽었으며, 런던선교회의 존 윌리엄(John William) 부부가 1939년 남태평양 에로망가(Erromanga)섬에서 살해된 다음 먹혀졌다. 또한 성공회 사제 하닝톤(Hannington)은 1885년에 지금의 우간다 내지로 들어가다가 살해되었다. 그러한 이야기는 셀 수 없이 많다.

이처럼 비기독교 지역이었던 곳에서 죽임을 당한 선교사들의 기록 뿐 아니라, 사실 19세기와 20세기의 순교록은 대부분 두 세기 전 일본의 가톨릭 교도의 경우처럼 어린 신앙이었음에도 불구하고 죽음을 맞이했던 새로운 개종자들의 역사이다(1821년 무슬림에 의해 35,000명의 그리스와 터키 그리스도인들이 학살된 데서 볼 수 있듯이). 확실히 19세기에 그리스도인들에게 저질러졌던 포학한 일들은 오랫 동안 지속되어 왔던 적대감의 산물이었다.[9] 하지만 이와는 다른 순교가 다른 종파의 기독교도의 손에 의해 저질러지기도 했다. 1880년대 우크라이나의 정교회 교인들이 프로테스탄트 복음 전도자들에게 고통을 준 것이 그 예이다. 그러나 그리스도인들이 죽음으로 신앙을 지켰던 대부분의 사건들은 기독교의 복음이 아직은 낯선 곳에서 일어났다. 1851년 베트남에서 약 7만 명의 로마 가톨릭 교도의 순교, 그 세기 중반 수십 년 동안 마다가스카르에서 셀 수 없이 많은 그리스도인들의 순교, 1866년 한국에서 2만 5천 명의 가톨릭 교도의 순교, 1885년 인도지나에서 10만 명의 가톨릭 교도의 순교, 1900년 중국 의화단 사건 때 약 5만 명의 가톨릭 교도와 프로테스탄트의 순교 및 지구상의 많은 다른 지역에서 일어났던 여러 종파 그리스도인들의 죽음은 '순교자의 피는 교회의 씨앗'이라는 터툴리안의 말이 계속하여 현실임을 보여주었다. 그러나 숫자 뒤에 숨어있는 개인이 겪은 비화 – 영웅적이든, 애처로운 일이든, 비극적이든, 숭고한 일이든 또는 그 모든 일을 한꺼번에 겪었든지 간에 – 는 이제껏 주목되지 않았던 것으로 진지한 연구가 요청된다.

그 중 숨어 있는 일화를 간략히 소개해 본다. 1885년 5월 22일에 동아프리카 부간다(Buganda)에서 새로운 그리스도인들에 대한 공격을 유발시키는 사건이 일어났다. 당시 왕비 나루만시(Nalumansi)의 어머니가 왕비에게, 부간다 고대 종교에 은혜를 입었다는 존경의 상징인 왕비의 탯줄을 선물했다. 왕비는 탯줄을 잘라 멀리 던져버렸는데, 이 일은 이미 그리스도인들을 태우고 있었던 불에 기름을 끼얹은 꼴이 되었다. 그 후 그 불은 약 두 주 동안 무시무시하게 타올라 가톨릭 교도와 프로테스탄트 그리스도인 31명이 나무공고(Namugongo)에 있는 대규모 화형장에서 처형되었다. 그와 동시에 부간다 당국자들은 칼과 창으로 다른 그리스도인들을 처형할 것을 명령했다.[10]

이와같이, 선교의 위대한 시기에 기독교의 팽창은 피 흘림 없이 이룬 승리가 아니었다. 그럼에도 불구하고 이 일은 분명 승리라 할 수 있다. 1750

년과 1900년 기독교의 '전 세계적인 상황'(Global Status)에 대해 데이빗 바렛(David Barret)이 간단하게 요약한 것이 있다.

> 1750년 : 그리스도 이후 57세대(generation)가 지남. 세계 인구 중 22.2%가 그리스도인(그 중 85.2%가 백인). 25.8% 지역에 복음이 들어감. 60개 언어로 인쇄된 성경이 사용됨.
>
> 1900년 : 그리스도 이후 62세대가 지남. 세계 인구 중 34.4%가 그리스도인(그 중 81.1%가 백인). 51.3% 지역에 복음이 들어감. 537개 언어로 인쇄된 성경이 사용됨.[11)]

기독교 신앙의 지역적 토착화(Local Indigenization)

19세기 초부터 활발해진 서구의 선교 사역은 세계 기독교 역사에서 매우 큰 역할을 했는데, 특히 비서구인들에게 기독교를 그들의 방식으로 수용하게 했다는 데 큰 의의가 있다. 그러한 기독교 수용은 그리스도인의 수적 팽창과 문화적 영향력에 있어 최근 두 세기 동안의 기독교 역사에 참으로 중요한 성장을 보여주었다. 더욱이 서구의 선교와 기독교의 토착적 수용 사이를 연결하는 것은 복잡한 일이다. 때로 새로운 교회들은 선교 사역을 펼친 선교사의 모습과 강조점을 그대로 반영한다. 세계의 3분의 2 지역에 교회들이 세워지면서 매우 흔하게 경험되어진 신앙은, 선교사들이 소개한 신앙과(때로는 난해하게, 때로는 보다 분명하게) 다른 것이다. 덧붙여 언급할 것은 점점 더 수많은 지역에서, 전체적으로 볼 때 '서구' 기독교와 관련이 없는 토착 기독교 공동체가 세워졌다는 점이다. 선교학자 데이빗 바렛이 '백인이 아닌 토착 그리스도인'이라 부른 많은 신자들은 20세기를 지나는 동안 단숨에 크게 증가하였다. 1900년에 천만 명이 못 되었는데 1997년에는 거의 2억 명이 되었다. 이후 1910년 에딘버러선교대회 같은 대규모 선교대회에 보고된, 지축이 흔들릴 만한 성장은 기독교 수용의 다양한 과정을 보여 주었다. 그러나 이러한 성장을 이끈 것이 로마 가톨릭의 새로운 적응이든,

프로테스탄트의 새로운 형태이든, 전적으로 새로운 교회이든 간에, 그것은 세계 기독교 역사에서 가장 최근의 중요한 사건이 된 기독교 신앙의 타문화로의 확산이 얼마나 중요한지를 인식하는 것보다는 덜 중요하다. 아프리카에서 있었던 네 가지 사례는 선교 사역과 기독교 현지 수용 사이에 있었던 다양한 관계뿐 아니라 지난 두 세기 동안 다양하게 전개된 기독교 토착화를 보여준다.

사무엘 아자이 크로우더(Samuel Ajayi Crowther, 약 1807~1891)의 생애를 보면 19세기 기독교화에 대한 가능성과 위험성 및 서구 선교사들의 관대함과 편협함이 드러난다.[12] 크로우더는 요루바란드(Yorubaland, 현재 나이지리아 서부)에서 태어났다. 아프리카 노예 상인들에게 잡힌 그는 포르투갈 상인에게 팔려 대서양을 횡단하였다. 그러나 영국 해군 함대에 의해 구출되어 1822년 시에라리온의 프리타운(Freetown)에 상륙하였다. 이 서부 아프리카 지역은 아메리카에서 돌아왔거나, 팔려가기 이전의 노예들을 위한 항구로 사용하기 위해 영국의 복음 전도자들이 세운 곳이다. 시에라리온에서 크로우더는 회심했고, 그곳과 잉글랜드에서 교육받고, 1843년에 헨리 벤(Henry Venn)의 교회선교회(Church Missionary Society, CMS)와 함께 사역하기 위해 성공회 목사로 안수받았다. 크로우더는 이전에 노예였던 사람들을 고향인 요루바란드로 돌려보낸 성공적인 선교 사역을 펼친 지도자들 중 한 명이었다. 그곳에서는 곧 활기찬 기독교가 등장하였다. 요루바(Yoruba) 그리스도인의 신앙은 분명 복음주의 성공회 형태를 가진 프로테스탄트였다. 그러나 그 역시 전통적인 요루바 종교에 성공적으로 연결된 많은 증거를 지니고 있다. 요루바 종교의 중요한 부분이었던 꿈은 많은 사람들이 그리스도에게로 회심하는데 중요한 역할을 하기도 했다. 모든 종류의 신을 수용했던 요루바에서 기독교의 하나님(그는 오루런 Olurun이라 불렸다. 이는 창조자를 지칭하는 요루바의 전통적인 이름이다)을 소개하는 일은 결코 문제되지 않았다. 요루바 사람들은 크로우더와(많은 사람들이 시에라리온에서 온 그를 좋아했다) 재능 있는 아프리카 성직자들의 숙련된 리더십 아래 그리스도인이 되었다. 그들은 더 나아가 전통적으로 숭배하던 이파스

성공회의 니제르 지역 선교의 수장인 사무엘 크로우더(Samuel Crowther). 이 사진은 1888년에 찍은 것이다. 해리스는 서부 아프리카의 복음 전도자로 설교와 세례를 행하였고 우상 숭배를 공격했는데, 이 일로 그는 더 이전에 사역했던 크로우더처럼 그 당시에 가장 중요한 인물이 되었다.

(Ifas)와 오리사(orisa) 신상을 파묻고 파괴하는 일에 동의하였다.

크로우더의 지도력과 영적 성숙이 두드러짐에 따라 1804년 헨리 벤은 크로우더의 성공회 사제 안수를 주선하였다. 그러나 CMS는 크로우더에게 요루바 교회를 맡기기보다 니제르강을 따라 선교할 것을 지시하였다. 이 일은 크로우더에게 다양한 언어를 사용하고 있는 부족들과 이슬람 영향하에 있는 지역들을 떠맡기는 힘든 사역이었다. 그럼에도 불구하고 크로우더는 이 사명을 부지런히 감당하였다. 특히 무슬림에 대한 그의 신중한 접근은 주목할 만한 것이었다. 즉 크로우더는 코란과 성경 사이에 공통되는 부분들을 많이 찾아냈다. 그는 그들이 부적처럼 그것을 사용하는 것을 피할 수 있을 때까지 성경적 훈련과 성경을 사용하는 데 신중을 기했다. 또한 크로우더는 인용한 성경의 거의 모든 구절에 대해 변증서를 만들었다. 그러나 결과적으로 크로우더는 니제르강 유역의 사역에서 실패했다. 왜냐하면 이 일이 거의 불가능한 일이었고, 아프리카인 동역자를 충분히 얻을 수 없었기 때문이었다(니제르강을 따라 사역하였던 선교사들이 대부분 쉽게 죽었기 때문에 유럽 선교사들은 도움이 되지 못했다). 그리고 영국 상인들에게 어쩔 수 없이 의존함으로써 사람들에 의해 좌우된 것도 이유 중 하나였다. 그 상인들은 궁극적으로 문명화나 기독교 신앙보다는 독주 판매에 더 많은 관심을 기울였다. 결국 한 훌륭한 인물이 비극적인 대단원을 맞게 되었다. 1890년 크로우더는 일단

월리엄 와드 해리스

의 젊은 영국 선교사들에 의해 그가 갖고 있던 교회적인 권위를 박탈당했다. 그들은 영국의 제국주의적 이상에 별 생각 없이 헌신했고, 독특한 영성의 융통성 없는 비전에 의해 고무되어 있었다. 크로우더는 기독교 신앙의 아프리카화를 위해 진정으로 의미 있는 발걸음을 내디뎠으나, 그의 사역은 그것을 현실화시키기보다는 장래의 가능성을 남겼다.

복음주의적인 성공회 이념을 토착화시키려 했던 크로우더의 노력은 좌절되었다. 그러나 보다 성공적인 것으로 증명된 다른 운동들은 진행되고 있었다.

1910년 월리엄 와드 해리스(William Wad Harris, 약 1860~1929)가 라이베리아 감옥에 투옥되었는데, 왜냐하면 그 나라의 아프리카계 아메리카 정부를 아메리카의 영향보다 영국의 영향을 선호하는 지도자들로 대체하려는 일을 지지했기 때문이었다.[13] 해리스는 감리교 교육을 받으면서 성장했고, 얼마간 감독교회에서 가르치기도 했는데, 그는 감옥에서 가브리엘 천사를 만났다. 천사는 정결한 빛을 발하는 커다란 파도 속에서 해리스에게 마지막 시대의 예언자로서 복음을 전할 것과, 그 지역의 아프리카 전통 종교인 미신들을 파괴할 것, 기독교 성사를 받으려는 모든 사람들에게 즉각 세례를 베풀 것(선교사들은 회심자들에게 세례를 베풀기 전에 장기간의 교리 교육을 받게 하는 것이 관례였다), 그리고 흰 의복을 입고 서구 복장을 벗어버릴 것 등을 말하였다.

성공회 사제 크로우더

다음의 글은 1854년 10월 19일 사무엘 크로우더의 일기에서 발췌한 것 중 일부이다. 그는 니제르강 유역과 인근 서아프리카 지역 탐험에 관해 적었다.

나는 그(판다 Panda족의 왕인 임마하의 오가라 Ogara of Yimmaha)에게 이 나라와 무역을 하는 경우, 그가 자신의 백성에게 하나님의 책이 가르쳐지고 우리들이 백인 나라에서 하는 것처럼 하나님 숭배하는 법을 배우게 하고 싶어 하는지를 물었다. 왜냐하면 이 두 가지 일들이 영국을 위대하게 만들었고, 동시에 그것들을 받아들이고 채택하는 뭇 나라들에게 평화와 번영을 가져다 줄 것이기 때문이었다. 나는 그에게 동일한 일이 아보(Aboh) 족의 추장들과, 이가라의 아타(Atta of Igara)족과 그 통치자들과, 바이바이(Baibai)족과 주쿠(Djuku)족과 관련 있는 하마루와(Hamaruwa)족의 모하마(Mohamma)왕에게도 제안되었다고 말했다. 그리하여 그들 모두가 기꺼이 교역하려 했고, 그들의 백성들이 하나님의 책을 배울 것이라고 말했다. 따라서 나는 그가 그 일에 대해 무어라 말할 것인지를 알고 싶었다. 그는 교역은 그들의 주요 활동이며, 전쟁이 종식되기를 간절히 바라며, 그의 백성들이 교역할 것이고 하나님의 책을 배울 것이라고 대답하였다. 그는 우리가 경배하는 하나님으로부터 많은 축복과 장수의 복을 받기를 소망했다. 그는 그 자신이 무역업자라고 말했다.[2]

해리스는 감옥에서 풀려나온 후, 아이보리 코스트(Ivory Coast, 라이베리아 동쪽)에서 새로운 소식을 전파하기 위해 라이베리아(Liberia)를 떠났다. 때는 1913년 7월이었다. 그가 끼친 영향은 놀랍고 극적이었다. 수많은 사람들이 그의 메시지에 반응하였고 열정적으로 그의 권고를 따랐으며, 해리스가 정기적으로 개종자 공동체에 임명했던 열두 명의 사도가 중심이 되어 자신들의 지방에 기독교 생활 공동체를 조직하였다. 그러나 해리스는 회심자들이 유럽 선교사들이 이끄는 교회들에 다니기를 권장하기도 했다. 회심자들은 해리스가 전했던 그리스도 중심의 열정적인 메시지뿐 아니라 이를 지탱해 주는 능력에 의해 감동받았다. 많은 사람들이 치유 받았다는 소식이 전해졌다. 식민지 행정관들 중에서 해리스의 일을 방해한 후에 갑작스레 죽었다는 이야기도 나돌았다. 또한 우상을 파괴했다고 주장한 후 세례를 받았으나 단지 그것들을 파묻은 데 불과했던 사람들에게 갑작스레 닥친 죽음의 이야기도 알려졌다. 아이보리코스트와 골드코스트(the Gold Coast), 그리고 인근 지역에 있는 가톨릭과 프로테스탄트 교회는 교인이 되려는 수많은 아프리카인들로 가득 채워졌다(유럽 선교사들의 교회로 들어가지 않았던 회심자들은 자동적으로 해리스파 교회를 형성했다). 선교사들은 해리스가 일부다처제에 대해 묵인하는 것을 좋아하지 않았지만, 대체로 해리스와 그의 동료들이 일반적으로 선교사들이 실패한 지역에서 풍성하게 거둔 수확에 대해 기뻐하였다.

그가 회심자들을 선교사의 교회로 보내기도 한 것을 볼 때, 윌리엄 와드 해리스의 기독교 신앙 형태는 철저하게 토착화된 것은 아니었다. 왜냐하면 그가 의식적으로 회심자들을 선교사들의 교회로 들어가게 한 것은 분명히 그의 운동에 서구적인 흔적을 보여주기 때문이었다. 그럼에도 불구하고 그의 선교 사역은 새로운 토양에 기독교가 뿌리박는 실례를 보여주었다. 서아프리카 기독교에 대한 선구적 연구자인 데이빗 샹크(David Schank)는 해리스가 시작한 '새로운 토착 평신도 종교운동'을 다음과 같이 요약했다. "수십 개의 인종 집단을 아우르고 다양성 가운데 새로운 형태의 통일성을 포함시켰다. 즉 한 하나님, 한 분 하나님 중심의 율법(십계명), 하나의 날(주일),

하나의 책(성경), 하나의 상징(십자가), 하나의 세례('우상'과의 단절), 하나의 예배 장소, 하나의 제도('12사도'에 의해 인도되는 교회)가 그것이다." 샹크의 말에 따르면 새로 나타났던 해리스파 독립교회뿐 아니라 해리스가 회심자들을 보낸 선교사들의 교회는 "분명히 해리스의 흔적에 의해 특징지어진 것이었다. 그 흔적이란 한 하나님을 기초로 강력한 우상 반대와 희생 제물을 대체한 기도 및 전통 음악, 춤의 사용, 전례 도구로 십자가와 성경과 호리병 박(박의 일종)과 세례식 용기 등의 사용, 그리고 해리스의 모형을 따르는 전례복, 전도자들이 단 한 명의 부인을 갖는 전통적인 결혼 관습, '열두 사도'에 의한 행정, 그 지방 회중 내에서 뽑힌 자비량 전도자들"이다.[14] 아프리카에 기독교를 접목시킨 해리스의 방식들은 유일한 방법은 아니었지만 여하간 그는 특별한 유산을 남겼다.

또 다른 토착화 형태는 남부 수단의 백나일강 동부 지역에 살고 있는 보 딩카(Bor Dinka)족에서 발생했다.[15] 이 종족을 향한 기독교 선교는 1906년에 시작되었다. 그러나 사역이 시작된 지 70년이 지났지만 성공회의 교회선교회(Church Missionary Society, CMS)는 이렇다할 성과를 거두지 못했다. 그러나 1970년대부터 시작되어 80년대와 90년대에 가속도가 붙은 수단 감독교회 주도 하에 기독교가 강력한 힘으로 팽창하였다. 그러나 이러한 팽창을 둘러싼 외부 상황들은 비극적이었다. 왜냐하면 딩카족이 북부 수단의 여러 무슬림 종파와 내전을 치렀기 때문이었다. 딩카족은 생활 기반을 상실하는 커다란 고통을 겪었다. 그들은 경작에 필수적인 소떼를 빼앗겼고, 수많은 사람들이 조상의 땅에서 쫓겨나야 했다. 이러한 환경에도 불구하고 기독교 신앙은 정확하게 뿌리내렸다.

그러나 이 일은 특별하게 보 딩카족의 방식으로 행해졌다. 새로운 딩카족 교회와 회심자의 무리가 모습을 드러내는 곳에서는 어디에서든지 십자가를 볼 수 있었다. 십자가는 특히 성스런 날에 펼쳐지는 거대한 행렬 속에서 나타났다. 마크 닉켈(Marc Nikkel)은 "그들의 십자가는 두꺼운 나무로 만들어져 군중들 속에서 물결치며, 함께 부르는 찬양의 박자에 맞추어 하늘을 향해 들려졌다"고 묘사했다.[16] 첫째, 보 딩카족의 삶에서 십자가가 중시된 것은 기존 문화 형태가 기독교화 되었음을 보여준다. 왜냐하면 역사적으로 볼 때 딩카족은 다양하게 깎아 만든 보행막대, 지팡이, 곤봉 등을 사용했기 때문이었다. 딩카족 회심자들에게 기독교의 상징물은 전통문화의 형태를 충족시켰다.

둘째로, 딩카족의 십자가 수용은 목회 신학의 강력한 표현이기도 했다. 신선하고 토착화된 찬양의 성대함에서 나타나는 것처럼 십자가는 이제 위대한 힘을 뜻하는 포괄적인 실재였다. 십자가는 사악한 영들인 야크(jak)에 대항하여 그리스도인을 보호한다. 십자가는 회심을 뜻하는 세례에서 큰 의미가 있음을 보여준다. 찬양 속에서 십자가는 경배와 보호를 위해 높이 치켜든 기장이나 깃발이 된다. 십자가는 그리스도를 대표하여 위대한 신, 느히알릭(Nhialic)을 딩카족에 접근시킨다. 여기에서 그리스도의 고난은 분명히 주관적으로 수용되었다. 십자가는 므옌(mën), 즉 넓게 둘러싸여 있는 딩카족의 가축 우리를 지탱하는 견고한 중심 기둥으로 일컬어졌다. 그리고 십자가는 그 방어력에서 볼 때 최근에 매우 현저하게 약화되었던 고대의 야크(단수는 jok)를 대신하는 유력한 영(Spirit)의 상징이 된다. 메리 니안루아크 렘 볼(Mary Nyanluaak Lem Bol)이 작곡한 찬송은 십자가가 절망적인 시기에 딩카족 문화로 깊이 스며들었음을 보여준다.

느히알릭_ 느히알릭은 '위'를 뜻하는 말로, 인간을 창조했고 정의의 원천으로 재앙을 버리는 최고의 신이다.-역자주

> 우리는 십자가를 질 것이다. 우리는 십자가를 지고 갈 것이다.
> 십자가는 사악한 요크(jok)에게는 총이다.
> 십자가로 사악한 요크를 멀리 몰아내자.[17]

보 딩카족의 기독교 수용은 아프리카의 다른 사례와 마찬가지로, 과거 한 세기 반에 걸쳐 비서구 지역에서 일어난 믿기지 않는 많은 이야기들 중 극히 적은 부분만을 보여줄 뿐이다. 로마 가톨릭이 아프리카, 라틴 아메리카, 아시아의 전통 종교 형태에 접목된 이야기 그 자체가 커다란 주제이

다. 왜냐하면 가톨릭의 제도는 20세기의 전 세계를 가장 폭넓게 대표하는 기독교 형식이기 때문이다. 그러나 이와 유사하게 라틴 아메리카와 아시아 여러 지역에서 프로테스탄트가 새롭게 활발한 사역을 전개했는데, 그 방법에 대한 전체 범주를 통계화 하는 민감한 능력이 요청된다. 즉 2백 년 전 또는 백 년 전 또는 50년 전에 기독교 신앙이 전혀 존재하지 않았던 지역에서 기독교를 토착화시킨 방법 등에 대한 통계이다. 이 개별적인 선교 이야기의 많은 부분이 선교사의 진취적 사역에 대한 이야기이지만, 새로 기독교화된 지역 등 선교사의 진취적인 사역이 큰 역할을 했던 지역에서조차도, 그 선교 이야기의 절정은 필연적으로 그 지역에 믿음이 정착하게 된 이야기이다.

기독교 역사에서 선교의 의미

1910년 에딘버러선교대회는 기독교 역사에 있어 위대한 터닝 포인트이다. 왜냐하면 그 대표자들이 행한 사역보다 세계 도처로 기독교가 확산된 것과 관련한 자각이 시작된 상징적인 순간이었기 때문이다. 지난 한 세기나 두 세기에 걸쳐 일어난 일들은 기독교 초기의 타문화권 전도가 의미했던 것만큼이나 기독교의 미래에 있어 많은 의미를 준다. 20세기와 초기 기독교 확산의 주된 차이점은 초기 기독교는 대체로 획일적으로 시작되었고, 획일적인 문화로 수용되었다는 데 있다. 초기 신약성경 시대의 유대 기독교가 더 넓은 지중해 세계의 헬레니즘 문화로 '번역되어 이동'(translation)되었을 때, 그리고 그 후 헬레니즘적 기독교가 유럽 북부의 부족사회로 번역되어 이동되었을 때 그 결과는 실로 위대했다. 최근 수세기 동안 나타난 차이점은 교회가 동시에 여러 방향으로 발달하고 있다는 것이다. 아프리카와 아시아에서의 초기 기독교 공동체는 이 새로운 팽창을 위한 씨앗이었다. 그러나 그것을 초래한 커다란 추진력은 근대 서구의 선교적 노력이었다. 세계 여러 곳에서 동시에 진행되었던 지역적인 정착 과정은, 기독교 역사에 있어 함축하는 의미가 매우 크다.

같은 시기에 지구의 여러 다른 지역에서 기독교 신앙이 그렇게 다양하게 번역되어 이동된 것이 단지 무질서하게 보일 수도 있다. 특히 자신들의 기독교 경험이 기독교의 오랜 서구적 정착에 깊이 뿌리박은 경우에 더욱 그렇게 생각할 수 있다. 기독교 신앙이 그렇게도 많은 세계의 문화 속으로 동시에 번역된 것이 무엇을 초래할 것인지는 하나님만이 아신다. 그러나 오랜 역사적 시각으로 볼 때, 상당한 신뢰를 가질 수 있다. 스코틀랜드 선교사가(史家) 앤드류 월즈(Andrew Walls)는 "그리스도가 우리의 다양한 민족적 정체성을 형성하는 다양한 사고 형태와 생활 체계로 더 많이 번역될수록, 우리 모두가 공통적인 기독교적 정체성으로 더욱 풍요로워지게 된다는 사실은 즐거운 역설이다"라고 표현하였다.[18)]

지나고 보니 1910년 에딘버러에 모였던 대표자들이 전 세계로의 기독교 확산이 스코틀랜드 연합자유교회 예배실 안에서의 모습과 거의 같은 신앙을 복제하게 될 것이라고 생각했다는 점에서는 어리석었을지도 모른다. 그러나 그들이 기독교 확산의 실재에 관해 낙관적인 시각을 가진 것은 결코 어리석은 일이 아니었다. 서구 기독교의 그 호소는 곧이어 제1차 세계대전, 러시아혁명, 만연된 상업적 물질주의, 그리고 여타의 문화적 재난 때문에 힘을 잃었다. 그러나 에딘버러선교대회의 대표자들 자체가 문화적으로(좀 멀긴 하지만) 그들 조상들에게 번역되었던 기독교의 산물이다. 그 때문에 그러한 그들의 존재는 역시 타문화로 전달되었던 신앙으로부터 발생할 수 있는 생동감을 보여주었다. 에딘버러에서 제시되었던 선교적 소명은 그 본분을 다했는데, 그것은 그야말로 그리스도의 사람들에 의해 진행되었다는 점에서 중요한 터닝 포인트로 기록될 것이다.

다음의 감사 봉헌은 수단 남부 보 딩카족의 집단 회개의식에서 전형적으로 드려진 세 개의 기도 중 마지막 의식이다. 그 의식은 조상의 영들인 야크(jak)를 파괴하고, 하나님(God)인 느히알릭(Nhialic)을 믿으려는 의지를 서술한 내용으로 되어 있다. 조상의 사당을 파괴하면서 치러지는 이 의식에는 세례, 여러 개의 십자가와 십자가가 새겨진 깃발을 앞세운 행진, 신약성경 읽는 일, 설교, 찬송, 파괴된 성유물이 있었던 곳에 십자가를 두는 일, 회심자에게 십자가와 신약성경을 선물하는 일, 그 외 여러 기도가 포함된다. 이 전체 예배는 십자가의 보호와 권위 아래서 새로운 생명이 시작됨을 보여준다.

> 오, 느히알릭이신 성부, 성자, 성령님, 이 가족을 당신의 양 무리에 넣어주심에 감사드립니다. 우리는 이제 그들을 당신의 돌봄에 맡깁니다. 구하오니 그들에게 당신의 힘을 부여하시고, 당신이 계속적으로 임재하며 그들과 함께 거함을 확신케 하소서. 당신의 권세로 야크(jak)는 뿌리 뽑혀 내동댕이쳐졌습니다. 이제 당신의 위대하고 거룩한 요크(Jok)로 옛 세력을 바꾸셨습니다. 당신의 자녀들에게 완전한 안전과 이 사실에 대한 믿음을 주소서. 이제 이 집은 당신이 거하는 곳이 됩니다. 왜냐하면 그리스도의 표징인 당신의 십자가가 여기에 심어졌기 때문입니다.[19]

한 잔의 차를 나누며

독자들에게 알림 : 아래 적힌 질문 외에 본문 서두의 '개괄적인 질문들'(36~37쪽)을 다시 살펴보기 바란다.

1. 어떤 점에서 에딘버러선교대회는 '한 시대의 종식' 인가? 왜 저자는 에딘버러선교대회를 터닝 포인트라 여기는가?

2. 대회 기간 동안 제기된 신학적 주제는 무엇이었는가? 이 항목들은 선교 주제와 어떠한 관련이 있는가?

3. 저자의 판단에 따르면 성공적인 선교에서 취할 필요가 있는 중요한 조치는 무엇인가? 이러한 일은 에딘버러선교대회 이후와 비교할 때 왜 이전 선교 활동에서는 덜 행해졌는가?

4. 18세기 선교 활동이 부진했던 이유를 생각해 볼 때, 왕성한 선교 활동을 위해 교회 내에 존재할 필요성이 있는 중요한 내용은 무엇이라 보는가?

5. 19세기와 20세기 초 선교를 위해 노력한 핵심 인물들에 대해 논의해보라. 이 사람들이 공통적으로 지닌 특징은 무엇이었는가?

6. 여러 선교 선구자들의 사례를 볼 때, 기독교의 지역 정착화의 성공에 필요한 중요한 내용은 무엇이라 보는가?

오늘날 교회에 적용할 점

1. 이 기독교 정착화의 과정이 우리의 복음 전도에 줄 수 있는 메시지는 무엇인가?

2. 증가하는 지구상의 교회는 그리스도를 믿는 신앙을 표현하기 위해 사용하는 이미지나 말에 대해 무엇을 보여주는가?

3. 기독교 선교는 앞으로 50년간 어디에서 활동을 집중할 것이라 생각하는가?

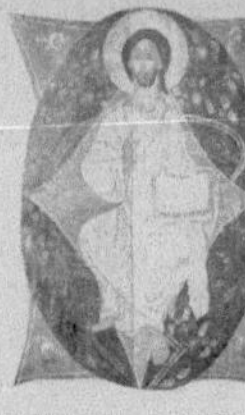

Turning Point 13

오늘 | 계속되는 전환점들

20세기에 계속되는 전환점들

20세기에 계속되는 전환점들

20세기 기독교에서 가장 크게 흥분되는 일은 1950년대 이래 계속해서 찬송이 폭발적으로 풍성해진 것이다. 은사주의적인 예배의 영향, 기독교를 새로운 신앙으로 받아들인 문화와 언어에 맞는 적절한 찬송의 제공, 찬송 자료로서의 성경으로 대대적인 방향 전환, 교회적 배경이 없는 사람들에게 영향을 주려는 서구의 관심 등은 현대를 기독교 찬양 역사에 있어 가장 활기찬 시대로 만든 몇몇 요소일 뿐이다. 새로운 음악의 범람에 따라 생길 수 있는 위험은, 그로 인해 역사적 찬송의 엄청나게 풍부한 보화가 소홀하게 취급될 수 있다는 점이다. 그러나 주님을 찬양하는 노래가 지방 관용어와 당시 상황을 나타내는 감각으로 불려지는 것 자체가 장점이다.

아래 글은 20세기 말, 전 세계에서 찬송 작시가 풍부하게 쓰였음을 보여주는 수많은 찬송 중 하나이다. 이 찬송 작시자는 린도마 모레이라 다 실바(Lindomar Moreira da Silva)이다. 그는 이 찬송 작시 당시에 브라질 북동부 내지 깊숙이 자리잡은 마란하오 지방의 부리티쿠푸(Buriticupu)에 있는 복음주의적 프로테스탄트 교회의 교인이었다. 이 곳은 북아메리카, 유럽, 세계의 다른 선진 지역에서 당연하게 생각되는 평안함은 거의 없고, 경제적 번영의 기회도 생각할 수 없는 지역이다. 그가 1990년대 중반에 이 찬송을 썼을 때, 그는 어머니와 일곱 명의 다른 형제들과 함께 네 개의 방이 있는 집에서 살고 있었다.

다시는 이전처럼 낙심하지 말라.
예수 그리스도가 이미 당신에게 주신 것이 있으니
평화, 사랑, 그리고 기쁨이다.
그러나 환락의 세계는 아니니

그리로 돌아보지 말라.

예수 그리스도께서 당신을 죄에서 구원하셨으니,

이제는 더 이상 거치는 것이 없는 앞을 바라보라.

찬양하면서 실망하지 말라.

그분의 능력과 은혜로 모든 낙심은 물러갈지니

예수께서 우리에게 승리를 주시며,

우리는 함께 면류관을 쓰게 되리라.[1]

1910년 에딘버러선교대회를 논외로 한다면, 이후의 역사가들이 기독교 역사 중 20세기에 가장 중요한 터닝 포인트라 여길 만한 것은 무엇일까? 교회의 긴 역사에서 중요한 터닝 포인트를 결정짓는 것은 어렵고 주관적인 일이다. 또한 최근에 일어났던 사건에서 주요 터닝 포인트를 발견하는 일은 더욱 어렵고, 상당 부분 주관적인 판단에 의존한다. 기독교의 터닝 포인트를 탐색하는 데 가장 안전한 방법은 기독교 신앙을 심오하게 했거나, 기독교를 팽창으로 이끌었거나, 혹은 둘 다를 야기한 사건과 상황들을 찾는 것이다. 전 세계에 걸쳐 그러한 다양한 성격의 사건들이 많이 있어왔기에 그 탐색 또한 수없이 많은 방향으로 모색될 수 있다.

제도적으로 아주 분명하고 문서가 잘 갖추어진 운동은 확실히 중요한 것이 된다. 예를 들어 1948년 세계교회협의회(World Council of Churches)의 창설과 그에 따른 기독교적 성장은, 기독교적 사상과 관습 안에서 서로 협력하기 위해 더 이전의 프로테스탄트 교회들이 행한 중요한 노력들에 주의를 기울인 점이다. 이와 마찬가지로 미국에서, 또한 라틴아메리카와 아프리카, 그리고 여타 지역에서의 '근본주의' 운동의 등장은 최근 역사가들과 여러 비평가들의 진지한 관심거리가 되었다. 150개국에서 2,750명의 대표가 참석한 1974년 로잔 세계복음화대회(Lausanne Congress on World Evngelization)처럼, 독립적인 기독교 집단들을 연결하는 느슨한 조직의 운동들조차도 기대할 만큼은 아니었지만 어느 정도 주목을 받았다. 그러나 그와 같은 운동과 관련된 기구들이 지금까지 행해온 것보다 더 심오하고 지속적인 영향력을 행사하고 있지 않다면, 후대의 역사가들이 그러한 기구들의 창설을 20세기의 가장 중요한 사건이라고 여길지 의문이다.

동일한 기준이 개인들에게 적용될 수 있다. 남녀를 분문하고 모든 그리스도인들은 20세기 전 기간에 걸쳐 여러 다른 방법과 형태로 특별한 영향력을 행사하였다. 그러한 사람들의 목록을 작성하려 할 때도, 그 목록 작성자들은 선입견의 영향을 받기 쉽다. 그것은 하나님을 위한 위대한 사역이 종종 인정받지 못하고, 잘 알려지지 않고 행해진다는 기독교 진리를 모호하게 만들 수 있다. 여기서 중요한 차별성을 갖는 내가 선별한 인물 목록은, 북아메리카인이며 복음주의적 프로테스탄트 그리스도인인 나의 시각의 영향을 배제할 수는 없겠지만, 그 목록이 만약 합리적이지 않다는 결함을 지닌다면, 이는 교회의 실제적 삶에서 나온 문제라기보다는 저자의 여러 한계에서 나타난 문제일 것이다.

- 그러한 인물로는 러시아 출신으로 작가 알렉산더 솔제니친(Aleksandr Solzhenitsyn, 1918~), 침례파 비국교도 게오르그 빈스(Georgi Vins,1928~), 순교자인 정교회 사제 알렉산더 멘(Alexksandr Menn, 1935~1990).
- 러시아 출신 망명자인 정교회 신학자 게오르그스 프로로프스키(Georges Florovsky, 1893~1979).
- 잉글랜드 출신으로 '순전한 그리스도인들'(mere Chrstians)인 체스터톤(G. K. Chesterton, 1874~1936)과 루이스(C. S. Lewis, 1898~1963), 극작가이며 신학자인 도로시 세이어즈(Dorothy L. Sayers, 1893~1957), 그리고 학자인 성공회 복음전도자 존 스토트(John R. W. Stott, 1921~).
- 알바니아 출신으로 죽어가는 자를 위해 일한 수녀 마더 테레사(Mother Teresa, 1910~1997).

- 미국 출신의 복음전도자 빌리 그래함(Billy Graham, 1918~), 시민운동 지도자 마틴 루터 킹(Martin Luther King Jr., 1929~1968), 가톨릭 편집자이며 사회 개혁가 도로시 데이(Dorothy Day, 1897~1980).
- 스위스 출신 두 명의 신학자로 프로테스탄트인 칼 바르트(Karl Barth, 1886~1968)와 가톨릭교도인 한스 울스 폰 발타자르(Hans Urs von Balthasar, 1908~1988).
- 로마 가톨릭의 특별한 지도자인 교황 레오 13세(Leo XIII, 1878~1903), 요한 23세(John XXIII, 1958~1963), 요한 바오로 2세(1978~2005).
- 독일의 목사이며 신학자인 순교자 디트리히 본회퍼(Dietrich Bonhoeffer, 1906~1945).
- 기독교 정치 지도자로서, 무교회파(non-ecclesiastical) 프로테스탄트인 체코슬로바키아의 토마스 마자릭(Toms Masaryk, 1850~1937), 가톨릭 교도인 독일의 콘라드 아데나우어(Konrad Adenauer, 1878~1967), 장로교인인 미국의 우드로우 윌슨(Woodrow Wilson, 1856~1924) 등이 있다.

마땅하게 주어져야 할 자에게 명예가 주어졌다 하더라도, 이들 개인들 중 어떤 한 사람이나, 더 균형잡힌 편집에서 주목받을 수 있는 다른 사람들이, 20세기의 기독교 이야기를 논하는 데 있어 세계적인 중요성을 갖게 된다면 놀라운 일이 될 것이다.

20세기의 터닝 포인트를 결정하는 데 있어 더 좋은 방법은 대규모의 세계적 사건이나 경제적, 사회적 변화에 기독교가 어떻게 대응했는가를 살피는 일일 것이다. 가장 잔인한 전쟁의 세기를 아주 집약적으로 보여주는 두 번의 세계대전은 좁은 의미에서 보면 교회사적인 사건은 아니었다. 그러나 이들 전쟁은 중요한 기독교의 성장(예를 들어, '기독교 유럽'의 도덕적인 정통성이 파괴된 점이나 미국의 세계 지배와 그 일로 기독교가 특별하게 표현되는 일이 급하게 부각된 일)과 많은 관련이 있다. 동일한 일이 러시아와 중국혁명에서 언급될 수 있다. 왜냐하면 두 나라의 혁명은 이 두 국가뿐 아니라 세계의 나머지 수많은 나라의 기독교적 삶에 커다란 영향을 끼쳤기 때문이다. 라디오, 텔레비전, 영화의 발달과 더불어 세계 경제의 팽창, 최근 컴퓨터가 주도하는 통신의 급격한 증가는 그리스도인들이 이러한 도구를 사용하는 데 의존하게 될 때, 20세기 기독교 역사에서 매우 큰 의미를 지닐 수 있다.

내가 아래에 기술한 터닝 포인트로서의 가능성이 있는 다섯 가지 항목은 가장 중요한 것이라 할 수 있다. 그것들이 20세기의 가장 중요한 성장이 아니라 할지라도, 이를 묘사하게 되면 더욱 커다란 의미를 가진 사건이나 상황들을 식별하는 데 도움을 줄 것이다.

1. 아주사 부흥운동으로 시작된 오순절 운동의 확산
2. 시대적 필요에 반응한 제2차 바티칸공의회
3. 더욱 두드러지고 잘 알려진 여성 리더십의 등장
4. 왕성해진 성경 번역의 결실
5. 공산 정권의 박해 속에서도 살아남은 기독교

아주사 부흥운동으로 시작된 오순절 운동의 확산

20세기 기독교 역사에서 중요한 성장 가운데 하나는 확실히 전 세계 도처에 역동적인 힘으로 오순절 운동이 등장한 것이다. 1900년에 신약성경에 기록된 초기 그리스도인들과 유사한 성령의 특별한 은사를 체험한 그리스도인들은 겨우 몇몇에 불과했다. 그러나 20세기 끝무렵에는 5억 명 정도나 되는 많은 사람들(전 세계 기독교 신자의 4분의 1 이상)이 오순절파(Pentacostal)이거나 성령은사파(charismatic)로 규정될 수 있었다[2](보통 이 둘의 차이는 오순절파는 성령의 기적적인 은사를 특별히 강조하여 교회 내에 조직된 것이고, 성령은사파는 성령의 사역에 대한 지식을 공식적으로 인정하지 않는 교회 내에서 은사를 행하는 그리스도인을 말한다).

성령 세례의 증거로서 방언을 특징으로 하는 오순절 운동은 보통 1906년 캘리포니아주 로스앤젤레스 아주사(Azusa)가(街)의 사도적 신앙 복음선교회(Apostolic Faith Gospel Mission)에서 시작된 부흥 운동으로부터 시작되었다. 그 해에 온화한 기질의 아프리카계 아메리카인 전도자 윌리엄 세이무어(William

이 세례가 베풀어진 브라질에서는 1911년에 18명이던 오순절파의 숫자가 1993년에는 1400만 이상으로 증가하였다.

J. Seymour, 1870~1922)는 장기간에 걸친 밤 집회를 시작하였다. 곧 세계 도처에서 방문객들이 아주사로 몰려들었고 이 시대에도 성령의 살아 있는 임재가 현실로 경험될 수 있다는 메시지가 시카고, 토론토, 뉴욕, 런던, 오스트레일리아, 스칸디나비아, 남아프리카로 전파되었다.[3)]

아주사 부흥운동은 역사가의 의식으로는 그 중요성을 점치기 어려웠지만 더 이전 지도자들과 운동들은 오순절파가 '늦은 비' 또는 '성령의 부으심'이라 부른 것을 예견하고 있었다. 19세기 여러 지도자 중 스코틀랜드 설교가 에드워드 어빙(Edward Irving, 1792~1834)은 그의 사역에서 특별한 영적 은사를 권장하였던 유일한 인물이었다. 19세기 말에 이르면, 부흥에 대한 폭넓은 기대는 여러 지역에서 그리스도인의 성화에 대한 커다란 열망과 결합되었다. 그러한 열망들은 존 웨슬리의 감리교를 따르는 열정적인 그리스도인들 사이에서는 '그리스도인의 온전함'이나 '거룩함'이라는 말로 표현되었다. 한편 칼빈주의를 배경으로 하는 프로테스탄트들은 '고상한 그리스도인의 삶'에 대해 많은 언급을 했다. 그들은 성령의 특별 역사에 대한 필요성을 강조했는데, 이러한 기대로 성령이 특별한 방법으로 임할 것이라는 이야기들이 만들어졌다. 19세기가 막 끝날 무렵 감리교와 성결교에서 양육받았던 찰스 폭스 파함(Charles Fox Parham, 1873~1929)은 캔사스와 텍사스주에 있는 자신의 학교에서 학생들에게 '성령과 불' 세례가 회심한 그리스도인들과 성결교가 주장하는 완전한 성화로 나아가는 그리스도인들에게 반드시 임할 것이라고 가르쳤다(거기 모인 학생들 중에 윌리엄 세이무어가 있었다). 20세기 초에 르우벤

토레이(Reuben A. Torrey, 1856~1928)는 전 세계를 돌아다니며 부흥 집회를 열었다. 그는 미국의 유명한 복음전도자 무디(D. L. Moody)의 젊은 조력자로, 후에 오순절 운동에 참여하게 될 많은 사람들을 한데 모았다(그러나 토레이 자신이 오순절파가 되지는 않았다). 그 후 잘 알려진 웨일즈 부흥 운동은 성령이 특별히 부으시는 은혜에 대한 더 큰 기대를 부추겼다.

오순절파 운동은 일단 발전하자 급격히 전 세계적인 현상이 되었다. 20세기 후반기에 가톨릭, 루터파, 장로파, 감독파와 많은 다른 종파에서의 성령은사파 운동은 초기 오순절 운동에서 차용한 치유와 다른 영적 은사를 강조하며 팽창하였다. 하나님의 은혜를 경험하는 것(특히 예배 형식을 덜 인식하고 하나님을 좀더 친밀하게 느끼는 것)을 강조하는 오순절파와 성령은사파는 전 세계 프로테스탄트와 가톨릭 및 일부 정교회에 영향을 끼쳤다.

또한 20세기 후반기에 오순절파와 성령은사파 운동은 서구 밖에서 급속히 성장하는 교회들이 중심이 되었다. 오순절파 혹은 성령은사파 신앙의 큰 영향을 받은 브라질, 나이지리아, 한국, 러시아, 중국, 기타 많은 나라에서 대부분의 교회들이 빠르게 성장하였다. 이러한 상황에서 오순절파와 성령은사파 형태의 기독교 신앙은 하나님의 임재를 즉각적으로 전달했을 뿐 아니라 이방신들, 정령신앙과 직접 대립하면서 부흥하였다.[4)]

대부분의 오순절파와 성령은사파는 삼위일체, 인간의 죄성, 성경의 권위에 대한 전통적인 기독교 신앙을 고수한다. 그들은 대체로 그리스도가 구속자, 치료자, 성령세례자, 다시 오실 왕이라는 네 가지의 상호 연관된 역할을 한다고 본다. 그것에 중점을 두면서 오순절파와 성령은사파는 일상생활에서 병을 물리치고 기적적인 일을 행하는 초자연적인 하나님의 권능에 커다란 강조점을 두었다.

20세기의 트랜드가, 특히 세계의 3분의 2 지역에서 계속 확장되고 있는 오순절파와 성령은사파의 세력과 함께 계속되고 있다면, 1900년을 전후로 일어난 사건들은 성령의 특별한 사역에 대한 믿음으로 정의되는 기독교 운동을 촉진했던 것으로, 최근 기독교 역사의 가장 결정적인 터닝 포인트 중

오순절파의 치유 사역

오순절파 운동은 캐리 주드 몽고메리(Carrie Judd Montgomery, 1858~1946)가 겪은 것과 같은 경험들로부터 시작되었다. 1914년에 몽고메리는 결국 하나님의 성회 교회로 들어갔으나, 오래 전에 있었던 치유 경험으로 그녀는 거룩함과 하나님 능력의 특별한 은사를 전형적인 오순절 예배에 연결시키는 방법을 사용했다. 다음 글은 1880년에 처음 출판된 저서로부터 발췌한 것이다.

1877년 1월 6일, 건강이 서서히 악화되고 있었다. 나는 수개월 전 길을 가다 돌에 걸려 크게 넘어져 척추질환으로 인한 열병 때문에 약해질 대로 약해져 있었다. … 11개월 동안 나는 전혀 앉아 있을 수 없었다. … 가장 유능한 의사들이 나를 위해 할 수 있는 모든 일을 다 했다. 이제는 오직 '의사되신 위대하신 분' 만이 그의 전능하신 힘으로 나를 회복시킬 수 있을 것이다.

나는 코네티컷주 월콧빌(wolcottville)의 흑인 부인 에드워드 믹스(Mrs. Edward Mix)의 기도 응답으로 행해진 놀라운 치유 사건을 일간신문에서 본 바로 그 순간 하나님의 섭리라는 것을 확신했다. … 나는 불과 몇 시간 후 여동생에게, 나의 회복을 위해 그 부인이 기도해준다면 그녀의 큰 믿음이 나를 치유할 것을 믿는다고 편지해줄 것을 부탁했다. … (믹스부인은 캐리 주드에게 "믿음의 기도는 병든 자를 구원하리니, 주께서 그를 일으켜 세우시리라" 는 말씀으로 답변했다.) 나는 믿음의 확신을 위해 기도하기 시작했다. 마음속에 약간의 갈등이 있었지만, 모든 약의 복용을 즉각 중단하였다. … 믹스 부인이 정해준 그 시간 우리 가족들도 각자의 공간에서 함께 기도를 올렸다. 이 일이 일어나기 바로 직전까지 아무런 희망도, 아무런 가능성도 없는 것 같았다. 무서운 어두움과 사탄의 엄청난 유혹이 내가 가지고 있는 조그마한 믿음조차 없애버리려 했다. 그러나 갑자기 내 영혼이 이전에 한 번도 경험해본 적 없었던 어린애같은 평안과 확신으로 가득찼다. 흥분되는 것은 없었으나, 조그마한 두려움이나 주저함 없이 나는 몸을 움직여 두 해만에 처음으로 혼자 일어났다. … 그런 다음 바로, 간호사의 도움 없이 내 의자 쪽으로 몇 걸음을 옮겨놓았다. 동시에 내 안색, 혈액순환, 맥박에서 눈에 띄는 변화가 일어났고, 힘들이지 않고도 큰 소리로 말할 수 있게 되었다. … 내가 [주님을] 더욱 온전히 의지할수록 나는 든든해졌고, 마치 공기 중에 떠 있는 것처럼 느꼈다. 나 자신은 아무 노력도 하지 않았는데 말이다. 육체적으로 죽음에서 생명으로 옮겨진 것보다 더욱 놀랍고 귀한 것은 성령의 치유하심으로 영혼이 경험한 거듭난 삶이다.[1]

하나로 볼 수 있다.

시대적 필요에 반응한 제2차 바티칸공의회

1962년 10월 11일부터 1965년 12월 8일까지 네 번의 별도의 회기로 소집된 제2차 바티칸공의회는 세계에서 가장 폭넓게 퍼진 기독교 조직체인 로마 가톨릭 교회에 새로운 시대가 왔음을 보여주는 것이었다. 교황 요한 23세(John XXIII)는 즉위 초기인 1959년 1월 25일에 1차로 공의회 소집을 청원하였다. 이후 교황은 공식적인 요청을 통해 공의회가 '현대에 일어나는 문제의 해결에 더 효과적으로 기여할 수 있는 가능성을 주게 될 것'이라는 희망을 표시하였다.[5] 그러나 실제로 공의회가 열렸을 때, 음모, 긴장, 때로 격한 논쟁이 한꺼번에 나타났다. 일부 가톨릭 보수파들은 1869~1870년에 열린 1차 바티칸공의회 교령(decrees)의 특징이었던 상명하달식의 교황 주도권을 재차 주장하려 했다. 일부 급진파들은 교회가 사회적 갱신과 신학적 모더니즘 같은 진보적 운동을 수용하기를 원했다. 그러나 공의회를 구성한 대략 2,300명의 추기경, 대주교, 주교 대부분은 소수의 고문단 및 초청된 사람들과 의견을 같이하여 극우파나 극좌파에 의해 주도된 변화를 원치 않았고, 현대 세계에 필요한 적응을 하면서 교회 전통을 유지하는데 필요한 조치를 취하려 했다.

공의회에서 작성된 16개의 공식 문서는 4개의 '헌법'(constitutions, 교회, 하나님의 계시, 거룩한 전례, 현대 세계 속의 교회 등에 관한 것), 9개의 '교령'(decrees, 교회 일치, 사제의 훈련과 생활, 일반 신도의 기능 등의 주제에 관한 것), 3개의 '선언'(declarations, 기독교 교육, 비기독교와의 관계, 종교적 자유 등에 관한 것)을 포함하였다. 제1차 바티칸공의회의 분위기와 비교할 때 이 문서들의 어투는 특히 동방 정교회같은 비로마 가톨릭에 대해 보다 더 타협적이었다. 정교한 성경 연구가 공의회 토론에서 많은 비중을 차지하기도 했으나 교회 전통에 지나치게 의존한 면도 있었다. 공식화에 기여했던 수많은 사람들의 조치로 공의회 문서에서 교황의 권위는 상위 교리로 재확인되었다. 하지만 교회를 이끌어 갈 때 주교들이 동등한 권한을 갖고 행동할 필요성이 광범위하게 언급되었고, 일반 성도들이 교회 생활의 모든 측면에서 좀더 적극적으로 행동할 것도 요청되었다.

공의회의 깨달음으로 로마 가톨릭은 그 자리에 머물러 있을 수가 없었다. 2차 바티칸 공의회의 열기는 가톨릭 내 특별한 관심그룹 – 성령은사파, 사회활동파, 모더니스트, 성경파, 보수파, 교회 일치파 등 – 의 활기를 고조시켰다. 사실 1960년대 이래 가톨릭 교회가 가장 지속적으로 유지하는 특색은 공의회가 진실로 의도했던 것을 집중적으로 논의하는 것이었다. 그 견해들을 몇 개만 살펴보면 바티칸공의회가 어떠했는지, 그리고 무엇을 성취했는지에 대한 폭넓은 결론에 도달할 수 있다.

루터파인 게오르그 린드벡(George Lindbeck)은 공의회가 가톨릭 교회를 초기의 관습에서 꽤 많이 벗어나게 한 것에 대해 깊은 인상을 받았다. "모든 주요 문서들은 분명히 고전적 사고틀을 벗어나는 것이다. 그 사고틀은 교회에 대한 교리 우월주의적이고 권위주의적 시각, 예배와 종교적 경험에 대한 개인주의적 개념, 계시에 대한 주지주의적 개념과 관련이 있다. 그 문서들은 어떤 일치를 보여주는데, 중세 이래 로마 가톨릭의 고압적인 가르침과는 분명히 다른 신학적 담론을 담고 있다."[6] 프로테스탄트 복음주의자인 데이빗 웰즈(David Wells)는 급진적인 다원주의의 잠재성에 깊은 인상을 받았다. "미래를 움직이는 축은 주관적인 종교적 경험을 향해 이동하게 될 것이고, 교회(Church)에 대한 객관적인 충성에서 벗어나게 될 것이다. … 따라서 언젠가, 앞으로 몇십 년 안에 그 가톨릭 신앙을 통일체로 언급하는 것은 더 이상 불가능할지 모른다. 왜냐하면 이제 가톨릭 신앙도 다른 지역에서, 다른 사람들에게, 다른 것을 의미하게 될 것이기 때문이다. … 이러한 요소들이 옛 감각과 전통적인 선입견으로 된 가톨릭 신앙의 형성에 스며들어 가톨릭 교회의 통일을 사라지게 할 것이다."[7] 1978년에 교황 요한 바오로 2세가 된 폴란드 주교 카롤 보치라(Karol Wojtyla)는 좀더 중요한 견해를 밝혔다. 1972년에 그는 공의회 활동이 갖는 종교적 이상에 대해 다음과 같이 말했다.

> 제2차 바티칸공의회는 현대 그리스도인의 삶에 부합되는 신앙 형태의 윤곽을 그렸다. 그리고 공의회에서 실행한 것은 무엇보다 그 신앙을 풍부하게 하는 일이었다. –다음은 공의회 문서에서 인용한 것이다– "신앙의 빛과 하나님 말씀에 대한 묵상만이 언제 어디서든 "우리가 그를 힘입어 기동하며 존재하는'(행 17:28) 하나님을 발견할 수 있게 한다. 따라서 우리는 만물 안에서 하나님의 뜻을 찾을 수 있고, 낯익은 사람이든 낯선 사람이든, 모든 사람들 안에서 그리스도를 볼 수 있으며, 이 땅에 존재하는 것들의 진정한 의미와 가치를 그 존재 자체와 인간의 종말과 관련하여 온전히 판단할 수 있다."[8)]

다양한 견해가 있었지만 분명히 내릴 수 있는 판단은, 제2차 바티칸공의회가 가톨릭 교회를 특별한 운동과 논쟁의 시기로 인도하였다는 것이다. 가톨릭 교회의 규모와 그 전통의 비중 때문에 가톨릭 교회에서 일어났던 일은 일반적으로 기독교가 나아가는 방향에 깊은 영향을 끼쳤다. 더욱이 교황직에 앞서 전쟁의 참혹함, 공산주의 치하에서 삶의 혹독함, 철학자로서의 고된 훈련 등을 거친 요한 바오로 2세 같은 지도자들이 등장했을 때 더욱 그랬다. 그 결과 가톨릭 교회의 명성은 더욱 커졌다. 제2차 바티칸공의회가 어떻게 평가되고 있는지, 공의회가 가톨릭 전통에 순응한 것이 교회의 미래 노정에 어떻게 작용하고 있는지는 20세기 기독교 역사에서 언젠가 결정적인 터닝 포인트로 살펴보게 될 것이다.

더욱 두드러지고 잘 알려진 여성 리더십의 등장

20세기의 성장은 단 하나의 순간으로 모으기에는 너무 분산되어 있지만 그 구별된 순간은 기독교의 미래에 대해 중요한 의미를 가질 수 있다. 여기에서의 성장은 교회에서 여성에 대한 인식이 시작된 것이다. 여성의 중요성은 여러 다른 주제들과 관련된 심오한 논쟁에 의해 제기되었다. 독신 여성 선교사의 임명(가톨릭과 프로테스탄트 진영에서 논쟁이 있었다), 여성의 목사직 안수

(20세기 말 서구에서 아직도 격렬하게 논의되고 있다), 서구 사회에서 여성에게 개방된 새로운 사회적, 경제적 역할('가족의 가치'에 대해 격렬한 논의를 초래했다), 공적인 기독교 활동에 대한 여성의 관심 등은 20세기를 거치는 동안 갈등과 희망의 근거가 되어왔다.

그러나 논쟁에 관심을 기울이다 보면 좀더 중요한 실재가 가려질 수 있다. 확실히 전통적인 성역할의 변화는 예배, 조직, 감독, 공적인 활동에 있어서 혼란, 자유로움, 수치스러움, 권한 등을 가져왔다고 할 수 있다. 그러나 20세기의 더욱 포괄적인 실재는 여성이 기독교 전체 역사를 통해 얼마나 중요했는지를 새롭게 깨달은 것이다. 그러한 더 광범위한 실재에 대한 역사적 자각은 오늘날 성 문제에 대한 더 폭넓은 자각을 가능하게 한다. 인식 가능한 많은 경우 중 복음의 타문화권 전도에 있어서 여성의 역할, 여성의 신학적 비전의 중요성, 그리스도의 일반 제자(ordinary followers)로서 여성의 탁월성 등 세 가지 예를 들 수 있다.

첫째, 여성의 사역이 선교에서 얼마나 절대적으로 필요한지는 새로 출판된 중요한 서적들에서 찾아볼 수 있다. 피어스 비버(R. Peirce Beaver), 제인 헌터(Jane Hunter), 도나 로버트(Dona Robert) 같은 학자들이 쓴 책들은 프로테스탄트 선교사들에 집중하면서 그들이 어떤 차원에서 활동했는지를 보여준다.[9] 모라비아 개척자들의 활동 시기에서 출발하여 19세기 초 영·미 사역자들의 왕성한 활동과 19세기 말 '믿음선교단'(faith missions)의 급증을 거쳐, 20세기 전 시기에 여성(결혼한 여성과 독신여성)은 기금 조성, 신학 연구, 리더십 등을 포함한 선교 사역에서 예상 밖의 큰 역할을 하였다. 가톨릭의 모습은 좀 달랐다. 왜냐하면 선교 활동에서 여성 수도회가 오랜 동안 중요성을 갖고 있었기 때문이었다. 이처럼 프로테스탄트 선교뿐 아니라 가톨릭 선교에서 기독교의 팽창은 남성의 역할도 컸지만, 동시에 오랜 기간 동안 계속되었던 여성의 사역이었음이 분명하다.

둘째, 여러 역사적 시기, 특히 중세 시기 학문의 도약을 보면 더욱 성숙한 신학적 표현에서 여성의 중요한 위치가 돋보인다. 그러한 도약이 있었지만 주로 남성이 갖고 있었던 공식 신학(formal theology)의 전통적인 모습을 바꾸지는 못하고 있다. 그러나 기독교 여성 작가들[10]에 의한 대규모 서적 출판과 함께 이전에 소홀히 취급되었던 자료[11]를 새롭게 주목한 역사가들이 한 세대 또는 그 이상 세대를 거친 신중한 작업으로 신학 개념이 확장되기 시작했다. 이 모든 역사적 저술에서는 성육신 같은 기독교의 기본 진리와 그리스도와의 교제 같은 근본적인 기독교의 실재들이 여성들의 삶과 저서 속에서 보다 정서적이고, 육감적(bodily)이고, 가정적인 형태를 띠고 있음을 보여준다. 이러한 깨달음은 남녀 신학자들로 하여금 표현이 풍부하고, 관조적이며, 신비적인 차원의 신앙에 더 충분한 관심을 갖고 기독교 신앙을 표현하게 함으로써 20세기의 기독교적 사고를 변화시키는 데 기여했다. 이러한 차원의 신앙은 여성의 신학적 사고에서 탁월하게 나타난다. 20세기의 이러한 성장은 역사적 토대의 영향을 받았다. 변화가 나타났음을 보여주는 도구로서, 1996년에 등장한 전산화 데이터베이스(First Search)가 있다. 1950년 이전 수백 년 동안, 힐데가르트 폰 빙겐(Hildegard von Bingen, 1098~1179)이 썼거나 그녀에 관해서 출판된 책은 고작 46권이었다. 그녀는 독일의 수녀원장, 신학자, 음악가, 신비론자였다. 그러나 그 후 1995년까지의 자료 검색을 보면, 그녀에 대한 책이 239권에 이르는 것을 보고 놀라게 된다.

그 조사 결과는 다른 질문, 즉 교회사를 통틀어 교회 생활의 일반 참여자들이 누구였는지에 대해서도 비슷하다. 교회의 과거 모든 시대와 많은 지역을 연구하면 비슷한 발견을 하게 되는데, 기독교적 헌신을 행하고, 정통 신앙을 유지하는 교인들 중 그 수적 면에서 여성이 남성들보다 더 많은 비율을 차지했다. 로마 가톨릭 수도사의 숫자, 초기 감리교 운동에 참여한 그리스도인들, 식민지 뉴잉글랜드의 교인들, 소련과 중국의 공산 정권 하에서의 기독교 활동, 현대 통람에 기록된 종교 관습, 또는 남아프리카의 아프리카 독립파 교회 내 치유사역자들(healers)을 보아도 그 결과는 비슷하다. 여성은 교회 활동을 조사할 수 있는 곳에서 보통은 남성보다 더 자주

성(Gender)에 대해, 중세 기독교 여성들

중세 여성들의 종교적인 음식 사용에 대한 캐롤라인 워커 바이넘(Caroline Walker Bynum)의 연구에서 요약된 다음 구절을 보면, 신학적 심오함은 여성 그리스도인의 경험을 복구하는데서 발견된다는 것을 보여준다.

> 최종적으로 분석해 볼 때, 중세 여성이 자신의 성에 대한 생각을 내면화한 것을 열등한 것으로 보는 것은 잘못이다. 왜냐하면 남성과 여성, 우월과 열등, 영혼과 육체의 대조는 남성보다 여성에게는 덜 중요한 것으로 여겨지기 때문이다. 만약 중세 말 금욕주의를 자기를 증오하는 것으로 보는 것이 적절치 못하다고 한다면, 중세인들이 영혼에 반대되는 것이 우선적으로 육체라고 생각하는 것은 잘못이기 때문에, 여성 금욕주의를 이원론에 기초한 것으로 보는 것은 매우 부적절하다. 왜냐하면 모든 이원성은 여성에게 그다지 중요하지 않기 때문이다. 여성은 자신을 영혼과 반대되는 육체로 여기지 않았고, 여성을 남성에 반대되는 것으로 보지 않았으며, 양육을 권위와 반대되는 것으로 여기지 않았다. 여성들은 자신들을 인간 - 완전한 영혼과 육체를 가진 - 으로 보았다. 그리고 여성들은 모든 인간을 하나님의 형상으로 창조된 것으로, 영혼뿐 아니라 육체를 통해 그리스도를 본받을 수 있는(imitatio Christi) 존재로 보았다. 그래서 여성들은 고통, 땀, 육체적 고난 속에서 기뻐하였다. 이러한 모습이야말로 그들의 육신을 제단 위의 신성한 성찬 떡과 십자가 위의 인자(the man)와 동등하게 만든 것이었다. 하나님과 인간 사이를 극단적으로 둘로 나누는 일이 무색케 되면서 다른 모든 것들을 둘로 나누는 일은 없어졌다. 남성과 여성들은 여성의 육체가 남성보다 더욱 육감적이라는 데 동의할 수 있지만 그러한 의견 일치는 두 성으로 하여금 어떤 의미에서 그들 자신을 여성은 곧 인간(female-human)으로 간주하게 한다. 왜냐하면, 그것은 그리스도가 성육신으로 구원하였던(신의 상징으로서가 아닌) 인간적인 것으로서의 인간이기 때문이었다. 하나님이 제단 위에서 가장 생생하게(graphically) 되셨던 것은 (영혼으로서가 아니라) 바로 육체로서의 몸이었다. 그리스도께서 세상을 구원하기 위해 취했던 것은 (인간의 능력이 아니라) 바로 인간적 고통이었다. 중세 후기에 신앙의 여성들은 자신의 여성적 몸을 남녀 양성의 인간성을 상징하는 것으로, 또한 하나님의 인성을 상징하는 것 -동시에 하나님의 인성에 접근하는 수단- 으로 보았다.[2]

등장한다.

여성 그리스도인들의 사역으로서의 터닝 포인트는 일차적으로 그들 자체 사역과 관련이 없다. 오히려 그 터닝 포인트는 그리스도인의 사역에 있어 여성의 중요성을 공적으로 인식하는 일, 여성 사역의 온전한 모습을 포함시키기 위해 시각을 정정하는 일, 그리고 남녀의 시각차를 반영하지 않는 신학적, 교회적, 역사적 설명이 얼마나 불완전한가에 대한 인식의 증가와 관련된다.

교회 내에 확대되고 있는 성에 대한 관점이 앞으로 어떤 영향을 끼칠지는 예측하기 어렵다. 성에 대한 남성 지배적 전통뿐 아니라 완고한 기독교적 논리가 매우 급진적인 세속적 페미니즘에 계속 저항하게 될 것은 확실하다. 마찬가지로 확고한 성역할을 유지하고 있는 몇몇 기독교 전통은 아마도 견고한 성경적, 신학적 근거에 의존하고 있음을 보여줄지도 모른다. 그럼에도 불구하고 20세기를 지나면서 나타난 인식의 변화는 여전히 극적이다. 많은 교회에서 보듯이 1900년과 비교해서 현재에 더욱 분명한 것은 남성들이 기독교의 공적 분야에서 평균 이상의 성취를 달성했지만, 이단, 권력 장악, 분열, 은혜로부터 보란 듯이 타락하는 일에서도 평균 이상의 비율을 차지한다는 점이다. 1900년보다 지금 더욱 분명해진 것은 점점 더 많은 사람들이 교회에서 여성들의 역할이 꼭 필요하다는 것을 인정한다는 점이다. 1900년보다 더 분명하게, 이제 많은 교회에서 기독교 신앙과 삶의 실재에서 가장 중요한 것은 여성들과 남성들이 함께 일하고 의견을 내는 일이라 생각한다.

왕성해진 성경 번역의 결실

12장의 주요 주제는 기독교의 무게 중심이 북반부에서 남반구로 이동한 것이었다. 이러한 현상은 분명 20세기에서 중요한 성장 모습임에 틀림없다. 1900년 이래 세계 인구는 3.6배 증가했지만, 유럽에서 그리스도인 수는 고작 1.4배 증가했고, 북아메리카에서는 3.4배가 늘어났다. 이와는 대

1960년대 초에 찍은 이 사진은 정보 제공자인 베트남인과 서구 선교사가 베트남어로 성경을 번역하는 모습이다.

조적으로 19세기 90년 이상 동안 태평양 섬에서 그리스도인 수는 5배, 아시아에서는 15배, 아프리카에서는 34.4배의 경이로운 증가가 있었다. 1900년에 아프리카에는 대략 900만 명의 그리스도인이 있었는데, 이제 3억 1천만 명이 되었다. 선교학자 데이빗 바렛은 19세기에 발생했던 일을 토대로 30년 안에 아프리카 그리스도인만으로도 북아메리카 숫자의 3배에 가까워지고, 아프리카와 아시아 각 지역의 그리스도인이 유럽 그리스도인 수를 능가할 것이라고 예측했다.[12)]

북반구에서 남반구로 기독교가 이동한 것을 상징적으로 보여주는 하나의 터닝 포인트를 꼽으라고 한다면 1934년 위클리프성경번역선교회(Wycliffe Bible Translators)의 창설이 좋은 예가 될 것이다. 이 선교회에는 대부분 북아메리카와 유럽의 사역자들이 지원했는데, 이들은 20세기에 가장 두드러지게 성경 번역을 촉진시킨 사람들이 되었다. 한편으로 성경 번역은 19세기 초 이래 행해졌던 기독교의 세계적 팽창에서 지속적으로 가장 중요한 특징이 될 것이다. 기독교 역사가들은 제롬이 그리스어와 히브리어 원본을 라틴어로 번역한 것이 중세 서구 사회에 커다란 영향을 끼쳤음을 인정한다. 또한 그들은 루터의 번역이 독일어와 문학에, 킹 제임스 번역과 그 외 번역들이 영국과 그 식민지에, 그리고 이후 계속된 유럽에서의 많은 번역이 그들 지역에 각각 영향을 준 것에 동의한다. 이와 유사하게, 20세기 초 성경이 상용어로 번역된 지역, 예를 들어 티벳어, 베트남어, 타가록(필리핀)어, 여러 중국어뿐 아니라 아프리카의 이시주루(isiZulu)어, 하우사(Hausa)어, 킹야

르완다(Kingya Rwanda)어 등으로 번역된 지역의 문화에서 많은 것을 기대할 수 있다.

20세기에 성경 번역 작업이 매우 활발했다는 것을 보기 위해서는 두 종류의 통계가 도움이 된다. 1989년에 감비아(Gambian) 선교사가인 라민 산네(Lamin Sanneh)는 그 때까지 통권 성경으로 번역된 289개의 언어를 열거하였다.[13] 그 289개어의 번역본 중 170개는 20세기에 발행되었다. 또한 선교인구 통계학자인 데이빗 바렛은 「세계 기독교 사전」(*World Christian Encyclopedia*)에서 1900년에 537개의 언어로 쪽 성경이 사용되었다고 보고하였다. 그는 1980년 경 그 숫자는 1,811개로 증가했다고 했다.[14] 물론 산네와 바렛은 그 통계가 부정확할 수 있음을 인정한다. 그러나 그들 숫자에 근접하기만 해도 그것이 암시하는 바는 경이로운 것이다. 개개의 언어집단과 이 언어에 속하는 문화는, 교회 역사상 지난 1900년간보다 20세기의 한 세기 동안 더 많은(굉장히 많은!) 성경을 받아들였다.

이 대규모 성경 번역 작업은 여러 가지 의미를 내포한다. 가장 분명한 것은, 성경 번역이 예수 그리스도를 믿는 믿음을 통한 구원의 소식을 개인과 가족들의 삶, 그리고 전 세계의 보다 큰 모든 사회적 관계망으로 전달한다는 점이다. 이러한 의미에서 선교사들이 전했던 예수 그리스도에 대한 메시지는 매우 중요하지만, 더욱 중요한 것은 그 메시지를 그 지역 언어로 남긴 일이다.

그러나 또 다른 측면에서 볼 때, 20세기에 왕성해진 성경 번역은 기독교 자체의 드라마가 펼쳐지고 있음을 보여준다. 오순절날 여러 방언을 하는 천하 각국으로부터 온 '경건한 유대인'은 '자신의 방언으로 하나님의 큰 일을' 그들 모두가 들을 수 있었을 때 '다 놀랐다'(행 2:5~12). '20세기 성경 번역의 오순절 사건'에 의해 전달된 강력한 메시지는 이처럼 놀라운 일이었다. 사람들이 자신의 언어로 생명의 말씀을 듣게 되면 구원의 보편성에 관한 기독교적 확신은 더욱 실제적인 모습으로 다가선다. 구원은 이제 더 이상 낯선 외부 문화로부터 제공되는 것이 아니라 그 문화 내부에서 나오는 것이 된다. 라틴어, 독일어, 프랑스어, 또는 영어로 된 성경의 소유가 기독교 세계의 문화를 형성하는 데 영향을 준 적이 있는 것처럼, 자국어로 된 성경을 소유하는 것은 기독교화 과정에 많은 영향을 끼치기 시작한다. 라민 산네(Lamin Sanneh)는 이 문제를 다음과 같이 잘 설명한다.

> 모든 언어와 문화에 있어, 원칙적으로 하나님이라는 단어를 동일하게 표현한다는 점에서 자국어 성경 번역은 중요한 의미를 내포한다. … 이러한 분석으로부터 일반적으로 두 가지 사상이 나온다. 첫째는 포괄적인 원리로, 이에 의하면 어떠한 문화도 기독교의 섭리에서 배제되지 않고, 또한 서구의 문화적 기준에 의해 완전히 혹은 근본적으로 판단되지 않는다. 둘째는 문화적인 자기 절대화(self-absolutization)를 방지하는 것으로서, 변경에 대한 도덕적 원리이다. 이 두 사상은 예수 그리스도 안에 계시된 것으로, 하나님의 보편적인 진리에 의해 선교사들이 이해했던 것에 근거를 두고 있다. 선교사들은 이 사실을 문화적 동질성이라는 통일된 틀보다는 자국어라는 매개체 안에서 수행할 필요성과 의무를 지녔다.[15]

이 같은 이유로, 1934년 윌리엄 카메론 타운젠트(William Cameron Townsend, 1896~1982)가 위클리프성경번역선교회를 창설한 것은 그 시대 기독교의 위대한 사건 중 하나라고 할 수 있다. 그것은 1917년 타운젠트가 스페인어 성경을 나누어 주기 위해 과테말라(Guatemala)에 도착했을 때, 그곳에서 카키쿠엘(Cakchiquel)족 인디언이 던진 질문에 대한 응답이었다. "당신의 하나님이 그렇게 현명하다면, 왜 그분은 카키쿠엘어로 말해주지 않습니까?"[16]

공산 정권의 박해 속에서도 살아남은 기독교

미래의 역사가들이 20세기의 거대한 터닝 포인트로 생각하게 되든 그렇지 않든 간에 공산 정권 치하에서 기독교가 살아남은 것은 분명 매우 중요한 이야기이다. 1917년 러시아혁명 후 레닌의 첫 번째 활동은 신생 소비에트연방의 기독교를 공격하는 것이었다. 스탈린 통치 수십 년간 모든 전통 종교에 자행된 테러는 레닌 때 남겨졌던 것을 끄집어 내어 처리한 것이었다. 이러한 테러는 2차대전 중 독일군을 저지하는 데 정교회의 도움이 필요했던 때만 완화되었을 뿐이다. 중국에서는 공산주의의 승리(1949) 때와 마찬가지로, 1966년의 문화혁명과 그 이후에 교회에 대한 체계적인 탄압이 있었다. 더욱이 레닌, 스탈린, 마오쩌뚱의 기독교 탄압은 공산 정권이 권력을 장악한 곳에서는 어디서든 일어났던 기독교에 대한 전면적인 공격 중 가장 정도가 심했다.

이러한 공격의 결과는 참혹했다. 알바니아 같은 몇몇 국가의 기독교는 불과 몇 년 안에 완전히 제거된 것 같았다. 재산상의 대량 손실이 있은 후 대량 살상이 뒤를 이었다. 소비에트가 권력을 장악한 지 수십 년 안에 소비에트연방 내 정교회 기독교의 경우 교회 숫자는 약 55,000개에서 불과 수백 개로 줄어들었고, 1,025개였던 수도원은 하나도 남지 않게 되었다. 또한 적어도 130명의 정교회 감독이 수만 명의 사제들과 함께 강제 노동수용소에서 사라졌거나 살해되었다.[17]

더욱이 공산주의 정권의 박해가 초래한 갈등은 그리스도인들 사이의 관계를 손상시켰다. 예를 들어, 바티칸에 충성을 보내려 했던 중국 가톨릭 교인들과 교황에 대한 충성을 끊고 그들 정권에 복종하였던 교인들 사이의 관계, 자신들의 교회를 국가에 등록시켰던 소비에트 침례파들과 그렇게 하지 않았던 사람들과의 관계, 정권과 타협했던 동유럽의 전통 교회와 그렇게 하지 않으려 했던 신생 프로테스탄트 교회와의 관계 등을 들 수 있다.

교회의 박해라는 말을 언급하는 데 있어서 최상급의 표현은 조심스럽게 사용해야 한다. 왜냐하면 오래되고 다양한 기독교 역사에서 그리스도인들이 다른 그리스도인들을 죽였던 몇몇 예들을 포함하여 수없이 많은 유혈 사건이 있었기 때문이다. 그렇지만 20세기 기독교에 대한 공산주의 정권의 탄압은 역사상 이와 유사한 행동 중 가장 강력하고, 가장 의도적이며, 가장 철저하게 체계화된 단계로 벌어진 일이라 할 수 있다.

이러한 상황에서 기독교가 살아남았다는 점은 중요한 터닝 포인트이다. 기독교가 어떻게 살아남았느냐의 이야기는 이 땅에서는 결코 완전히 알 수 없는 것이다. 왜냐하면 탄압에 대한 전말을 보존하려는 몇몇 기록자의 영웅적인 노력(세 권으로 된 「수용소 군도」(*Gulag Archipelago*)에서 알렉산더 솔제니친처럼)에도 불구하고 살해 당한 대부분의 사람들과 파괴되어진 많은 것들이 어느 누구에게도 목격되지 않은 채 사라졌기 때문이다. 그러나 단편적이지만, 부분적인 이야기로, 때로 완전한 자료와 함께 드러나는 것은 지독한 탄압 가운데 기독교 신앙이 살아남았다는 것인데, 이는 전통적인 기독교 복음이 죽음의 압박 아래에서도 놀랍도록 순전한 살아있는 신앙으로 승화되었기 때문이었다.

만약 공산 정권 하에서의 기독교 생존이 20세기 주요 터닝 포인트로 간주된다면, 교회가 전반적으로 아나톨리 바실리에비치 시린(Anatoly Vasilyevich Silin)같은 신앙인들의 간증에 공감하기 때문일 것이다.[18] 알렉산더 솔제니친은 자신이 투옥된 1950년대에 시린과 가까워졌다. 왜냐하면 둘 다 찬송시를 쓰는 데 깊은 관심이 있었기 때문이었다. 시린은 고아원에서 무신론 교육을 받고 자랐으나, 2차대전 중 독일 포로수용소에 있으면서 기독교 서적을 접했다. 비록 잠깐 동안이었지만 이러한 접촉은 그가 기독교의 증인으로 헌신된 삶을 살기에 충분했다. 솔제니친이 시린을 만났을 때, 시린은 그의 인생 거의 전부를 수용소에서 보내고 있었다. 시린은 공식적인 훈련을 받지 못했고, 종교 서적이나 다른 그리스도인들과의 접촉이 거의 없었지만, 머리 속에서 찬송시를 쓰고 암기하는 일을 계속했다. 그는 솔제니친처럼 자신을 공감하여 들어주는 사람을 발견했을 때 대단히 긴 찬송시를 낭송할 수 있었다. 교육이나 훈련도 없이 박해를 받으면서 항상 혼자였던 시린은 신학적 이론의 최고 경지에 도달할 수 있었다. 예를 들어 그는 그리스도가 고난을 받은 것은 인간의 죄에 대한 보속뿐 아니라, 하나님 스스로 자신의 창조물에 대한 순수한 사랑으로 인간의 고통을 완전하게 겪고자 했기 때문이라고 믿었다. 시린은 하나님의 평화로운 통치나 세상에서의 악의 존재에 대해 설명할 수 있었다.

> 완전한 사랑이신 하나님이
> 우리 삶을 이처럼 불완전하게 하시는가?
> 천국의 축복을 온전히 알려면
> 영혼이 먼저 고난 받아야 한다.
> 율법은 엄하나, 그에 복종하는 것은
> 연약한 자가 영원한 평화를 얻기 위한
> 유일한 방법이다.

솔제니친에 따르면 시린은 자신의 운명이 특별히 가혹했음에도 불구하고 그의 인생에 고통을 주었던 모든 사람들에게 너그럽고 온유한 마음을 보였다고 한다.

쓸 수 있는 이야기를 다 쓴다 해도 공산 정권 아래에서 기독교 신앙이 살아남은 것은 믿기지 않는 이야기일 것이다. 그 이야기는 폴란드 가톨릭 교회의 단호함, 러시아 정교회의 탄력, 루마니아, 우크라이나, 러시아에서 침례파의 인내, 그리고 고통과 피흘림을 당하면서도 견뎌냈던 모든 곳의 이야기를 포함한다. 어쨌든 이제 중국 그리스도인의 숫자는 1949년 서구 선교사들이 쫓겨나고, 마오쩌뚱이 교회에 맞서 투쟁을 전개할 때 100만 정도의 프로테스탄트와 300만이 조금 못되는 가톨릭 교인에서 수천만 교인(대강 가톨릭이 600만 내지 1,200만, 프로테스탄트는 1,000만 내지 4,000만. - 이 책이 쓰여진 1997년의 시점에서 파악된 것으로, 현재는 약 1억 명으로 추정함 - 역자주)으로 증가한 사실을 볼 수 있게 되었다.

어떻게 기독교가 공산주의의 탄압 아래 생존했는지를 보여주며, 그 생존 이유가 왜 세계 기독교 역사에서 터닝 포인트라 규정할 수 있는지 말해주는 것이 있다. 이러한 증거들은 솔제니친이 그의 친구 아나톨리 바실리에

이 사진은 루마니아 교회의 집회 모습을 찍은 것이다. 이곳 그리스도인들은 공산주의 치하에서 가혹한 고통을 겪었지만 살아남았다.

비치 시린에 대해 들려준 이야기에 부분적으로 포함되었다.

> 전쟁 전 아나톨리 바실리에비치 시린은 사범대학을 졸업했는데, 거기에서 그는 문학을 전공했다. 나처럼 그가 수용소에서 석방되려면 약 3년이 남았다. 그의 유일한 훈련은 문학 교사로 학교에 있을 때였다. 우리 같은 기결수들에게 학교로 돌아가는 것은 불가능해 보였다. 그러나 만약 우리에게 그런 기회가 주어진다면 어떤 일이 일어날까?
>
> "나는 아이들의 머리 속에 거짓말을 넣어주지는 않을 거야. 나는 아이들에게 하나님과 성령의 삶에 대한 진리를 말해 줄걸세."
>
> "그렇지만 그들이 첫 강의 후에 자네를 쫓아낼 거야."
>
> 시린은 그의 머리를 나직이 숙이고 조용히 대답했다. "그렇게 하라고 하지 뭐!"

기독교 역사에 있어서의 터닝 포인트에 대해 쓴 책의 말미에, 시린의 그런 행동이 보여주는 교훈을 다시 한 번 말하는 것은 가치 있는 일이다.

교회는 하나님의 자비하심 때문에 생존한 것이지, 그리스도인의 지혜나 순결함, 또는 일관된 신실함 때문에 살아남은 것은 아니다.

그럼에도 불구하고 특별한 신실함이 돋보였던 많은 순간들이 옛날 뿐 아니라 최근의 기독교 역사에서 발견된다. 그러나 그러한 순간들이 훗날 역사에서 극적인 변화를 초래할 때조차도, 그 모든 일들은 미래에 영향을 주기 위해 행해진 것이 아니라, 항상 하나님께 대한 감사에서 나왔다는 것을 지적하는 것이 중요하다.

진정한 기독교 신앙은 여러 가지 많은 모습을 취해 왔고, 앞으로도 여전히 다른 모습을 띨 것으로 기대된다.

마지막으로 "세상 끝날까지 항상"(마 28:20) 그를 따르는 자들과 함께 있겠다는 예수님의 약속은 기독교 역사 연구를 위한 틀일 뿐 아니라, 가장 본질적인 측면에서 기독교 신앙이 무엇인지를 적절하게 묘사해 준다.

대부분의 다른 책들처럼 기독교 역사의 터닝 포인트를 다룬 이 책의 운명은 잠시 동안 나타났다가 조용히 사라지게 될 것이다. 따라서 이 책은 절대로 성경이나 여러 대에 걸쳐 이어져온 니케아신조와 칼케돈신조 같은 극소수의 특별한 기록과 비교할 수는 없을 것이다. 이 책의 각 장들은 일시적이고 불충분하다고 판단될 수도 있다. 그러나 아마 독자들은 이 책의 각 장들이 교회사가 처음 시작될 때 바울이 로마의 그리스도인들에게 영감 있는 한 문장으로 기독교 역사를 요약하여 말했던 것과 일치한다는 것을 알게 될 것이다. "그런즉 하나님의 이 구원이 이방인에게로 보내어진 줄 알라 그들은 그것을 들으리라 하더라!"(행 28:28)

P 20세기를 지나는 동안, 전 세계 그리스도인들이 기여한 것에 보물과도 같은 기도문이 더해지는 것은 의미 있는 일이다. 다음 중 첫 번째 것은 무슬림이었던 그리스도인의 기도이고, 두 번째 것은 인도 그리스도인의 기도이다.

오 하나님, 저는 재단사인 무스타파입니다. 저는 무하메드 알리의 가게에서 일하고 있습니다. 저는 온종일 앉아서 바늘과 실로 천 조각을 꿰맵니다. 오, 하나님, 당신은 바늘이고 저는 실입니다. 저는 당신께 붙어 있고 당신을 따라갑니다. 실이 바늘로부터 멀리 벗어나려 하면, 실은 엉키게 됩니다. 원래 자리로 돌아오려면 잘라내야만 합니다. 오 하나님, 저를 도와 당신이 이끄는 곳 어디든지 따라가게 하소서. 왜냐하면 저는 틀림없는 재단사 무스타파이며, 큰 광장에 있는 무하메드 알리의 가게에서 일하고 있기 때문입니다.[19]

오 주님, 저로 하여금 감사의 사닥다리를 당신의 십자가에 대고 쉬게 하소서. 올라가 당신의 발에 입 맞추게 하소서![20]

한 잔의 차를 나누며

1. 저자가 제시한 5개의 터닝 포인트를 어떻게 우선순위화 할 것인지 생각해보라.

2. 어떤 사건을 터닝 포인트로 정할 때는 역사가들의 뒷받침이 필요하다. 왜냐하면 역사가들의 견해가 뒷받침될 때만이 어떻게 사건의 진행이 그 터닝 포인트에 의해 영향을 받았는지 알 수 있기 때문이다. 기독교 역사를 조직화 하는 하나의 수단으로서 터닝 포인트들을 논해 보라. 이러한 형식이 '역사 행하기'(doing history)의 생명력 있는 방법이라고 생각하는가?

3. 기독교 역사에 포함시키고 싶은 주요 사건이나 인물이 있는가? 그 이유는 무엇인가?

주

시작하면서

1) Caroline Walker Bynum, Holy Feast and Holy Fast: The Religious Significance of Food to Medieval Women (Berkeley: University of California Press, 1987), 25.

2) 예를 들어 Ruth Tucker and Walter L. Liefeld, Daughters of the Church: Women and Ministry from New Testament Times to the Present (Grand Rapids: Zondervan, 1987); Amy Oden, ed., In Her Words: Women's Writings in the History of Christian Thought (Nashville: Abingdon, 1994); and Margaret Bendroth and Phyllis Airhart, eds., Faith Traditions and the Family (Louisville: Westminster/John Knox, 1996).

1장

1) Ralph P. Martin, Worship in the Early Church (Grand Rapids: Eerdmans, 1974), 48.

2) Henry Bettenson, ed., Documents of the Christian Church, 2nd ed.(New York: Oxford University Press, 1963), 3~4.

3) F. F. Bruce, The Spreading Flame: The Rise and Progress of Christianity from Its First Beginnings to the Conversion of the English (Grand Rapids: Eerdmans, 1958), 156에서 인용.

4) W. H. C. Frend, The Rise of Christianity (Philadelphia: Fortress, 1984), 123.

5) Bruce, The Spreading Flame, 157~58.

6) Bettenson, Documents or the Christian Church, 63.

7) "Irenaeus against Heresies," 3. 11. 8, in The Writings of Irenaeus, vol. 1, ed. and trans. Alexander Roberts and James Donaldson, vol. 5 of Ante-Nicene Christian Library (Edinburgh: T. & T. Clark, 1868), 293.

8) Bettenson, Documents of the Christian Church, 28~29.

9) Ibid., 63~64.

10) Ibid., 74, 73.

11) Agnes Cunningham, Prayer: Personal and Liturgical (Wilmington, Del.: Michael Glazier, 1985), 21~22.

12) "The Didache," 8: 2~3, trans. James A. Kleist, in Ancient Christian Writers: The Works of the Fathers in Translation, no. 6 (Westminster, Md.: Newman, 1961), 8.

2장

1) A. Hamman, ed., Early Christian Prayers (Chicago: Henry Regnery, 1961), 69.

2) J. Stevenson, ed., The New Eusebius : Documents Illustrative of the History of the Church to A.D. 337 (London: SPCK, 1960), 299~300,

3) W. H. C. Frend, The Rise of Christianity (Philadelphia: Fortress, 1984), 497에서 인용.

4) J. N. D. Kelly, Early Christian Doctrines (New York: Harper & Row, 1978), 227에서 인용.

5) Henry Bettenson, ed., Documents of the Christian Church, 2nd ed. (New York: Oxford University Press, 1963), 40.

6) C. S. Lewis, introduction to St. Athanasius on the Incarnation: The Treatise "De Incarnatione Verbi Dei," trans. and ed. A Religious of C.S.M.V.(Crestwood, N. Y.: St. Vladimir' s Seminary Press, 1953 [orig. 1944]), 9.

7) 이 부분에 있어 상세한 인용뿐 아니라 일반적인 묘사는 George Huntston Williams, "Christology and Church-State Relations in the Fourth Century," Church History 20(September 1951): 3~33과 (December 1951): 3~26을 참조함.

8) Hamman, Early Christian Prayers, 59.

3장

1) Maurice Frost, ed,. Historical Companion to Hymns Ancient and Modern (London: Clowes, 1962), 161~62.

2) W. H. C. Frend, The Rise of Christianity (Philadelphia: Fortress, 1984), 770에서 인용.

3) Richard A. Norris, trans. and ed., The Christological Controversy (Philadelphia: Fortress, 1980), 23. 이 책은 이 논쟁에 있어 가장 중요한 문서들을 잘 모아 놓았다.

4) Ibid., 27.

5) Ibid., 28.

6) Ibid., 146.

7) Ibid., 150.

8) Tony Lane, ed., Harper' s Concise Book of Christian Faith (San Francisco: Harper & Row, 1984), 50.

9) Frend, The Rise of Christianity, 790.

10) Norris, The Christological Controversy, 148.

11) Andrew F. Walls, The Missionary Movement in Christian History: Studies in the Transmission of Faith (Maryknoll, N. Y.: Orbis, 1996), 52.

12) A. Hamman, ed., Early Christian Prayers (Chicago: Henry Regnery, 1961), 84.

4장

1) Robert K. Brown and Mark R. Norton, eds., The One Year Book of Hymns(Wheaton, Ill,: Tyndale, 1995), entry for March 28.

2) 이후 설명에서 특별히 참고한 책은 W.H.C. Frend, The Rise of Christianity (Philadelphia: Fortress, 1984): F. F. Bruce, The Spreading Flame: The Rise and Progress of Christianity from Its First Beginnings to the Conversion of the English (Grand Rapids: Eerdmans, 1958)과 Christopher Dawson, The Foundation of Christendom(New York: Sheed & Ward, 1967).

3) The Confessions of St. Augustine, trans. Rex Warner (New York: New American Library, 1963), 153.

4) The Rule of St. Benedict in English, ed., Timothy Fry, O. S. B. (Collegeville, Minn.: Liturgical, 1981), 56. 이후의 페이지 표시는 이 편집본에 따를 것이다.

5) Anne Boyd, The Monks of Durham (Cambridge University Press, 1975), 16~18을 보라.

6) Caroline Walker Bynum, Holy Feast and Holy Fast: The Religious Significance of Food to Medieval Women (Berkeley: University of California Press, 1987).

7) Stephen Neill, A History of Christian Missions (New York: Penguin, 1964), 61~139.

8) Christopher Dawson, The Making of Europe (New York: Meridian, 1974 [orig. 1932]), 185.

9) Neill, History of Christian Missions, 137.

10) de Waal, Seeking God, 25에서 인용.

11) Alternative Service Book 에서 발췌. 앞의 책, 같은 페이지에서 인용.

5장

1) "All Glory, Laud, and Honor," trans. John Mason Neale, in Trinity Hymnal, rev, ed. (Atlanta: Great Commission Publications, 1990), 235.

2) 대관에 대한 동시대의 네 가지 기록 the Annals of Lorsch, the Frankish Royal Annals, the Life of Pope Leo III, Einhard' s Life of Charlemagne은 Brian Tierney, ed., The Middle Ages, vol. 1, Sources of Medieval History, 5th ed. (New York: McGraw-Hill, 1992)에 들어있다.

3) The New Catholic Encyclopedia와 The Oxford Dictionary of the Christian Church 는 이 단원을 준비하는데 필수적이었다.

4) 이후의 설명은 Henri Pirenne, Mohammed and Charlemagne (London: Allen & Unwin, 1939)를 일부 수정했다.

5) Thomas Aquinas, Summa of Theology, III, q. 60, a. 2, c, An Aquinas Reader, ed. Mary T. Clark (Garden City, N. Y.: Doubleday, 1972), 481에서 재인용.

6) George Appleton, ed., The Oxford Book of Prayer (Oxford: Oxford University Press. 1985), 70.

6장

1) "O Light That Knew No Dawn," trans. John Brownlie, Trinity Hymnal, rev. ed. (Atlanta: Great Commission Publications, 1990), 25.

2) 이 터닝 포인트에 대한 서술이 특히 의존한 것은 Richard A. Morris, David W. Lotz, Robert T. Handy가 보완한 Williston Walker, A History of the Christian Church, 4th ed. (New York: Charles Scribner' s Sons, 1985); Timothy Ware, The Orthodox Church, new ed. (New York: Penguin, 1993); John Meyendorff, The Orthodox Church, 3rd ed. (Crestwood, N.Y.: St. Vladimir' s Seminary Press, 1981)

3) Henry Bettenson, ed., Documents of the Christian Church, 2nd ed. (New York: Oxford University Press, 1963), 97.

4) Henry Bettenson, introduction to The Early Christian Fathers (New York: Oxford University Press, 1956), 2~3.

5) Ware, The Orthodox Church, 48~49.

6) Meyendorff, The Orthodox Church, 197.

7) Ware, The Orthodox Church, 50에서 인용.

8) Steven Runciman, A History of the Crusades, 3 vols. (New York: Cambridge University Press, 1954), 3: 123.

9) Ibid., 130~31.

10) 이 분야를 기술하는데 있어 러시아 기독교 첫 1000년을 기념하여 1988년에 가진 강연에서 다니엘 카이저(Daniel Kaiser)와 토마스 호프코(Thomas Hopko) 교수가 제기한 견해와 Nicholas Zernov, The Russians and Their Church (London: SPCK, 1954)와 친구인 마크 엘리엇(Mark Elliott) 교수의 많은 충고에 감사한다.

11) Nestor, "A Life of St. Theodosius," in A Treasury of Russian Spirituality, ed. G.P. Fedotov (New York: Sheed & Ward, 1948), 40.

12) Ware, The Orthodox Church, 6~7. 1997년에 데비드 바렛(David Barrett)은 전 세계에 2억 1500만 정교회 교인이 교적을 두고 있다고 설명하였다. ("Annual Statistical Table on Global Mission: 1997," International Bulletin of Missionary Research 21 [January 1997]: 25).

13) Igumen Chariton of Valamo, comp., The Art of Prayer: An Orthodox Anthology, trans. E. Kadloubovsky and E. M. Palmer (London: Faber & Faber, 1966), 89.

7장

1) Luther, "The Hymns," in Luther' s Works, 55 vols. (St. Louis: Concordia; Philadelphia: Fortress, 1955~76), 53:223-24. 이하 LW로 표기한다.

2) Gordon Rupp, Luther' s Progress to the Diet of Worms (New York: Harper Torchbook, 1964[orig. 1951]), 96에서 인용. 루프(Rupp)는 제국국회를 이끌어갔던 상황을 아주 잘 설명해준다. 또한 Martin Brecht, Martin Luther, vol. 1, His Road th Reformation (Philadelphia: Fortress, 1985)와 Roland Bainton, Here I Stand: A Life of Martin Luther (Nashville: Abingdon, 1950)에서도 잘 설명되어 있다.

3) 이 부분의 모든 인용은 "Luther at the Diet of Worms," LW 32:103~31.

4) Pope Leo X. "Exsurge Domine," in Readings in Church History, ed. Colman J. Barry (Westerminster, Md.: Newman, 1967), 2:29.

5) Luther, "The Freedom of a Christian," LW 31:344.

6) Bainton, Here I Stand, 301.

7) Luther, "A Sermon on Keeping Children in School," LW 46:211.

8) Luther, "Eight Sermons at Wittenberg," LW 51:77.

9) D. Martyn Lloyd-Jones, Luther and His Message for Today (London: Evangelical Press, 1968), 18.

10) Luther, "Ninety-Five Theses," LW 31:33.

11) Luther, "Heidelberg Disputation," LW 31:50~53.

12) Luther,"The Magnificat," LW 21:340.

13) Ibid., 348.

14) Luther, "Table Talk," LW 54:476.

15) Jared Wicks S. J., Luther and His Spiritual Legacy (Wilmington, Del.: Michael Glazier, 1983), 26.

16) Luther, "The Collects," LW 53:134.

8장

1) 영국의 리 사건에 대한 설명은 특히 A. G. Dickens, The English Reformation, 2nd ed. (University Park: Pennsylvania State University Press, 1989)의 도움을 받았다. 그리고 G. R. Elton, Reform and Reformation: England, 1509-1558 (Cambridge: Harvard University Press, 1977)과 Christopher Haigh, ed., The English Reformation Revised (New York: Cambridge University Press. 1987)로 보완했다.

2) Charles M. Gray, The Harbrace History of England, vol. 2, Renaissance and Reformation England (New York: Harcourt Brace Jovanovich, 1973), 39.

3) Gerald Bray, ed., Documents of the English Reformation (Minneapolis: Fortress, 1994), 113~14.

4) 사례로는 Heiko A. Oberman, The Harvest of Medieval Theology (Cambridge: Harvard University Press, 1963); Steven Ozment, The Age of Reform, 1250~1550 (New Haven: Yale University Press, 1980); Eamon Duffy, The Stripping of the Altars: Traditional Religion in England, 1400~1580 (New Haven: Yale University Press, 1992)

5) 이 시기 교회사에서 위대하게 "사건을 조율한" 콘스탄츠공의회에 대해서는 다음을 보라. John Van Engen, "The Church in the Fifteenth Century," in Handbook of European History, 1400~1600. ed. Thomas A. Brady, Jr., Heiko A. Oberman, and James D. Tracy, 2 vols. (Grand Rapids: Eerdmans, 1994-95),1: 305~30, esp. 313~15.

9장

1) "The Strife Is O' er, the Battle Done," trans. Francis Pott. Trinity Hymnal, rev. ed. (Atlanta: Great Commission Publications, 1990), 275.

2) J. I. Packer, "Ignatius Loyola," in Eerdmans' Handbook to the History of Christianity (Grand Rapids: Eerdmans, 1977), 411.

3) John C. Olin, ed., The Catholic Reformation: Savonarola to Ignatius Loyola, Reform in the Church, 1495~1540 (New York: Harper & Row, 1969), 204~5에서 인용.

4) Ibid., 198.

5) 이러한 숫자와 매우 유용한 요약은 다음의 글에 있다. John Patrick Donnelly, S. J., "The New Religious Orders 1517~1648," in Handbook of European History, 1400~1600, ed. Thomas A. Brady, Jr., Heiko A. Oberman, and James D. Tracy (Grand Rapids: Eerdmans, 1994~95), 2: 294, 296.

6) 이곳에서는 다음의 견해를 따르고 있다. Peter Matheson, Cardinal Contarini at Regensburg

(Oxford: Clarendon, 1972)

7) Karl Lehmann and Wolfhart Pannenberg, eds., The Condemnations of the Reformation Era: Do They Still Divide? trans. Margaret Kohl (Minneapolis: Fortress, 1990) 로마 가톨릭과 루터파의 대화 사례로는 The Status of the Nicene Creed as Dogma of the Church (Minneapolis: Augsburg, 1965); Justification by Faith (Minneapolis: Augsburg, 1985); The One Mediator, the Saints, and Mary (Minneapolis: Augsburg, 1992). 복음주의 프로테스탄트 시각에서 나온 공정하고, 문서로 잘 뒷받침 된 현대 가톨릭-프로테스탄트 차이점은 Norman L. Geisler and Ralph E. MacKenzie, Roman Catholics and Evangelicals: Agreements and Differences (Grand Rapids: Baker, 1995)을 보라.

8) Elisabeth G. Gleason, "Catholic Reformation, Counterreformation, and Papal Reform in the Sixteenth Century," in Handbook of European History, 2: 333. 이 전체 논문(pp. 317~345)은 이 주제의 유용한 요약이다.

9) Ray R. Noll, ed., 100 Roman Documents concerning the Chinese Rites Controversy (1645~1941) (San Francisco: Ricci Institute for Chinese-Western Cultural History, 1992), 6.

10) Eerdmans Handbook to the History of Christianity (Grand Rapids: Eerdmans, 1977), 411에서 인용.

10장

1) The Works of John Wesley, vol. 7, A Collection of Hymns for the Use of The People Called Methodists, ed. Franz Hildebrandt and Oliver A. Beckerlegge (Nashville: Abingdon, 1983), 309~11.

2) The Jounal of the Rev. John Wesley, 8 vols. (London: Epworth, 1938), 2: 172~73.

3) A. Skevington Wood, The Inextinguishable Blaze: Spiritual Renewal and Advance in the Eighteenth Century (Grand Rapids: Eerdmans, 1960), 109에서 인용.

4) Journal of John Wesley, 1: 475~76.

5) Ibid., 7: 113.

6) 특히 중요한 책은 W. R. Ward, The Protestant Evangelical Awakening (New York: Cambridge University Press, 1992).

7) Theodore G. Tappert, introduction to Philip Jakob Spener, Pia Desideria (Philadelphia: Fortress, 1964), 13. Pia Desideria로부터의 모든 인용은 이 영어 번역본에서 발췌했다.

8) 특별히 볼 책은 Harry S. Stout, The Divine Dramatist: George Whitefield and the Rise of Modern Evangelicalism (Grand Rapids: Eerdmans, 1991)과 Frank Lambert, Pedlar in Divinity: George Whitefield and the Transatlantic Revivals, 1737~1770 (Princeton: Princeton University Press, 1994)

9) 복음주의와 계몽사상의 관계에 대해서는 다음 책의 해석을 따른다. David W. Bebbington, Evangelicalism in Britain: A History from the 1730s to the 1980s (London: Unwin Hyman, 1989), 20~74.

10) Daniel Walker Howe, "The Evangelical Movement and Political Culture in the North during

the Second Party System," Journal of American History 77 (March 1991): 1216~39.

11) The New Oxford Book of Christian Verse, ed. Donald Davie (New York: Oxford University Press, 1981), 200~201.

11장

1) 찬송가사와 배경은 The Penguin Book of Hymns, ed. Ian Bradley (London: Penguin, 1990), 19~21.

2) Simon Schama, Citizens: A Chronicle of the French Revolution (New York: Knopf, 1989), 778.

3) Alexis de Tocqueville, The Old Regime and the French Revolution, trans. Stuart Gilbert (Garden City, N.Y.: Doubleday, 1955 [orig. 1856]), 149, 155~56.

4) Paul Harold Beik, ed., The French Revolution (New York: Walker, 1970), 95.

5) Samuel Miller, Christianity the Grand Source, and the Surest Basis, of Political Liberty (New York: Thomas Greenleaf, 1793), 30~31.

6) William Wordsworth: Selected Poems and Prefaces, ed. Jack Stillinger (Boston: Houghton Mifflin, 1965), 332~33.

7) Edmund Burke, Reflections on the Revolution in France (New York: Prometheus, 1987[orig. 1790]), 250.

8) Arnold Toynbee, introduction to Christopher Dawson, The Gods of Revolution (New York: Minerva, 1978 [orig. 1972]), p. x.

9) Conor Cruise O' Brien, "A Last Chance to Save the Jews?" New York Review, April 27, 1989, p. 27.

10) Matthew Arnold, "Dover Beach," in Poetry and Criticism of Matthew Arnold, ed. A. Dwight Culler (Boston: Houghton Mifflin, 1961), 162.

11) C. S. Lewis, "De Descriptione Temporum," in Selected Literary Essays by C. S. Lewis (Cambridge: Cambridge University Press, 1969), 7; Pual Hazard, La Crise de la conscience européene. 이 책은 The European Mind, 1680~1715 (London: Hollis & Carter, 1953 [orig. 1935])로 번역 출판 되었다.

12) Owen Chadwick, The Secularization of the European Mind in the Nineteenth Century (New York: Cambridge University Press 1975), 5, 9.

13) Immanuel Kant, Reason within the Limits of Reason Alone, trans. T. M. Greene and H. H. Hudson (New York: Harper & Row, 1960), 123, 40.

14) H. Richard Niebuhr, The Kingdom of God in America (New York: Harper & Row, 1959 [orig. 1937]), 193.

15) Colman J. Barry, ed., Readings in Church History, vol. 3, The Modern Era, 1789 to the Present (Westminster, Md.: Newman, 1965), 74.

16) 1870년 이후, 오직 한 차례의 교황의 선언이 무오류적이라 엄밀히 규정되었는데 그것은 1954년 선언으로 마리아가 육체를 지닌 채 하늘에 올라갔다고 주장하였다.

17) Eerdmans' Book of Famous Prayers, comp. Veronica Zundel (Grand Rapids: Eerdmans, 1983), 72.

12장

1) William J. Reynolds and Milburn Price, A Survey of Christian Hymnody, 3rd ed. (Carol Stream, Ill.: Hope, 1987), 118, 241.
2) 일반적인 정보에 대해 의존한 책은 W. H. T. Gairdner. Echoes from Edinburgh, 1910: An Account and Interpretation of the World Missionary Conference (New York: Fleming H. Revell, [1910]).
3) Ibid., 40~43.
4) 이 장의 통계 대부분은 David B. Barret, ed., World Christian Encyclopedia (New York: Oxford University Press, 1982)에서, 1985년 이후는 Barrett's "Annual Statistical Table on Global Mission," International Bulletin of Missionary Research 1월호에서 찾았다.
5) Stephen Neill, A History of Christian Missions (New York: Penguin,1964), 395.
6) 설명은 Neill, History of Christian Mission, 444에서 인용된 것처럼 동시대 러시아인의 기록에서 나왔다.
7) 이러한 프로테스탄트의 선교팽창의 기록은 특히 Robert G. Clouse, Richard V. Pierald and Edwin M. Yamauchi, Two Kingdoms: The Church and Culture through the Ages (Chicago: Moody, 1993), 351~513의 선교 주제에 대한 주목할만한 관심으로부터 도움을 받았다.
8) Rufus Anderson, Foreign Missions: Their Relations and Claims (New York: Scribners, 1869), 61.
9) 이 구절에 있는 숫자와 다른 내용은 Barret, World Christian Encyclopedia, 28~29.
10) 이 이야기에 대해 더 풍부한 내용은 Adrian Hastings, The Church in Africa 1450~1950 (New York: Oxford University Press, 1994), 379.
11) Barret, World Christian Encyclopedia, 27, 29.
12) 이 부분은 다음의 책에서 관련된 구절을 인용하였다. Hastings, The Church in Africa와 Andrew F. Walls,"Samuel Ajayi Crowther, 1807-1891: Foremost African Christian of The Nineteenth Century,"in Mission Legacies: Biographical Studies of Leaders of the Modern Missionary Movement, ed. G. H. Anderson et al. (Maryknoll, N.Y.: Orbis, 1994), 132~39.
13) 소개 글에 대해서는 다음을 보라. Hastings, The Church in Africa, 443~47.
14) David A. Shank, "William Wade Harris, ca. 1860-1929: God Made His Soul a Soul of Fire," in Mission Legacies, 161, 162.
15) 이하의 구절이 의존한 책은 Marc R. Nikkel, "The Cross of Bor Dinka Christians: A Working Christology in the Face of Displacement and Death," Studies in World Christianity 1 (1995): 160~85.
16) Ibid., 161.
17) Ibid., 175.
18) Andrew F. Walls, The Missionary Movement in Christian History: Studies in the

Transmission of Faith (Maryknoll, N.Y.: Orbis, 1996), 54.

19) 딩카족의 기도는 Akurdit Ngong Akurdit가 기억해낸 것이다. Nikkel, "The Cross of Bor Dinka Christians," 179에서 인용.

13장

1) 이 노래의 사본을 제공해 준 친구 짐 올슨(Jim Ohlson)에게 감사하고 싶다. 그는 1995년에 이 시를 얻었다.

2) David B. Barrett, "Annual Statistic Table on Global Mission: 1997," International Bulletin of Missionary Research 21 (January 1997): 25.

3) 오순절 운동의 초기 전파에 관해서는 다음 책을 살펴보았다. Edith L. Blumhofer, "Transatlantic Currents in North Atlantic Pentecostalism," in Evangilicalism. Comparative Studies of Popular Protestantism in North America, the British Isles, and Beyond, 1700~1990, ed. M. A. Noll, D. W. Bebbington, and G. A. Rawlyk (New York: Oxford, 1994), 351~64.

4) 사전 논의에 대해서는 다음 책을 보라. Karla Poewe, ed., Charismatic Christianity as a Global Culture (Columbia: University of South Carolina Press, 1994).

5) Walter Abbott, S. J., ed., The Documents of Vatican II (New York: Guild, 1966), 705.

6) George A. Lindbeck, The Future of Roman Catholid Theology: Vatican II - Catalyst for Change (Philadelphia: Fortress, 1970), 116~17.i

7) David F. Wells, Revolution in Rome (Downers Grove, Ill.: InterVarsity, 1972), 118~19.

8) Karol Wojtyla (후에 요한 바오로 3세가 됨), Sources of Renewal: The Implementation of Vatican II (San Francisco: Harper & Row, 1980 [orig. 1972]), 420~21.

9) R. Pierce Beaver, American Protestant Women in World Mission, rev. ed. (Grand Rapids: Eerdmans, 1980); Jane Hunter, The Gospel of Gentility: American Women Missionaries in Turn-of-the-Century China (New Haven: Yale University Press, 1984); Dana Robert, American Women in Mission: a Socia History of Their Thought and Practice (Macon, Ga.: Mercer University Press, 1997).

10) Paulist Press(Mahwah, N. J)의 두 개의 연속기획물에서 참조할 수 있는 여성작가들은 현재 이용할 수 있는 다음의 글들을 제시한다. "서구 영성의 고전들"(Classics of Western Spirituality): Julian of Norwich, Catherine of Genoa, Teresa of Avila, Catherine of Siena, Hildegard of Bingen, Birgitta of Sweden, Gertrude of Helfta, Angela of Foligno, Margaret Ebner, and Marguerite Porete; "Sources of American Spirituality": Anne Bradstreeet (in Early New England Meditative Poetry), Marie of the Incarnation, Phoebe Palmer, Rose Hawthorne Lathrop, Sisters of Mercy, and Elizabeth Seton.

11) 중세 사가들이 이러한 일들을 수행하였으나 다른 시대를 다루는 학자들도 그 대열에 참여하였다. 수많은 책들의 시사점에 대해서는 다음을 보라. Caroline Walker Bynum, Holy Feast and Holy Fast: The Religious Significance of Food to Medieval Women (Berkeley: University of California Press, 1987); Bynum, Fragmentation and Redemption: Essays on Gender and the Human Body in Medieval Religion (New York: Zone,1991); Derek Baker, ed., Medieval

Women (Oxford: Blackwell, 1978); Sherrin Marshall, ed., Women in Reformation and Counter-Reformation Europe: Private and Pubic Worlds(Bloomington: Indiana University Press, 1989); Lyndal Roper, The Holy Household: Women and Morals in Reformation Augsburg (New York: Oxford, 1989); and Patrica Crawford, Women and Religion in England, 1500~1720 (London: Routledge, 1993)

12) Barrett, "Status of Global Mission, 1996," 25.

13) Lamin Sanneh, Translating the Message: The Missionary Impact on Culture (Maryknoll, N.Y.: Orbis, 1989), 246~49. 광범위한 번역작업에 대해서는 이 책뿐 아니라 다음 책에서도 도움을 받았다. Lamin Sanneh, "Gospel and Culture: Ramifying Effects of Scriptural Translation," and Andrew F. Walls, "The Translation Principle in Christian History," both in Bible Translation and the Spread of the Church, ed. Philip C. Stine (Leiden: E. J. Brill, 1990).

14) David B. Barrett, World Christian Encyclopedia (New York: Oxford University Press, 1982), 29, 32.

15) Sanneh, Translating the Message, 208-9.

16) David J. Hesselgrave, "Townsend, William Cameron," in Dictionary of Christianity in America (Downers Grove, Ill.: InterVarsity, 1990), 1181. 카머슨(Camerson)은 10년에 걸쳐 신약성경의 카키쿠엘어 번역본을 만들었다. 이는 이 언어로 된 첫 번째 책이었다.

17) Timothy Ware, The Orthodox Church, new ed. (New York: Penguin, 1993), 148,162.

18) Silin에 대한 자료는 Aleksandr I. Solzhenitsyn, The Gulag Archipelago, Three (New York: Harper & Row, 1978), 104~8.

19) George Appleton, ed., The Oxford Book of Prayer (New York: Oxford University Press, 1985), 88.

20) Ibid., 143.

글상자 주

1장

1. "Easter Letter 39," in St. Athanasius : Select Works and Letters, ed. Archibald Robertson,vol. 4 of The Nicene and Post-Nicene Fathers(Grand Rapids: Eerdmans, 1978[orig. 1891]), 551-52.

2. Henry Bettenson, ed., Documents of the Christian Church, 2nd ed. (New York: Oxford University Press, 1963), 68-69.

3. "Letter to the Trallians," in The Early Christian Fathers, ed. Henry Bettenson (London: Oxford University Press, 1956), 60-61.

4. Bettenson, Documents of the Christian Church, 23-24.

5. John H. Leith, ed., Creeds of the Churches, 3rd ed. (Atlanta: John Knox, 1982), 24-25.

2장

1. Quoted in Robert Payne, The Holy Fire: The Story of the Fathers of the Eastern Church (Crestwood, N. Y.: St. Vladimir' s Seminary Press, 1980 [orig. 1957]), 82-83.
2. Cited in St. Athanasius on the Incarnation: The Treatise: De Incarnatione Verbi Dei, trans. and ed. A Religious of C.S.M.V.(Crestwood, N.Y.: St. Vladimir' s Seminary Press, 1953 [orig. 1944]), 33-34.
3. Philip Schaff, The Creeds of Christendom, 3 vols., 6th ed.(New York: Harper, 1919), 1:28-29.

3장

1. Richard A. Norris, trans. and ed., The Christological Controversy(Philadelphia: Fortress, 1980), 132, 134.
2. Ibid., 135, 137-38.

4장

1. The Rule of St. Benedict in English, ed. Timothy Fry, O.S.B (Collegeville, Minn.: Liturgical, 1981), 86-88.
2. Anne Boyd, The Monks of Durham (Cambridge: Cambridge University Press, 1975), 16.
3. Hildegard of Bingen, Scivias, trans. Mother Columba Hart and Jane Bishop (New York: Paulist, 1990), 470.
4. Hadewijch, The Complete Works, trans. Mother Columba Hart, O.S.B. (New York : Paulist, 1980), 209.
5. Quoted in Evelyn Underhill, The Mystics of the Church (Cambridge: James Clarke, 1925; reprint, Wilton, Conn. : Morehouse-Barlow, 1988), 158-59.

5장

1. Quoted in the introduction to St. Gregory the Great, Pastoral Care, trans. Henry Davis, S.J., Ancient Christian Writers Series, vol. 11(Westminster, Md.: Newman, 1950), 10-11.
2. Ibid., 66-67.
3. Thomas Aquinas, Summa of Theology III, q. 60, a. 6, c, from An Aquinas Reader, ed. Mary T. Clark (Garden City, N. Y.: Doubleday, 1972), 483.

6장

1. John H. Leith, ed., Creeds of the Churches, 3rd ed. (Atlanta: John Knox, 1982), 55-56.
2. Walter M. Abbott, S.J., ed., The Documents of Vatican II (New York: Guild, 1966), 725-26.

7장

1. Luther, "Preface to Latin Writings," in Luther' s Works, 55 vols.(St. Louis: Concordia;

Philadelphia: Fortress, 1955-76), 34: 336-37.

2. The Book of Concord: The Confessions of the Evangelical Lutheran Church, ed. T. G. Tappert (Philadelphia: Fortress, 1959), 344-45.

8장

1. From Roland H. Bainton, Erasmus of Christendom (New York: Scribner, 1969), 106. 108.
2. From Donald J. Ziegler, ed., Great Debates of the Reformation (New York: Random House, 1969), 342-43.

9장

1. The Spiritual Exercises of St. Ignatius Loyola, trans. Elisabeth Meier Tetlow (Lanham, Md.: University Press of America and The College Theology Society, 1987), 67.
2. Philip Schaff, ed., The Creeds of Christendom, 3 vols., 6th ed.(New York: Harper & Brothers, 1931), 1: 96-99.
3. Ray R. Noll, ed., 100 Roman Documents concerning the Chinese Rites Controversy (1645-1941) (San Francisco: Ricci Institute for Chinese-Western Cultural Histoy, 1992), 22.

10장

1. Edward H. Sugden, ed., The Works of Wesley, vol. 1, Wesley's Standard Sermons (Grand Rapids: Zondervan, 1955 [orig. 1921]), 40-41.
2. Philip Jakob Spener, Pia Desideria (Philadelphia: Fortress, 1964), 89-90.

11장

1. Colman J. Barry, ed., Readings in Church History, vol. 3, The Modern Era, 1789 to the Present (Westminster, Md.: Newman, 1965), 78-79.

12장

1. William Carey, An Enquiry into the obligations of Christians, to use means for the conversion of the heathens: in which the religious state of the different nations of the world, the success of former undertakings, and the practicability of further undertakings, are considered (Leicester, Eng.: Henderson & Spalding, 1934 [orig. 1792]), 3, 86-87.
2. Samuel Crowther, Journal of an Expedition up the Niger and Tshada Rivers ([Portland, Oreg.]: Frank Cass, 1970, reprinting the London edition of 1854), 158-59.

13장

1. Edith L. Blumhofer, ed., "Pentecost in My Soul": Exploration in the Meaning of Pentecostal Experience in the Assemblies of God (Springfield, Mo.: Gospel Publishing, 1989), 67-72.
2. Caroline Walker Bynum, Holy Feast and Holy Fast: The Religious Significance of Food to Medieval Women (Berkeley: University of California Press, 1987), 296.

더 읽을거리 Further Reading

각 장마다 각 터닝 포인트나 폭넓은 내용과 관련하여 더 읽을거리를 제공했다.

시작하면서

Barrett, David B., ed. World Christian Encyclopedia. New York: Oxford University Press, 1982.

Bettenson, Henry, ed. Documents of the Christian Church, 2nd ed. New York: Oxford University Press, 1963.

Bradley, James E., and Richard A. Muller. Church History: An Introduction to Research, Reference Works, and Methods. Grand Rapids: Eerdmans, 1995.

Clouse, Robert G., Richard V. Pierard, and Edwin M. Yamauchi. Two Kingdoms: The Church and Culture through the Ages. Chicago: Moody, 1993.

Cross, F. L., and E. A. Livingstone, eds. The Oxford Dictionary of the Christian Church. 2nd ed. London: Oxford University Press, 1974.

Douglas, J. D., ed. The New International Dictionary of the Christian Church. Grand Rapids: Zondervan, 1974.

Eerdman' s Handbook to the History of Christianity. Grand Rapids: Eerdmans, 1977.

The 100 Most Important Events in Church History [Christian History, no. 28]. 1990.

Lane, Tony, ed. Harper' s Concise Book of Christian Faith. San Francisco: Harper & Row, 1984.

Leith, John H., ed. Creeds of the Churches. 3rd ed. Atlanta: John Knox, 1982.

New Catholic Encyclopedia. 17. vols. New York: McGraw-Hill, 1967-79.

The New Schaff-Herzog Encyclopedia of Religious Knowledge. 13 vols. New York: Funk & Wagnalls, 1908-14.

Schaff, Philip. The Creeds of Christendom. 3 vols. 6th ed. New York: Harper & Brothers, 1919.

Walker, Williston, with Richard A. Norris, David W. Lotz, and Robert T. Handy. A History of the Christian Church. 4th ed. New York: Charles Scribner' s Sons, 1985.

1장

Aune, David E. The New Testament in Its Literary Environment. Philadelphia: Westminster, 1987.

Bruce, F. F. The Spreading Flame: The Rise and Progress of Christianity from Its First Beginnings to the Conversion of the English. Grand Rapids: Eerdmans, 1958.

Ferguson, Everett. Backgrounds of Early Christianity, 2nd ed. Grand Rapids: Eerdmans, 1993.

Frend, W. H. C. The Rise of Christianity. Philadelphia: Fortress, 1984.

Hamman, Adalbert. How to Read the Church Fathers. New York: Crossroad, 1993.

How We Got Our Bible [Christian History, no. 43]. 1994.

Lightfoot, J. B., and J. R. Harmer, eds. The Apostolic Fathers (texts of Clement Ignatius, Polycarp, the Didache, and others). Grand Rapids: Baker, 1984 (orig. 1891). 이들 저작 중 많은

것은 다음의 여러 편집서에서 이용할 수 있다. Maxwell Staniforth, trans., Early Christian Writings. (New York: Penguin, 1968); 또는 Henry Bettenson, ed., The Early Christian Fathers (New York: Oxford University Press, 1956)

MacMullen, Ramsay. Christianizing the Roman Empire (A. D. 100-400). New Haven: Yale University Press, 1984.

Smith, M. A. From Christ to Constantine. Downers Grove, Ill.: InterVarsity, 1971.

Turner, H. E. W. The Pattern of Christian Truth : A Study in the Relations between Orthodoxy and Heresy in the Early Church. London: A. R. Mowbray, 1954.

Wilken, Robert L. The Christians as the Romans Saw Them. New Haven: Yale University Press, 1984.

2장

Barnes, Timothy D. Constantine and Eusebius. Cambridge: Harvard University Press, 1981.

Bray, Gerald. Creeds, Councils, and Christ. Downers Grove, Ill.:InterVarsity, 1984.

Brown, Harold O.J. Heresies: The Image of Christ in the Mirror of Heresy and Orthodoxy from the Apostles to the Present. Garden City, N.Y.: Doubleday, 1984.

Brown, Peter. The Rise of Western Christendom: Triumph and Diversity, A.D. 200-1000. Cambridge, Mass.: Blackwell, 1996.

Grant, Michael. Constantine the Great: The Man and His Times. New York: Scribner' s, 1994.

Haas, Christopher. Alexandria in Late Antiquity: Topography and Social Conflict. Baltimore: Johns Hopkins University Press, 1996.

Heresy in the Early Church [Christian History, no. 51]. 1996.

Kelly, J. N. D. Early Christian Doctrines. 5th ed. San Francisco: Harper & Row, 1978.

Pelikan, Jaroslav. The Christian Tradition. Vol. 1. The Emergence of the Catholic Tradition (100-600). Chicago: University of Chicago Press, 1971.

Rusch, William G., ed. The Trinitarian Controversy. Philadelphia: Fortress, 1980.

Smith, M.A. The Church under Siege. Downers Grove, Ill.: InterVarsity, 1976.

Stevenson, J., ed. A New Eusebius: Documents Illustrative of the History of the Church to A.D. 377. London:SPCK, 1960. 반드시 필요한 유세비우스(Eusebius)의 역사로 다음과 같은 여타의 많은 편집본을 이용할 수 있다. Eusebius, The History of the Church from Christ to Constantine, trans. G. A. Williamson (New York: Penguin, 1965).

Worship in the Early Church [Christian History, no. 37] :1993.

3장

Ch.3 Further Reading.

Cullmann, Oscar. The Christology of the New Testament. Philadelphia: Westminster, 1959.

Jalland, Trevor. The Life and Times of St. Leo the Great. New York: Macmillan, 1941.

Kelly, J.N.D. Early Christian Doctrines. 5th ed. San Francisco: Harper & Row, 1978.

Norris, Richard A., Jr., tans. and ed. The Christological Controversy. Philadelphia: Fortress, 1980.
Pelikam, Jaroslav. Mary through the Centuries,. New Haven: Yale University Press. 1996.
Schaff, Philip, ed. The Creeds of Christendom. 6th ed. 3 vols. New York: Harper, 1919. Reprint, Grand Rapids: Baker, 1990.
Sellers, R.V. The Council of Chalcedon: A Historical and Doctrinal Survey. London: SPCK, 1953.
Women in the Early Church [Christian History, no. 17]. 1988.

4장

Athanasius. The Life of St. Anthony the Great. Willits, Calif.: Eastern Orthodox Books, 1987.
Cahill, Thomas. How the Irish Saved Civilization. New York: Anchor. 1995. 셀틱 수도사들의 많은 활동을 담고 있다.
Dawson, Christopher. The Formation of Christendom. New York: Sheed & Ward, 1967.
de Waal, Esther. Seeking God: The Way of St. Benedict. Collegeville, Minn.: Liturgical, 1984.
Knowles, David. The Benedictines. New York: Macmillan, 1930.
____________ . Saints and Scholars: Twenty-Five Medieval Portraits. Cambridge: Cambridge University Press, 1962.
Leitzman, Hans. A History of the Early Church. Vol. 4; The Era of the Church Fathers. Trans. B. L. Woolf. New York: Charles Scribner' s Sons, 1952.
The Rule of St. Benedict in English. Ed. Timothy Fry, O.S.B. Collegeville, Minn.: Liturgical, 1981.
The Sayings of the Desert Fathers: The Alphabetical Collection. Rev. ed. Trans. Benedicta Ward, S.L.G. Kalamazoo, Mich.: Cistercian Publications, 1984.

5장

Bede, The Venerable. The Ecclesiastical History of the English People. Many editions.
Davis, Raymond, ed. The Book of Pontiffs (Liber Pontificalis): The Ancient Biographies of the First Ninety Roman BIshops to A.D. 715. Liverpool: Liverpool University Press, 1989. 영문 선집들이다.
Dawson, Christopher. The Formation of Christendom. New York: Sheed & Ward, 1967.
Everyday Faith in the Middle Ages [Christian History, on. 49]. 1996.
Hoyt, Robert S,. and Stanley Chodorow. Europe in the Middle Ages. 3rd ed. New York: Harcourt Brace Javanovich, 1976.
Oden, Thomas C. Care of Souls in the Classic Tradition. Philadelphia: Fortress, 1984. 대(大) 그레고리에 대한 것임.
Richards, Jeffrey. Consul of God: The Life and Times of Gregory the Great. London: Routledge & Kegan Paul, 1980.
Thorpe, Lewis G.M., trans. Two Lives of Charlemagne: Einhard and Notker the Stammerer. New York: Penguin, 1969.
Van Engen, John. "The Christian Middle Ages as an Historiographical Problem." Amarican

Historical Review 91 (June 1986) : 519-52.

Women in the Medieval Church [Christian History, no. 30]. 1991.

6장

Clendenin, Daniel B. Eastern Orthodox Christianity: A Western Perspective. Grand Rapids: Baker, 1994.

___________, ed. Eastern Orthodox Theology: A Contemporary Reader. Grand Rapids, Baker, 1994.

The Crusades [Christian History, no. 40] 1993.

Fedotov, G.P.,ed. A Treasury of Russian Spirituality. New York: Sheed & Ward, 1948.

Hussey, J.M. The Orthodox Church in the Byzantine Empire. Oxford: Clarendon, 1986.

Meyendorff, John. Byzantine Theology: Historical Trends and Doctrinal Themes. 2nd ed. New York: Fordham University Press, 1983.

__________ . The Orthodox Church. 3rd ed. Crestwood, N.Y.: St. Vladimir' s Seminary Press, 1981.

The Millennium of "Russian Christianity" [Christian History, no. 18]. 1988.

Palmer, G. E. H., Philip Sherrard, and Kallistos Ware, trans. and ed. The Philokalia: Compiled by St. Nikodimos of the Holy Mountain and St. Makarios of Corinth. 4 vols. London: Faber & Faber, 1979-95.

Ware, Timothy. The Orthodox Church . New ed. New York: Penguin. 1993.

Wybrew, Hugh. The Orthodox Liturgy: The Development of the Eucharistic Liturgy in the Byzantine Rite. Crestwood, N.Y.: St. Vladimir' s Seminary Press, 1990.

Zernov, Nicholas. The Russians and Their Church. : London: SPCK, 1954.

7장

Bagchi, David V.N. Luther' s Earliest Opponents: Catholic Controversialists, 1518-1525. Minneapolis: Fortress, 1991.

Bainton, Roland H. Here I Stand: A Life of Martin Luther. Nashville: Abingdon, 1950.

Brecht, Martin. Martin Luther. 2 vols. Philadephia: Fortress, 1985-94.

Haile, H.G. Luther: An Experiment in Biography. Garden City, N.Y.: Doubleday, 1980.

Lull, Timothy F., ed. Martin Luther' s Basic Theological Writings. Minneapolis: Fortress, 1989. 55권으로 구성된 영문판 루터전집을 잘 편집한 저작선집이다.

Martin Luther. [Christian History, no.34]. 1990 and [no.39] 1993.

McGrath, Alister E. Luther' s Theology of the Cross. Oxford: Basil Blackwell, 1985.

Oberman, Heiko A. Luther: Man between God And Devil. New Haven: Yale University Press, 1990.

Pelikan, Jaroslav, The Christian Tradition. Vol.4, Reformation of Church and Dogma (1300-1700). Chicago: University of Chicago Press, 1984.

________ , ed. Interpreters of Luther. Philadephia: Fortress, 1968.

Steinmetz, David C. Luther in Context. Bloomington: Indiana University Press, 1986.

Watson, Philip S. Let God Be God: An Interpretation of the Theology of Martin Luther. Rev. ed. Philadelphia: Fortress, 1970.

8장

Bossy, John. Christianity in the West, 1400-1700. New York: Oxford University Press, 1985.

Brady, Thomas A., Jr., Heiko A. Oberman, and James D. Tracy, eds. Handbook of European History, 1400-1600. 2 vols. Grand Rapids: Eerdmans, 1994-95.

Cameroun, Euan. The European Reformation. New York: Oxford University Press, 1991.

Dickens, A.G. The English Reformation. 2nd ed. University Park: Pennsylvania State University Press, 1989.

Dickens, A. G., and John M. Tonkin. The Reformation in Historical Thought. Cambridge: Harvard University Press, 1985.

Eisenstein, Elizabeth L. The Printing Revolution in Early Modern Europe. New York: Cambridge University Press, 1983.

Haigh, Christopher. English Reformations: Religion, Politics, and Society under the Tudors. New York: Oxford University Press, 1993.

Jones, R. Tudur. The Great Reformation. Downers Grove, Ill.: InterVarsity, 1985.

Lindberg, Carter. The European Reformations. Cambridge, Mass.: Blackwell, 1996.

Oberman, Heiko A. The Impact of the Reformation. Grand Rapids: Eerdmans, 1994.

________ . The Reformation: Roots and Ramificaitons. Grand Rapids: Eerdmans, 1994.

Pelikan, Jaroslav. The Christian Tradition. Vol. 4, Reformation of Church and Dogma (1300-1700). Chicago: University of Chicago Press, 1984.

Scribner, Bob, Roy Porter, and Mikulas Teich, eds. The Reformation in National Context. New York: Cambridge University Press, 1994.

Thomas Cranmer and the English Reformation [Christian History, no 48]. 1995.

9장

Brady, Thomas A., Jr., Heiko A. Oberman, and James D. Tracy, eds. Handbook of European History, 1400-1600. 2 vols. Grand Rapids: Eerdmans, 1994-95.

Broderick, J. The Origin of the Jesuits. Chicago: Loyola University Press, 1986 (orig. 1940).

Delumeau, Jean. Catholicism between Luther and Voltaire: A New View of the Counter-Reformation. Philadelphia: Westminster, 1977.

Jedin, Hubert. A History of the Council of Trent. St. Louis: B. Herder, 1957.

Jones, Martin D. W., ed. The Counter Reformation: Religion and Society in Early Modern Europe. New York: Cambridge University Press,1995.

Meisner, William W., S.J. Ignatius of Loyola: The Psychology of a Saint. New Haven: Yale

University Press, 1992.
Neill, Stephen. A History of Christian Missions. New York: Penguin, 1964.
Noll, Ray R., ed. 100 Roman Documents concerning the Chinese Rites Controversy(1645-1941). San Francisco: Ricci Institute for Chinese-Western Cultural History, 1992.
Oakley, Francis. The Western Church in the Later Middle Ages. Ithaca, N.Y.:Cornell University Press, 1979.
O' Connell, Marvin. The Counter Reformation, 1559-1610. New York: Harper & Row, 1974.
Olin, John C. Catholic Reform from Cardinal Ximenes to the Council of Trent, 1495-1563. New York: Fordham University Press, 1990.
O' Malley, John, S. J. The First Jesuits. Cambridge: Harvard University Press, 1993.

10장

Baker, Frank, ed. Representative Verse of Charles Wesley. Nashville: Abingdon, 1962.
Bebbington, David W. Evangelicalism in Modern Britain: A History from the 1730s to the 1980s. London: Unwin Hyman, 1989.
Brown, Dale. Understanding Pietism. Grand Rapids: Eerdmans, 1978.
Erb, Peter C., ed. Pietists : Selected Writings. New York: Paulist, 1983.
Heitzenrater, Richard P. Wesley and the People Called Methodists. Nashville: Abingdon, 1995.
Jeffrey, David Lyle, ed. English Spirituality in the Age of Wesley. Grand Rapids: Eerdmans, 1987.
Noll, Mark A., David W. Bebbington, and George A. Rawlyk, eds. Evangelicalism: Comparative Studies of Popular Protestantism in North America, the British Isles, and Beyond, 1700-1990. New York: Oxford University Press, 1994.
Outler, Albert C., ed. John Wesley. New York: Oxford University Press, 1964.
Pietism Re-examined [Christian History, no. 10]. 1986.
Rack, Henry D. Reasonable Enthusiast: John Wesley and the Rise of Methodism. New York: Trinity Press International, 1989.
Stoeffler, F. Ernst. German Pietism during the Eighteenth Century. Leidon: E.J. Brill, 1973.
__________ . The Rise of Evangelical Pietism. Leiden: E.J. Brill, 1970.
Whaling, Frank, ed. John and Charles Wesley: Selected Prayers, Hymns, Journal Notes, Sermons, Letters, and Treatises. New York: Paulist, 1981.
Zinzendorf and the Moravians [Christian History, no. 1]. 1982.

11장

Brooke, John Hedley. Science and Religion: Some Historical Perspectives. New York: Cambridge University Press, 1991.
Chadwick, Owen. The Secularization of the European Mind in the Nineteenth Century. New York: Cambridge University Press, 1975.
Clouse, Robert G., Richard V. Pierard, and Edwin M. Yamauchi. Two Kingdoms: The Church

and Culture through the Ages. Chicago: Moody, 1993. 특히 유럽의 선교, 복음주의, 사회 개혁 운동에 대해 도움이 되는 책이다.

Conser, Walter H., Jr. Church and Confession: Conservative Theologians in Germany, England, and America, 1815-1866. Macon, Ga.: Mercer University Press, 1984.

Gay, Peter. The Enlightenment. Vol. 1, The Rise of Modern Paganism; vol. 2, The Science of Freedom, New York: Knopf, 1966-69.

Hope, Nicholas. German and Scandinavian Protestantism, 1700 to 1918. New York: Oxford University Press, 1995.

Lundin, Roger. The Culture of Interpretation: Christian Faith and the Postmodern World. Grand Rapids: Eerdmans, 1993. 낭만주의 영향에 대해 도움이 되는 책이다.

McLeod, Hugh. Religion and the People of Western Europe. New York: Oxford University Press, 1981.

McManners, John. The French Revolution and the Church. London: SPCK, 1969.

Manuel Frank E. The Changing of the Gods. Hanover, N. H.: University Press of New England, 1983.

Martin, David. A General Theory of Secularization. New York: Harper & Row, 1978.

Smart, Ninian, et al., eds. Nineteenth-Century Religious Thought in the West. 3 vols. New York: Cambridge University Press, 1985.

12장

Anderson, Gerald H., Robert T. Coote, Norman A. Horner, and James M. Phillips, eds. Mission Legacies: Biographical Studies of Leaders of the Modern Missionary Movement. Maryknoll, N.Y.: Orbis, 1994.

Clouse, Robert G., Richard V. Pierard, and Edwin M. Yamauch. Two Kingdoms: The Church and Culture through the Ages. Chicago: Moody, 1993.

Hastings, Adrian. The Church in Africa, 1450-1950. New York: Oxford University Press, 1994.

Hudson Taylor and Missions to China. [Christian History, no. 52], 1996.

Isichei, Elizabeth. A History of Christianity in Africa. Grand Rapids: Eerdmans, 1995.

Latourette, Kenneth Scott. A History of the Expansion of Christianity. 7 vols. New York: Harper & Bros., 1937-45.

Martin, David. Tongues of Fire: The Explosion of Protestantism in Latin America. Oxford: Blackwell, 1990.

Neill, Stephen. A History of Christian Missions. New York: Penguin, 1964.

Sanneh, Lamin O. Encountering the West: Christianity and the Global Clutural Process, the African Dimension. Maryknoll, N.Y.: Orbis, 1993.

Stanley, Brian. The Bible and the Flag: Protestant Missions and British Imperialism in the Nineteenth and Twentieth Centuries. Leicester, Eng.: Apollos, 1990.

Walls, Andrew F. The Missionary Movement in Christian History: Studies in the Transmission of

Faith. Maryknoll, N.Y.: Orbis, 1996.
William Carey [Christian History, no.36]. 1992.

13장

Alberigo, Giuseppe, and Joseph A. Komonchak, eds. History of Vatican II.
Maryknoll, N.Y.: Orbis. Vol 1. 1995년에 발행되었다. 앞으로 4권의 책이 발행될 예정이다.
Bays, Daniel H., ed. Christianity in China from the Eighteenth Century to the Present. Stanford, Calif: Stanford University Press, 1996.
Bediako, Kwame. Christianity in Africa: The Renewal of a Non-Western Religion. Maryknoll, N.Y.: Orbis, 1995.
Bergman, Susan, ed. Martyrs: Contemporary Writers on Modern Lives of Faith. San Francisco: HarperCollins, 1996.
Blumhofer, Edith. Restoring the Faith: The Assemblies of God, Pentecostalism, and American Culture. Urbana: University of Illinois Press, 1993.
Broun, Janice. Conscience and Captivity: Religion in Eastern Europe. Washington, D.C.: Ethics and Public Policy Center, 1988.
Burgess ,Stanley M., and Gary B. McGee, eds. Dictionary of Pentecostal and Charismatic Movements. Grand Rapids: Zondervan, 1988.
Dyrness, William A., ed. Emerging Voices in Global Theology. Grand Rapids: Zondervan, 1994.
Keeley, Robin, ed. Christianity in Today' s World. Grand Rapids: Eerdmans, 1985.
Martin, David. Tongues of Fire: The Explosion of Protestantism in Latin America. Oxford: Blackwell, 1990.
Newbigin, Lesslie. The Gospel in a Pluralist Society. Grand Rapids: Eerdmans, 1989.
Sanneh, Lamin O. Translating the Message: The Missionary Impact on Culture. Maryknoll, N.Y.: Orbis, 1989.
Studies in World Christianity. 일년에 두 차례 에딘버러 대학(University of Edinburgh) 비서구 세계에서의 기독교 연구를 위한 센터(The Centre for the Study of Christianity in the Non-Western World)에서 나오는 간행물. 1995년에 처음 발행됨. 미국에서는 Orbis Books (Maryknoll, N.Y.)에서 이용할 수 있다.
Walls, Andrew F. The Missionary Movement in Christian History: Studies in the Transmission of Faith. Maryknoll, N.Y.: Orbis, 1996.

사단법인 기독교세계관학술동역회 사역 소개

● 세계관 운동

삶과 학문의 모든 영역에서 예수 그리스도가 주인이심을 고백하고, 하나님의 말씀대로 생각하고 적용하며 살도록 돕기 위한 많은 연구 자료와 다양한 방식의 강의 패키지들을 준비하고 있습니다. 특히 삶의 각 영역에서 만날 수 있는 문제들에 대한 대안을 찾을 수 있도록 세계관 기초 훈련, 집중 훈련 및 다양한 강좌들을 비롯하여 기독 미디어 아카데미, 기독교세계관 아카데미, 어린이 청소년 세계관 강좌 등 다양한 강의와 세미나가 준비되어 있습니다. 강의를 원하시는 교회나 단체는 기독교세계관학술동역회 사무국으로 연락해 주시면 친절히 안내해 드립니다.

● 기독교학문연구회

기독교학문연구회(KACS : Korea Association of Christian Studies)는 기독교적 학문 연구를 위한 학회로, 각 학문 분야별 신학과 학제간의 연구를 진행하여 신앙과 학문의 통합을 추구하고 있습니다. 연구 발표의 장으로 연 2회의 학술대회를 개최하고 있으며, 한국연구재단 등재학술지 〈신앙과 학문〉(1996년 창간)을 발행하고 있습니다.

● VIEW 밴쿠버기독교세계관대학원

1999년 7월, 밴쿠버기독교세계관대학원(VIEW)은 캐나다 최고의 기독교대학인 Trinity Western University 대학의 신학대학원인 ACTS와 공동으로 기독교세계관 문학석사과정(MACS-Worldview Studies)을 개설했습니다. 현재 캐나다 밴쿠버에 기독교세계관 문학석사 과정, 디플로마(Diploma) 과정을 운영하고 있으며, 다양한 연수 프로그램(교사 창조론, 지도자세계관 학교, 청소년 캠프 등)을 개최하고 있습니다.

● CTC 기독교세계관교육센터

CTC(Christian Thinking Center)는 가정과 교회와 학교에 기독교 세계관 교육 콘텐츠를 제공함으로서 다음세대 그리스도인들이 기독교 세계관으로 생각하고 살아가도록 돕는 것을 사명으로 하는 교육기관입니다.

● **도서출판 CUP**

바른 성경적 가치관 위에 실천적 삶을 살아가는 그리스도의 제자들을 세우며, 지성과 감성과 영성이 전인적으로 조화된 균형잡힌 도서를 출간하여 그리스도인다운 삶과 생각과 문화를 확장시키는 나눔터의 출판을 꿈꾸고 있습니다.

⚜ ⚜ ⚜ ⚜ ⚜ ⚜

■ **(사)기독교세계관학술동역회 연락처_ ☎.** 02)754-8004

(03922) 서울특별시 마포구 월드컵북로58길 9 ES타워 9층

E-mail_ info@worldview.or.kr

Homepage_ www.worldview.or.kr

■ **도서출판 CUP 연락처_ ☎.** 02)745-7231

(04549) 서울특별시 중구 을지로 148, 8층 803호 (을지로3가, 중앙데코플라자)

E-mail_ cupmanse@gmail.com

Homepage_ www.cupbooks.com